손태진
공무원
영어
뽀개기

구문

손태진
공무원 영어 뽀개기
구문

손태진

공무원
영어
뽀개기

구문

손태진
공무원 영어 뽀개기
구문

손태진 공무원 영어 뽀개기 구문

초판 **인쇄일** 2021년 7월 16일
초판 **발행일** 2021년 7월 23일
지은이 손태진
발행인 박정모
등록번호 제9-295호
발행처 도서출판 혜지원
주소 (10881) 경기도 파주시 회동길 445-4(문발동 638) 302호
전화 031)955-9221~5 **팩스** 031)955-9220
홈페이지 www.hyejiwon.co.kr

기획 김태호
진행 김태호, 박상호
디자인 김보리
영업마케팅 황대일, 서지영
ISBN 979-11-6764-001-7
정가 26,000원

개념부터 실전까지 한 권으로 마스터한다!

손태진
공무원
영어
뽀개기

손태진 지음

구문

혜지원

영어 강의만 20년 이상을 하면서 항상 고민해 오고 있는 것은 '어떻게 하면 쉽게 영어를 가르치고, 수험생들이 중간에 포기하지 않고, 같이 호흡하면서 끝까지 완주시킬 수 있을까?'입니다. 이 질문이 저에게는 삶의 화두와 같습니다. 해답을 찾기 위해서 끊임없이 연구하고, 교재를 집필하고, 학생들과 상담을 하고 강의를 하고 있습니다. 이러한 고민과 노력의 결실로 손태진 공무원 영어 뽀개기 시리즈가 탄생했습니다.

영어는 공무원 시험에서 누구에게나 가장 어렵고 부담스러운 과목입니다. 안타깝게도 실제 응시자들의 60% 이상이 매년 영어에서 과락(40점 이하)으로 떨어집니다. 반면, 처음부터 제대로 된 교재와 강의를 만나서 체계적으로 1년 정도를 투자하면 누구나 90점 이상을 확실히 보장받을 수 있는 효자 과목이기도 합니다.

이 책은 손태진 공무원 영어 뽀개기 시리즈 중 구문 책입니다. 기초가 없는 수험생이 바로 구문 편을 보면 약간 어려울 수 있지만, 문법 편을 공부하고 보면 확실한 학습 효과를 얻을 수 있도록 설계했습니다.

공무원 영어 시험의 4가지 출제 영역(어휘와 표현 / 생활 영어 / 문법 / 독해)에 구문이 포함되지 않아서 소홀하기 쉽지만, 실제 구문은 4가지 영역 모두를 다루는 파트이므로 가장 중요한 영역이라고 할 수 있습니다. 영어는 단어와 문법 요소를 안다고 해서 해석이 되고 문제가 풀리는 것은 아닙니다. 어휘와 문법을 학습했음에도 불구하고 어려운 문장에서 막히고 장문 독해가 안 되고 문제 풀이에서 어려움을 겪는 수험생들이 굉장히 많습니다. 이러한 문제는 구문을 공부함으로써 자연스럽게 해결될 것입니다.

단어의 암기와 단편적인 문법 지식보다 더 중요한 것은 살아 있는 유기체와 같은 다양한 실제 구문에서 내가 공부했던 것이 어떻게 적용되는지를 확인하고 꾸준히 연습해서 구문 독해력을 키우는 것입니다. 구문은 한마디로 문법과 독해를 이어 주는 징검다리로, 배웠던 문법과 어법 그리고 단어의 쓰임을 고급 장문 문장에서 연습하는 문제 풀이 과정의 성격을 가집니다.

구성은 다음과 같습니다.

1. 문법 요약 : 문법 뽀개기의 핵심 내용을 요약했습니다. 여기에서 벗어나는 문법 개념 이나 구문 구조는 없다고 보시면 됩니다.

2. 빈출 핵심 표현과 생활 영어 : 국가직, 지방직, 서울시, 사복직, 경찰직, 법원직, 국회 직 등 각종 기출 문제에서 빈출된 핵심 표현과 생활 영어를 정리했습니다.

3. 기출 연습 문제 : 각 챕터에서 공부한 문법 내용을 문장형과 영작형 그리고 장문형 독해에서 확인할 수 있도록 문제를 수록했습니다.

4. 기출 종합 문제 : 모든 챕터에 걸치는 문법과 어법을 누적 학습하도록 설계하였고, 어휘와 표현 / 생활 영어 / 문법 / 장문형 어법 문제를 실전 문제와 같이 연습할 수 있 도록 다양하게 수록했습니다.

끝으로 이 책이 나오는 데 많은 노력을 하신 도서출판 혜지원의 김태호 편집자님과, 항상 강의와 교재 집필에 전념할 수 있도록 세심한 배려를 해 주는 사랑하는 아내 김은정과 언제나 성실하고 너무 열심히 공부하는 내공이 깊은 우리 딸 손채연, 그리고 존경하는 아버님 손기영, 존경하는 장인 어른 김용기 님에게 감사의 마음을 전하고 싶습니다.

파고다 학원과 영단기에서 토익을 강의하다가 공단기로 넘어오면서 저의 출사표이자 매일같이 하는 각오가 하나 있습니다. '내 책을 보고 공부하거나, 내가 강의한 학생 중 단 한 명도 낙오하거나 영어 때문에 쓴맛을 보게 되는 수험생이 없도록 하자'입니다.

손태진 공무원 영어 뽀개기 시리즈를 준비하면서 매일 이와 같은 각오를 다졌고, 책이 하나씩 출간되는 지금의 시점에서 '내가 강의한 모든 수험생들이 90점 이상을 받게 할 수 있다'라는 근거 있는 자신감이 생깁니다. 여러분, 치열하게 달려서 꼭 한 번에 합격하기를 진심으로 기원합니다.

손태진

공무원 영어 문제 구성과 출제 경향

공무원 영어 문제 구성

영역		문항수	출제 비중
비독해	어휘, 표현	4	20%
	생활 영어	2	10%
	문법	4	20%
독해		10	50%
총계		20	100%

출제 경향

보통 생활 영어는 쉽게 출제되고 문법은 중요 문법 포인트만 알면 그 안에서 다 나온다. 어휘와 독해에서 변별력을 주는데, 어휘 1문제, 독해 1문제가 상당히 어렵게 출제되고 나머지는 체계적으로 준비하면 다 맞을 수 있도록 출제된다. 어휘와 독해는 절대 하루 아침에 실력을 쌓을 수 없다. 반면한 번 올려 놓은 실력이 쉽게 사라지지도 않는다. 따라서 평상시에 어휘와 독해 위주로 꾸준히 공부하는 것이 합격의 지름길이다.

Guide
책의 구성

책의 구성과 특징

모든 직렬의 공무원 시험에 완벽하게 대비할 수 있도록 구성했다. 문법 편이 이론이라면, 구문 편은 실전이라고 보면 된다. 문법에서 학습한 내용을 한 번 더 정리하고 난이도 있는 실전 문제에서 응용해 보는 심화 과정이다. 중요 문법 포인트를 학습했음에도 불구하고 실전에서 적용이 안 되는 수험생들은 구문 편을 학습하면서 그러한 문제를 확실히 해결할 수 있을 것이다. 공무원 시험에서 나오는 모든 유형의 문제(어휘 / 생활 영어 / 문법 / 독해)를 실제 출제 비중에 맞추어서 구성했다. 기출 연습 문제에서는 각 챕터에서 배운 문법과 구문 이론을 확인하고 학습할 수 있도록 만들었고, 기출 종합 문제에서는 모든 챕터에서 걸쳐 있는 문법과 구문 이론뿐만 아니라 어휘, 표현, 생활 영어까지 학습할 수 있도록 만들었다.

『손태진 공무원 영어 뽀개기 – 구문』은 문법과 독해를 연결해 주는 징검다리 역할을 할 뿐만 아니라, 영어의 여러 가지 세부 능력(어휘, 문법, 구문, 독해)을 총체적으로 연결해서 종합적인 영어 실력을 끌어올릴 수 있는 최고의 학습서이다. 문법 편을 공부한 후에 구문 편을 공부하면 여러분의 영어 실력이 폭발적으로 증가할 것임을 확신한다.

구성은 다음과 같다.

구성

01 중요 개념과 중요 문법 포인트 요약

02 빈출 핵심 표현과 생활 영어

03 기출 연습 문제

04 기출 종합 문제

공무원 영어 구문 공부 방법

공무원 영어 구문 공부 방법

구문은 공무원 영어의 출제 영역에는 포함되지 않지만 문법과 독해를 이어 주는 중간 과정으로 매우 중요하다. 문법 포인트를 마스터했지만 문장형 어법 문제에서 문제에 어떤 문법이 적용되는지 모르는 경우가 많은데, 이는 다양한 기출 구문을 공부하면서 학습했던 문법이 실제 장문 구문에서 어떻게 적용되는지를 배우고 익힘으로써 극복할 수 있다. 최근 7년간 모든 공무원 시험에 기출된 구문을 분석해 놓았으므로, 여러 번 학습해서 독해에서 빠르고 정확하게 지문을 읽기 위한 토대를 마련해야 한다.

| 수록 문제 예시 |

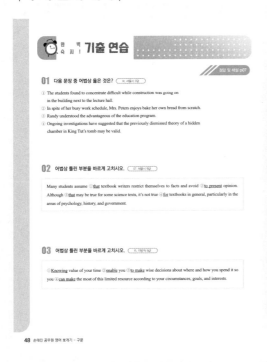

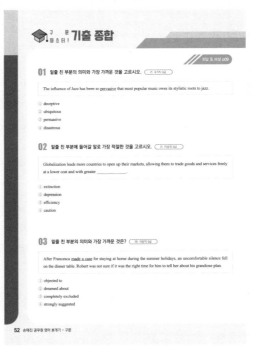

기출 문제와 풀이 방법

밑줄 친 부분 중 어법상 옳지 않은 것은? 21. 국가직 9급

Urban agriculture (UA) has long been dismissed as a fringe activity that has no place in cities; however, its potential is beginning to ①be realized. In fact, UA is about food self-reliance: it involves ②creating work and is a reaction to food insecurity, particularly for the poor. Contrary to ③which many believe, UA is found in every city, where it is sometimes hidden, sometimes obvious. If one looks carefully, few spaces in a major city are unused. Valuable vacant land rarely sits idle and is often taken over - either formally, or informally - and made ④productive.

정답 ③

| 해석 |

도시 농업은 오랫동안 도시에 설 자리가 없는 변두리 활동이라고 일축되어 왔지만, 그것의 잠재력이 실현되기 시작하고 있다. 사실, UA는 식량 자립에 관한 것인데, 그것은 일자리를 창출하는 것을 포함하며, 특히 가난한 사람들을 위한 식량 불안정에 대한 대응이다. 많은 사람들이 믿는 것과 반대로, UA는 모든 도시에서 발견되는데, 이곳에서 때로는 눈에 띄지 않고 때로는 확연하다. 주의 깊게 살펴보면, 대도시에는 사용되지 않는 공간이 거의 없다. 가치 있는 빈 땅은 거의 방치되지 않으며 종종 공식적으로나 비공식적으로 인계되어 생산적으로 만들어지기도 한다.

| 해설 |

③ 전치사 to의 목적어 자리에 명사절이 와야 한다. 그리고 명사절의 동사 believe의 목적어가 없는 불완전한 문장이므로 관계대명사 which를 명사절 접속사 what으로 고쳐야 한다.

| 오답 분석 |

① to부정사도 동사의 성격을 가진다. realize의 의미상의 주어인 its potential이 '실현되는' 것이고 또한 뒤에 목적어가 없으므로 수동형인 be realized가 바르게 사용되었다.

② 동사 involve는 동명사를 목적어로 취하는 동사이므로 creating은 적절하게 쓰였다.

④ make는 5형식으로 'make + 목적어 + 형용사' 형태를 취할 수 있는데, 수동태로 전환되면 'be made + 형용사'의 형태가 되어야 한다. 따라서 형용사 productive는 바르게 쓰였다.

Contents

Contents

CHAPTER
01

주어 자리

주어 자리

1 품사

1 품사란?

품사란 단어를 문장에서 사용되는 뜻과 역할에 따라 나눈 것이다. 명사, 대명사, 동사, 형용사, 부사, 전치사, 접속사, 감탄사와 같이 8가지 품사가 있다.

2 품사의 종류

1) 명사

의미 : 사람, 동물, 사물의 이름을 나타내는 품사이다(Seoul, Tom, Korea, book, cat, water 등).

기능 : 문장에서 주어, 목적어, 보어로 사용된다.

• The **teacher** likes **novels**. 그 선생님은 소설을 좋아한다.

2) 대명사

의미 : 명사를 대신하는 품사이다(I, you, he, she, they, it, this 등).

기능 : 문장에서 주어, 목적어, 보어로 사용된다.

• I met some of my friends, and **they** told me the truth. 나는 몇몇의 친구를 만났고, 그들은 사실을 말했다.

3) 동사

의미 : 사람, 동물, 사물의 동작이나 상태를 나타내는 품사이다(eat, study, read, run, like, have 등).

기능 : 주어의 동작이나 상태를 설명해 준다.

• Jim **plays** soccer on weekends. Jim은 주말에 축구를 한다.
• Laura **is** kind. Laura는 친절하다.

4) 형용사

의미 : 명사를 수식하거나 명사의 상태나 성질을 설명해 주는 품사이다(beautiful, good, new, happy, sad 등).

기능 : 명사를 수식하거나 보어로 사용된다.

• Laura is a **beautiful** girl. Laura는 아름다운 소녀이다.
• She is **kind**. 그녀는 친절하다.

5) 부사

의미 : 동사, 형용사, 다른 부사, 또는 문장 전체를 수식하는 품사이다(very, slowly, always, easily, hard 등).

기능 : 수식어로 쓰인다.

- Steve works **hard**. Steve는 열심히 일한다.
- Laura is **very** kind. Laura는 매우 친절하다.
- **Fortunately**, I found the solution. 다행히, 나는 해결책을 찾았다.

6) 전치사

의미 : 명사 또는 대명사 앞에 놓여서 시간, 장소, 방향, 목적 등을 나타내는 품사이다(at, in, on, by, until 등).

기능 : 연결어로 쓰인다. 뒤에 나오는 명사나 명사상당어구(명사구, 대명사, 동명사, 명사절)를 연결하는 기능을 한다.

- I get up **at** 7:00 A.M. 나는 오전 7시에 일어난다.
- I live **in** Busan. 나는 부산에 산다.

7) 접속사

의미 : 단어와 단어, 구와 구, 절과 절을 연결해 주는 품사이다(and, but, or, when, because, although 등).

기능 : 연결어로 쓰인다. 뒤에 나오는 '주어 + 동사' 형태인 절을 연결하는 기능을 한다.

- Please call me **before** you leave. 떠나기 전에 전화 주세요.

8) 감탄사

의미 : 기쁨, 놀람, 슬픔 등의 여러 가지 감정을 나타내는 품사이다(Oh, Oops, Bravo 등).

- **Oops!** I almost spilled the coffee. 이크, 하마터면 커피를 쏟을 뻔했네.

2 구와 절

1 구란?

2개 이상의 단어가 모여 문장의 일부로 사용되지만, '주어 + 동사'를 포함하지 않는 것이다. 한마디로 여러 개의 단어가 모인 덩어리 표현이라고 보면 된다. 구의 종류에는 명사구, 형용사구, 부사구가 있다.

① 명사구
- **To get up early in the morning.** 아침에 일찍 일어나는 것

② 형용사구
- the book **on the desk**. 책상 위에 있는 책

③ 부사구

• Steve sleeps **on the bed**. Steve는 침대에서 잔다.

2 절이란?

2개 이상의 단어가 모여 문장의 일부로 사용되며 '주어 + 동사'를 포함하는 것이다. 구와의 차이는 둘 다 두 단어 이상으로 구성되지만, 절은 '주어 + 동사'라는 문장 형식을 갖춘다는 점이다. 절의 종류에는 명사절, 형용사절, 부사절이 있다.

① 명사절

• **What you said** is not true. 당신이 말한 것은 사실이 아니다.
  명사절 접속사 + 주어 + 동사

② 형용사절

• I like the girl **who lives next door**. 나는 옆집에 사는 소녀를 좋아한다.
  관계대명사 + 동사 + 부사

③ 부사절

• I will lend you some money **if you pay me back tomorrow**. 만약 내일까지 갚아 주시면, 약간의 돈을 빌려 드릴게요.
  부사절 접속사 + 주어 + 동사 + 목적어 + 부사

3 문장의 구성

1 문장의 4요소

영어 문장은 4가지 주요소(뼈대)로 구성된다. 나머지는 이러한 주요소를 수식하는 수식어(형용사와 부사)와 연결어(전치사와 접속사)이다. 문장의 형식을 따지고 구조를 분석할 때는 이러한 주요소만을 고려하여 한다.

① 주어(Subject) : 동작이나 상태의 주체가 되는 요소이다.
② 동사(Verb) : 주어의 동작이나 상태를 설명해 주는 요소이다.
③ 목적어(Object) : 주어가 어떤 동작을 할 때, 그 동작의 대상이 되는 요소이다.
④ 보어(Complement) : 동사가 불완전할 때 주어나 목적어의 보충 설명(형용사 / 명사)을 해 주는 요소이다.

4 문장의 구성 방식

영어 문장은 동사의 종류에 따라서 5가지 형식으로 나누어진다. 이때 5형식 문장의 구조를 결정하는 것은 동사이고, 동사에 의해서 그 뒤가 결정된다.

1 문장의 5가지 형태

1) 1형식(완전 자동사)

주어와 동사만으로 구성되는 문장이다.

• Tom **arrived** (early). Tom은 일찍 도착했다.

2) 2형식(불완전 자동사)

동사가 불완전하여 그 자체만으로는 의미를 완전히 전달할 수 없어서 주격 보어가 필요한 문장이다.

• Tom **became** + 주격 보어

      + depressed(형용사 보어 '～하게') Tom은 우울하게 되었다.

      + a teacher(명사 보어 '～가') Tom은 선생님이 되었다.

3) 3형식(완전 타동사)

뒤에 반드시 목적어가 수반되어야 한다.

• Tom **bought** + 목적어

      + a book. Tom은 책 한 권을 구매했다.

4) 4형식(수여 동사)

수여 동사는 목적어를 2개 데리고 다니는 동사이다. '～에게'라는 뜻의 간접 목적어와 '～을/를'이라는 뜻의 직접 목적어를 수반한다.

• Tom **gave** + 간접 목적어(～에게) + 직접 목적어(～을)

      + the man + a book. Tom은 그 남자에게 책을 주었다.

5) 5형식(불완전 타동사)

5형식 동사는 불완전 타동사이다. 뒤에 목적어가 있어야 하며 동사가 불완전하므로 목적어를 보충 설명해 주는 목적격 보어까지 나와야 한다. 공무원 시험에서 많이 나오는 문제 중 하나이다.

• Tome **made** + 목적어 + 목적격 보어

      + the house + beautiful. Tome는 그 집을 아름답게 만들었다.

5 문장의 확장

1 문장의 기본 구성 : S(주어)+V(동사)

명령문을 제외한 모든 문장은 무조건 '주어 + 동사'라는 기본 구성을 갖추어야 한다.

2 문장의 확장

동사의 종류에 따라서 자동사는 단독으로 사용되고, 타동사는 뒤에 목적어를 수반한다. 그리고 완전 동사는 뒤에 보어가 필요없고, 불완전 동사는 뒤에 보어가 있어야 한다. 이를 종류별로 나누면 모든 문장은 5가지 형식으로 구분된다.

① 1형식 : S(주어) + V(동사)

② 2형식 : S(주어) + V(동사) + C(주격 보어)

③ 3형식 : S(주어) + V(동사) + O(목적어)

④ 4형식 : S(주어) + V(동사) + IO(간접 목적어) + DO(직접 목적어)

⑤ 5형식 : S(주어) + V(동사) + O(목적어) + C(목적격 보어)

3 수식어 확장

주어, 동사, 목적어, 보어가 문장의 주 요소, 즉 뼈대를 구성한다. 여기에 이들을 꾸며 주는 수식어에 의해서 문장의 의미가 더 구체화될 수 있다. 수식어에는 형용사와 부사가 있다.

- **기본 문장 :** The man gave the girl a book. 그 남자는 그 소녀에게 책 한 권을 주었다.
- **수식어 확장 :** The nice man living next door kindly gave the girl wearing a blue jacket a book released the day before yesterday. 옆집에 사는 그 친절한 남자는 파란 재킷을 입고 있는 그 소녀에게 엊그제 출시된 책 한 권을 친절하게 주었다.

① 형용사 : 형용사 + 명사 + 형용사구(절)

  형용사는 명사 앞뒤에서 명사를 수식하거나 불완전 동사 뒤에서 보어로 사용된다.

② 부사 : 동사, 형용사(분사), 부사, 문장 수식

  명사를 제외한 모든 성분은 부사가 수식을 한다.

4 연결어 확장

영어 문장에는 연결 기능을 가진 품사로 크게 2가지가 있다. 단어와 단어를 연결해 주는 것이 전치사이고, 문장과 문장을 연결해 주는 것이 접속사이다. 문장은 이러한 연결어에 의해서 더 길어질 수 있다.

① **전치사** + <u>명사</u>

② **접속사** + <u>주어 + 동사</u>

6 끊어 읽기 방법

영어 공부를 본격적으로 시작하기 전에 문장을 끊어 읽는 방법을 알고 시작하면, 앞으로의 학습에 도움이 된다. 끊어 읽기는 절대적인 원칙이 아니므로 한눈에 문장이 파악되면 굳이 끊어 읽지 않아도 된다.

1) 주어/동사/목적어/보어를 끊는다

기본적으로 문장의 주요소(주어, 동사, 목적어, 보어) 앞에서 끊어 읽는다고 보면 된다. 그러나 지나치게 간단한 문장이면 굳이 끊어 읽지 않아도 된다.

2) 동사는 의미가 미치는 곳까지 끊는다

불완전 자동사이면 보어까지, 타동사이면 목적어까지, 그리고 불완전 타동사이면 목적어와 보어까지 한 번에 묶어서 끊어 읽는다.

① 1형식
- The workers / worked diligently / throughout the day. 그 직원들은 / 근면하게 일했다 / 하루 종일

② 2형식
- New products / are becoming to be profitable / in many countries. 새로운 제품들이 / 수익성이 나고 있다 / 많은 나라에서

③ 3형식
- Prime Electronics / has developed a system / in cooperation with Star Software.
  Prime Electronics는 / 시스템을 개발했다 / Star Software와 협력해서

④ 4형식
- The company / offers their clients various solutions / through subscriptions.
  그 회사는 / 고객들에게 다양한 해결책을 제공한다 / 정기 구독을 통해서

⑤ 5형식
- Joe / finds it helpful / to ask her colleagues / for suggestions.
  Joe는 / 도움이 된다는 것을 알게 되었다 / 동료들에게 문의하는 것이 / 제안을 얻기 위해서

3) 준동사 앞에서 끊는다

영어에는 부정사, 동명사, 분사라는 준동사가 있는데, 이러한 준동사 앞에서는 끊는다. 그리고 준동사 역시 동사의 성격을 가지므로 준동사 뒤에서 끊을 때는 그 준동사의 의미가 미치는 곳까지 끊는다.

- Certain applications and software programs / require the users / to upgrade their operating system / to the latest version.
  특정한 앱과 소프트웨어 프로그램들은 / 사용자들에게 요구한다 / 그들의 운영 시스템을 업그레이드할 것을 / 최신 버전으로

4) 수식어는 괄호로 묶는다

형용사, 부사, 전명구(전치사 + 명사), 부사절(접속사 + 주어 + 동사) 등은 수식해 주는 기능을 하는 것이므로 괄호로 묶어서 처리한다.

- The company's headquarters / is (conveniently) located / near the (famous) convention center.
  그 회사의 본사는 / (편리한 곳에) 위치하고 있다 / (유명한) 컨벤션 센터 근처에

5) 연결어(접속사 / 전치사 / 관계대명사) 앞에서 끊는다

접속사, 전치사, 관계대명사는 모두 연결하는 기능을 하는 것이므로 그 앞에서 끊어 읽는다.

- It is important / that you understand / what the job entails.
  중요하다 / 너가 이해하는 것이 / 그 일이 무엇을 필요로 하는지를

6) 한 번에 읽을 수 있는 것은 굳이 끊지 않는다

처음에는 위에서 언급한 끊어 읽기 원칙을 지키면서 문장을 독해한다. 이후에 실력이 붙어서 한눈에 보이는 단어의 수가 늘어나면, 굳이 끊어 읽지 않아도 된다.

7 주어 자리

1 주어 자리에 올 수 있는 것

주어 자리에는 명사(구), 명사를 대신하는 대명사, 동사에서 명사 성격이 부여된 부정사, 동명사 그리고 문장(절)인데 명사 성격을 가지는 명사절이 올 수 있다.

① 명사(구)
- The top executive agreed to negotiate with the union. 그 최고 경영자는 노조와 협상하는 데 동의했다.

② 대명사
- They are having a team meeting later today. 그들은 오늘 나중에 팀 미팅을 가질 것이다.

③ to부정사
- To meet the deadline proved to be impossible. 마감을 준수하는 게 불가능하다는 게 입증되었다.

④ 동명사
- Operating the copy machine seems to be difficult. 복사기를 작동하는 것은 어려워 보인다.

⑤ 명사절
- What Steve wants to point out is unclear to us. Steve가 강조하고자 하는 것은 우리에게 명료하지 않다.

구조 파악 연습(명사구)

다음 문장의 구조를 분석해 보시오.

> 명사는 보통 앞뒤로 수식어를 수반해서 명사구인 하나의 덩어리로 사용되는데, 명사 앞에는 형용사, 한정사(관사 / 소유격) 등이 올 수 있고, 명사 뒤로는 전명구나 관계절 또는 분사가 올 수 있다. 이때 최종적으로 수식을 받는 명사와 동사의 수를 일치시켜야 한다.

1. Another factor contributed to higher fuel prices.

2. Customer satisfaction must be considered.

3. The highly successful book launch was attended by thousands of people.

4. The assembly of Mobile-T was divided into eighty-four distinct steps, with each step assigned to a single worker.

5. The feasibility study which was postponed few months ago is expected to resume in time for New Project Committee's evaluation. (19. 국가직 9급)

6. It isn't uncommon among us economists to focus on one or two casual factors, exclude everything else, hoping that this will enable us to understand how just those aspects of reality work and interact.

정답과 해설

1. The Another factor contributed (to higher fuel prices)
　　　　　　주어　　　　동사　　　　(전명구)

해석 또 다른 요소가 높은 연료 가격에 기여했다.

2. Customer satisfaction must be considered.
　　　　주어　　　　　　　동사

해석 고객 만족은 반드시 고려되어야 한다.

3. The highly successful book launch was attended
　　　　　　　　　주어　　　　　　동사
(by thousands of people).
　　전명구

해석 매우 성공적인 책 출시에 수천 명이 참석하였다.

4. The assembly (of Mobile-T) was divided (into eighty-
　　　　주어　　　(전명구)　　동사　　　(전명구)
four distinct steps), (with each step assigned to a single worker).

해석 Mobile-T의 조립은 84개의 각각의 단계로 나누어지는데, 각 단계는 한 명의 직원에게 할당된다.

5. The feasibility study (which was postponed few months
　　　　　주어　　　　　　(관계절)
ago) is expected to resume (in time for New Project
　　　　　동사　　　　　　(전명구)
Committee's evaluation.)

해석 몇 달 전에 연기되었던 타당성 조사는 New Project Committee의 평가를 위해 시간을 맞추어 재개될 것으로 기대된다.

6. It isn't uncommon (among us economists) to focus on
가주어 동사　　보어　　(전명구)　　　　　진주어
one or two casual factors, exclude everything else,
　　　　　　　　　진주어
hoping that this will enable us to understand how just
분사구문
those aspects of reality work and interact.

해석 우리 경제학자들 사이에서는 현실의 그런 측면들이 어떻게 작용하고 상호작용하는지 이해할 수 있게 해 주기를 바라면서, 한두 가지 인과적 요인에 초점을 맞추고 다른 모든 것을 배제하는 것은 드문 일은 아니다.

구조 파악 연습(대명사)

다음 문장의 구조를 분석해 보시오.

명사를 대신하는 대명사는 주어 자리에 사용될 수 있는데, 인칭대명사를 주어 자리에 사용할 경우 반드시 주격이 사용되어야 한다.

1. He will go with us to the park as long as we take our bikes.

2. They were given free tickets to the show.

3. Those who are responsible for the crime will be severely punished.

4. Those memories which we acquire in early childhood rarely lose their vividness.

5. Some of the clerks in the supply room faulted themselves for not accurately recording the inventory of supplies. (20. 국가직 9급)

6. More of them expect and demand flexibility – paid leave for a new baby, say, and generous vacation time, along with daily things, like the ability to work remotely, come in late or leave early, or make time for exercise or meditation.

📝 정답과 해설

1. He will go (with us to the park) as long as we take
　　주어　동사　(전명구)　　　　　접속사　주어 동사

our bikes.
목적어

해석 우리가 자전거를 가져가는 한 그는 우리와 공원에 갈 것이다.

2. They were given free tickets (to the show).
　　주어　　동사　직접 목적어　(전명구)

해석 그들은 쇼를 입장할 수 있는 무료 티켓을 받았다.

3. Those (who are responsible for the crime) will be
　　주어　(관계절)　　　　　　　　　　　동사

severely punished.
전명구

해석 그 범죄에 책임이 있는 사람들은 엄중한 벌을 받을 것이다.

4. Those memories (which we acquire in early childhood)
　　주어　　　　　(관계절)

rarely lose their vividness.
동사　목적어

해석 우리가 어린 시절 초기에 얻는 이러한 기억들은 좀처럼 생생함을 잃지 않는다.

5. Some of the clerks (in the supply room) faulted
　　주어　　　　　(전명구)　　　　　동사

themselves (for not accurately recording the inventory
목적어　(전명구)

of supplies).

해석 공급실의 일부 직원들은 용품의 재고를 정확하게 기록하지 않은 점에 대해 자책을 했다.

6. More of them expect and demand flexibility
　　주어　　　　동사　　　목적어–(예시~)

– (paid leave for a new baby, say, and generous

vacation time, along with daily things, like the ability to

work remotely, come in late or leave early, or make time

for exercise or meditation).

해석 보다 많은 사람들은 유연함을 기대하고 요구한다 – 새로운 아기를 낳기 위한 유급휴가, 원격으로 근무하거나 늦게 출근하고 빨리 퇴근하는 것 또는 운동이나 명상을 위해 시간을 내는 것과 같은 일상적인 일을 할 수 있는 충분한 휴가 시간.

구조 파악 연습(to부정사)

다음 문장의 구조를 분석해 보시오.

> to부정사(to R)는 동사에서 명사 성격을 부여해서 '~하는 것'으로 해석한다. 'to R' 뒤에 나오는 성분은 to 뒤에 수반되는 동사에 따라 결정된다. 자동사이면 부사나 전명구가 오고, 타동사이면 뒤에 목적어를 수반한다. 그리고 to부정사가 주어로 사용되는 경우 동사의 수는 항상 단수가 된다.

1. To customize this program is possible if it does not suit you.

2. To ensure the money is safe is important. (10. 국가직 9급)

3. To hear what other people have to say, especially about concepts we regard as foundational, is like opening a window in our minds and in our hearts.

✏️ **정답과 해설**

1. To customize this program is possible if it does not suit you.
  주어 　　　　　 동사　　보어　접속사 주어 동사　　목적어

[해석] 만약 이것이 당신에게 맞지 않으면, 이 프로그램을 맞춤화하는 것은 가능하다.

2. To ensure the money is safe is important.
  주어　　　　　　　 동사　　보어

[해석] 그 돈이 안전하다는 것을 보장하는 것은 중요하다.

3. To hear what other people have to say, (especially about concepts) (we regard as foundational), is like opening a
  주어　　　　　　　　　　　　 (전명구)　　　　　 (관계절-we 앞에 that 생략)　　 동사 전치사 목적어(동명사)

window in our minds and in our hearts.

[해석] 특히 우리가 근본적이라고 여기는 사고에 대해 다른 사람들이 무엇이라고 말하는지를 듣는 것은 우리의 마음과 심장에 창문을 하나 여는 것과 같다.

📋 구조 파악 연습(동명사)

다음 문장의 구조를 분석해 보시오.

> 동명사(R + ing)는 동사에 명사 성격을 부여한 것으로 '~하는 것'으로 해석을 한다. to부정사와 마찬가지로 뒤에 나오는 성분은 동사에 따라 결정된다. 그리고 동명사가 주어로 사용되는 경우 동사의 수는 항상 단수가 되어야 한다.

1. Providing a loan will allow the bank to collect interest.

2. Handing your business cards to individuals you meet will allow you to advertise your business in an inexpensive and effective way. (20. 국가직 9급)

3. Listening to somebody else's ideas is the one way to one way yo know whether the story you believe about the world - as well as about yourself and your place in it - remains intact.

✏️ 정답과 해설

1. <u>Providing a loan</u> <u>will allow</u> <u>the bank</u> <u>to collect interest</u>.
　　　주어　　　　　 동사　　　 목적어　　　　 보어

[해석] 대출을 해 주는 것은 은행이 이자를 받는 것을 가능하게 해 준다.

2. <u>Handing your business cards</u> (to individuals you meet) <u>will allow</u> <u>you</u> <u>to advertise your business</u>.
　　　　　주어　　　　　　　　　(전명구)　　　　　　　　　 동사　 목적어　　　　보어
(in an inexpensive and effective way).
(전명구)

[해석] 당신이 만나는 사람들에게 명함을 건네는 것은 당신의 사업을 저렴하면서 효과적으로 광고할 수 있도록 해 줄 것이다.

3. <u>Listening to somebody else's ideas</u> <u>is</u> <u>the one way</u> to know <u>whether</u> <u>the story</u> (you believe about
　　　　　　　주어　　　　　　　　 동사　　보어　　　　　　명사절 접속사　 주어　　 (관계절)
the world – as well as about yourself and your place in it) – <u>remains</u> <u>intact</u>.
　　　　　　　　　　　　　　　　　　　　　　　　　　　　　　　　　　동사　　 보어

[해석] 다른 사람의 생각에 귀를 기울이는 것은 당신 자신과 당신이 속한 장소뿐만 아니라 세상에 대해 당신이 믿고 있는 것이 온전한지를 알기 위한 하나의 방법이다.

구조 파악 연습(명사절)

다음 문장의 구조를 분석해 보시오.

명사절이란 '접속사 + 주어 + 동사'의 절이 통째로 명사 성격을 가져서 문장이 주어 자리에 사용될 수 있는 것을 말한다. That 뒤에는 완전한 문장이 오고 What 뒤에는 불완전한 문장이 이어진다. 그리고 둘 다 '~하는 것'으로 해석된다. Whether는 뒤에 완전한 문장이 오고, '~인지, 아닌지'로 해석된다. 그리고 명사절이 주어 자리에 사용되는 경우 동사는 반드시 단수가 되어야 한다.

1. That he won the first prize is hardly surprising.

2. Whether we succeed is not important.

3. Where I found the book is a secret.

4. That the holiday is going to last three days is a disappointment to the entire staff. ⟨18. 국가직 9급⟩

5. Whether they do this consciously or not is open to debate and may differ from individual to individual, but like most processes that have to do with language, the change probably happens before we are aware of it and probably couldn't happen if we are.

✏️ **정답과 해설**

1. That he won the first prize is hardly surprising.
　　　　주어　　　　　　동사　　　보어

[해석] 그가 우등상을 탄 것은 좀처럼 놀랍지 않다.

2. Whether we succeed is not important.
　　　　주어　　　　동사　　보어

[해석] 우리가 성공할지는 중요하지 않다.

3. Where I found the book is a secret.
　　　　주어　　　　　　동사　보어

[해석] 어디서 내가 이 책을 찾았는지는 비밀이다.

4. That the holiday is going to last three days is a disappointment (to the entire staff).
　　　　　　　　주어　　　　　　　　　　　동사　　　보어　　(전명구)

[해석] 휴일이 3일간 지속될 거라는 것은 전체 직원들에게 실망스러운 일이다.

5. Whether they do this consciously or not is open (to debate) and may differ (from individual to
　　　　　　　　주어　　　　　　　　　　　동사 보어 (전명구)　등위접속사 동사　(전명구)

individual), but (like most processes that have to do with language), the change probably happens
등위접속사 (전명구)　　　　　　　　　　　　　　　　　　　　주어　　　　　　동사

(before we are aware of it) and probably couldn't happen (if we are).
(부사절)　　　　　　등위접속사　　　　동사　　(부사절)

[해석] 그들이 이것을 의식적으로 하는지 혹은 안 하는지는 논쟁의 여지가 있고 사람마다 다를 수 있지만, 언어와 관련이 있는 다른 대부분의 프로세스와 마찬가지로 아마도 변화가 우리가 이를 인식하기 전에 발생하고, 아마도 우리가 알고 있다면 발생하지 않을 수도 있다.

1. Don't count the chickens before they are hatched
알이 부화되기 전에 닭을 세지 마라(= 김칫국부터 마시지 마라)

> Don't be such a drama queen. Please don't count the chickens before they are hatched.
> 제발 유난 좀 떨지 마라. 김칫국부터 마시지 마라.

2. Don't forget to drop me a line 　꼭 연락주세요

> Don't forget to drop me a line. I have something to tell you. 　꼭 연락주세요. 말해 드릴 게 있어요.

3. Don't judge a book by its cover 　겉모습만 보고 판단하지 마세요

> Don't judge a book by its cover. He is a man of discretion. 　겉모습만 보고 판단하지 마세요. 그는 사려 깊은 사람이에요.

4. Don't lean on me 　나에게 기대지 마

> You have to learn to fight your own battles. Don't lean on me. 　네 문제는 너 스스로 해결하는 법을 배워야 한다. 나에게 기대지 마.

5. Don't put off for tomorrow what you can do today 　오늘 할 일을 내일로 미루지 마라

> Don't put off for tomorrow what you can do today. You will be much busier tomorrow.
> 오늘 할 일을 내일로 미루지 마라. 내일은 훨씬 더 바빠질 거다.

6. Don't put off cart before the horse 　마차를 말 앞에 두지 마라(= 일의 순서를 바꾸지 마라)

> Better get your affairs in order. Don't put off cart before the horse.
> 순서대로 일을 정리하는 게 좋다. 일의 순서를 바꾸지 마라.

7. drive A up the wall 　A를 몹시 짜증나게 만들다

> Some students who can't concentrate in class drove me up the wall. 　수업에 집중 못하는 학생들이 나를 몹시 짜증나게 만들었다.

8. Every cloud has a silver lining 　아무리 안 좋은 상황에도 긍정적인 측면은 있다

> We know there's always an opposite case for everything. Every cloud has a silver lining.
> 우리는 모든 일에는 항상 이면이 있다는 것을 안다. 아무리 안 좋은 상황에도 긍정적인 측면은 있다.

9. Every man has his own trade 　사람은 제각기 잘하는 것이 있다

> Let's make sure he is included in the delegation. Every man has his own trade.
> 그를 파견단에 꼭 포함시키자. 사람은 제각기 잘하는 것이 있다.

10. Every minute counts 　초를 다투다

> Time is running short and we must hurry. Every minute counts. 　시간이 다 되어 간다. 서둘러야 한다. 초를 다툰다.

11. Everything's up in the air 아직 정해진 것은 없다

➡ Nothing has been decided about the contract yet and everything's up in the air.
그 계약에 대해 아직 정해진 것은 아무 것도 없다. 모든 것이 미정이다.

12. flogged to the death. 지겹도록 써먹다, 되풀이하다

➡ Be agile – if something's not working, don't flog it to death.
민첩하게 하라—무언가가 작동하지 않으면, 그것을 지겹도록 하지는 마라.

13. get above oneself. 분수를 모르다, 자만하다

➡ She gets above herself and lives above her means. 그녀는 분수도 모르고 분수에 넘치게 산다.

14. get fed up with ~에 진저리가 나다

➡ I am getting to get fed up with the work. or I am sick of that business. 나는 그 일에 이제 진저리가 난다.

15. get one's feet wet 이제 막 시작하다, 참가하다

➡ He got his feet wet to service activity organization's camp. 그는 봉사 단체의 캠프에 참가했다.

16. stay on the line 전화를 끊지 않고 기다리다

➡ Please stay on the line while I connect your call. 제가 전화를 연결해 드리는 동안 끊지 말고 기다려 주세요.

17. to the point 간단명료하게

➡ His explanation was concise but to the point. 그의 설명은 짧았지만 명료했다.

18. at one's disposal 마음대로 이용할 수 있는

➡ You have all the hotel's services at your disposal during your stay.
당신은 머무르는 동안 호텔의 모든 서비스를 마음대로 이용할 수 있습니다.

19. call it a day 마감하다

➡ It's getting late, so let's call it a day and continue tomorrow.
너무 늦었어요. 이제 그만하고 내일 합시다.

20. follow in one's footsteps ~의 선례를 따르다

➡ It has always been my ambition to follow in his footsteps.
그의 발자국을 따라가는 것은 언제나 나의 야망이었다.

정답 및 해설 p02

01 어법상 적절한 것을 고르시오. (18. 기상직 9급)

Spatial data [representing / represent] elevations, depths, temperatures, or populations can be stored in a digital database, accessed, and displayed on a map.

02 다음 문장을 어법에 맞게 고치시오. (19. 지방직 7급)

In addition, the necessary calculations that we make about the probability of some form of harm resulting from an action that we make is generally a given in our decision processes.

03 어법상 옳지 않은 것을 고르시오. (15. 지방직 7급)

The immune system in our bodies ①<u>fights</u> the bacteria and viruses which cause diseases. Therefore, whether or not we are likely to get various diseases ②<u>depend</u> on how well our immune system works. Biologists used to ③<u>think</u> that the immune system was a separate, independent part of our body, but recently they ④<u>have found</u> that our brain can affect our immune system. This discovery indicates that there may be a connection between emotional factors and illness.

04 밑줄 친 다음 부분 중 어법상 옳지 않은 것은? (19. 국회직 9급)

At the time of writing, it remains unclear ①<u>what</u> this administration's plans are in regard to immigration policing more generally. All names are fictitious names ②<u>to protect</u> the identities of our undocumented research collaborators. The facts run contrary to the common belief that the undocumented ③<u>does</u> not pay taxes on their wages. On the contrary, undocumented workers pay billions of dollars annually in income taxes using false documents. Many undocumented workers also have a legitimate Individual Taxpayer Identification Number ④<u>with which</u> they pay income taxes.

05 밑줄 친 부분 중 어법상 가장 옳지 않은 것은? (18. 서울시 7급)

UN scientists call the ①<u>emptying</u> of the Aral Sea the greatest environmental disaster of the 20th century. But I only understood the scale of what ②<u>had happened</u> when I looked at a couple of satellite images that ③<u>appears</u> in this book. They show a whole sea reduced to a toxic-sump by human action. It is an ④<u>unprecedented</u> man-made change to the shape of the world.

06 다음 문장을 영어로 옮긴 것 중 가장 어색한 것을 고르면?　14. 국회직 9급

① 이상하게 들릴지 모르겠지만, 그것은 사실이다.
　→ Though it sounds strangely, it is quite true.
② 나는 아침에 일찍 일어나는 데 익숙하다.
　→ I am used to getting up early in the morning.
③ 그녀가 울음을 터뜨린다고 해서 놀라지 마십시오.
　→ Don't be surprised even if she suddenly bursts into tears.
④ 그에게 부족한 것이 없다.
　→ He lacks for nothing.
⑤ 그것을 누가했든, 그것이 무엇이든지 간에 별로 상관없다.
　→ It matters little who did it or what it was.

07 밑줄 친 부분 중 어법상 옳지 않은 것은?　15. 서울시 7급

It's time for Major League Baseball to go to an expanded roster, one ①that makes sense for the way the game has evolved. Make it a 25-man game roster, but expand the overall roster to 28. Major League Baseball spokesman Pat Courtney said there ②has been discussions on the topic but nothing has been advanced. Yet the dialogue continues, and ③as the game evolves into one in which players keep getting hurt, it would behoove MLB ④to create a roster that fits the times.

08 밑줄 친 부분 중 어법상 옳지 않은 것은?　12. 지방직 9급

A mutual aid group is a place ①where an individual brings a problem and asks for assistance. As the group members offer ②help to the individuals with the problem, they are also helping ③themselves. Each group member can make associations to a similar concern. This is one of the important ways in which ④give help in a mutual aid group is a form of self-help.

09 밑줄 친 부분 중 어법상 옳지 않은 것은? (17. 지방직 9급 응용)

Soils of farmlands used for growing crops are being carried away by water and wind erosion at rates between 10 and 40 times the rates of soil formation, and between 500 and 10,000 times soil erosion rates on forested land. Because those soil erosion rates are ①so much higher than soil formation rates, that means a net loss of soil. For instance, ②about half of the top soil of Iowa, the state whose agriculture productivity is among the highest in the U.S., ③have been eroded in the last 150 years. On my most recent visit to Iowa, my hosts showed me a churchyard offering a dramatically visible example of those soil losses. A church was built there in the middle of farmland during the 19th century and ④has been maintained continuously as a church ever since, while the land around it was being farmed. As a result of soil being eroded much more rapidly from fields than from the churchyard, the yard now stands like a little island raised 10 feet above the surrounding sea of farmland.

chapter 01 주어 자리 **33**

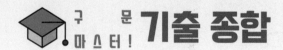

정답 및 해설 p04

01 밑줄 친 부분의 의미와 가장 가까운 것을 고르시오. (21. 국가직 9급)

> Privacy as a social practice shapes individual behavior <u>in conjunction with</u> other social practices and is therefore central to social life.

① in combination with

② in comparison with

③ in place of

④ in case of

02 밑줄 친 부분의 의미와 가장 가까운 것은? (21. 지방직 9급)

> For many compulsive buyers, the act of purchasing, rather than what they buy, is what leads to <u>gratification</u>.

① liveliness

② confidence

③ tranquility

④ satisfaction

03 밑줄 친 부분과 의미가 가장 가까운 것을 고르시오. (17. 지방직 9급)

> By the time we <u>wound up</u> the conversation, I knew that I would not be going to Geneva.

① initiated

② resumed

③ terminated

④ interrupted

04 밑줄 친 부분에 들어갈 말로 가장 적절한 것은? 17. 지방직 9급

A police sergeant with 15 years of experience was dismayed after being _____ for promotion in favor of a young officer.

① run over

② asked out

③ carried out

④ passed over

05 밑줄 친 부분의 의미와 가장 가까운 것을 고르시오. 19. 지방직 9급

Time does seem to slow to a trickle during a boring afternoon lecture and race when the brain is <u>engrossed</u> in something highly entertaining.

① enhanced by

② apathetic to

③ stabilized by

④ preoccupied with

06 밑줄 친 부분의 의미와 가장 가까운 것을 고르시오. 19. 지방직 9급

These daily updates were designed to help readers <u>keep abreast of</u> the markets as the government attempted to keep them under control.

① be acquainted with

② get inspired by

③ have faith in

④ keep away from

07 밑줄 친 부분에 들어갈 말로 가장 적절한 것은?   〔 18. 지방직 9급 〕

A: My computer just shut down for no reason. I can't even turn it back on again.

B: Did you try charging it? It might just be out of battery.

A: Of course, I tried charging it.

B: _____

A: I should do that, but I'm so lazy.

---

① I don't know how to fix your computer.

② Try visiting the nearest service center then.

③ Well, stop thinking about your problems and go to sleep.

④ My brother will try to fix your computer because he's a technician.

08 밑줄 친 부분에 들어갈 말로 가장 적절한 것을 고르시오.   〔 18. 지방직 9급 〕

A: Where do you want to go for our honeymoon?

B: Let's go to a place that neither of us has been to.

A: Then, why don't we go to Hawaii?

B: _____

---

① I've always wanted to go there.

② Isn't Korea a great place to live?

③ Great! My last trip there was amazing!

④ Oh, you must've been to Hawaii already.

09 다음 글의 밑줄 친 부분 중 어법상 틀린 것은? 20. 법원직 9급

Many of us believe that amnesia, or sudden memory loss, results in the inability to recall one's name and identity. This belief may reflect the way amnesia is usually ①portrayed in movies, television, and literature. For example, when we meet Matt Damon's character in the movie The Bourne Identity, we learn that he has no memory for who he is, why he has the skills he does, or where he is from. He spends much of the movie ②trying to answer these questions. However, the inability to remember your name and identity ③are exceedingly rare in reality. Amnesia most often results from a brain injury that leaves the victim unable to form new memories, but with most memories of the past ④intact. Some movies do accurately portray this more common syndrome; our favorite Memento.

10 다음 글의 밑줄 친 부분 중 문맥상 낱말의 쓰임이 가장 적절하지 않은 것은? 20. 법원직 9급

Even if lying doesn't have any harmful effects in a particular case, it is still morally wrong because, if discovered, lying weakens the general practice of truth telling on which human communication relies. For instance, if I were to lie about my age on grounds of vanity, and my lying were discovered, even though no serious harm would have been done, I would have ①undermined your trust generally. In that case you would be far less likely to believe anything I might say in the future. Thus all lying, when discovered, has indirect ②harmful effects. However, very occasionally, these harmful effects might possibly be outweighed by the ③benefits which arise from a lie. For example, if someone is seriously ill, lying to them about their life expectancy might probably give them a chance of living longer. On the other hand, telling them the truth could possibly ④prevent a depression that would accelerate their physical decline.

11 다음 글의 밑줄 친 부분 중 어법상 틀린 것은? (19. 법원직 9급)

Recent research reveals that some individuals are genetically ①predisposed to shyness. In other words, some people are born shy. Researchers say that between 15 and 20 percent of newborn babies show signs of shyness: they are quieter and more vigilant. Researchers have identified physiological differences between sociable and shy babies ②that show up as early as two months. In one study, two-month-olds who were later identified as shy children ③reacting with signs of stress to stimuli such as moving mobiles and tape recordings of human voices: increased heart rates, jerky movements of arms and legs, and excessive crying. Further evidence of the genetic basis of shyness is the fact that parents and grandparents of shy children more often say that they were shy as children ④than parents and grandparents of non-shy children

12 밑줄 친 부분에 들어갈 말로 가장 적절한 것을 고르시오. (16. 국가직 7급)

Most people acknowledge that being ethical means being fair and reasonable and not being _____ .

① greedy

② altruistic

③ weary

④ skeptical

13 밑줄 친 부분과 의미가 가장 가까운 것을 고르시오. 16. 국가직 7급

Reforms enacted in some states have already taken effect, whereas in other states, reforms legislation <u>is shelved</u>.

① pending
② hasty
③ precise
④ divisible

14 밑줄 친 부분 중 어법상 옳지 않은 것은? 18. 국가직 9급

Focus means ①<u>getting stuff done</u>. A lot of people have great ideas but don't act on them. For me, the definition of an entrepreneur, for instance, is someone who can combine innovation and ingenuity with the ability to execute that new idea. Some people think that the central dichotomy in life is whether you're positive or negative about the issues ②<u>that interest or concern you</u>. There's a lot of attention ③<u>paying to this question</u> of whether it's better to have an optimistic or pessimistic lens. I think the better question to ask is whether you are going to do something about it or just ④<u>let life pass you by</u>.

CHAPTER

02

목적어 자리

01 목적어 자리에 올 수 있는 것들

Chapter 02 목적어 자리

1 목적어 자리에 올 수 있는 것들

주어 자리에 올 수 있는 성분들이 전부 목적어 자리에 올 수 있다. 구체적으로는 명사(구), 대명사, 부정사, 동명사, 명사절이 있다.

① 명사구

• Jake has enough <u>business sense</u> to run his own company. Jake는 자신의 회사를 운영할 만큼 충분한 비즈니스 감각이 있다.

② 대명사

• If you experience any problem using the website, you may contact <u>us</u> at any of the following telephone numbers or send an email to websiteeop@nicom.net.

웹사이트를 사용할 때 문제를 경험하시면 아래의 전화번호나 websiteeop@nicom.net로 이메일을 보내 주시면 됩니다.

③ 부정사구

• She wants <u>to get a new job</u>. 그녀는 취업을 하기를 원한다.

④ 동명사구

• Lauren hates <u>working overtime</u>. Lauren은 초과근무하는 것을 싫어한다.

⑤ 명사절

• I agree <u>that we need new filing cabinet</u>. 우리가 새로운 파일 캐비닛이 필요하다는 데 동의한다.

1 명사구

명사는 주로 앞에 형용사나 한정사, 뒤에는 전명구나 관계절 또는 분사의 수식을 받아서 하나의 덩어리인 명사구의 형태로 사용된다.

문장 분석!

 구조 파악 연습(명사구)

다음 문장의 구조를 분석해 보시오.

1. The chemical company gave local government officials a report detailing operation of its plant in Westbury. (20. 국가직 9급)

2. Artists in the future will wrestle with the possibilities of the post-human and post-Anthropocene-artificial intelligence, human colonies in outer space and potential doom.

정답과 해설

1. <u>The chemical company</u> <u>gave</u> <u>local government</u>
　　　주어　　　　　　　동사　　　간접 목적어

<u>officials</u> <u>a report</u> (detailing operation of its plant in
　　　　　　　직접 목적어(분사)

Westbury.)

해석 그 화학 회사는 지역 정부 관리들에게 Westbury에 있는 공장의 운영에 대해 자세히 설명하는 보고서를 건넸다.

2. <u>Artists</u> (in the future) <u>will wrestle</u> <u>with</u> <u>the possibilities</u>
　　　주어　　(전명구)　　　　동사　　　전치사　　목적어
(of the post-human and post Anthropocene-artificial
(전명구)
intelligence, human colonies in outer space and
potential doom).

해석 미래의 예술가들은 포스트 휴먼과 포스트 인류세-인공지능, 우주의 인간 식민지 그리고 가능한 파멸에 대한 가능성을 다룰 것이다.

2 대명사

명사를 대신하는 대명사는 목적어 자리에 사용될 수 있는데, 인칭대명사의 경우 반드시 목적격이 와야 한다.

📋 구조 파악 연습(대명사)

다음 문장의 구조를 분석해 보시오.

1. Chad Rayes's total sales for this year topped everyone else's in the entire company, so the manager gave him the top employee award. (19. 국가직 9급)

2. This is not a map by any traditional definition, but the tools and techniques of cartography are employed to produce it, and in some ways it resembles a map.

🖊 정답과 해설

1. Chad Rayes's total sales (for this year) topped
   　　주어　　　　　　　　(전명구)　　　　동사

   everyone else's (in the entire company), so the
   　목적어　　　　(전명구)　　　　　　　등위접속사

   manager gave him the top employee award.
   　주어　　동사　간접 목적어　직접 목적어

   해석 Chard Raye의 올해 총매출액은 전체 회사에서 다른 모든
   사람을 뛰어 넘었다. 따라서 관리자는 그에게 최고 직원상
   을 수여했다.

2. This is not a map (by any traditional definition), but
   주어 동사 보어　　(전명구)　　　　　　　등위접속사

   the tools and techniques (of cartography) are employed
   　　　주어　　　　　(전명구)　　　　　동사

   (to produce it), and (in some ways) it resembles a map.
   　(부정사)　등위접속사(전명구)　주어　동사　목적어

   해석 이것은 전통적인 정의로는 지도가 아니다. 그러나 이것을 만들기
   위해서 지도 제작을 위한 장비와 기술이 사용되었다. 그리고 어떤
   측면에서는 지도와 닮았다.

3 부정사

특정 동사는 뒤에 목적어로 to부정사를 수반하는데, 이 동사들은 굉장히 빈출되니 꼭 암기해야 한다. 주로 '~할 것을' 과 같이 미래 의미는 '미래, 소망동사'라고 보면 되는데 아래와 같이 암기하면 된다.

to부정사를 목적어로 취하는 동사 : 소기계약동결(소고기 가격 계약 동결)

소망	hope, wish, want, desire
기대	expect, long
계획	plan, arrange
약속	promise, vow
동의	agree, assent, consent
결정	decide, determine, choose, refuse
기타	fail, afford, manage, hesitate, strive

4 동명사

동명사를 목적어로 취하는 동사 역시 굉장히 빈출되고 있는데, 주로 '~해 오던 것을' 또는 '~하는 것을'이라는 의미를 가진다. 보통 '~할 것을'이라고 해석되면 to부정사를 목적어로 취하는 경우가 많은데, consider, suggest, recommend 는 '~할 것을'이라고 해석되지만 뒤에 동명사를 목적어로 취하므로 특히 조심해야 한다.

동명사를 목적어로 취한 동사 : MEGAPASSID

동사	뜻	동사	뜻
mind	꺼리다	appreciate	감사하다
enjoy	즐기다	suggest recommend consider	제안하다 추천하다 고려하다
give up	포기하다	stop quit finish discontinue	중단하다
avoid admit	피하다 인정하다	include	포함하다
postpone practice promit	연기하다 연습하다 허락하다	deny	부인하다

5 명사절접속사('~라는 것'[that / what])

'~라는 것'이란 의미로 사용되는 명사절 접속사에는 that과 what이 있다. 접속사 뒤의 절이 완전한 문장이면 that, 주어나 목적어가 빠져 있는 불완전한 문장이면 what을 사용한다.

① that(접속사) + 완전한 문장

• <u>That</u> he was promoted to the position is true. 그가 승진했다는 것은 사실이다.

② what(관계대명사) + 불완전한 문장

• James suggests <u>that</u> he will write a new song. James는 그가 새로운 노래를 쓸 것을 제안했다.

• You decide <u>what</u> you need to do. 너가 해야 할 필요가 있는 것을 결정해라.

1. get the better of ~을 능가하다, ~을 이기다

➡ No one can get the better of her in an argument. 논쟁에서 그녀를 이길 사람은 없다.

2. get through to ~을 이해시키다, ~에게 연락하다

➡ We found it impossible to get through to the manager. 우리는 그 관리인을 납득시키는 것이 불가능하다고 본다.

3. get up the nerve 용기를 내다

➡ It took me three months to get up the nerve and ask her out. 그녀에게 데이트를 신청할 용기를 내는 데 3달이 걸렸다.

4. get A off the hook ~을 곤경에서 모면하게 하다

➡ At that time I couldn't get off the hook by myself. 그때 나는 혼자서는 곤경에서 빠져나오지 못했다.

5. give A a lift(a ride) ~을 태워다 주다

➡ Could you give me a lift to the airport? 공항까지 태워다 줄 수 있나요?

6. give it a try 시도해 보다

➡ I don't think I'll be any good at tennis, but I'll give it a try.
내가 테니스를 조금도 잘할 거라고는 생각하지 않지만 한 번 시도는 해 보겠어요.

7. give A a ballpark figure ~에게 어림치를 알려 주다

➡ Give me a ballpark figure of what you want to spend. 얼마나 투자하고 싶은지 대략적인 수치를 알려 주세요.

8. give way to ~에 양보하다

➡ The warm spring temperature will give way to a cold spell below freezing.
꽃샘 추위로 기온이 영하로 떨어질 것이다.

9. go around in circles 제자리 걸음만 하다

➡ We are going around in circles. It's such a waste of time.
우리는 계속 이야기가 뱅뱅 돌고 있다. 이것은 시간 낭비이다.

10. hang by a thread 위기 일발이다, 풍전등화다

➡ Their marriage life was hanging by a thread. 그들의 결혼생활은 위기 일발 상황이었다.

11. hang out with ~와 어울려 시간을 보내다

➡ He's very friendly and really fun to hang out with.
그는 정말 친근하고 같이 어울리기에는 재미있다.

12. Haste makes waste 서두르면 일을 그르친다

➡ This reminds us of the old dictum that haste makes waste.
이것은 급히 서두르면 일을 그르친다는 속담을 생각나게 한다.

13. have an inkling of ~을 눈치채다

➡ I think I have an inkling of what that feels like. 그 기분이 어떨지 나는 눈치를 챘다고 생각해.

14. have one's back 뒤를 받쳐주다, 지지하다

➡ You can always rely on me since I have your back. 내가 너 뒤를 봐줄 테니깐 너는 항상 나에게 기대도 된다.

15. hit the ceiling 격노하다

➡ Mom will hit ceiling when she sees the broken vase. 꽃병이 깨진 걸 보면 엄마가 격노할 것이다.

16. drop me a line 안부 전하다

➡ Drop me a line when you get there. 거기 도착하면 간단히 적어서 알려 줘.

17. get cold feet 용기를 잃다, 주눅들다

➡ I usually get cold feet when I have to speak in public. 사람들 앞에서 말할 때 나는 종종 주눅이 든다.

18. lag behind 뒤쳐지다

➡ We should not lag behind other nations in the exploitation of the air.
우리는 항공 개발에서 다른 나라에 뒤떨어져서는 안 된다.

19. come to terms with ~와 타협하다, ~을 받아들이다

➡ It was hard for me to come to terms with his death. 그의 죽음을 받아들이기 힘들었다.

20. follow suit 선례를 따르다

➡ I believe that once public firms take the lead, private businesses will follow suit.
공기업이 먼저 시범을 보인다면, 사기업들도 선례를 따를 것이라고 믿는다.

01 다음 문장 중 어법상 옳은 것은? (14. 서울시 7급)

① The students found to concentrate difficult while construction was going on
in the building next to the lecture hall.
② In spite of her busy work schedule, Mrs. Peters enjoys bake her own bread from scratch.
③ Randy understood the advantageous of the education program.
④ Ongoing investigations have suggested that the previously dismissed theory of a hidden
chamber in King Tut's tomb may be valid.

02 어법상 틀린 부분을 바르게 고치시오. (07. 서울시 9급)

Many students assume ①that textbook writers restrict themselves to facts and avoid ②to present opinion.
Although ③that may be true for some science texts, it's not true ④for textbooks in general, particularly in the
areas of psychology, history, and government.

03 어법상 틀린 부분을 바르게 고치시오. (15. 지방직 9급)

①Knowing value of your time ②enable you ③to make wise decisions about where and how you spend it so
you ④can make the most of this limited resource according to your circumstances, goals, and interests.

04 어법상 틀린 부분을 바르게 고치시오. 〔11. 국가직 9급〕

The Aztecs believed that chocolate ①made people intelligent. Today, we do not believe this. But chocolate has a special chemical ②called phenylethylamine. This is the same chemical ③the body makes when a person is in love. Which do you prefer ④to eat chocolate or being in love?

05 어법상 틀린 부분을 바르게 고치시오. 〔07. 국가직 7급〕

①However, in 1840, an English schoolteacher ②suggested ③to introduce postage stamps, and a postal rate ④based on weight.

06 어법상 틀린 부분을 바르게 고치시오. 〔17. 지방직 7급〕

In countries where religion ①has been closely identified with ②a people' culture, as in Hinduism and Islam, religious education has been essential ③to be maintained the society and ④its traditions.

07 다음 중 어법상 맞는 것을 고르시오. 〔08. 국가직 7급〕

It seems to me ①[that / what] I can ②[pick up hardly / hardly pick up] a magazine nowadays without ③ [encounter / encountering] someone's views on our colleges.

08 다음 각 문장 중 어법상 가장 적절한 것은? 〔 19. 경찰 2차 〕

① Not only she is modest, but she is also polite.

② I find myself enjoying classical music as I get older.

③ The number of crimes in the cities are steadily decreasing.

④ The car insurance rates in urban areas are more higher than those in rural areas.

09 밑줄 친 부분 중 어법상 옳지 않은 것은? 〔 19. 법원직 9급 〕

①Creating a culture that ②inspires out-of-the-box thinking is ultimately about ③inspiring people to stretch and empowering them to drive change. As a leader, you need ④providing support for those times when change is hard, and that support is about the example you set, the behaviors you encourage and the achievements you reward.

10 밑줄 친 부분 중 어법상 옳지 않은 것은? 18. 지방직 9급

Examples of ①severely overfished animals ②are the blue whale of the Antarctic and the halibut of the North Atlantic. Fishing just the correct amount to maintain a maximum annual yield is both a science and an art. Research is constantly being done to help us better understand the fish population and how ③utilizing it to the maximum without ④depleting the population.

11 밑줄 친 부분 중 어법상 옳지 않은 것은? 17. 지방직 9급 응용

One of the tricks our mind plays ①is to highlight evidence which confirms ②what we already believe. If we hear gossip about a rival, we tend to think "I knew he was a nasty piece of work". If we hear the same about our best friend, we're more likely to say "that's just a rumour." Once you learn about this mental habit - ③ called confirmation bias—you start seeing it everywhere. This matters when we want to make better decisions. Confirmation bias is OK as long as we're right, but all too often we're wrong, and we only pay attention to the deciding evidence when it's too late. How we can protect our decisions from confirmation bias depends on our awareness of ④what, psychologically, confirmation bias happens. There are two possible reasons. One is that we have a blind spot in our imagination and the other is we fail to ask questions about new information.

구 문 **기출 종합**
마스터!

정답 및 해설 p09

01 밑줄 친 부분의 의미와 가장 가까운 것을 고르시오. (21. 국가직 9급)

The influence of Jazz has been so <u>pervasive</u> that most popular music owes its stylistic roots to jazz.

① deceptive

② ubiquitous

③ persuasive

④ disastrous

02 밑줄 친 부분에 들어갈 말로 가장 적절한 것을 고르시오. (21. 지방직 9급)

Globalization leads more countries to open up their markets, allowing them to trade goods and services freely at a lower cost and with greater _____.

① extinction

② depression

③ efficiency

④ caution

03 밑줄 친 부분의 의미와 가장 가까운 것은? (20. 지방직 9급)

After Francesca <u>made a case</u> for staying at home during the summer holidays, an uncomfortable silence fell on the dinner table. Robert was not sure if it was the right time for him to tell her about his grandiose plan.

① objected to

② dreamed about

③ completely excluded

④ strongly suggested

04 다음 밑줄 친 부분에 들어갈 말로 가장 적절한 것은? 20. 지방직 9급

A: Oh, another one! So many junk emails!

B: I know. I receive more than ten junk emails a day.

A: Can we stop them from coming in?

B: I don't think it is possible to block them completely.

A: _____?

B: Well, you can set up a filter on the settings.

A: A filter?

B: Yeah. The filter can weed out some of the spam emails.

① Do you write emails often

② Isn't there anything we can do

③ How did you make this great filter

④ Can you help me set up an email account

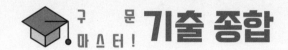

05 다음 밑줄 친 (A), (B), (C)에서 문맥에 맞는 낱말로 가장 적절한 것은? (19. 법원직 9급)

South Korea is one of the only countries in the world that has a dedicated goal to become the world's leading exporter of popular culture. It is a way for Korea to develop its "soft power." It refers to the (A) [tangible / intangible] power a country wields through its image, rather than through military power or economic power. Hallyu first spread to China and Japan, later to Southeast Asia and several countries worldwide. In 2000, a 50-year ban on the exchange of popular culture between Korea and Japan was partly lifted, which improved the (B) [surge / decline] of Korean popular culture among the Japanese. South Korea's broadcast authorities have been sending delegates to promote their TV programs and cultural contents in several countries. Hallyu has been a blessing for Korea, its businesses, culture and country image. Since early 1999, Hallyu has become one of the biggest cultural phenomena across Asia. The Hallyu effect has been tremendous, contributing to 0.2% of Korea's GDP in 2004, amounting to approximately USD 1.87 billion. More recently in 2014, Hallyu had an estimated USD 11.6 billion (C) [boost / stagnation] on the Korean economy.

	(A)	(B)	(C)
①	tangible	surge	stagnation
②	intangible	decline	boost
③	intangible	surge	boost
④	tangible	decline	stagnation

06 다음 글의 밑줄 친 부분 중 문맥상 낱말의 쓰임이 가장 적절하지 않은 것은? [19. 법원직 9급]

Most of the fatal accidents happen because of over speeding. It is a natural subconscious mind of humans to excel. If given a chance, man is sure to achieve infinity in speed. But when we are sharing the road with other users, we will always remain behind some or other vehicle. ①Increase in speed multiplies the risk of accident and severity of injury during accident. Faster vehicles are more prone to accident than the slower one and the severity of accident will also be more in case of faster vehicles. ②The higher the speed, the greater the risk. At high speed the vehicle needs greater distance to stop—i.e., braking distance. A slower vehicle comes to halt immediately while faster one takes long way to stop and also skids a ③short distance because of The First Law of Motion. A vehicle moving on high speed will have greater impact during the crash and hence will cause more injuries. The ability to judge the forthcoming events also gets ④reduced while driving at faster speed which causes error in judgment and finally a crash.

* severity 심함

07 밑줄 친 brush them off가 다음 글에서 의미하는 바로 가장 적절한 것은? (19. 법원직 9급)

Much of the communication between doctor and patient is personal. To have a good partnership with your doctor, it is important to talk about sensitive subjects, like sex or memory problems, even if you are embarrassed or uncomfortable. Most doctors are used to talking about personal matters and will try to ease your discomfort. Keep in mind that these topics concern many older people. You can use booklets and other materials to help you bring up sensitive subjects when talking with your doctor. It is important to understand that problems with memory, depression, sexual function, and incontinence are not necessarily normal parts of aging. A good doctor will take your concerns about these topics seriously and not brush them off. If you think your doctor isn't taking your concerns seriously, talk to him or her about your feelings or consider looking for a new doctor.

*incontinence (대소변)실금

① discuss sensitive topics with you
② ignore some concerns you have
③ feel comfortable with something you say
④ deal with uncomfortable subjects seriously

08 다음 글의 밑줄 친 부분 중 문맥상 낱말의 쓰임이 가장 적절하지 않은 것은? (19. 법원직 9급)

The American physiologist Hudson Hoagland saw scientific mysteries everywhere and felt it his calling to solve them. Once, when his wife had a fever, Hoagland drove to the drugstore to get her aspirin. He was quick about it, but when he returned, his normally ①reasonable wife complained angrily that he had been slow as molasses. Hoagland wondered if her fever had ②distorted her internal clock, so he took her temperature, had her estimate the length of a minute, gave her the aspirin, and continued to have her estimate the minutes as her temperature dropped. When her temperature was back to normal he plotted the logarithm and found it was ③linear. Later, he continued the study in his laboratory, artificially raising and lowering the temperatures of test subjects until he was certain he was right: higher body temperatures make the body clock go faster, and his wife had not been ④justifiably cranky.

*molasses 당밀 * logarithm (수학)로그

09 다음 밑줄 친 단어(어구)가 가리키는 대상이 나머지 셋과 다른 것은?   18. 법원직 9급

Watson had been watching ①his companion intently ever since he had sat down to the breakfast table. Holmes happened to look up and catch his eye.

"Well, Watson, what are you thinking about?" he asked.

"About you."

"②Me?"

"Yes, Holmes. I was thinking how superficial are these tricks of yours, and how wonderful it is that the public should continue to show interest in them."

"I quite agree," said Holmes. "In fact, I have a recollection that I have ③myself made a similar remark."

"Your methods, said Watson severely, "are really easily acquired."

"No doubt", Holmes answered with a smile.

"Perhaps you will ④yourself give an example of this method of reasoning."

① discuss sensitive topics with you
② ignore some concerns you have
③ feel comfortable with something you say
④ deal with uncomfortable subjects seriously

10 다음 밑줄 친 부분에 들어갈 가장 적절한 표현은? 17. 국회직 9급

When the detective interrogated Steve about the incident, he remembered _____ a black figure passing by. But he couldn't be sure of what it was.

① seen

② to see

③ seeing

④ being seen

⑤ to be seen

11 밑줄 친 부분의 의미와 가장 가까운 것을 고르시오. 16. 국가직 7급

There is no need to make the final decision today. Why don't you go home and <u>sleep on it</u>?

① take a day off to sleep late

② take time to think about it

③ take it for granted

④ take a good rest

12 밑줄 친 부분에 들어갈 가장 적절한 것을 고르시오. 16. 국가직 7급

A: Why didn't you answer my calls? I really wanted to talk to you.

B: I am sorry, but I think we need some time apart.

A: What do you mean? Do you want to break up with me?

B: No, _____. I still love you very much, but I just want to be by myself for a while.

① don't reject me

② don't get me wrong

③ don't lean on me

④ don't leave me behind

13 밑줄 친 부분 중 어법상 옳은 것은? (14. 국가직 9급)

Compared to newspapers, magazines are not necessarily up-to-the-minute, since they do not appear every day, but weekly, monthly, or even less frequently. Even externally they are different from newspapers, mainly because magazines ①<u>resemble like a book</u>. The paper is thicker, photos are more colorful, and most of the articles are relatively long. The reader experiences much more background information and greater detail. There are also weekly news magazines, ②<u>which reports on a number of topics</u>, but most of the magazines are specialized to attract various consumers. For example, there are ③<u>women's magazines cover fashion, cosmetics, and recipes</u> as well as youth magazines about celebrities. Other magazines are directed toward, for example, computer users, sports fans, ④<u>those interested in the arts</u>, -and many other small groups.

공무원 합격을 위한 영뽀 시리즈

CHAPTER
03

보어 자리와
수식어 자리

Chapter 03 보어 자리와 수식어 자리

1 보어 자리

보어 자리에 올 수 있는 것은 명사 또는 형용사 역할을 하는 것들이다.

1 명사 역할을 하는 것

① 명사구
- Previous experience will be <u>an advantage</u> for applicants. 이전 경험이 구직자들에게 장점이 될 것이다.

② 동명사구
- His hobby is <u>listening to opera music at home</u>. 그의 취미는 집에서 오페라 음악을 듣는 것이다.

③ to부정사구
- The important thing is <u>to include your phone number</u>. 중요한 것은 당신의 전화번호를 포함하는 것이다.

④ 명사절
- The problem is <u>that we do not have sufficient capital</u>. 문제는 우리가 충분한 자본이 없다는 것이다.

2 형용사 역할을 하는 것

① 형용사
- The new investments are <u>profitable</u>. 그 새로운 투자안은 수익성이 있다.

② 분사
- Daisy's younger brother always makes her <u>worried</u>. Daisy의 어린 동생은 항상 그녀를 걱정시킨다.

2 주격 보어를 갖는 동사

2형식 문장에서 불완전 자동사는 뒤에 주격 보어를 수반한다. 주격 보어 자리에는 형용사를 사용하는 것이 대부분이고, '주어 = 주격 보어' 관계가 성립하는 경우에는 명사 보어를 사용한다.

1) 감각 동사 : look, smell, taste, sound, feel + 형용사/like 명사(구)(절)

- She looks <u>tired</u>. 그녀는 피곤해 보인다.
- The heat made me feel <u>faint</u>. 그 열이 나를 어지럽게 만들었다.
- The cake was decorated to look <u>like a car</u>. 그 케이크는 자동차처럼 보이게 장식되어 있었다.

2) 상태 지속 동사 : 뜻은 '(계속)~이다'. be, remain, stay, keep + 형용사

- The weather will stay <u>cold</u> tomorrow. 날씨는 내일 추울 것이다.
- The birds stay <u>still</u> on the bench. 그 새들이 벤치에 가만히 앉아 있다.

3) 상태 변화 동사 : 뜻은 '~되다'. become, get, grow, go, come, fall, run + 형용사

- The project became <u>successful</u>. 그 프로젝트는 성공적으로 되었다.
- The flowers grow <u>wild</u>. 그 꽃들은 야생에서 자란다.
- Dreams come <u>true</u>. 꿈은 실현된다.
- The milk went <u>bad</u>. 우유가 상했다.

4) 판단, 입증 동사 : 뜻은 '~인 것 같다, ~임이 판명되다'. seem, appear, prove, turn out + to V/(to be) 형용사

- She seems <u>(to be) ill</u>. 그녀는 아픈 것처럼 보였다.
- The man turned out <u>to be an enemy</u>. 그 남자는 적으로 판명되었다.

3 목적격 보어를 갖는 동사

　5형식 문장에서 불완전 타동사 뒤에는 목적어와 그 뒤로 목적격 보어가 수반된다. 목적격 보어 자리에는 다음과 같은 것들이 올 수 있다.

1 형용사 보어(상태, 성질)

> make, keep, find, leave, consider + **O** + **OC**(<u>형용사/분사</u>)

2 명사 보어(직업, 신분)

> call, elect, name + **O** + **OC**(<u>명사</u>)

3 to부정사 보어 : 행위유발동사(~에게 ~하게 하다)

대표 동사	동사의 뜻	뒤따르는 형태
ask	부탁하다	
allow	허락하다	
enable	가능하게 하다	+ O + <u>to R</u>
encourage	격려하다	
persuade	설득하다	
require	요구하다	

4 전명구 보어

대표 동사	동사의 뜻	뒤따르는 형태
regard	간주하다	
think of	생각하다	
look upon	여기다	+ A + <u>as</u> B
refer to	부르다	
take	여기다, 착각하다	+ A + <u>for</u> B

5 원형 부정사 보어

1) 사역동사 : '~하도록 시키다'라는 의미의 동사로 목적격 보어의 형태가 출제된다. '~에게 ~하도록 시키다'라는 의미일 때는 동사원형이 사용되고, '~가 ~되도록 만들다'라는 의미일 때는 과거분사를 사용한다.

대표 동사	동사의 뜻	뒤따르는 형태
make	~하게 만들다	+ sby + <u>R</u>(능동)
have	~하게 하다	
let	~하도록 허락하다	+ sth + <u>p.p</u>(수동) [단 let + Sth + be + p.p.(수동)]

2) 준사역동사 : get은 사역동사와 같은 의미를 지니지만, '~에게 ~하도록 시키다'일 때 목적격 보어 자리에 to R을 사용해야 한다. 그리고 help는 '시키다'라는 의미는 없지만 목적격 보어 자리에 동사원형을 사용한다.

대표 동사	동사의 뜻	뒤따르는 형태
help	돕다	+ 목적어 + **(to) R**
get	시키다	+ 목적어 + **(to) R**(능동) + 목적어 + **P.P**(수동)

3) 지각동사 : '보다, 듣다'와 같이 지각 능력과 관련된 동사이다. '목적어가 ~하는 것을 보다, 듣다'의 의미일 때는 목적격 보어 자리에 동사원형이나 현재분사형을 사용하고, '목적어가 ~되는 것을 보다, 듣다'의 의미일 때는 목적격 보어 자리에 과거분사를 사용한다.

대표 동사	동사의 뜻	뒤따르는 형태
see, watch observe, notice	보다	+ sby + **(능동, 진행)**
hear, listen to	듣다	+ sth + **(수동)**
feel	느끼다	

4 수식어 자리에 올 수 있는 것들

하나의 문장에서 문장의 주요소인 주어, 동사, 목적어, 보어를 제외하고는 이들을 수식하는 수식어구이다. 수식어구는 다음과 같이 괄호로 묶어서 처리하면 된다.

① 전치사구

• (At the school,) he found the book. (학교에서) 그는 책을 찾았다.

② to부정사구

• The player turned away (to protect our eyes). 그 선수는 (우리의 눈을 보호하기 위해서) 돌아섰다.

③ 분사구(문)

• The food (delivered from the deli) was very expensive. (식당에서 배송된) 음식은 매우 비쌌다.

④ 관계절

• I remember one professor (who was rather strict). 나는 (다소 엄격했던) 교수님 한 분을 기억하고 있다.

⑤ 부사절

• (Before I left for work,) I went out for a jog. (출근하기 전에,) 나는 조깅하러 갔다.

5 수식어가 오는 위치

수식어는 문장 앞, 문장 뒤, 또는 문장 중간에 위치할 수 있다.

① (수식어) + 주어 + 동사

• (Despite the bad weather,) the game was not cancelled. (악천후에도 불구하고,) 그 게임은 취소되지 않았다.

② 주어 + (수식어) + 동사

• The curtains (lining the windows) should be cleaned yearly. (창을 따라 일렬로 있는) 커튼은 1년에 한 번 청소되어야 한다.

③ 주어 + 동사 + (수식어)

• She bought a new coat (although it was expensive). 그녀는 (비쌌음에도 불구하고,) 그 코트를 구입했다.

 Chapter 3 빈출 핵심 표현

1. **help yourself** 마음껏 먹다

   ➡ Help yourself to some more pie. 파이 좀 더 드세요.

2. **hit the hay** 잠자리에 들다

   ➡ I was so sleepy that I hit the hay early. 너무 졸려서 일찍 잤다.

3. **hit the jackpot** 대성공하다, 대박을 터트리다

   ➡ I hit the jackpot in the real estate market last year. 나는 작년에 부동산 시장에서 대박을 터트렸다.

4. **hue and cry** 강력한 항의

   ➡ The political opponents raised a hue and cry. 그 정치적 반대파들은 강력한 항의를 했다.

5. **I am not made of money** 나는 부자가 아니다, 갑부가 아니다

   ➡ I don't have enough money to give you and as you know I'm not made of money.
   나는 너에게 줄 충분한 돈이 없다. 너도 알다시피 나는 갑부가 아니다.

6. **I beg your pardon** 다시 한번 말씀해 주세요

   ➡ I beg your pardon. I didn't get your point. 죄송하지만 다시 한번 말씀해 주세요. 요지가 뭔지 모르겠어요.

7. **I couldn't help it** 어쩔 수 없었다

   ➡ I couldn't help it. The traffic was terrible. 어쩔 수가 없었어요. 교통이 끔찍했어요.

8. I heard it through the grapevine 소문으로 들었어요

➡ I heard through the grapevine that you and Steve are an item now. 소문으로 들었는데 너와 Steve가 사귄다며.

9. I know it's a long shot 나는 그것이 승산이 거의 없다는 것을 안다

➡ I know it's a long shot, and probably not something that the boss would be interested in.
나는 그것이 승산이 거의 없고 아마 사장님이 관심 가질 만한 것이 아니라는 것을 알고 있다.

10. I owe you 너에게 빚을 졌다

➡ I still owe you a birthday gift. You'll get it soon. 생일 선물을 아직 안 줬는데, 조금만 기다려 봐.

11. I still have a long way to go 아직 해야 할 일이 많이 남았다

➡ I still have a long way to go as an actor, but I'm working on it. 배우로서 갈 길이 멀지만, 계속 노력하고 있습니다.

12. I want to return your favor 당신의 호의에 보답하고 싶어요

➡ If you give me a chance next time, I want to return your favor. 다음에 기회를 주시면, 당신의 호의에 보답하고 싶어요.

13. I've seen better 요즘 별로 좋지 않다

➡ I've seen better days and I feel like limp noodle. 나는 요즘 별로야. 몸이 축 늘어지는 느낌이야.

14. go for it 힘내다

➡ It sounds a great idea. Go for it! 그거 아주 좋은 생각 같아. 힘내 봐!

15. make a day of it 즐겁게 만들다

➡ It's my birthday, so won't you make a day of it? 내 생일인데 나를 즐겁게 해 주지 않을래?

16. get on one's nerve 신경을 건드리다

➡ I can't stand him. He gets on my nerve. 그를 더 이상 참을 수가 없다. 그는 내 신경을 건드린다.

17. have a sweet tooth 단것을 좋아하다

➡ I have a sweet tooth and if I don't watch it, I'll really get fat. 나는 단것을 좋아한다. 조심하지 않으면 정말 뚱뚱해질 것이다.

18. turn over a new leaf 새 사람이 되다, 개과천선하다

➡ I decided to turn over a new leaf and study really harder. 나는 마음을 잡고 공부를 더욱 열심히 하기로 했다.

19. cast a long shadow 큰 영향력을 미치다

➡ The events of 11 September have cast a long shadow over our world. 9.11테러 사건은 전 세계에 큰 영향을 미쳤다.

20. jump on the bandwagon 우세한 편에 서다, 시류에 편승하다

➡ He didn't jump on the bandwagon and remained firm in his conviction. 그는 시류에 영합하지 않고 자신의 소신을 지켰다.

정답 및 해설 p13

01 다음 중 어법상 맞는 것을 고르시오. (11. 지방직 7급)

As artists, ①[how / what] drives us is the desire to make our lives ②[run / to run] more smoothly, with less angst, ③[less / fewer] voids and a minimum of bother.

02 다음 중 어법상 맞는 것을 고르시오. (10. 국가직 9급)

Passive euthanasia means ①[let / letting] a patient ②[die / to die] for lack of treatment or ③[suspending / to suspend] treatment that has begun.

03 밑줄 친 부분 중 어법상 옳지 않은 것은? (13. 국가직 9급)

He ①has won 12 awards ②during his career, ③he will be presented with the Lifetime Achievement Award later this year in recognition of his ④significant contribution to the film industry.

04 다음 중 어법상 틀린 부분을 골라 바르게 고치시오. (10. 지방직 7급)

He drew some criticism for his family's wealth, ①which enabled him ②to assemble a large staff and ③getting around the country ④in a private plane.

05 다음 중 어법상 맞는 것을 고르시오. (09. 국가직 9급)

Both diet and exercise can help you ①[maintain / maintaining] a healthy weight, keep you feeling energized, and ②[protect / to protect] you ③[of / from] sickness.

06 다음 중 어법상 틀린 부분을 골라 바르게 고치시오. (09. 국가직 9급)

The dangerous man is ①<u>not the critic</u>, ②<u>but the noisy empty patriot</u> ③<u>who encourages us</u> ④<u>indulge</u> in orgies of self- congratulation.

07 우리말을 영어로 잘못 옮긴 것은? (15. 사복직 9급)

① 우리는 그녀의 행방에 대해서 아는 바가 거의 없었다.
　　→ We don't have the faintest notion of her whereabouts.
② 항구 폐쇄에 대한 정부의 계획이 격렬한 항의를 유발했다.
　　→ Government plans to close the harbor provoked a storm of protest.
③ 총기 규제에 대한 너의 의견에 전적으로 동의한다.
　　→ I couldn't agree with you more on your views on gun control.
④ 학교는 어린이들의 과다한 TV 시청을 막기 위한 프로그램을 시작할 것이다.
　　→ The school will start a program designed to deter kids to watch TV too much.

08 우리말을 영어로 옮긴 것으로 가장 적절한 것은? (14. 국회직 9급)

① 그녀는 과일이 다 익은 후에 땄다.
　　→ She picked the fruits after they had grown ripe.
② 짙은 안개가 도로를 명확하게 보는 것을 어렵게 했다.
　　→ The heavy fog made it hardly to see the road clearly.
③ 그들은 호텔 방으로 돌아와 문이 잠기지 않았음을 알게 되었다.
　　→ They returned to their hotel room to find the door unlock.
④ 그는 자신의 목소리가 쉬었기 때문에 물을 달라고 부탁했다.
　　→ He asked for some water because his voice was hoarsely.

09 밑줄 친 부분 중 어법상 옳지 않은 것은? 20. 국가직 9급

①<u>Listening</u> to somebody's ideas is the one way to know whether the story you believe about the world—as well as about yourself and your place in it—remains ②<u>intact.</u> We all need ③<u>to examine</u> our beliefs, air them out and let them ④<u>to breathe</u>.

10 밑줄 친 부분 중 어법상 옳지 않은 것은? 20. 국가직 9급

Art will become increasingly ①<u>diversely</u> and might not look ②<u>like</u> art as we expect. In the future, once we've become ③<u>weary</u> of our lives being visible online for all to see and our privacy has been ④<u>all but</u> lost, anonymity may be more desirable than fame.

11 밑줄 친 부분 중 어법상 옳지 않은 것은? (17. 지방직 9급 응용)

A story that is ①on the cutting edge of modem science began in an isolated part of northern Sweden in the 19th century. This area of the country had unpredictable harvests through the first half of the century. In years that the harvest failed, the population went ②hungrily. However, the good years were very good. The same people who went hungry during bad harvests overate significantly during the good years. A Swedish scientist wondered about the long-term effects of these eating patterns. He studied the harvest and health records of the area. He was astonished by what he found. Boys who overate during the good years produced children and grandchildren who died about six years earlier than the children and grandchildren of ③those who had very little to eat. Other scientists found the same result for girls. The scientists were forced ④to conclude that just one reason of overeating could have a negative impact that continued for generations.

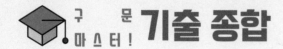

정답 및 해설 p14

01 밑줄 친 부분의 의미와 가장 가까운 것을 고르시오. (21. 국가직 9급)

> This novel is about the <u>vexed</u> parents of an unruly teenager who quits school to start a business.

① callous

② annoyed

③ reputable

④ confident

02 밑줄 친 부분에 들어갈 말로 가장 적절한 것을 고르시오. (17. 지방직 9급)

> A: What are you getting Ted for his birthday? I'm getting him a couple of baseball caps.
> B: I've been _____ trying to think of just the right gift.
> I don't have an inkling of what he needs.
> A: Why don't you get him an album? He has a lot of photos.
> B: That sounds perfect! Why didn't I think of that? Thanks for the suggestion!

① contacted by him

② sleeping all day

③ racking my brain

④ collecting photo albums

03 밑줄 친 부분에 들어갈 말로 가장 적절한 것을 고르시오. (16. 지방직 9급)

Last year, I had a great opportunity to do this performance with the staff responsible for _____ art events at the theater.

① turning into
② doing without
③ putting on
④ giving up

04 우리말을 영어로 잘못 옮긴 것은? (16. 지방직 9급)

① 오늘 밤 나는 영화 보러 가기보다는 집에서 쉬고 싶다.
   → I'd rather relax at home than going to the movies tonight.
② 경찰은 집안 문제에 대해서는 개입하기를 무척 꺼린다.
   → The police are very unwilling to interfere in family problems.
③ 네가 통제하지 못하는 과거의 일을 걱정해 봐야 소용없다.
   → It's no use worrying about past events over which you have no control.
④ 내가 자주 열쇠를 엉뚱한 곳에 두어서 내 비서가 나를 위해 여분의 열쇠를 갖고 다닌다.
   → I misplace my keys so often that my secretary carries spare ones for me.

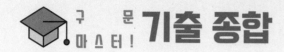

05 밑줄 친 부분에 가장 적절한 것은? 〔14. 국가직 9급〕

A: Did you see Steve this morning?

B: Yes. But why does he _____ ?

A: I don't have the slightest idea.

B: I thought he'd be happy.

A: Me too. Especially since he got promoted to sales manager last week.

B: He may have some problem with his girlfriend.

① have such a long face

② step into my shoes

③ jump on the bandwagon

④ play a good hand

06 (A), (B), (C)의 각 부분에서 어법에 맞는 표현으로 가장 적절한 것은? 〔19. 법원직 9급〕

Mel Blanc, considered by many industry experts to be the inventor of cartoon voice acting, began his career in 1927 as a voice actor for a local radio show. The producers did not have the funds to hire many actors, so Mel Blanc resorted to (A) [create / creating] different voices and personas for the show as needed. He became a regular on The Jack Benny Program, (B) [where / which] he provided voices for many characters - human, animal, and nonliving objects such as a car in need of a tune-up. The distinctive voice he created for Porky Pig fueled his breakout success at Warner Bros. Soon Blanc was closely associated with many of the studio's biggest cartoon stars as well as characters from Hanna-Barbera Studios. His longest running voice-over was for the character Daffy Duck—about 52 years. Blanc was extremely protective of his work—screen credits reading "Voice Characterization by Mel Blanc" (C) [was / were] always under the terms of his contracts.

* personas (극·소설 등의) 등장인물

```
     (A)        (B)       (C)
① create   - where  - was
② create   - which  - were
③ creating - where  - were
④ creating - which  - was
```

07 다음 글의 밑줄 친 부분 중 문맥상 낱말의 쓰임이 적절하지 <u>것은?</u> 18. 법원직 9급

When asked, nearly everyone says the proper response to a compliment is "Thank you". But researchers found that when actually given a compliment, only a third of people accept it so ①<u>simply</u>. The difficulty lies in the fact that every compliment ("What a nice sweater!") has two levels: a gift component (accept or reject) and a content component (agree or disagree). The recipient is confronted with a ②<u>dilemma</u> - how to respond simultaneously to both: "I must agree with the speaker and thank him for the gift of a compliment while avoiding self-praise." Interestingly, women and men are both ③<u>less</u> likely to accept a compliment coming from a man than from a woman. When a man says, "Nice scarf," a woman is more likely to respond ④<u>affirmatively</u>: "Thanks. My sister knitted it for me." But when one woman tells another, "That's a beautiful sweater," the recipient is likely to disagree or deflect. "It was on sale, and they didn't even have the colour I wanted."

08 다음 글의 밑줄 친 부분 중 문맥상 낱말의 쓰임이 적절하지 <u>않은</u> 것은? 18. 법원직 9급

As a youngster I shared a bedroom with my older sister. Although the age difference was slight, in intellect and maturity she viewed me from across the great divide. Her serious academic and cultural pursuits contrasted sharply with my activities of closely monitoring the radio shows. Because of these ①<u>dissimilar</u> interests and the limited resource of one bedroom between us, we frequently had conflict over what constituted disturbing and inconsiderate behavior. For months, there were attempts to ②<u>compromise</u> by "splitting the difference" in our divergent viewpoints or practicing "share and share alike." Even with written schedules and agreements plus parental mediation, the controversy persisted. Ultimately the matter was ③<u>aggravated</u> when we both came to recognize that considerable time and energy were being wasted as we maneuvered and positioned ourselves for the next mathematical compromise. With recognition of a ④<u>common</u> interest in solving the problem for our mutual benefit, we were able to think beyond physical resources of space, hours, and materials. The satisfying solution that met both of our needs was the purchase of earphones for the radio.

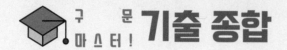

09 다음 글의 밑줄 친 부분 중 문맥상 낱말의 쓰임이 적절하지 않은 것은?   18. 법원직 9급

In our daily, conscious activity we generally experience a ①separation between the mind and the body. We think about our bodies and our physical actions. Animals do not experience this division. When we start to learn any skill that has a physical component, this separation becomes even ②less apparent. We have to think about the various actions involved, the steps we have to follow. We are aware of our slowness and of how our bodies respond in an awkward way. At certain points, as we ③improve, we have glimpses of how this process could function differently, of how it might feel to practice the skill fluidly, with the mind not getting in the way of the body. With such glimpses, we know what to aim for. If we take our practice far enough the skill becomes ④automatic, and we have the sensation that the mind and the body are operating as one.

10 다음 빈칸에 들어갈 말로 가장 적절한 것은?   18. 법원직 9급

Paradoxically, the initial discovery of an interest often goes unnoticed by the discoverer. In other words, when you just start to get interested in something, you may not even realize that's what's happening. The emotion of boredom is always self-conscious—you know it when you feel it—but when your attention is attracted to a new activity or experience, you may have very little reflective appreciation of what's happening to you. This means that, at the start of a new endeavor, asking yourself nervously every few days whether you've found your passion is _____ .

① relevant
② necessary
③ premature
④ uncommon

11 다음 밑줄 친 부분의 의미와 가장 가까운 단어는? 19. 국회직 9급

The commonest and most <u>conspicuous</u> acts of animal altruism are done by parents, especially mothers, towards their children.

① salient
② pertinent
③ concealed
④ contingent
⑤ rudimentary

12 밑줄 친 부분에 들어갈 가장 적절한 것을 고르시오. 16. 국가직 7급

A: You have just seen all the cars you were interested in. Is there a particular model you like?

B: Well, I do like the red one I saw at first, especially the exterior with its radiant color.

A: So, would you like to test-drive that one?

B: Maybe... but I'm just a little concerned about the leg room.

A: _____

B: Well, I don't think it is spacious enough for my family.

A: If you feel that way, we could try out a different one.

B: Why not? I am open to your suggestions.

① What seems to be the problem with the exterior?
② Do you want to try out a different color?
③ Perhaps you want to test-drive the red one?
④ Do you think it is too small for you?

13 밑줄 친 부분 중 어법상 옳지 않은 것을 고르시오. 〔16. 국가직 7급〕

The corals are the foundation of an ecosystem ①increasingly damaging by fishing nets, but scientists know ②very little about the ③slow-growing life-forms because they are somewhat difficult ④to reach.

CHAPTER

04

문장 구조

문장 구조

1 자동사

자동사는 목적어가 필요 없는 동사로, 뒤에 목적어가 이어지기 위해서는 전치사가 필요한 동사이다. 자동사에는 보어가 필요 없는 1형식 동사(완전 자동사)와 보어를 필요로 하는 2형식 동사가 있다.

1 주요 1형식 동사(완전 자동사)

1형식 동사를 전부 다 외우는 것은 한계가 있다. 우선 시험에 나오는 것부터 확실하게 암기하자. 왕(가다)래(오다)발(출발하다)착(도착하다)생(살다)사(죽다)존(존재하다)발(발생하다)구(구성하다)로 1형식 빈출 동사를 정리하자!

왕	go	생	live
래	come	사	die
발	depart	존	exist, appear, disappear
착	arrive	발	happen, occur, take place
		구	consist

2 주요 2형식 동사

단어	뜻
be	~이다
become	~이 되다
remain	~로 남아 있다
sound	~처럼 들리다
look	~처럼 보이다
seem	~처럼 보이다
smell	~한 냄새가 나다
feel	~처럼 느끼다
taste	~한 맛이 나다

3 자동사의 경우

자동사의 경우, 전치사가 있으면 목적어를 가질 수 있다. 이때 자동사와 어울리는 전치사는 함께 암기해야 한다.

for	account for(~을 설명하다)	arrange for(~을 준비하다)
	look for(~을 찾다)	wait for(~을 기다리다)
to	agree to((의견)에 동의하다)	belong to(~에 속하다)
	object to(~에 반대하다)	reply to(~에 대답하다)
with	comply with(~을 따르다) cooperate with(~와 협력하다) deal with(~을 다루다)	
from	differ from(~과 다르다)	suffer from(~으로 고통받다)
	refrain from(~을 삼가다) result from(~에서 초래되다) arise from(~에서 발생하다)	
in	engage in(~에 종사하다)	participate in(~에 참여하다)
	result in(~을 초래하다)	succeed in(~에 성공하다)
of	approve of(~을 인정하다)	consist of(~으로 구성되다)
	dispose of(~을 처분하다)	think of(~을 생각하다)

2 타동사

1 타동사의 특징

타동사는 전치사 필요 없이 바로 목적어를 갖는 동사로 뒤에 전치사가 제시되면 어법상 틀린 게 된다. 자동사로 혼동하기 쉬운 타동사는 다음과 같다. 뒤에 함정으로 나오는 전치사들도 같이 기억하자.

tell, mention, announce, discuss	+ about [X]
reach, approach, answer, oppose survive, call, contact, obey	+ to [X]
join, enter	+ into [X]
marry, resemble, face, accompany	+ with [X]
approve	+ for [X]

대부분의 타동사는 뒤에 목적어가 오면 끝나는 구조로 사용되지만, provide A with B 같은 동사는 타동사의 목적어가 필요하고 그 뒤에 특정 전치사를 수반해서 그 전치사의 목적어가 다시 필요한 구조로 사용된다.

> rid / rob / deprive+ of(~에게서 ~을 제거하다)
> deter / prevent / keep + 목적어 + from(~을 ~으로부터 막다)
> provide / supply / present + with(~에게 ~을 제공하다)

2 혼동하기 쉬운 자동사와 타동사

우리말로는 비슷하지만 자동사와 타동사로 명확히 구분되는 동사들로, 타동사는 뒤에 전치사를 쓰지 않도록 주의해야 하고, 자동사는 뒤에 나오는 전치사와 함께 기억해야 한다.

	자동사 + 전치사	타동사 + 전치사 X
말하다	speak to/about(~에게/~에 대해 말하다) talk to/about(~와/~에 대해 이야기하다) converse with(~와 대화하다) account for(~에 대해 설명하다)	tell(~에게 말하다) discuss(~에 대해 토론하다) mention(~에 대해 말하다) explain(~에 대해 설명하다)
답하다	respond to(~에 답하다) reply to(~에 답하다)	answer(~에 답하다)
반대하다	object to(~에 반대하다) rebel against(~에 대항하다)	oppose(~에 반대하다) resist(~에 저항하다)
기타	arrive at/in(~에 도착하다) agree with /to(~에 동의하다) complain about(~에 대해 불평하다) participate in(~에 참여하다) wait for(~을 기다리다)	reach(~에 도착하다) enter(~에 들어가다) contact(~에게 연락하다) approach(~에 접근하다) resemble(~을 닮다) marry(~와 결혼하다)

3 4형식 동사

1 4형식 동사의 특징

S + V + IO + DO 형태로 이루어져 있다. 4형식 동사(수여 동사)는 목적어가 2개 필요한 동사로, '~에게'에 해당하는 간접 목적어와 '~을'에 해당하는 직접 목적어가 있어야 하는 동사이다.

> 3형식 : 주어 + **완전 타동사** + 목적어
> 4형식 : 주어 + 완전 타동사(수여 동사) + **간접 목적어** + **직접 목적어**

3형식으로 전환 시 전치사를 주의해야 하는 4형식 동사는 다음과 같다.

give, offer, send	+ Sth + **to** + Sby
make, buy	+ Sth + **for** + Sby
ask, require	+ Sth + **of** + Sby

that절이나 의문사절을 직접 목적어로 갖는 4형식 동사는 다음과 같다.

tell(~에게 ~라고 말하다)
inform, notify(~에게 ~라고 알리다)
convince, assure(~에게 ~라고 납득시키다)　　**+ 간접 목적어(사람) + that절/의문사절**
remind(~에게 ~라고 상기시키다)
warn(~에게 ~라고 경고하다)

4 5형식 동사

5형식 동사가 사용된 문장은 S + V + O + OC 형태이다. 목적어와 함께 목적어를 보충 설명해 주는 말인 목적격
보어가 있어야 하는 동사이다. 목적격 보어의 형태에 따라서 크게 3가지 동사로 나뉜다.

1) 형용사 보어(상태, 성질)를 취하는 동사

make, keep, find, leave, consider + O + OC(형용사/분사)

2) 명사 보어(직업, 신분)를 취하는 동사

call, elect, name + O + OC(명사)

3) to부정사 보어 : 행위유발동사(~에게 ~하게 하다)

대표 동사	동사의 뜻	뒤따르는 형태
ask	부탁하다	
allow	허락하다	
enable	가능하게 하다	
encourage	격려하다	+ O + to R
persuade	설득하다	
require	요구하다	

1. I'm of two minds of it 저는 그것을 망설이고 있어요

➡ I'm of two minds when it comes to the question of when to get married.
나는 언제 결혼할 것인가의 문제에 있어서는 결정을 내리지 못하고 있다.

2. I'm through with you 나는 너와는 끝이다

➡ I'm through with you, completely lack of respect. 예의라곤 전혀 없으니 너와는 완전 끝이다.

3. I'm all for it 그것에 전적으로 찬성이다

➡ I'm all for it. It'd be a great way to boost employee morale without spending any money.
난 찬성이에요. 돈 안 쓰고 직원들의 사기를 높일 수 있는 좋은 방법이에요.

4. in a flap about ~에 대해 동요하는

➡ He determined that he would be in a flap about nothing. 그는 어떤 것에도 동요하지 않을 거라고 결심했다.

5. in the wake of ~의 결과로, ~의 여파로, ~에 뒤이어

➡ There have been demonstrations on the streets in the wake of recent market regulations.
최근의 시장 규제 결과로 거리에서 시위가 있어 왔다.

6. It could have been worse 이만하면 다행이다

➡ Bad as it were, it could have been worse. 나쁘기는 하지만, 그래도 이만하면 다행이다.

7. It was a close call 큰일 날 뻔했다, 위태롭게 피했다

➡ Luckily nothing was broken, but it was a close call. 다행히 부서진 건 없지만 위기였다.

8. It's a deal 그렇게 하자, 합의 봤어

➡ It's a deal. I'll meet you after school. 좋아, 방과 후에 만나자.

9. It's on me 제가 낼게요

➡ You can have your choice. It's on me. 마음대로 골라. 내가 살게.

10. It's like water off a duck's back 전혀 효과가 없다

➡ The bullets had no effect on the steel door. They fell away like water off a duck's back.
그 탄환은 그 강철문에 전혀 먹혀 들지 않았다. 뚫지 못하고 튕겨 나갔을 뿐이었다.

11. jump down one's throat 몹시 화나게 하다

➡ I thought he was going to jump down your throat.
나는 그가 너에게 몹시 화를 낼 거라 생각했다.

12. keep one's fingers crossed 기도하다, 좋은 결과를 빌다

➡ I'll keep my fingers crossed that there is no repeat of the problem that occurred in this city.
이 도시에서 발생한 문제의 반복의 없도록 기도할 겁니다.

13. keep one's chin up 기운을 내다, 의연한 자세를 유지하다

➡ It is important to keep chins up no matter how grim it all is. 아무리 암울하다고 해도 긍정적인 자세를 갖는 것이 중요하다.

14. down to earth 현실적인, 실제적인

➡ The man I met from the debate was very down to earth.
토론에서 만난 그 남자는 매우 현실적이었다.

15. leave no stone unturned 온갖 수를 다 쓰다

➡ We'll leave no stone unturned in our efforts to find the culprit. 온갖 수단을 다해서 그 범죄인을 수사할 것이다.

16. be all thumbs 손재주가 없는, 서툰

➡ The janitor is all thumbs and can never fix things. 그 관리인은 정말 손재주가 없어서 고칠 수 있는 게 없다.

17. fresh out of ~이 막 떨어지다

➡ I'm sorry, we are fresh out of bagels at the moment. 죄송해요, 지금 베이글이 막 다 떨어졌어요.

18. have a taste for ~을 좋아하다, ~에 취미가 있다

➡ It was too sweet for me, but you might like it if you have a taste for sweets.
저에게는 너무 단 음식이지만, 단것을 좋아한다면 아마 좋아하실 거예요.

19. make ends meet 수지 균형을 맞추다, 겨우 먹고 살 만큼 벌다

➡ After my father was laid off, my family is at a loss over how to make ends meet.
아버지가 실직하고 나서 우리 가족의 생계가 막막해졌다.

20. seize hold of 붙잡다, 움켜쥐다

➡ The wrestlers try to seize hold of each other.
레슬링 선수들은 서로 붙잡으려고 한다.

 정답 및 해설 p18

01 우리말을 영어로 잘못 옮긴 것은? (21. 지방직 9급)

① 그의 소설들은 읽기가 어렵다.
→ His novels are hard to read.

② 학생들을 설득하려고 해 봐야 소용없다.
→ It is no use trying to persuade the students.

③ 나의 집은 5년마다 페인트칠된다.
→ My house is painted every five years.

④ 내가 출근할 때 한 가족이 위층에 이사 오는 것을 보았다.
→ As I went out for work, I saw a family moved in upstairs.

02 우리말을 영어로 잘못 옮긴 것은? (21. 지방직 9급)

① 경찰 당국은 자신의 이웃을 공격했기 때문에 그 여성을 체포하도록 했다.
→ The police authorities had the woman arrested for attacking her neighbor.

② 네가 내는 소음 때문에 내 집중력을 잃게 하지 마라.
→ Don't let me distracted by the noise you make.

③ 가능한 한 빨리 제가 결과를 알도록 해 주세요.
→ Please let me know the result as soon as possible.

④ 그는 학생들에게 모르는 사람들에게 전화를 걸어 성금을 기부할 것을 부탁하도록 시켰다.
→ He had the students phone strangers and ask them to donate money.

03 어법상 옳지 않은 것은? (21. 지방직 9급)

① Fire following an earthquake is of special interest to the insurance industry.

② Word processors were considered to be the ultimate tool for a typist in the past.

③ Elements of income in a cash forecast will be vary according to the company's circumstances.

④ The world's first digital camera was created by Steve Sasson at Eastman Kodak in 1975.

04 다음 중 틀린 부분을 바르게 고치시오. 16. 경찰 1차

It took hours to find him out where the counterfeited money came from.

05 다음 중 틀린 부분을 바르게 고치시오. 17. 지방직 7급

The most important point of wearing high heels is to make a woman to feel taller, slimmer and sexier.

06 우리말을 영어로 잘못 옮긴 것은? 15. 국가직 7급

① 남에게 의존하지 말고 너 자신이 직접 그것을 하는 것이 중요하다.
 → It is important that you do it yourself rather than rely on others.
② 은행 앞에 주차된 내 차가 불법 주차로 인해 견인되었다.
 → My car, parked in front of the bank, was towed away for illegal parking.
③ 토요일까지 돈을 갚을 수 있다면, 돈을 빌려 줄게.
 → I'll lend you with money provided you will pay me back by Saturday.
④ 만약 태풍이 접근해 오지 않았었더라면 그 경기가 열렸을 텐데.
 → The game might have been played if the typhoon had not been approaching.

07 다음 중 어법상 옳지 않은 것은? 13. 서울시 9급

① The painting hanging on the wall is beautiful.
② The twins differ from each other in personality.
③ Calling the customer service number, I had to wait the service manager for 10 minutes.
④ Consuming too much salt can result in high blood pressure.

완 벽
숙 지! 기출 연습

08 우리 말을 영어로 잘못 옮긴 것은? (15. 사복직 9급)

① 그녀는 벌로 그녀의 아이들에게서 사탕을 빼앗을 계획이다.
　　→ She is planning to deprive her children of sweets as a punishment.
② 우리는 사람들이 들어오는 것을 막기 위해 뒷문에 표지판을 두었다.
　　→ We placed a sign on the back door to deter people of entering.
③ 그들은 그들의 의견을 논의하기 위해 직원 회의를 열었다.
　　→ They held a staff meeting to discuss their opinions.
④ 승객들은 탑승하기 위해 직원에게 그들의 티켓을 제시해야 한다.
　　→ Passengers must present agents with their tickets in order to board.

09 밑줄 친 부분 중 어법상 옳지 않은 것은? (15. 국가직 7급)

As Gandhi stepped ①aboard a train one day, one of his shoes slipped off and landed on the track. He was unable to retrieve it as the train was moving. To the amazement of his companions, Gandhi calmly took off his other shoe and threw it back along the track ②to land close to the first. Asked by a fellow passenger ③why he did so, Gandhi smiled. "The poor man who finds the shoes ④lied on the track'/ he replied, "will now have a pair he can use."

10 밑줄 친 부분 중 어법상 옳지 않은 것은? 20. 국가직 9급

The Second Amendment of the U.S. Constitution states: "A well-regulated Militia, being ①<u>necessary</u> to the security of a free State, the right of the people to keep and bear Arms, shall not be infringed. Supreme Court rulings, ②<u>cited</u> this amendment, have upheld the right of states to regulate firearms. However, in a 2008 decision confirming an individual right to keep and bear arms, the court struck down Washington, D.C. laws that banned handguns and required ③<u>those</u> in the home ④<u>to be locked</u> or disassembled.

11 밑줄 친 부분 중 어법상 옳지 않은 것은? 17. 지방직 9급 응용

December usually marks the start of humpback whale season in Hawaii, but experts say the animals have been slow to return this year. The giant whales are an iconic part of winter on the islands and a source of income for tour operators. But officials at the Humpback Whale Marine Sanctuary said they've been getting reports that the whales have been difficult ①<u>to spot them</u> so far. "One theory was that something like this happened as whales increased. It's a product of their success. With more animals, they're competing against each other for food resources, and it takes an energy of ②<u>reserve</u> to make the long trip back," said Ed Lyman, a Maui-based resource protection manager and response coordinator for the sanctuary. He was surprised by how few of the animals he saw while responding to a call about a ③<u>distressed</u> calf on Christmas Eve, saying "We've just seen a handful of whales." It will be a while ④<u>before</u> officials have hard numbers because the annual whale counts don't take place until the last Saturday of January, February and March, according to former sanctuary co-manager Jeff Walters.

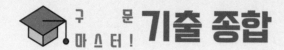

 정답 및 해설 p20

01 밑줄 친 부분에 들어갈 말로 가장 적절한 것은? (21. 국가직 9급)

A group of young demonstrators attempted to _____ the police station.

① line up

② give out

③ carry on

④ break into

02 밑줄 친 부분에 들어갈 말로 가장 적절한 것을 고르시오. (16. 지방직 9급)

Penicillin can have an _____ effect on a person who is allergic to it.

① affirmative

② aloof

③ adverse

④ allusive

03 밑줄 친 부분의 의미와 가장 가까운 것을 고르시오. (17. 지방직 9급)

Some of the newest laws authorize people to appoint a <u>surrogate</u> who can make medical decisions for them when necessary.

① proxy

② sentry

③ predecessor

④ plunderer

04 밑줄 친 부분의 의미와 가장 가까운 것을 고르시오. 17. 지방직 9급

A: He thinks he can achieve anything.

B: Yes, he needs to <u>keep his feet on the ground</u>.

① live in a world of his own

② relax and enjoy himself

③ be brave and confident

④ remain sensible and realistic about life

05 밑줄 친 부분과 의미가 가장 가까운 것을 고르시오. 15. 국가직 9급

He took out a picture from his drawer and kissed it with deep reverence, folded it <u>meticulously</u> in a white silk kerchief, and placed it inside his shirt next to his heart.

① carefully

② hurriedly

③ decisively

④ delightfully

06 밑줄 친 부분에 들어갈 말로 가장 적절한 것을 고르시오. 21. 지방직 9급

We're familiar with the costs of burnout: Energy, motivation, productivity, engagement, and commitment can all take a hit, at work and at home. And many of the _____ are fairly intuitive: Regularly unplug. Reduce unnecessary meetings. Exercise. Schedule small breaks during the day. Take vacations even if you think you can't afford to be away from work, because you can't afford not to be away now and then.

① fixes　　② damages　　③ prizes　　④ complication

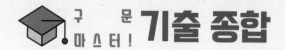

07 다음 글의 밑줄 친 부분 중 어법상 옳지 않은 것은? (18. 법원직 9급)

In 2000, scientists at Harvard University suggested a neurological way of ①explaining Mona Lisa's elusive smile. When a viewer looks at her eyes, the mouth is in peripheral vision, ②which sees in black and white. This accentuates the shadows at the corners of her mouth, making the smile ③seems broader. But the smile diminishes when you look straight at it. It is the variability of her smile, the fact that it changes when you look away from it, ④that makes her smile so alive, so mysterious.

08 다음 밑줄 친 부분의 의미와 가장 가까운 단어는? (18. 법원직 9급)

The US Congress concluded that, unless the law was reauthorized, "racial and language minority citizens will be deprived of the opportunity to exercise their right to vote, or will have their votes <u>diluted</u>, undermining the significant gains made by minorities in the last 40 years."

① callous
② restricted
③ belligerent
④ contentious
⑤ preposterous

다음 밑줄 친 부분의 의미와 가장 가까운 단어는? 〔 19. 국회직 9급 〕

Though they vowed that no girl would ever come between them, Biff and Trevor could not keep <u>acrimony</u> from overwhelming their friendship after they both fell in love with the lovely Teresa.

---

① malice

② temerity

③ cordiality

④ sympathy

⑤ recollection

다음 밑줄 친 부분 중 문맥상 낱말의 쓰임이 적절하지 않은 것은? 〔 19. 국회직 9급 〕

When students are asked about what they do when studying, they commonly report underlining, highlighting, or otherwise marking material as they try to learn it. We treat these techniques as ①<u>equivalent</u>, given that, conceptually, they should work the same way. The techniques typically appeal to students because they are simple to use, do not ②<u>entail</u> training, and do not require students to invest much time beyond what is already required for reading the material. The question we ask here is, will a technique that is so ③<u>complicated</u> to use actually help students learn? To understand any benefits specific to highlighting and underlining, we do not consider studies in which active marking of text was ④<u>paired</u> with other common techniques, such as note-taking. Although many students report combining multiple techniques, each technique must be evaluated ⑤ <u>independently</u> to discover which ones are crucial for success.

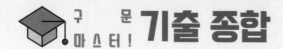

11 대화의 흐름으로 보아 빈칸에 들어갈 가장 적절한 표현은? (19. 국회직 9급)

A: David, I am having a problem with reading this chart.

B: What's wrong?

A: I think I understand latitude and longitude, but I do not fully understand minutes and seconds.

B: Well, "minutes" and "seconds" mean something different in nautical terms. _____.

A: What do you mean?

B: Well, a nautical minute measures distance.

① They are not the same as ordinary ones

② They use the various navigational techniques

③ They are different depending on how to use GPS

④ People have trained students to draw their own charts

⑤ People have used the different technology since early human history

12 다음 밑줄 친 부분 중 어법상 옳지 않은 것은? (18. 국회직 9급)

①Affording a home in one of Britain's opulent seaside towns has long been way out of reach, even for ②the moderately rich. But now it seems that house prices in two of the smartest resorts have tumbled significantly in the last year. In the boating haven of Salcombe in South Devon, prices ③have fallen 8.2%, according to the Halifax. And in Sandbanks in Dorset, ④renowned for being the UK's most expensive resort, prices ⑤being down 5.6%.

13 밑줄 친 부분 중 어법상 옳지 않은 것을 고르시오. (16. 국가직 7급)

Much of the debate over police drones in the United States ①<u>has</u> been over privacy. However, a new concern has come to light: the threat of hackers. Last year, security researcher Nils Rodday claimed he could take over a drone that ②<u>costs</u> between $30,000 and $35,000 ③<u>used</u> just a laptop and forty dollars, ④<u>worth of</u> special equipment.

CHAPTER

05

조동사

01 조동사

Chapter 05 조동사

1 조동사

조동사는 동사의 의미를 덧붙여, 말하는 사람의 생각이나 태도를 부각시키는 보조 동사이다. 조동사는 아래와 같은 특징을 가진다.

1 조동사의 특징

1) 조동사의 형태

① 평서문 : **조동사 + 동사원형(R)**

조동사 뒤에는 주어의 인칭과 수에 관계 없이 항상 동사원형이 사용된다. 문제는 보통 '조동사 + (부사) + 동사원형' 식으로 중간에 부사를 끼우는 형태가 출제된다.

• He **will** soon **ride** a bus. 그는 곧 버스를 탈 것이다.

② 부정문 : **조동사 + not + 동사원형(R)**

조동사를 부정할 때는 부정어의 위치를 묻는 문제가 출제된다. 부정어는 조동사와 동사원형 사이에 위치한다.

• You **must not take** a day off. 너는 하루 쉬어서는 안 된다.

③ 의문문 : **조동사 + S + 동사원형(R)**

의문문은 주어와 동사가 도치되어서 만들어지므로 '조동사 + 주어 + 동사원형' 어순이 된다.

• **Will you attend** the meeting? 회의에 참여하실 건가요?

2 조동사의 의미와 시제

1) 기본 조동사

must	반드시(99%) ~해야 한다(= have to), ~임에 틀림없다	must not	반드시 ~아니다
	I must go to school.		I must not go to school.
should	당연히(90%) ~해야 한다 / ~일 것이다	should not	당연히 ~아니다
	I should go to school.		I should not go to school.

may	아마 ~것이다(60%)	may not	아마 ~아니다
	I may go to school.		I may not go to school.
can	~할 수 있다(= be able to)	cannot	~할 수 없다 / ~할 리 없다
	I can go to school.		I cannot go to school.
will	~할 것이다	will not	~하지 않을 것이다
	I will go to school.		I will not go to school.

2) 조동사의 시제

'조동사 + have p.p.'는 과거의 일에 대한 추측이나 후회 등을 나타낸다. 조동사를 과거형으로 표시할 때는 조동사 뒤에 have p.p.가 붙는다고 보면 된다.

조동사 have p.p	해석
must have p.p.	~했음에 틀림없다
should have p.p.	당연히 ~했어야만 했는데 하지 않았다
shouldn't have p.p.	~하지 말았어야 했다
may(might) have p.p.	아마 ~했을 것이다
cannot have p.p.	~했을 리가 없다
could have p.p.	~했을 수도 있다

- The ground is wet. It **must have rained** last night. 땅이 젖었다. 비가 왔음에 틀림없다.
- You **should have studied** English harder. 너는 영어를 더 열심히 공부했어야만 했다.
- You **shouldn't have eaten** too much. 너무 많이 먹지 말았어야 했다.
- Lauren is late. She **may have missed** the bus. Lauren이 늦네. 아마 버스를 놓쳤을 거야.
- She **cannot have written** the story. 그녀가 그 이야기를 작성했을 리가 없다.
- The accident **could have been avoided**. 그 사고는 방지할 수도 있었을 것이다.

3) 조동사구

조동사구는 2단어 이상으로 구성되는 조동사를 의미한다. 조동사와 마찬가지로 조동사구 뒤에도 동사원형이 온다.

대표 조동사구	해석
ought to R	~해야만 한다
may well R	~하는 것도 당연하다
had better A (than B)	(B 하는 것보다) A 하는 것이 더 낫다
would rather A (than B)	
may as well A (as B)	

중요 포인트

조동사구의 부정문

조동사구에서 not의 위치는 기본적으로 조동사 뒤에 위치한다. 준조동사는 예외인데, ought to R → ought **not** to R, have to R → **don't** have to R이다. 그리고 be동사를 포함하는 경우에는, not은 be동사 뒤에 위치한다(be **not** able to R, be **not** going to R).

ought **not** to R	may well **not** R	
had better **not** R	would rather **not** R	may as well **not** R

3 당위의 조동사 should

1) 요구, 제안, 명령, 주장 동사 that S + (should) R

요구, 제안, 명령, 주장 등의 동사들이 '~해야 한다'라는 뜻을 가질 때는 that절 안의 동사는 (should) + R의 형태를 취한다. 현대 영어에서는 should는 거의 대부분 생략해서 사용한다.

요구	ask, demand, require, request
제안	suggest, propose, recommend, advise
명령	order, command
주장	insist

2) 판단의 형용사 + that S + (should) R

가주어, 진주어 구문에서 형용사가 판단의 뜻을 가질 때는 that절 안의 동사는 (should) + R 형태를 취한다.

중요한	important, vital, crucial, critical
필요한	necessary, essential, mandatory, imperative
당연한	natural, desirable

4 기타 주요 조동사

1) need(~할 필요가 있다), dare(감히 ~하다)

need와 dare는 일반동사와 조동사로 사용이 가능한데, 각 용법에 따라 뒤따르는 형태가 출제된다. 일반동사일 때는 뒤에는 다른 동사가 올 수 없어서, to R이 뒤따른다. 부정어는 need, dare 앞에 위치한다. 반면, 조동사로 사용할 때는 뒤에는 동사원형이 와야 하며 부정어는 need, dare 뒤에 위치한다.

일반동사일 때	don't doesn't + need / dare didn't	+ to R	didn't need to do didn't dare to do
조동사일 때	need / dare + not	+ R	need not do dare not do

- He dares to look down upon me. 그는 감히 나를 깔본다. [일반동사]
- He dared not look me in the face. 그는 감히 내 얼굴을 쳐다보지 않았다. [조동사]
- How dare you say such a thing? 어떻게 감히 네가 그런 말을 하니? [조동사]

2) used to vs be used to

used에는 3가지 용법이 있다. used to는 조동사이다. 뒤에 동사원형이 오며 '~하곤 했다'라는 뜻이다. be used to Ring는 숙어 표현으로 '~하는 데 익숙하다'라는 뜻이다. 그리고 '~하는 데 사용되다'라는 뜻을 나타낼 때는 'be used to + 동사원형'을 사용한다.

used to + R	~하곤 했다
be used to + -ing/명사	~하는 데 익숙하다
be used to + R	~하는 데 사용되다

- I used to <u>work</u> overnight. 나는 밤새 일하곤 했다.

- I am used to <u>getting</u> up early in the morning. 나는 아침에 일찍 일어나는 데 익숙하다.

- The raw material is used to <u>make</u> semiconductors. 원자재는 반도체를 만드는 데 사용된다.

3) '~하지 않을 수 없다'라는 뜻을 가진 조동사구

매번 볼 때마다 혼동이 되고 어려워하는 구문이다. 이번에 완전히 정복하자!

대표 조동사구	해석
cannot but <u>R</u>	~하지 않을 수 없다
cannot help <u>-ing</u>	
cannot help(choose) but <u>R</u>	
have no choice but <u>to R</u>	

cannot help –ing에서 help는 '피하다'라는 뜻의 avoid와 같은 의미이다. avoid도 뒤에 동명사가 온다. '피할 수 없다'에서 '~하지 않을 수 없다'라는 뜻으로 된 것이다.

- I cannot help **believing** him. 나는 그를 믿지 않을 수 없다.

cannot but + R은 cannot help but + R과 같다. 여기서 but은 '~을 제외하고'라는 뜻이다. '~을 제외하고는 ~할 수 없다 → '~하지 않을 수 없다'라는 뜻으로 된 것이다. cannot but이나 cannot help but이 하나의 조동사라고 생각하고, 뒤에 동사원형이 온다고 보면 된다.

- I couldn't help but **overhear**. 엿듣지 않을 수 없었다.

단, have no choice but to R과 헷갈리지 말자. 이 표현에서는 but 뒤에 to R이 온다는 점을 주의해야 한다. '~을 제외하고는 선택이 없다' →'~하지 않을 수 없다'라는 뜻으로 된 것이다. have (no choice but) to R에서 no choice but이 강조하려고 들어갔다고 보면 된다. have to R이 사용되듯이 뒤에는 to R이 사용된다.

- I have no choice but **to refuse**. 나는 거절하지 않을 수 없다.

4) '아무리 ~해도 지나치지 않다'라는 뜻을 가진 조동사구

대표 조동사구	해석
cannot - too much	아무리 ~해도 지나치지 않다
cannot over R (주의 : over와 too much를 함께 쓸 수 없다)	

• We **cannot** emphasize the high quality **too much**. 우리는 품질을 아무리 강조해도 지나치지 않는다.

5) '~할 때마다 ~하다'라는 뜻을 가진 조동사구

원래는 '~하지 않고는 ~하지 않다'라는 뜻이다. 현재는 '~할 때마다 ~하다'라는 뜻으로 사용한다.

대표 조동사구	해석
cannot - without <u>-ing</u>	~할 때마다 ~하다
never - without <u>-ing</u>	
cannot - but <u>S + V</u>	

• They **cannot** meet **without** quarrel**ing**. 우리는 품질을 아무리 강조해도 지나치지 않다.

1. let me sleep on it 심사숙고하다

   ➡ Let me sleep on it and get back to you tomorrow.
   좀 더 생각해 보고 내일 이야기해 줄게요.

2. Let sleeping dogs lie 긁어 부스럼 만들지 마라

   ➡ South Korea should focus on job performance and let sleeping dogs lie.
   한국은 업무 성과에 초점을 맞추어야 하며 긁어 부스럼 만들지 말아야 한다.

3. look before you leap 돌다리도 두들겨 보고 건너라

   ➡ As the saying goes, "Look before you leap", I make sure that every detail is covered.
   "돌다리도 두르려 보고 건너라"라는 속담처럼 모든 세부 사항이 다루어졌는지 확인했다.

4. look who is talking 사돈 남 말하네

   ➡ I'm lazy? Look who's talking. 내가 게으르다고? 사돈 남 말하네.

5. keep one's shirt on 화내지 않다, 냉정을 유지하다

   ➡ Keep your shirt on and tell me what's wrong with your car.
   침착하시고 당신의 차가 어디에 이상이 있는지 말해 주세요.

6. make a living 생계를 꾸리다

   ➡ We make a living by what we get, we make a life by what we give.
   우리는 받아서 생계를 꾸려 나가고 주면서 인생을 꾸며 나간다.

7. make a splash 세상을 깜짝 놀라게 하다, 평판이 자자하다

   ➡ You don't have to do anything fancy to make a splash. 주목을 받기 위해 꼭 멋진 일을 해야만 하는 것은 아니다.

8. make the fur fly 큰 소동을 일으키다

   ➡ The commissioner will certainly make the fur fly if anything goes wrong.
   그 위원은 만약 뭔가가 잘못된다면 틀림없이 큰 소동을 벌일 거야.

9. once in a blue moon 극히 드물게

   ➡ This sort of thing happens only once in a blue moon. 이런 일은 가뭄에 콩 나듯이 발생한다.

10. out of the blue 갑자기, 난데없이

    ➡ He came over to me, out of the blue, and started shouting. 그가 난데없이 나에게 와서 소리치기 시작했다.

11. over my dead body 내 눈에 흙이 들어가기 전에는 안 된다

➡ She moves into our home over my dead body.
  내 눈에 흙이 들어가기 전에는 그녀를 이 집안에 들여 놓을 수 없다.

12. put ~ in one's shoes ~의 입장에 두다

➡ Before you criticize, put yourself in their shoes. 비난하기 전에 그들의 입장이 되어 봐라.

13. strike while the iron is hot 쇠뿔도 단김에 빼라

➡ You should expand your business now. You need to strike while the iron is hot.
  당신은 지금 사업을 확장해야 한다. 쇠뿔도 단김에 빼야 한다.

14. know(find) one's way around ~에 정통하다

➡ It is hard to find one's way around a system that is interminable in terms of delivery.
  배달에 대해 끊임없이 계속되는 체계를 찾아내기는 어렵다.

15. take a rain check 다음을 기약하다

➡ Can I take a rain check? I must get this finished tonight. 다음을 기약해도 될까요? 오늘 밤에 이 일을 끝내야 해요.

16. shed light on ~을 해명하다, 밝히다

➡ It's time for us to fully cooperate in the police investigation to shed light on the unprecedented case.
  그 전례 없는 사건을 규명하기 위해서 그가 경찰의 조사에 협력해야 할 때이다.

17. with no strings attached 아무런 조건 없이

➡ He insisted that the money will be given came with no strings attached.
  그는 자신이 받은 돈에는 대가성이 없다고 주장했다.

18. in a nutshell 간단명료하게

➡ To put it in a nutshell, you're flat broke now. 긴말할 것 없이 당신은 이제 완전 빈털터리이다.

19. lose one's temper 화를 내다

➡ All of a sudden, he lost his temper and spoke out. 갑자기 그가 화를 내며 소리 질렀다.

20. rain cats and dogs 비가 억수같이 내리다

➡ He wouldn't take an umbrella though it should rain cats and dogs.
  그는 비가 억수같이 쏟아진다고 해도 우산을 가지고 가려 하지 않을 것이다.

정답 및 해설 p23

01 다음 중 어법상 틀린 부분을 골라 바르게 고치시오. (11. 지방직 9급)

Even the dreamer ①himself, Dr. Martin Luther King, Jr., ②might have not imagined that 40 short years after his murder, we ③would be planning an inauguration of the first man of African descent ④to ascend to the presidency.

02 다음 중 어법상 틀린 부분을 골라 바르게 고치시오. (12. 국가직 9급)

It provides raw ①materials used to ②making ③building materials, ④paper, and fuels.

03 다음 중 어법상 틀린 부분을 골라 바르게 고치시오. (07. 서울시 9급)

①On the day of the surgery ②a few minutes before my wife was operated, the physician's assistant demanded that she ③signed a consent form for the surgery she ④did not want.

04 밑줄 친 부분 중 어법상 잘못된 곳은? 14. 서울시 7급

Thailand's constitutional court has declared the country's February 2 general election ①invalid as ②it breached a law requiring ③that the polling process ④is completed on the same day of ⑤nationwide.

05 어법상 옳은 것은? 16. 국가직 9급

① Jessica is a much careless person who makes little effort to improve her knowledge.

② But he will come or not is not certain.

③ The police demanded that she not leave the country for the time being.

④ The more a hotel is expensiver, the better its service is.

06 우리말을 영어로 잘못 옮긴 것을 고르시오. 17. 국가직 9급

① 이 편지를 받는 대로 곧 본사로 와 주십시오.
  → Please come to the headquarters as soon as you receive this letter.
② 나는 소년 시절에 독서하는 버릇을 길러 놓았어야만 했다.
  → I ought to have formed a habit of reading in my boyhood.
③ 그는 10년 동안 외국에 있었기 때문에 영어를 매우 유창하게 말할 수 있다.
  → Having been abroad for ten years, he can speak English very fluently.
④ 내가 그때 그 계획을 포기했었다면 이렇게 훌륭한 성과를 얻지 못했을 것이다.
  → Had I given up the project at that time, I should have achieved such a splendid result.

07 다음 문장 중 어법상 옳지 않은 것은? 12. 국가직 9급

① Passengers have asked to turn down their music out of consideration for others.

② They have decided what to do about the current shortage of funds.

③ I will be taking a nap, so please do not disturb me at all.

④ This lamp costs more than the others do.

08 어법상 옳은 것을 고르시오. (12. 지방직 9급)

① The college newspaper prints only the news that are of interest to the students and faculty.

② As soon as I will get all the vaccinations, I will be leaving for a break.

③ Susan likes to lay down for a short nap every afternoon.

④ The instructions require that we not use a red pen.

09 밑줄 친 부분 중 어법상 옳지 않은 것은? (18. 서울시 9급)

①Following his father's imprisonment, Charles Dickens was forced to leave school to work at a boot-blacking factory alongside the River Thames. At the run-down, rodent-ridden factory, Dickens earned six shillings a week labeling pots of "blacking," a substance ②used to clean fireplaces. It was the best he ③can do to help support his family. Looking back on the experience, Dickens saw it as the moment he said goodbye to his youthful innocence, stating that he wondered "how he could be so easily cast away at ④such a young age." He felt abandoned by the adults who were supposed to take care of him.

10 다음 글의 밑줄 친 부분 중 어법상 옳지 않은 것은? (20. 국가직 9급)

Advocates of homeschooling believe that children learn better when they are in a secure, loving environment. Many psychologists see the home as the most natural learning environment, and originally the home was the classroom, long before schools ①were established. Parents who homeschool argue that they can monitor their children's education and ②giving them the attention that is lacking in a traditional school setting. Students can also pick and choose what ③to study and when to study, thus enabling them ④to learn at their own pace.

11 어법상 옳지 않은 것을 고르시오. 16. 국가직 7급

① I met a student yesterday in the cafeteria who said she knew you.

② Even though Tim is your friend, he isn't to be trusted with other people's money.

③ We suggest you to take a copy of the final invoice along with your travel documents.

④ Surprisingly, she didn't have any objections to make to the proposal.

12 어법상 옳지 않은 것을 고르시오. 17. 지방직 9급 응용

Dictionaries are your most reliable resources for the study of words. Yet the habit of using them ①needs to be cultivated. Of course, it can feel like an annoying interruption to stop your reading and look up a word. You might tell yourself that if you keep ②going, you would eventually understand it from the context. Indeed, reading study guides often advise just that. However, should understanding ③not occurs, you will find yourself soon becoming drowsy. Often it's not the need for sleep that is occurring but a gradual loss of consciousness. The knack here is ④to recognize the early signs of word confusion before drowsiness takes over when it is easier to exert sufficient willpower to grab a dictionary for word study. Although this special effort is needed, once the meaning is clarified, the perceptible sense of relief makes the effort worthwhile.

01 밑줄 친 부분에 들어갈 말로 가장 적절한 것을 고르시오. (21. 지방직 9급)

The government is seeking ways to soothe salaried workers over their increased tax burdens arising from a new tax settlement system. During his meeting with the presidential aides last Monday, the President _____ those present to open more communication channels with the public.

① fell on

② called for

③ picked up

④ turned down

02 밑줄 친 부분과 의미가 가장 가까운 것을 고르시오. (16. 사복직 9급)

Many people <u>were taken in</u> by his good-looking face and great manner of talking, so they gave him all their money to invest.

① were pleased

② were shocked

③ were deceived

④ were disillusioned

03 밑줄 친 부분에 들어갈 표현으로 가장 적절한 것은? 15. 지방직 9급

M: Would you like to go out for dinner, Mary?

W: Oh, I'd love to. Where are we going?

M: How about the new pizza restaurant in town?

W: Do we need a reservation?

M: I don't think it is necessary.

W: But we may have to wait in line because it's Friday night.

M: You are absolutely right. Then, I'll _____ right now.

W: Great.

① cancel the reservation

② give you the check

③ eat some breakfast

④ book a table

04 밑줄 친 부분에 들어갈 표현으로 가장 적절한 것은? 15. 지방직 9급

M: Excuse me. How can I get to Seoul Station?

W: You can take the subway.

M: How long does it take?

W: It takes approximately an hour.

M: How often does the subway run?

W: _____ .

① It is too far to walk

② Every five minutes or so

③ You should wait in line

④ It takes about half an hour

05 밑줄 친 부분과 의미가 가장 가까운 것을 고르시오. (16. 국가직 9급)

> It was personal. Why did you have to <u>stick your nose in</u>?

① hurry

② interfere

③ sniff

④ resign

06 밑줄 친 부분과 의미가 가장 가까운 것을 고르시오. (16. 국가직 9급)

> Newton made <u>unprecedented</u> contributions to mathematics, optics, and mechanical physics.

① mediocre

② suggestive

③ unsurpassed

④ provocative

07 두 사람의 대화 내용 중 가장 어색한 것은? (16. 사복직 9급)

① A : I don't think I can finish this project by the deadline.

   B : Take your time. I'm sure you can make it.

② A : Mom, what do you want to get for Mother's Day?

   B : I don't need anything. I just feel blessed to have a son like you.

③ A : I think something's wrong with this cake. This is not sweet at all!

   B : I agree. It just tastes like a chunk of salt.

④ A : Would you carry this for me? I don't have enough hands.

   B : Sure, I'll hand it over to you right away.

08 다음 밑줄 친 부분의 의미와 가장 가까운 것은? 18. 국회직 9급

> He launched into the crowd to <u>grapple</u> his unfortunate prey.

① identify

② avoid

③ evoke

④ exploit

⑤ seize

09 다음 밑줄 친 부분의 의미와 가장 가까운 것은? 18. 국회직 9급

> <u>Conciliatory</u> gestures, such as an apology or offer of compensation, were shown to reduce anger and promote forgiveness after a conflict.

① assured

② punitive

③ flattering

④ appeasing

⑤ acquiescing

10 대화의 흐름으로 보아 밑줄 친 부분에 들어갈 가장 적절한 표현은? (18. 국회직 9급)

A: Are you going to the market today?
B: No, I'm not. I have to see my doctor today. Why? Do you need something?
A: _____ I'll go tomorrow.
B: No, no, I can drop by the market on my way home.

① Oh, never mind.
② Yeah. I have to see my doctor, too.
③ No, I don't need anything.
④ Can you get some eggs for me?
⑤ I would appreciate it if you could buy some eggs.

11 다음 밑줄 친 부분의 의미와 가장 가까운 것은? (18. 국회직 9급)

The medical resistance to death may seem entirely <u>laudable</u>, since we expect doctors to enhance health and to preserve life.

① compelling
② intrepid
③ praiseworthy
④ audacious
⑤ sagacious

12 다음 밑줄 친 부분 중 어법상 옳지 않은 것은? (18. 국회직 9급)

Democracy, after all, is not just ①<u>a set of practices but a culture</u>. It lives not only ②<u>in so formal mechanisms</u> as party and ballot ③<u>but in the instincts and expectations of citizens.</u> Objective circumstances — jobs, war, competition from abroad—shape ④<u>that political culture,</u> but ⑤<u>so do the words and deeds of leaders</u>.

13 밑줄 친 부분에 들어갈 가장 적절한 것은? 15. 지방직 9급

Culture travels, like people. There are Chinese and Zen gardens in cities from Sydney to Edinburgh to San Francisco. 'World Music' is enormously popular: the latest disco style breezily combines flamenco with jazz and Gaelic traditions. Dance troupes from Africa and South America routinely perform overseas. It would be impossible to disentangle strands of influence in the spaghetti western, samurai film, Hollywood action flick, Indian adventure story, and Hong Kong cinema. In the modern world, no culture, however 'primitive' and remote, remains _____. The Huichol Indians, who live in mountain villages of Mexico, make their masks and bowls using glassbeads imported from Japan and Czechoslovakia.

① isolated

② interconnected

③ multicultural

④ complex

⑤ sagacious

14 밑줄 친 부분에 들어갈 가장 적절한 것을 고르시오. 14. 지방직 9급

Unlike in the House of Representatives, representation in the Senate is equal for every state: each state has two senators. Senators serve six-year terms. The purpose of the guaranteed term is to insulate senators from public opinion and allow them to act independently. In regard to the selection, public servants in the Senate used to be _____ by the legislatures of the states they represented. It was the Seventeenth Amendment, ratified in 1913, that gave Americans the power to elect their own senators directly.

① appointed

② applauded

③ appeased

④ appealed

MEMO

CHAPTER

06

수동태

Chapter 06 수동태

1 능동태와 수동태의 구분

1) 타동사는 능동태일 때는 반드시 목적어를 갖지만, 수동태일 때는 목적어를 갖지 못한다.

① 해석 : 해석을 통해 주어가 동작을 '하는지' 아니면 '당하는지'를 따진다.

② 목적어의 유무 : 목적어가 있으면 능동태이고, 목적어가 없으면 수동태이다.

2) to부정사의 동사와 관계절의 동사도 목적어 여부에 따라 능동태 수동태를 구별한다.

- He wishes to be remembered for his philanthropy. 그는 그의 박애주의로 기억되기를 희망한다.
- They took in the dog that was found under the porch. 그들은 현관 아래에서 발견된 강아지를 집으로 들였다.

3) that절을 목적어로 갖는 문장이 수동태가 되는 경우, 'It + be p.p. + that'의 형태로 쓴다.

목적어가 that절과 같이 명사절인 경우 3가지 형태의 수동태가 가능하다. that절이 주어 자리에 가는 경우와 주어 자리에 있는 that을 뒤로 빼고 가주어를 사용하는 경우, 그리고 that절의 주어가 문장의 주어 자리에 가는 경우가 있다.

① 능동태

- They say that she is honest. 그들은 그녀가 정직하다고 말한다.

② 수동태

- That she is honest is said. 그녀가 정직하다는 게 이야기된다.

  = It is said that she is honest.

  = She is said to be honest.

that절을 목적어로 취하는 타동사는 다음과 같다.

say	believe	find	think	expect	consider	know	feel

- They believe that the report is inaccurate. 그들은 보고서가 정확하지 않다고 믿는다. [능동태]
- It is believed that the report is inaccurate. 그 보고서가 정확하지 않다고 믿긴다. [수동태]

2 4형식 동사의 수동태

give		① 사람(Sby) + be p.p. + 사물(Sth)
offer	+ 사람(sby) + 사물(sth) →	
send		
grant		② 사물(Sth) + be p.p. + to 사람(Sby)

목적어를 2개 갖는 4형식 동사가 수동태가 되는 경우, 목적어 중 1개가 수동태 동사 뒤에 남는다.

- She gave me some money. 그녀는 나에게 돈을 주었다. [능동태]

→ I was given some money. 나는 돈을 받았다. [수동태 1 : 사람(Sby) + be p.p. + 사물(Sth)]

= Some money was given to me. 돈이 나에게 주어졌다. [수동태 2 : 사물(Sth) + be p.p. + to 사람(Sby)]

3 5형식 동사의 수동태

목적어와 목적격 보어를 갖는 5형식 동사가 수동태가 되는 경우, 목적격 보어는 수동태 동사 뒤에 남는다.

1) 명사를 목적격 보어로 취하는 동사

call		
name	+ 명사(목적어) + 명사(목적격 보어) → 명사 + be called/named/elected + 명사(보어)	
elect		
consider		

- They elected him captain of the team. 그들은 그를 팀의 장으로 선출했다. [능동태]

목적어　　　목적격 보어

→ He was elected captain of the team. 그는 팀의 장으로 선출됐다. [수동태]

2) 지각동사, 사역동사의 수동태

지각동사와 사역동사는 특히 주의해야 한다. 사역동사의 경우 능동태에서는 뒤에 목적어가 오고, 목적격 보어 자리에 동사원형을 사용한다. 이때 수동태가 되는 경우, 동사 뒤에 to R 형태가 온다는 점을 유념해야 한다.

- My brother made me clean the room. 형은 나를 청소하게 시켰다. [능동태]

　　　　　　　목적어　목적격 보어

→ I was made to clean the room. 나는 청소하게 되었다. [수동태]

지각 동사의 경우 뒤에 목적어가 오고, 목적격 보어 자리에는 동사원형과 '~하고 있는 것을'이라는 진행의 의미가 부각되는 경우 현재분사(Ring)가 사용된다. 이때 수동태가 되는 경우, 동사와 동사는 바로 연결될 수 없으므로 to R의 형태가 사용되거나 현재분사(Ring)가 사용될 수 있다.

- I saw her enter the room. 나는 그녀가 방에 들어오는 것을 보았다. [능동태]
  목적어 목적격 보어

→ She was seen to enter the room. 그녀는 방에 들어오는 것이 목격되었다. [수동태]

→ She was seen entering the room. 그녀는 방에 들어오고 있는 것이 목격되었다. [수동태]

4 동사구의 수동태

1) '타동사 + 명사 + 전치사'의 수동태

pay attention to ~에 주의를 기울이다	take advantage of ~을 이용하다
take care of ~을 돌보다	make fun of ~을 놀리다

- I took care of my neighbor's dog. 나는 이웃의 강아지를 돌봤다. [능동태]
- My neighbor's dog was taken care of. 이웃의 강아지는 돌보아졌다. [수동태]

2) '타동사 + 부사'의 수동태

turn on ~을 켜다	turn off ~을 끄다
call off ~을 취소하다	give up ~을 포기하다

- The referee called off the game because of the rain. 비 때문이 심판이 게임을 취소했다. [능동태]
- The game was called off because of the rain. 그 게임은 비 때문에 취소되었다. [수동태]

3) '자동사(+ 부사) + 전치사'의 수동태

laugh at ~을 비웃다	run over 차가 ~을 치다
depend on ~에 의존하다	look up to ~을 존경하다
seek after ~을 찾다	refer to (+ 목적어 + as) ~을 ~이라고 부르다
catch up with ~을 따라잡다	

- The press referred to the research project as a breakthrough.
  언론은 그 연구 프로젝트를 획기적인 일이라고 불렀다. [능동태]

- The research project was referred to as a breakthrough by the press.
  그 연구 프로젝트는 언론에 의해서 획기적인 일이라고 불렸다. [수동태]

Chapter 6 빈출 핵심 표현

1. take the bull by the horns 문제에 정면으로 맞서다

   ➡ You should not avoid the problem but take the bull by the horns.
   문제를 피하지 말고 정면으로 맞서야 한다.

2. the pot calls the kettle black 똥 묻은 개가 겨 묻은 개를 나무란다.

   ➡ She is always late, but she was rude enough to tell everyone when I was late.
   Now that's the pot calling the kettle black.
   그녀는 언제나 지각하는 주제에 내가 지각하면 뻔뻔스럽게 여러 사람에게 말한다.
   정말이지 똥 묻은 개가 겨 묻은 개를 나무란다더니.

3. through thick and thin 좋을 때나 안 좋을 때나

   ➡ He has supported the team for over ten years through thick and thin.
   그는 그 팀이 잘할 때나 못할 때나 상관없이 10년 넘게 응원해 왔다.

4. thumbs up 찬성, 승인, 추천

   ➡ His new novel got thumbs up from the critics. 그의 새로운 소설은 비평가들로부터 추천을 받았다.

5. turn one's nose up 퇴짜를 놓다, 거절하다

   ➡ She often turns her nose up at proposals for a dinner date.
   그녀는 함께 저녁 식사를 하자는 제안을 종종 거절했다.

6. under the influence of alcohol 과음한 상태에서

   ➡ He confessed his love under the influence of alcohol. 그는 술기운을 빌려 사랑을 고백했다.

7. under the weather 몸이 안 좋은

   ➡ I'm sorry to hear that you've been under the weather lately. 최근에 건강이 안 좋으시다니 안타깝습니다.

8. up in the air 미정인

   ➡ Our plan to start a new project went up in the air because of unexpected financial problem.
   예상 밖의 자금 문제로 새로운 프로젝트를 시작하려던 우리 계획이 공중에 뜨게 되었다.

9. take it with a grain of salt 알아서 걸러 듣다

   ➡ You should take what he says with a grain of salt. 그의 말은 걸러서 들어야 한다.

10. You are telling me 내 말이 그 말이야

   ➡ Now, you are telling me that. 이제서야 내 말을 알아들었네.

11. you beat me to it. 당신이 선수 쳤군요.

➡ I'm surprised you thought you might beat me to it. 당신이 나를 선수 칠 수 있다고 생각했다는 것이 놀랍다.

12. you got the point. 당신 말이 맞아요.

➡ You got the point. It was, nevertheless, a little rude. 당신 말이 맞지만, 좀 무례했던 것 같습니다.

13. from scratch 처음부터

➡ After months of working on the paper, I decided to start again from scratch.
수 개월 동안의 논문 작업 후에, 나는 처음부터 다시 시작하기로 결정했다.

14. read between the lines 숨은 의미를 파악하다

➡ I had to read between the lines to figure out what she really meant.
나는 그녀가 진정으로 의도한 것을 알아내기 위해 숨은 의미를 찾아야 했다.

15. be all ears 경청하다

➡ I shall be all ears from start to finish. 나는 처음부터 끝까지 경청해야 한다.

16. shy away from ～을 피하다

➡ They shy away from admitting any blame. 그들은 어떤 비난도 인정하길 꺼려합니다.

17. stay in shape 건강을 유지하다

➡ The latest research will help you stay in shape. 이 최신 연구 결과는 당신이 건강을 유지하는 데 도움이 될 것입니다.

18. around the corner 바로 코 앞에 있는, 임박한

➡ The restroom is just around the corner in the hallway.
화장실은 복도에서 모퉁이를 돌면 바로 있다.

19. down in the dumps 우울한, 의기소침한

➡ He's been down in the dumps since he broke up with his girlfriend. 그는 여자친구와 헤어진 후 의기소침해 있다.

20. make a fuss over(about) 야단법석을 떨다

➡ Don't make a fuss over such a trifle. 이까짓 일을 가지고 야단법석하지 마라.

완벽 숙지! **기출 연습**

정답 및 해설 **p29**

01 다음 중 어법상 틀린 부분을 골라 바르게 고치시오. (15. 국가직 9급)

Previously, many scientists had been believed that shark gills were an ancient system that predated modern fish.

02 다음 중 어법상 틀린 부분을 골라 바르게 고치시오. (17. 국가직 9급)

I regret to inform you that your loan application has not approved.

03 다음 중 어법상 틀린 부분을 골라 바르게 고치시오. (12. 국가직 7급)

Each contestant will sing with a different partner each week, and judges, who have not yet named, will offer guidance and critiques while deciding who will advance to the next round.

04 다음 중 어법상 틀린 부분을 골라 바르게 고치시오. (14. 국가직 7급)

Unable to do anything or go anywhere while my car was reparing at the garage, I suddenly came to the realization that I had become overly dependent on machines and gadgets.

05 다음 중 어법상 틀린 부분을 골라 바르게 고치시오. 07. 세무직 9급

It is worth ①pointing out that despite ②guiding by an ideal of physicalism, most philosophers ③have come to recognize the distinctive aspects of the mind as, in some way, ④irreducible.

06 다음 중 어법상 맞는 것을 고르시오. 09. 전의경 특채

It ①[expects / is expected] that an enormous amount of electricity can ②[produce / be produced] in the near future by means of atomic power.

07 우리말을 영어로 잘못 옮긴 것은? 17. 지방직 9급

① 우리는 추가적인 사무실 비품들을 약 2주 전에 주문했다.
  → We ordered additional office supplies about two weeks ago.
② 그 가게는 그것의 오래된 재고품을 50퍼센트 할인된 가격에 제공한다고 말해진다.
  → The store is said to offer its old inventory at 50 percent off.
③ 많은 세대 동안에, 개들은 사람들과 함께 사는 것에 적응했다.
  → Over many generations, dogs have adjusted to living with humans.
④ 그 책은 너무 지루해서 나는 두 챕터 만에 읽는 것을 그만뒀다.
  → The book was so bored that I quit reading it after two chapters.

08 어법상 옳지 않은 것은? ⌒ 18. 지방직 7급 ⌒

① Because of its perfect cone shape and proximity to the beautiful Albay Gulf, Mount Tarn is a popular tourist attraction.

② Its base is 80 miles wide in circumference, and it stands a dramatic 8,077 feet tall.

③ The volcano locates in the center of Gulf National Park, where many people come to camp and climb.

④ Authorities hope that by issuing early warnings, they will help avoid major destruction and danger.

09 다음 글의 밑줄 친 부분 중 어법상 옳지 않은 것은? ⌒ 20. 국가직 9급 ⌒

When the brain perceives a threat in the immediate surroundings, it initiates a complex string of events in the body. It sends electrical messages to various glands, organs that ①release chemical hormones into the bloodstream. Blood quickly carries these hormones to other organs that are then ②prompting to do various things. The adrenal glands above the kidneys, for example, pump out adrenaline, the body's stress hormone. Adrenaline travels all over the body doing things such as widening the eyes to be on the lookout for signs of danger, ③pumping the heart faster to keep blood and extra hormones flowing, and tensing the skeletal muscles ④so they are ready to lash out at or run from the threat.

Modern banking has its origins in ancient England. In those days people ①<u>wanting</u> to safeguard their gold had two choices—hide it under the mattress or turn it over to someone else for safekeeping. The logical people to turn to for storage were the local goldsmiths since they had the strongest vaults. The goldsmiths accepted the gold for storage, ②<u>giving</u> the owner a receipt stating that the gold could ③<u>redeem</u> at a later date. When a payment was due, the owner went to the goldsmith, redeemed part of the gold and gave it to the payee. After all that, the payee was very likely to turn around and give the gold back to the goldsmith for safekeeping. Gradually, ④<u>instead</u> of taking the time and effort to physically exchange the gold, business people began to exchange the goldsmith's receipts as payment.

정답 및 해설 p31

01 밑줄 친 부분의 의미와 가장 가까운 것은? (21. 지방직 9급)

> In studying Chinese calligraphy, one must learn something of the origins of Chinese language and of how they were originally written. However, except for those brought up in the artistic traditions of the country, its aesthetic significance seems to be very difficult to <u>apprehend</u>.

① encompass

② intrude

③ inspect

④ grasp

02 다음 중 어법상 옳은 것은? (15. 지방직 9급)

① She supposed to phone me last night, but she didn't.

② I have been knowing Jose until I was seven.

③ You'd better to go now or you'll be late.

④ Sarah would be offended if I didn't go to her party.

03 밑줄 친 부분과 의미가 가장 가까운 것을 고르시오. (17. 국가직 9급)

> At this company, we will not <u>put up with</u> such behavior.

① modify

② record

③ tolerate

④ evaluate

04 밑줄 친 부분과 의미가 가장 가까운 것을 고르시오. (15. 지방직 9급)

Experienced salespeople claim there is a difference between being assertive and being <u>pushy</u>.

① thrilled

② brave

③ timid

④ aggressive

05 다음 글의 밑줄 친 부분 중 어법상 옳지 않은 것은? (18. 법원직 9급)

In criminal cases, the burden of proof is often on the prosecutor to persuade the trier (whether judge or jury) ①<u>that</u> the accused is guilty beyond a reasonable doubt of every element of the crime charged. If the prosecutor fails to prove this, a verdict of not guilty is ②<u>rendered</u>. This standard of proof contrasts with civil cases, ③<u>where</u> the claimant generally needs to show a defendant is liable on the balance of probabilities (more than 50% probable). In the USA, this is ④<u>referring</u> to as the preponderance of the evidence.

06 다음 밑줄 친 부분의 의미와 가장 가까운 것은? (17. 국회직 9급)

> The young lawyer <u>ostentatiously</u> hung his college diploma on the door to his office.

① exceptionally

② confidently

③ tentatively

④ irrationally

⑤ boastfully

07 다음 밑줄 친 부분의 의미와 가장 가까운 것은? (17. 국회직 9급)

> The <u>altercation</u> between the two women attracted the attention of passers-by.

① fist fight

② discrepancy

③ wordy quarrel

④ mutual consent

⑤ loud conversation

08 다음 밑줄 친 부분에 들어갈 가장 적절한 표현은? 17. 국회직 9급

Time talks. It speaks more plainly than words. The message it conveys comes through loud and clear. Because it is manipulated less consciously, it is subject to be less _____ than the spoken language. It can shout the truth where words lie.

① promulgated

② apprehended

③ derogated

④ distorted

⑤ unveiled

09 다음 밑줄 친 부분 중 어법상 틀린 것은? 17. 국회직 9급

Many pharaohs' tombs ①<u>were sealed</u> so tightly that the outside air could not get inside. When this happens, certain bacteria ②<u>grow</u> in the oxygen-free environment and they could be very harmful if ③<u>inhaled</u>. Other types of organisms like molds and fungi could also ④<u>present</u>, some of which can cause serious health problems. For these reasons, modern archaeologists, unlike those in the 1920s, ⑤<u>wear</u> protective filter masks and gloves when entering a tomb for the first time.

10 어법상 옳지 않은 것을 고르시오. 17. 국가직 7급

① Hardly had the new recruits started training when they were sent into battle.

② Disagreements over the treaty arose among the indigenous peoples of Africa.

③ If I had enough money, I would have bought a fancy yacht.

④ Do you want me to come with you, or do you want to go alone?

CHAPTER

07

시제

Chapter 07 시제

① 단순시제

1 현재시제

현재시제는 일반적인 사실이나 습관적, 반복적, 계속적, 주기적인 일을 나타낼 때 사용한다.

1) 형태

주로 동사원형을 쓰고, 주어가 3인칭 단수 현재일 때는 -(e)s가 붙는다.

2) 용법

① 현재의 습관이나 반복적인 동작

- I get up at 7:30 a.m. 나는 7시 30분에 일어난다.
- I usually take a shower every evening. 나는 매일 저녁 샤워를 한다.

② 현재의 동작이나 상태

- The nurse is very kind. 그 간호사는 매우 친절하다.
- My brother lives in New York. 우리 동생은 New York에서 산다.

③ 불변의 진리, 과학적 사실

- The sun rises in the east. 태양은 동쪽에서 뜬다.

2 과거시제

과거시제는 이미 끝난 동작이나 상태를 설명할 때 사용한다.

1) 용법

① 과거의 동작이나 상태

- I met her yesterday. 나는 어제 그녀를 만났다.
- We lived in Busan five years ago. 우리는 5년 전에 부산에 살았다.

② 과거의 습관이나 반복적인 동작

- I used to live in Busan. 나는 부산에 살았었다.

③ 역사적 사실

• The Korean War broke out in 1950. 한국전쟁은 1950년에 발발했다.

2) 명백한 과거 시점 부사(구)

명백한 과거 시점을 나타내는 부사(구)가 나오면 현재완료시제는 쓸 수 없다. 이때는 반드시 과거시제를 사용한다.

```
시간 + ago
in + 과거 시간
yesterday
last + 시점
when~
just now
then
```

3 미래시제

미래시제는 미래 상황에 대한 추측이나 의지를 표현할 때 사용한다.

1) 용법

① 미래 계획이나 의지 : will + R

• I will leave for the day at 5. 나는 5시에 퇴근할 것이다.

② 미래의 예정이나 계획 : be going to R

• The train is going to leave now. 기차는 곧 떠날 예정이다.

③ 현재진행형으로 미래시제 표현 : am/is/are –ing

   왕래발착동사는 현재진행시제로 미래를 표현할 수 있다.

• The boss is leaving Busan tomorrow. 사장님은 내일 부산에 방문할 것이다.

④ 확실한 계획, 약속 : 미래는 기본적으로 불확실성을 포함하고 있다. 그러나 확실히 결정된 계획이나 약속 등은 현재
   진행시제로 미래를 표현할 수 있다.

• The boss is retiring at the end of month. 사장님은 월말에 은퇴할 것이다.

2 진행시제

1 진행시제란?

진행형은 진행 중인 일을 나타내며 '~하고 있다, ~하는 중이다'라는 뜻이다. 'be동사 + 동사원형-ing' 형태이다. be동사는 주어의 인칭과 수에 따라 결정되며, be동사의 시제를 달리하면 과거진행, 현재진행, 미래진행이 된다.

① 현재진행시제 : am/is/are + -ing(~하고 있는 중이다)

• Steve is studying English now. Steve는 영어를 공부하고 있다.

② 과거진행시제 : was/were + -ing(~하고 있던 중이었다)

• Steve was studying English when I was in the couch. Steve는 내가 소파에 있었을 때 영어를 공부하고 있었다.

③ 미래진행시제 : will be + -ing(~하고 있을 것이다)

• Steve will be studying English if we go camping. 만약 우리가 캠핑을 가면, Steve는 영어를 공부하고 있을 것이다.

④ 현재완료진행시제: has/have been + -ing(~해 오고 있는 중이다)

• She has been working at the branch office for two years. 그녀는 2년 동안 지점에서 일해 오고 있다.

2 진행시제를 쓸 수 없는 동사

진행시제는 진행 중인 동작을 표현하는 것이다. 따라서 상태를 나타내거나 감각을 나타내는 동사들은 진행형을 사용하지 않는다.

상태 동사	want(원하다) know(알다) have(가지다) possess(소유하다) like(좋아하다) include(포함하다)
감각 동사	seem / look(~처럼 보이다) feel(~라고 느껴지다) taste(~한 맛이 나다) smell(~한 냄새가 나다) sound(~처럼 들리다)

3 완료시제

1 현재완료시제(have + p.p.)

1) 개념

과거부터 지금까지 이어지는 동작을 설명하거나, 과거 동작이 지금의 상태에 영향을 미쳤음을 나타낸다.

• I lost my watch last week. 나는 지난 주에 시계를 잃어버렸다. [과거]

• I don't have it now. 나는 지금 그것을 가지고 있지 않다. [현재]

  → I have lost my watch. 나는 시계를 잃어버려서 (현재) 없다. [현재완료]

2) 현재완료의 쓰임

① 완료(~해 버렸다)

과거에 완료된 일로 현재의 상태를 강조할 때 already, just, yet 등의 부사와 자주 쓰인다.

• I <u>have just finished</u> the report. 나는 보고서를 끝냈다.

② 경험(~한 적이 있다)

현재까지 경험한 것을 나타낼 때 ever, never, before 등과 함께 쓰인다.

• I <u>have seen</u> the novel before. 나는 전에 그 소설을 본 적이 있다.

③ 계속(계속 ~하고 있다)

과거부터 현재까지 계속된 동작이나 상태를 나타낼 때는 'since + 과거 시점', 'for + 일정 기간' 등과 함께 잘 쓰인다.

```
S + has/have p.p. + since + 과거 시점(~이래로)
                  + for + 기간(~동안에)
                  + over the last/past + 기간(~걸쳐서)
```

• We <u>have known</u> each other since 2020. 우리는 2020년 이래로 서로 알아 왔다.
• I <u>have lived</u> in Busan for ten years. 나는 10년 동안 부산에 살아 왔다.
• He <u>has worked</u> for the company over the last ten years. 그는 지난 10년 동안 그 회사를 위해 일해 왔다.

④ 결과(~한 결과로 ~해 버렸다)

• I <u>have lost</u> my wallet. 나는 지갑을 분실했다.

2 과거완료시제(had + p.p.)

과거완료는 과거보다 이전의 시점을 나타내거나 대과거에서 과거 시점까지의 기간을 나타낼 때 사용한다.

① 과거보다 한 시제 빠른 시제(대과거)

• My friend sent me a coat that he <u>had bought</u> in New York. 내 친구는 New York에서 구매했던 코트를 나에게 보냈다.

② 대과거에서 과거까지 이어지는 기간(과거완료)

• He <u>had worked</u> for five years before he resigned. 그는 사임하기 전에 5년 동안 근무했다.

3 미래완료시제(will have + p.p.)

미래의 특정 시점까지 이어지는 동작 또는 상태의 완료, 경험, 결과 등을 의미한다.

• He <u>will have finished</u> the report by this time tomorrow. 그는 내일 이 맘 때까지 그 보고서를 끝낼 것이다.

• He <u>will have worked</u> for five years by the end of this month. 그는 이달 말까지 5년 동안 근무하게 될 것이다.

미래완료와 함께 쓰이는 시간 부사구는 다음과 같다.

> by + 미래 시점(next month / week 등)
> by the time S + V(현재시제)
> 횟수(3 times, four times 등)

• I will have worked for this company for ten years by this time next year.
나는 내년 이 맘 때까지는 이 회사에 10년간 근무하게 될 것이다.

• If I read this novel again, I <u>will have read</u> it four times. 이 소설을 다시 읽게 되면, 나는 네 번째 읽는 것이다.

4 영작 문제에 빈출되는 시제 관용 표현

1) have been to vs have gone to

have been to	～에 간 적 있다(경험)
have gone to	～에 가고 없다(결과)

2) ～한 지 ～가 되었다

> It is(has been) + 시간 + since + S + 과거 동사

3) ～하자 마자 ～했다

S + had + no sooner + p.p. ~ than + S + V
S + had + hardly / scarcely + p.p. ~ when / before + S + V
No sooner + had + S + P.P. + than + S + 과거동사
Hardly / Scarcely + had + S + P.P. + when / before + S + 과거동사
As soon as / The moment + S + 과거동사, S + 과거동사

• The thief had no sooner seen me <u>than</u> he ran away. 그 도둑은 나를 보자마자 달아났다.

= No sooner had the thief seen me than he ran away.

= The thief had hardly(scarcely) seen me when(before) he ran away.

= Hardly(Scarcely) had the thief seen me when(before) he ran away.

= As soon as the thief saw me, he ran away.

4) 머지않아 ~ 할 것이다

> It will not be long before + S + V(현재시제)

5) B 되어서 (비로소) A 하다

> not A until B
>
> = Not until B A(A는 도치) : 부정부사가 문두에 있으므로 A는 도치된다
>
> = It was not until B that A(A는 도치 X) : not until B가 It~that 강조 구문 안에 있으므로 A는 도치되지 않는다.

- We didn't know the news until this morning. 오늘 아침이 되어서야 그 소식을 알게 되었다.

  = Not until this morning did we know the news.

  = It was not until this morning that we know the news.

5 시제 일치와 예외

1 시제 일치

시제 일치란 주절의 시제에 따라서 종속절 동사의 시제를 일치시키는 것을 말한다. 주절의 시제가 과거일 때 종속절의 시제는 같은 시제이면 과거를, 이전 시제이면 과거완료를 사용한다.

- He knew that she was diligent. 그는 그녀가 근면하다는 것을 알았다.
- He knew that she had been diligent. 그는 그녀가 근면했다는 것을 알았다.

2 시제 일치의 예외

① 불변의 진리, 속담, 격언 : 항상 현재시제를 사용한다.

② 역사적 사실 : 항상 과거시제를 사용한다.

③ 시간, 조건의 부사절 : 시간, 조건의 부사절에서는 내용상 미래(완료)시제인 경우에도 현재(완료)시제로 표시한다.

다만 when과 if절이 부사절이 아닌 명사절로 사용되는 경우에는 내용상 미래일 때 미래시제를 그대로 사용한다.

1. **brush up on** 복습하다

   ➡ She will need to brush up on her Dutch. 그녀는 네덜란드어를 복습할 필요가 있을 거다.

2. **fill in for** ~을 대신하다

   ➡ I'm glad you're available to fill in for me while I'm gone. 제가 없는 동안 저를 대신할 수 있다니 정말 다행입니다.

3. **hit the road** 길을 나서다, 여행을 떠나다

   ➡ You would be better to hit the road soon so you can avoid rush hour traffic.
   혼잡 시간대의 교통 체증을 피할 수 있도록 곧 길을 나서는 게 좋을 것 같습니다.

4. **be at odds with** ~와 사이가 안 좋다, 다투다

   ➡ He's always at odds with his father over politics. 그는 정치에 대해서는 자기 아버지와 항상 뜻이 맞지 않다.

5. **break the ice** 서먹서먹한 분위기를 깨다

   ➡ She is very shy and had problem breaking the ice with new people.
   그녀는 매우 수줍음이 많고 새로운 사람과 분위기를 깨는 것을 어려워했다.

6. **have butterfly in the stomach** 안절부절못하다

   ➡ She had butterfly in the stomach during the job interview.
   그녀는 취업 인터뷰를 하는 동안에 안절부절못했다.

7. **in a row** 연달아, 한 줄로

   ➡ Inflation has fallen for third month in a row. 인플레이션이 3개월째 하락했다.

8. **take the liberty of** 실례를 무릅쓰고 ~하다

   ➡ I'd like to take the liberty of inviting you to our assembly next time.
   실례를 무릅쓰고 당신을 다음 번 우리 모임에 초대하고 싶습니다.

9. **get the hang of** ~의 요령을 터득하다, 이해하다

   ➡ It's not difficult once you get the hang of it. 일단 이해만 하면 그게 어렵지 않다.

10. **pull a long face** 우울한 얼굴을 하다

    ➡ She was pulling a long face after failing to pass the test. 그녀는 시험에 통과하지 못한 후에 우울한 얼굴을 하고 있다.

11. hit the spot 딱 그것이다, 제격이다

➡ It's incredible. The strawberries hit the spot. 진짜 맛있어요. 이게 딸기가 제격이네요.

12. on the tip of my tongue 기억이 날 듯 말 듯한

➡ The name of that girl sitting next to me is on the tip of my tongue.
내 옆에 앉았던 그 소녀의 이름이 기억이 날 듯 말 듯하다.

13. play it by ear 상황에 따라 행동하다, 그때그때 봐서 처리하다

➡ I don't know what they'll want when they arrive. We'll have to play it by ear.
난 그들이 도착하면 뭘 원할지 몰라요. 우리가 사정을 봐 가면서 일을 처리해야 할 거예요.

14. of one's own accord 자발적으로

➡ She is so diligent that she practices violin of her own accord.
그녀는 매우 성실해서 자발적으로 바이올린을 연습한다.

15. out of the question 불가능한

➡ Another trip abroad this year is out of the question. 올해 또 한 번 해외여행을 가는 것은 불가능하다.

16. make allowances for ～을 감안하다, 고려하다

➡ You must make allowances for the emotions that this will bring up.
당신은 이것이 가져올 감정들을 감안할 필요가 있습니다.

17. off the top of one's head 당장 머리에서 떠오르는 대로, 즉석에서, 준비 없이

➡ Stop saying something off the top of your head. 무턱대고 말하지 마라.

18. on the verge of ～의 직전에(막 ～하려는)

➡ The peace talks were on the verge of collapse. 평화 회담이 결렬될 위기에 놓여 있다.

19. pay off 성과를 거두다, 빚을 청산하다

➡ It is really nice to see my hard work pay off. 노력의 결실을 맺을 수 있어서 정말 기쁘다.

20. rock the boat 평지풍파를 일으키다

➡ She was told to keep her mouth shut and not rock the boat.
그녀는 평지풍파를 일으키지 말고 입을 다물고 있으라고 말을 들었다.

정답 및 해설 p34

01 다음 중 어법상 맞는 것을 고르시오. (05. 국가직 7급)

①[Although / Since] there ②[is / was] an accident on the highway, the driver decided to take a detour.

02 다음 빈칸 (A), (B)에 들어갈 표현으로 가장 적절한 것은? (15. 교육행정직 9급)

Beekeepers in the United States first notice that their bee colonies (A) dying off in 2006. Since then, scientists have been desperately (B) to figure out what's causing the collapse.

	(A)	(B)
①	were	tried
②	were	trying
③	have been	tried
④	have been	trying

03 다음 중 어법상 틀린 부분을 골라 바르게 고치시오. (18. 국가직 9급)

They hope the new gene leads to a hardier rice strain that will reduce the financial damage incurred in typhoon and monsoon seasons and lead to bumper harvests.

04 다음 중 어법상 틀린 부분을 골라 바르게 고치시오. 〔15. 서울시 7급〕

Moreover, their relatively loose and open brushwork underscored their freedom from the meticulously detailed academic manner that previously has been central to French painting.

05 다음 문장 중 어법상 옳지 않은 것은? 〔11. 지방직 9급〕

① The chef is preparing dessert now.

② Lifting weights is a method of building muscle strength.

③ By the time she left home, it was already five minutes past eight.

④ Before she will begin her presentation, I would like to introduce the topic.

06 다음 중 어법상 틀린 부분을 골라 바르게 고치시오. 〔12. 국가직 9급〕

A man who ①shoplift from the Woolworth's store in Shanton in 1952 recently sent the shop an anonymous letter of apology. In it, he said,"I ②have been guilt-ridden all these days." The item he ③stole was a two dollar toy. He enclosed a money order ④to pay back the two dollars with interest.

 완숙지! **기출 연습**

07 우리말을 영어로 잘못 옮긴 것은? (14. 서울시 7급)

① 이 새로운 작품은 당신이 이제까지 쓴 것 중 가장 아름다운 노래이다.

→ This new piece is the most beautiful song you've written yet.

② 내 소설이 출판될 때쯤이면, 나는 이미 다음 소설 작업을 시작했을 것이다.

→ By the time my novel is published, I will have started working on my next one already.

③ 여자는 집에 와서 그녀의 남편이 이미 스튜를 요리해 놓았다는 것을 알았다.

→ The woman came home and saw that her husband had cooked the stew already.

④ 우리는 지난 6주 동안 판매량을 상당히 증가시켜 왔다.

→ We increased our sales substantially over the past six weeks.

08 밑줄 친 부분 중 어법상 가장 틀린 것은? (19. 서울시 9급)

Ever since the time of ancient Greek tragedy, Western culture ①was haunted by the figure of the revenger. He or she stands on a whole series of borderlines: ②between civilization and barbarity, between an individual's accountability to his or her own conscience and the community's need for the rule of law, between the conflicting demands of justice and mercy. Do we have a right ③to exact revenge against ④those who have destroyed our loved ones? Or should we leave vengeance to the law or to the gods? And if we do take action into our own hands, are we not reducing ourselves to the same moral level as the original perpetrator of murderous deeds?

09 밑줄 친 부분 중 어법상 틀린 것은? 20. 국가직 9급

Yes, the city of Dubrovnik has been proactive in ①<u>trying to</u> curb cruise ship tourism, but nothing will save Old Town ②<u>from</u> the perpetual swarm of tourists. To make matters worse, the lure of making extra money ③<u>has been inspired</u> many homeowners in Old Town to turn over their places to Airbnb, ④<u>making</u> the walled portion of town one giant hotel. You want an "authentic" Dubrovnik experience in Old Town, just like a local? You're not going to find it here. Ever.

10 밑줄 친 부분 중 어법상 틀린 것은? 17. 사복직 9급 응용

On a bright spring morning 50 years ago, two young astronomers at Bell Laboratories ①<u>were tuning</u> a 20 foot, horn-shaped antenna pointed toward the sky over New Jersey. Their goal was ②<u>to measure</u> the Milky Way galaxy, home to planet Earth. To their puzzlement, Robert W. Wilson and Arno A. Penzias heard the insistent hiss of radio signals coming from every direction—and from beyond the Milky Way. It was cosmic microwave background radiation, a residue of the primordial explosion of energy and matter ③<u>that</u> suddenly gave rise to the universe some 13.8 billion years ago. The scientists ④<u>have found</u> evidence that would confirm the Big Bang Theory, first proposed by Georges Lemaitre in 1931.

 정답 및 해설 p36

01 밑줄 친 부분에 들어갈 말로 가장 적절한 것은? (21. 지방직 9급)

A: Did you have a nice weekend?

B: Yes, it was pretty good. We went to the movies.

A: Oh! What did you see?

B: Interstellar. It was really good.

A: Really? _____

B: The special effects. They were fantastic. I wouldn't mind seeing it again.

① What did you like the most about it?

② What's your favorite movie genre?

③ Was the film promoted internationally?

④ Was the movie very costly?

02 밑줄 친 부분의 의미와 가장 가까운 것을 고르시오. (15. 사복직 9급)

Students who click their ball-point pens in class <u>drive me up the wall.</u>

① distract me a lot

② annoy me greatly

③ play up to me frequently

④ take a big load off my mind

03 밑줄 친 부분에 들어갈 가장 적절한 것을 고르시오. (14. 지방직 9급)

If you are someone who is _____ , you tend to keep your feelings hidden and do not like to show other people what you really think.

① reserved

② loquacious

③ eloquent

④ confident

04 밑줄 친 부분에 들어갈 가장 적절한 것을 고르시오. (14. 지방직 9급)

How did you _____ selling cosmetics online?

① go around

② go back

③ go down

④ go into

05 밑줄 친 부분과 의미가 가장 가까운 것을 고르시오. (17. 국가직 9급)

A hamburger and French fries became the <u>quintessential</u> American meal in the 1950s, thanks to the promotional efforts of the fast food chains.

① healthiest

② affordable

③ typical

④ informal

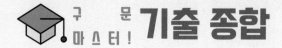

구문 마스터! 기출 종합

06 밑줄 친 부분에 공통으로 들어갈 말로 가장 적절한 것은? 〔17. 국가직 9급〕

> • She's disappointed about their final decision, but she'll _____ it eventually.
> • It took me a very long time to_____ the shock of her death.

① get away

② get down

③ get ahead

④ get over

07 밑줄 친 부분에 들어갈 가장 적절한 것은? 〔15. 사복직 9급〕

> A: What do you say we take a break now?
> B: _____
> A: Great! I'll meet you in the lobby in five minutes.

① Okay, let's keep working.

② That sounds good.

③ I'm already broke.

④ It will take one hour.

08 다음 문장 중 어법상 옳지 않은 것은? 〔18. 국회직 9급〕

① Attached is the document file you've requested.

② Never in my life have I seen such a beautiful woman.

③ Should you need further information, please contact me.

④ Hardly has the situation more serious than now.

⑤ Now is the time to start living the life you have always imagined.

다음 밑줄 친 부분의 의미와 가장 가까운 것은? (18. 국회직 9급)

Inertia is not a place you want to be in your life. I say this with extreme fervor because if you allow yourself to stay <u>inert</u>, I feel, you are giving up on your goals.

① distracted

② fragile

③ allured

④ irresponsible

⑤ listless

10 다음 밑줄 친 부분에 들어갈 가장 적절한 표현은? (17. 국회직 9급)

A philosophical movement called social Darwinism helped wealthy industrialists believe that the accumulation of riches by a few was the "natural order." Herbert Spencer, an English philosopher, was the person whom US industrialists _____ for the philosophical justification of their pursuit of wealth.

① gave in

② put aside

③ turned to

④ laid away

⑤ changed into

11 다음 밑줄 친 부분의 의미와 가장 가까운 것은? 〔17. 국회직 9급〕

He was thought of as the most <u>flattering</u> man in our company since he accepted whatever his superiors suggested without reflective thinking.

① intractable
② suspicious
③ obsequious
④ consecutive
⑤ extraordinary

12 밑줄 친 부분에 들어갈 가장 적절한 것은? 〔15. 사복직 9급〕

Some researchers claimed that almost all, if not all, of the fossils had been planted in the pit in modern times and that several of these items had even been <u>fabricated</u> by someone.

① falsified
② replaced
③ implanted
④ duplicated
⑤ eradicated

13 다음 밑줄 친 (A)와 (B)에 들어갈 가장 적절한 표현은? 17. 국회직 9급

Although some (A) _____ activities that her friends introduced to her succeeded in attracting her attention, she was, in the end, unable to overcome the (B) _____ over the breakup of her marriage.

	(A)	(B)
①	interesting	rejoice
②	embarrassing	animosity
③	entertaining	serenity
④	frustrating	dejection
⑤	intriguing	despondence

14 우리말을 영어로 가장 잘 옮긴 것은? 16. 국가직 7급

① 어떤 교수의 스타일에 적응하는 데는 항상 시간이 좀 걸린다.

   → Time always takes little to tune in on a professor's style.

② 나는 마지막 순간까지 기다렸다가 밤을 새우는 데 익숙해 있다.

   → I'm used to waiting until the last minute and staying up all night.

③ 그 수학 문제는 너무 어려워서 그 학생이 답을 할 수 없었다.

   → The math question was too tough for the student to answer it.

④ 나는 너무 많은 시간의 힘든 일로 정말 지쳤다.

   → Too many hours of hard work really tired of me.

CHAPTER

08

가주어와
가목적어

Chapter 08 가주어와 가목적어

1 가주어

1) 가짜 주어 there 구문

① 가짜 주어 there 구문은 '~이 있다'를 뜻하며 'there + 동사(be, remain, exist) + 진짜 주어(명사)' 형태를 이룬다.

• There has been controversy over smoking bans for years. 수년 동안 흡연 금지에 관한 논쟁이 있어 왔다.

• There remains enough space for the sofa in my room. 내 방에는 소파를 위한 충분한 공간이 남아 있다.

② 가짜 주어 there 구문에서 동사는 진짜 주어에 수 일치시킨다.

• There is a tree that has stood for over 100 years. 거기에는 100년 이상 서 있어 왔던 나무가 있다.

• He noticed that there were differences. 그는 차이가 있음을 알아차렸다.

2) 가주어 it 구문

① it은 to부정사구나 that절 같은 긴 주어를 대신해서 주어 자리에 쓰이고 긴 주어는 문장 맨 뒤로 보낸다. 이때, it을 '가주어', 긴 주어를 '진주어'라고 한다.

• It is important to get along with your classmates. 급우들과 잘 지내는 것은 중요하다.

• It is widely believed that Native Americans originated in Asia. 미국 원주민들이 아시아에서 유래했다라고 믿긴다.

① it은 사람, 사물, 시간, 장소 등을 강조할 때 that과 함께 쓰여, 'it - that 강조 구문'을 만든다.

• It was the dog that broke the vase. 꽃병을 부순 건 그 개다.

• It was the vase that the dog broke. 그 개가 부순 건 꽃병이다.

• It was in the twentieth century that humans first succeeded in flying.
인간이 처음으로 비행에 성공한 것은 20세기였다.

2 가목적어

① to부정사구나 that절 목적어가 목적격 보어와 함께 오면 진짜 목적어를 목적격 보어 뒤로 보내고, 목적어가 있던 자리에 가짜 목적어 it을 써야 한다.

• Laptops make to work almost anywhere possible. [X]

• Laptops make it possible to work almost anywhere. [O] 노트북은 거의 모든 곳에서 일하는 것을 가능하게 한다.

- I thought that she didn't go to the graduation weird. [X]
- I thought it weird that she didn't go to the graduation. [O]

  나는 그녀가 졸업식에 가지 않은 것이 기묘하다고 생각했다.

② 가목적어를 취하는 동사

make	believe	consider
think	find	

Chapter 8 빈출 핵심 표현

1. **spill the beans** 비밀을 털어 놓다, 무심코 말해 버리다

   ➡ It's time you spill the beans about your new boyfriend. 이제 네 새 남자친구에 대해 비밀을 털어 놓을 때가 되었다.

2. **take the lead** 선두에 서다, 솔선수범하다

   ➡ Nobody stepped up and said they would take the lead. 아무도 선두에 서겠다는 사람이 없었다.

3. **next to none** 아무에게도 뒤지지 않는, 최고의

   ➡ We have a shortage of doctors but our care is next to none. 비록 의료진은 부족하지만 치료에 관한 한 우리가 최고입니다.

4. **put A before B** B보다 A를 우선시하다, 중요하게 생각하다

   ➡ We put the quality of learning before the quality of teaching. 우리는 교육의 질보다는 학습의 질을 우선시합니다.

5. **at the eleven's hour** 마지막 기회에, 막판에

   ➡ Labor and management reached an agreement at the eleventh hour.
   노사는 막판에 합의에 이르렀다.

6. **come in handy** 쓸모가 있다, 도움이 되다

   ➡ Don't throw that away-it might come in handy. 그거 버리지 마. 쓸모가 있을지도 몰라.

7. **get the bottom of** ～의 원인을 밝히다, 진상을 밝히다

   ➡ Make a thorough investigation from clew to earing, and get the bottom of the matter.
   철저히 조사해서 그 일의 진실을 규명하라.

8. **split the bill** 각자 부담하다, 나누어 내다

   ➡ Let's split the bill. What do I owe you? 우리 나누어 계산합시다. 내가 얼마를 내면 되죠?

9. take one's toll 피해를 주다

➡ Not sleeping enough takes its toll on the body. 충분히 잠을 자지 않는 것은 신체에 피해를 준다.

10. turn a blind eye to ∼을 못 본 체하다

➡ If you turn a blind eye to the matter now, you'll pay for it later.
당신이 그 일에 대해 지금 못 본 체하면, 나중에 그 대가를 치르게 될 것이다.

11. want for nothing 아무런 부족함이 없다

➡ The Smiths don't have much money, but their children seem to want for nothing.
Smiths 댁에는 그다지 돈은 없지만, 아이들에게는 아무런 부족함이 없는 것처럼 보인다.

12. grab a bite to eat 요기하다, 간단히 먹다

➡ Do we have enough time to grab a bite to eat before we leave town? 우리가 마을을 떠나기 전에 간단히 먹을 시간이 있나요?

13. make oneself at home 편히 쉬다

➡ Please make yourself at home while you are staying with us. 우리와 함께 있는 동안 편히 쉬세요.

14. on the wane 줄어드는, 하락하는

➡ Her popularity has been on the wane for some times. 그녀의 인기가 한동안 시들해지고 있다.

15. slip one's mind 잊어버리다

➡ I meant to go to the grocery store on the way home, but it completely slipped my mind.
나는 집에 가는 도중에 식료품점에 들를 생각이었다. 근데 깜빡 잊고 말았다.

16. get off the ground 이륙하다, 순조롭게 시작하다

➡ Without more money, the movie is unlikely to get off the ground.
돈이 더 있지 않으면, 그 영화는 순조롭게 시작할 수 있을 것 같지가 않다.

17. be cut out for ∼에 적합하다

➡ I'm not cut out for the army. 나는 군대 체질에 적합하지 않다.

18. be particular about ∼에 대해서 까다롭게 굴다

➡ Steve is very particular about what he wears and eats. Steve는 입는 것과 먹는 것에 매우 까다롭다.

19. blow one's own horn 자기 자랑을 하다

➡ I don't like the men who blow his own horn. 나는 자기 자랑을 하는 남자들이 싫다.

20. in all but name 사실상, 실질적으로

➡ He runs the company in all but name. 그는 이름만 아니지 실질적으로는 그 회사를 경영한다.

MEMO

정답 및 해설 p39

01 다음 중 어법상 틀린 부분을 골라 바르게 고치시오. (18. 서울시 9급)

When you find your tongue ①twisted as you seek to explain to your ②six-year-old daughter why she can't go to the amusement park ③that has been advertised on television, then you will understand why we find it difficult ④wait.

02 다음 중 어법상 맞는 것을 고르시오. (03. 행자부 7급)

At this time I find ①[it difficult / difficult it] ②[agree / to agree] to your plan of ③[having / to have] everyone in the group working on the same project.

03 다음 중 어법상 틀린 곳을 고르시오. (09. 국가직 9급)

The well-born young Athenians ①who gathered around Socrates ②found quite paradoxical ③that their hero was so intelligent, so brave, so honorable, so seductive - and so ④ugly.

04 다음 중 어법상 틀린 부분을 골라 바르게 고치시오. 07 국가직 9급

An experiment ①<u>done</u> with American astronauts ②<u>made clear</u> ③<u>how important physical activity</u> is in ④<u>maintaining</u> strong, healthy bones.

05 다음 중 어법상 틀린 곳을 고르시오. 18. 서울시 9급

What became ①<u>clear</u> by the 1980s, however, as preparations ②<u>were made</u> for the 'Quincentenary Jubilee', was that many Americans ③<u>found hard</u>, if not ④<u>impossible</u>, to see the anniversary as a 'jubilee'.

06 다음 우리말을 영어로 가장 잘 옮긴 것은? 15. 지방직 7급

보안 경보가 울렸을 때 범인이 탈출한 것으로 여겨진다.

① The perpetrator believed in escaping until going off of the security alarm.
② The perpetrator believed to have escaped before the security alarm went off.
③ It is believed that the perpetrator escaped when the security alarm went off.
④ It believes that the perpetrator escapes when the security alarm goes off.

07 다음 중 어법상 틀린 곳을 고르시오. (20. 국가직 9급)

When an organism is alive, it takes in carbon dioxide from the air around it. Most of that carbon dioxide ①made of carbon-12, but a tiny portion ②consists of carbon-14. So the living organism always contains a very small amount of radioactive carbon, carbon-14. A detector next to the living organism would record radiation ③giving off by the carbon-14 in the organism. When the organism dies, it no longer takes in carbon dioxide. No new carbon-14 is added, and the old carbon-14 slowly decays into nitrogen. The amount of carbon-14 slowly ④decreases as time goes on.

08 다음 중 어법상 틀린 곳을 고르시오. (20. 국가직 9급)

All creatures, past and present, either have gone or will go ①extinctly. Yet, as each species vanished over the past 3.8-billion-year history of life on Earth, new ones inevitably appeared ②to replace them or to exploit newly emerging resources. From only a few very simple organisms, a great number of complex, multicellular forms evolved over this immense period. The origin of new species, which the nineteenth-century English naturalist Charles Darwin once ③referred to as "the mystery of mysteries", is the natural process of speciation responsible for generating this remarkable diversity of living creatures ④with whom humans share the planet.

09 다음 중 어법상 틀린 곳을 고르시오. (16. 지방직 9급 응용)

Electric cars were always ①environmentally friendly, quiet, clean — but definitely not sexy. The Sesta Speedking has changed all that. A battery-powered sports car that sells for $120,000 and has a top speed of 125 m.p.h. (200 km/h), the Speedking ②has excited the clean-tech crowd since it was first announced. Some Hollywood celebrities also joined a long waiting list for the Speedking; magazines like Wired drooled over it. After years of setbacks and shakeups, the first Sesta Speedkings were delivered to customers this year. Reviews have been ecstatic, but Sesta Motors ③has been hit hard by the financial crisis. Plans to develop an affordable electric sedan have been put on hold, and Sesta is laying off employees. But even if the Speedking turns out to be a one-hit wonder, it's been an exciting electric ride. It remains to be seen ④which it is likely to clench another smash hit.

10 다음 중 어법상 틀린 곳을 고르시오. (16. 지방직 9급 응용)

Some people are convinced ①that life is simply a series of problems to be solved. The sooner they get through with the problem they are facing, ②the sooner they will be happy. And after you overcome that obstacle, there will be something else to overcome and there's always another mountain to climb. But the truth is, after you successfully make it through this problem, there will be another problem to face. That's why it is important ③enjoying the journey, not just the destination. In this world, we will never arrive at a place where everything is perfect and we have no more challenges. As ④admirable as setting goals and reaching them may be, you can't get so focused on accomplishing your goals that you make the mistake of not enjoying where you are right now.

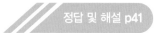 정답 및 해설 p41

01 밑줄 친 부분과 의미가 가장 가까운 것을 고르시오. (14. 지방직 9급)

> Electric cars also are a key part of China's efforts to curb its <u>unquenchable</u> appetite for imported oil and gas, which communist leaders see as a strategic weakness.

① infallible
② aesthetic
③ adolescent
④ insatiable

02 밑줄 친 부분과 의미가 가장 가까운 것을 고르시오. (14. 지방직 9급)

> John had just started working for the company, and he <u>was not dry behind the ears</u> yet. We should have given him a break.

① did not listen to his boss
② knew his way around
③ was not experienced
④ was not careful

03 두 사람의 대화 중 가장 어색한 것은? (21. 지방직 9급)

① A : I'm so nervous about this speech that I must give today.

  B : The most important thing is to stay cool.

② A : You know what? Minsu and Yujin are tying the knot!

  B : Good for them! When are they getting married?

③ A : A two-month vacation just passed like one week. A new semester is around the comer.

  B : That's the word. Vacation has dragged on for weeks.

④ A : How do you say 'water' in French?

  B : It is right on the tip of my tongue, but I can't remember it.

04 밑줄 친 부분에 들어갈 가장 적절한 것을 고르시오. (15. 사복직 9급)

A: Hi, Gus. I'm glad to see you up and about.

B: Thanks. After that truck plowed into my car last month, I thought it was all over for me. I'm really lucky to be alive.

A: That's for sure. It must have been quite a traumatic experience for you. Has your car been repaired yet?

B: Yes, it has. But I won't be driving it anymore. I'm not taking any chances on being hit again.

A: Come on, now. You can't let one unfortunate incident keep you from ever driving again.

_____.

B: That's what people say, but for the time being, I'll be taking public transportation.

① A squeaky wheel gets the oil

② It is better to be safe than sorry

③ The grass is always greener on the other side

④ Lightning never strikes twice in the same place

05 밑줄 친 부분의 의미와 가장 가까운 것은? (18. 서울시 9급)

Man has continued to be disobedient to authorities who tried to muzzle new thoughts and to the authority of long-established opinions which declared a change to be nonsense.

① express

② assert

③ suppress

④ spread

06 밑줄 친 부분의 의미와 가장 가까운 것은? (18. 서울시 9급)

Don't be <u>pompous</u>. You don't want your writing to be too informal and colloquial, but you also don't want to sound like someone you're not—like your professor or boss, for instance, or the Rhodes scholar teaching assistant.

① presumptuous

② casual

③ formal

④ genuine

07 밑줄 친 부분에 들어갈 가장 적절한 것을 고르시오. (14. 지방직 9급)

A: How did you find your day at school today, Ben?

B: I can't complain. Actually, I gave a presentation on drug abuse in my psychology class, and the professor _____.

A: What exact words did he use?

B: He said my presentation was head and shoulders above the others.

A: Way to go!

① made some headway

② made a splash

③ paid me a compliment

④ passed a wrong judgment

밑줄 친 부분에 들어갈 가장 적절한 것을 고르시오. (14. 지방직 9급)

A: Excuse me. I'm looking for Nambu BusTerminal.

B: Ah, it's right over there.

A: Where? _____?

B: Okay. Just walk down the street, and then turn right at the first intersection. The terminal's on your left. You can't miss it.

① Could you be more specific?

② Do you think I am punctual?

③ Will you run right into it?

④ How long will it take from here by car?

09 다음 문장 중 어법상 틀린 것은? (17. 국회직 9급)

① Not having met him before, I don't know him.

② Comparing with his sister, she is not so pretty.

③ This is a picture of a couple walking together.

④ Returning to my apartment, I found my watch missing.

⑤ The old man could not see his son until allowed to do so.

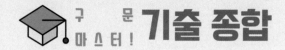

10 대화의 흐름으로 보아 밑줄 친 부분에 들어갈 가장 적절한 표현은? (17. 국회직 9급)

A: Welcome to NA Service Center. How can I help you?

B: I bought this cell phone from you, but there's a problem with it.

A: _____

B: I think the battery is out of order. It only lasts a couple of hours.

A: I see. I'll ask one of our service people to examine it.

① Could you be more specific?

② Where did you find this problem?

③ Could you tell me the reason for it?

④ I'm glad to hear that you like the phone.

⑤ Would you like this phone to be refurbished?

11 다음 밑줄 친 부분에 들어갈 가장 적절한 표현은? (17. 국회직 9급)

Creative thinking requires an attitude that allows you to search for ideas and manipulate your knowledge and experience. With this outlook, you try various approaches, first one, then another, often not getting anywhere. You use crazy, foolish, and impractical ideas as stepping stones to practical new ideas. You_____ the rules occasionally, and explore for ideas in an unusual outside places. In short, by adopting a creative outlook, you open yourself up both to new possibilities and to change.

① break

② analyze

③ observe

④ arrange

⑤ estimate

12 우리말을 영어로 잘못 옮긴 것은? 16. 국가직 7급

① 많은 사람들이 아파서 회의가 취소되었다.
→ With many people ill, the meeting was cancelled.

② 이것은 우리가 예상했던 것만큼 그렇게 간단한 문제는 아니다.
→ It is not so straightforward a problem as we expected.

③ 학생들이 몇 개의 가방을 가지고 탑승할 건가요?
→ How many bags are the students carrying on board with them?

④ 아무런 해명도 없었다. 사과는 말할 것도 없고.
→ No explanation was offered, still more an apology.

13 밑줄 친 부분 중 어법상 옳지 않은 것은? 19. 서울시 9급

By 1955 Nikita Khrushchev ①had been emerged as Stalin's successor in the USSR, and he ②embarked on a policy of "peaceful coexistence" ③whereby East and West ④were to continue their competition but in a less confrontational manner.

14 밑줄 친 부분 중 어법상 옳지 않은 것은? 19. 서울시 9급

Squid, octopuses, and cuttlefish are all ①types of cephalopods. ②Each of these animals has special cells under its skin that ③contains pigment, a colored liquid. A cephalopod can move these cells toward or away from its skin. This allows it ④to change the pattern and color of its appearance.

영뽀 시리즈

CHAPTER
09

분사와
분사구문

01 분사의 기본 개념

02 감정 동사의 현재분사와 과거분사

03 분사구문

Chapter 09 분사와 분사구문

1 분사의 기본 개념

분사는 동사에 형용사의 성격을 부여한 것이다. 현재분사(-ing)는 능동, 진행의 의미를 가지며, 과거분사(-ed)는 수동, 완료의 의미를 가진다. 분사는 동사에 형용사 성격이 가미된 것으로, 명사를 수식하기도 하고 분사구문의 형태가 되어 문장을 수식하는 부사구의 역할을 하기도 한다.

1 현재분사와 과거분사의 구분

수식받는 명사가 행위의 주체가 되면 능동(~한, ~하는)을 의미하는 현재분사를 사용한다. 반면 수식받는 명사가 행위의 대상이면 수동(~된, ~되는)을 의미하는 과거분사를 사용한다.

1) 현재분사 | 능동(~하는), 진행(~하고 있는)

- People swim.
- → swimming people 수영하는 사람들
- Children are studying.
- → studying children 공부하고 있는 어린이들

2) 과거분사 | 수동(~되는), 완료(~된)

- The driver is injured.
- → injured driver 부상당한 운전자
- Leaves have fallen.
- → fallen leaves 떨어진 나뭇잎

2 분사의 위치와 역할

분사는 형용사 역할도 한다. 따라서 명사 앞이나 뒤에서 명사를 수식하거나 보어 자리에 사용될 수도 있다.

1) 명사 앞에서 수식

- I read an interesting novel. 나는 흥미로운 책을 읽었다.
- Please review the attached files. 첨부된 파일을 검토해 주세요.

2) 명사 뒤에서 수식

- The man taking a walk looks young. 산책하는 남자는 어려 보인다.
- She found a wall painted with many different colors. 그녀는 여러 색상으로 페인트된 벽을 발견했다.

3) 주격 보어로 사용

- The children became excited. 어린이들이 흥분하게 되었다.

4) 목적격 보어로 사용

- The teacher kept the students studying hard. 그 선생님은 학생들이 열심히 공부하게 했다.

2 감정 동사의 현재분사와 과거분사

감정 동사는 수식을 받는 명사가 감정을 느끼는 주체(사람)일 때는 과거분사(-ed), 감정을 일으키는 주체일 때는 현재분사(-ing)를 사용한다.

감정 동사	현재분사(능동)	과거분사(수동)
excite(흥분시키다)	exciting(흥분시키는)	excited(흥분한)
bore(지루하게 하다)	boring(지루한)	bored(지루해하는)
surprise(놀라게 하다)	surprising(놀라운)	surprised(놀란)
embarrass(당황하게 하다)	embarrassing(당황하게 하는)	embarrassed(당황한)
disappoint(실망시키다)	disappointing(실망시키는)	disappointed(실망한)
annoy(성가시게 하다)	annoying(성가신)	annoyed(성가셔하는)
interest(흥미를 일으키다)	interesting(흥미로운)	interested(흥미 있어 하는)
frustrate(좌절시키다)	frustrating(좌절시키는)	frustrated(좌절된)
encourage(격려시키다)	encouraging(격려하는)	encouraged(고무된)
overwhelm(압도시키다)	overwhelming(압도적인)	overwhelmed(압도된)

- The sales figures were disappointing. 그 매출액은 실망스러웠다.

3 분사구문

분사구문은 '접속사 + 주어 + 동사'의 부사절을 간단하게 축약한 것이다. 분사구문에서 필요한 분사를 고를 때, 분사 뒤에 목적어가 있으면 현재분사를, 목적어가 없으면 과거분사를 고른다.

1 분사구문의 형태

분사구문은 '부사절 접속사 + 주어 + 동사'를 축약해 '(부사절 접속사) + -ing/-ed'의 형태로 만드는 것이다.

- **When** **he** **cooked** the meat, he tried to make it delicious. 그가 고기를 요리했을 때, 맛있게 만들려고 했다.
  접속사 주어 동사

→ **Cooking** the meat, **he** tried to make it delicious. [그가 요리를 하는 것이므로 현재분사를 사용한다.]

- **As** **she** **is loved** by students, the teacher is happy. 그녀는 학생들에게 사랑을 받기 때문에 행복하다.
  접속사 주어 동사

→ **(Being) loved** by students, **the teacher** is happy. [그 선생님이 사랑을 받는 것이므로 과거분사를 사용한다.]

2 분사구문을 만드는 방법

① 접속사를 생략하고, ② 주절 주어와 중복되는 주어를 생략한 후, ③ 동사의 분사 형태로 바꾼다. ④ 이때 주절 주어가 동사의 행동을 '하는 경우'에는 현재분사(능동)를 사용하고, 주절의 주어가 동사의 행동에 '당하는 경우'에는 과거분사(수동)를 사용한다.

- **While** **I** **watch** TV, **I** fell asleep. TV를 보는 동안, 나는 잠이 들었다.
  접속사 주어 동사

→ **Watching** TV, **I** fell asleep.
  현재분사(I가 보는 것 : 능동 관계)

- **Because** **She** **was left** alone, the baby cried. 혼자라고 느꼈기 때문에, 그 애기는 울었다.
  접속사 주어 동사

→ **(Being) left** alone, **the baby** cried. [Being 생략 가능]
  과거분사(The baby가 남겨지는 것 : 수동 관계)

3 분사구문의 해석

1) 분사구문, S + V

① 시간(~하면서, ~할 때)

- **Attending** the meeting, I met the former boss. 회의에 참여할 때, 이전의 사장님을 만났다.

② 이유(~하기 때문에)

- **Being** sick, she took a day off. 아프기 때문에, 그녀는 하루 쉬었다.

③ 조건(~하면)

- **Taking** the train, you can get to Seoul. 그 기차를 타면, 서울에 도착할 수 있다.

④ 양보(~이지만)

• <u>Having</u> no money, John is still happy. 돈이 없지만, John은 여전히 행복하다.

2) S + V, 분사구문

① 그리고

• The meeting starts at 10 A.M., <u>ending</u> at 3 P.M. 그 회의는 오전 10시에 시작했다. 그리고 오후 3시에 끝났다.

② ~할 때

• I fell asleep, <u>watching</u> TV. TV를 볼 때 잠이 들었다.

4 분사구문의 의미상 주어

분사의 행동 주체가 주절 주어와 같은 경우 생략하지만, 주절 주어와 일치하지 않는 경우 앞에 의미상 주어를
반드시 표시해야 하면 주격으로 표시한다.

• <u>The man</u> being sick, we didn't invite him to the party.

그 남자가 아팠기 때문에, 우리는 그를 초대하지 않았다. [The man ≠ we]

• <u>There</u> being no objection, the meeting could end earlier than expected.

반대가 없었기 때문에, 회의는 예상보다 일찍 끝날 수 있었다. [There ≠ the meeting]

중요 포인트 분사구문 확인 포인트

1. S'=S(S' : 생략)
주절 주어와 분사구문의 주어가 같으면 분사구문의 주어는 생략한다.

2. S'≠S(S' : 그대로 남김)
주절 주어와 분사구문의 주어가 다르면, 분사구문의 주어를 그대로 남겨 둔다.

> Waiting a bus, my coffee got cold. [X]
> → I waiting a bus, my coffee got cold. 내가 버스를 기다리면서, 커피가 식었다.

3. R-ing vs P.P 구분
① 능동 / 수동 : 주절 주어와 분사와의 관계가 능동이면 현재분사, 수동이면 과거분사를 사용한다.
② 목적어 유무 : 분사 자체의 목적어가 있으면 현재분사, 목적어가 없으면 과거분사를 사용한다.

4. 자동사 출신
자동사가 분사가 되는 경우, 과거분사형은 존재하지 않는다. 따라서 현재분사만 가능하다.

> • missing child 사라진 아이
> • remaining ingredients 남겨진 재료

5 분사구문의 시제

분사구문이 주절의 동사보다 앞선 시제를 나타낼 때는 Having p.p.를 사용한다.

능동태		수동태	
단순분사구문	-ing	단순분사구문	(being) p.p.
완료분사구문	having p.p.	완료분사구문	(having been) p.p.

• Having studied harder, I got a good job. 더 열심히 공부해서, 나는 취업을 했다.

6 분사구문의 부정 : not + -ing(능동) / p.p.(수동)

분사구문을 부정할 때는 부정어가 준동사인 분사 앞에 위치한다.

• Not knowing who he is, I didn't meet him. 그가 누군지 몰라서, 나는 그를 만나지 않았다.

7 부대 상황의 분사구문 with

전치사 with을 이용해서 부대 상황을 표현할 수 있다. '~하면서, ~한 채로, ~하는 동안'으로 해석한다. 분사가 목적격 보어 자리에 오는 경우에는, 목적어와 목적격 보어와의 관계가 능동이면 현재분사를 사용하고 수동이면 과거분사를 사용한다.

```
with + 목적어 + -ing(능동)
              + -ed(수동)
              + 형용사구
              + 전치사구
```

• I was sitting on a chair, and I was closing my eyes.
나는 의자에 앉아 있었다. 그리고 나는 눈을 감았다.

→ I was sitting on a chair, with my eyes closed.
나는 눈을 감은 채로 의자에 앉아 있었다.

• I was sitting on a chair, with my eyes shining.
나는 눈이 반짝이는 채로 의자에 앉아 있었다.

Chapter 9 빈출 핵심 표현

1. **go down the drain** 수포로 돌아가다, 헛수고로 돌아가다

   ➡ Everything they studied might get wasted away and go down the drain.
   공부한 모든 것들이 씻겨 나가고 노력이 헛수고로 돌아간다고 생각한다.

2. **hit the ceiling** 격노하다

   ➡ She hit the ceiling as her husband did not answer her question.
   그녀는 남편이 자기 질문에 답하지 않자 화가 머리끝까지 났다.

3. **hold water** 물이 새지 않다, 이치에 맞다, 타당하다

   ➡ Your logic doesn't hold water at all. 당신의 논리는 전혀 이치에 맞지 않는다.

4. **by virtue of** ~의 덕분에

   ➡ He got the job by virtue of his greater experience. 그는 더 뛰어난 경력 덕분에 취직이 되었다.

5. **for a rainy day** 만약을 대비해서

   ➡ Put aside part of your salary for a rainy day. 만약을 대비하여 월급의 일부를 저축해 두세요.

6. **at all costs** 어떤 대가를 치르더라도, 반드시

   ➡ We have to submit the proposal by tomorrow at all costs. 무슨 일이 있어도 내일까지는 제안서를 제출해야 합니다.

7. **stand on one's own feet** 자립하다

   ➡ When his parents died, he had to learn to stand on his own feet.
   그의 부모님이 돌아가셨을 때 그는 자립하는 법을 배워야 했다.

8. **have one's full hands with** ~로 바쁘다

   ➡ President will have his full hands with the economy and the real war on drugs.
   대통령은 경제와 마약과의 전쟁으로 바쁠 것이다.

9. **cut to the chase** 바로 본론으로 들어가다

   ➡ Now, let's cut to the chase. How much is it going to cost? 이제 본론으로 들어갑니다. 비용이 얼마나 들겠어요?

10. **at the drop of a hat** 즉시, 곧바로

    ➡ If you need my help, just call me. I can come at the drop of a hat.
    내 도움이 필요하면 망설이지 말고 전화주세요. 저는 즉시 갈 수 있어요.

11. take a break 잠시 휴식을 취하다

➡ Let's stop working and take a break for a while. 일손을 놓고 잠시 쉬자.

12. speak ill of ～을 험담하다

➡ He had hardly gone before they began to speak ill of him. 그가 가자마자 그들은 그를 욕하기 시작했다.

13. make believe ～인 체하다

➡ Make believe you don't know me. 나를 모르는 척해 주세요.

14. make a trip for nothing 헛걸음하다

➡ I realized that I made a trip for nothing when I saw the store was closed.
그 상점이 문을 닫았다는 것을 알았을 때 헛걸음했다는 것을 깨달았다.

15. get in the way of ～의 방해가 되다

➡ He wouldn't allow emotions to get in the way of him doing his job.
그는 자신이 일을 하는 데 감정이 방해가 되는 것을 용납하지 않으려 했다.

16. make a case for ～을 주장하다

➡ This is why we need to make a case for open trade. 그것이 우리가 개방 무역을 주장해야 하는 이유이다.

17. nothing but 그저(오직) ～일 뿐이다

➡ He started with nothing but raw talent and determination. 그는 오로지 다듬어지지 않은 재능과 투지만으로 시작했다.

18. pass the buck 책임을 전가하다

➡ Don't try to pass the buck! It's your fault. 책임을 떠넘기지 마세요! 그건 당신 잘못이에요.

19. wet behind the ears 머리에 피도 안 마른, 풋내기의

➡ You are still too wet behind the ears to do that job. 넌 그 일을 하기에는 아직 너무 어리다.

20. pull oneself together 기운을 되찾다, 냉정해지다

➡ The student needs some time to pull himself together after failing the exam.
그 학생은 시험에 떨어진 후 기운을 되찾을 시간이 필요했다.

정답 및 해설 p44

01 다음 중 어법상 맞는 것을 고르시오. (12. 국가직 9급)

We read about the family problems of ①[a / the] rich and famous, we see ②[fictionalizing / fictionalized] conflicts on television, but we never get the message.

02 다음 중 어법상 틀린 부분을 골라 바르게 고치시오. (11. 지방직 7급)

Asbestos is the name ①giving to a group of minerals that ②occur naturally in the environment as bundles of fibers can ③be separated into thin, ④durable threads.

03 다음 중 어법상 틀린 부분을 골라 바르게 고치시오. (12. 기상직 9급)

Physical symptoms of panic attacks ①involve ②increasing heart rate, ③trembling, and adrenaline ④rushes.

04 다음 중 어법상 맞는 것을 고르시오. (11. 지방직 9급)

Astronomers today are convinced ①[that / what] people ②[living / lived] thousands of years ago ③[was / were] studying the movement of the sky.

05 다음 밑줄 친 부분에 들어갈 가장 적절한 표현을 고르시오. (16. 국회직 9급)

Passive investments by Korean investors to the overseas markets are likely to continue in the second half of the year, especially with global economic expansion _____.

① is likely to further retreat

② is likely to be further retreated

③ likely to further retreat

④ likely to be further retreat

⑤ like to further retreat

06 다음 중 어법상 틀린 부분을 골라 바르게 고치시오. (19. 법원직)

An algorithm is ①a step-by-step set of instructions ②that, if ③carrying out, exactly ④solves the problem.

07 다음 중 어법상 맞는 것을 고르시오. (02. 사시 1차)

①[Drawing / Drawn] to Poland by high growth and interest rates, investors ②[are / were] fleeing now because growth is faltering and debts are ③[rising / raising].

08 다음 중 어법상 맞는 것을 고르시오. (09. 국가직 7급)

①[Founding / Founded] in 1960 ②[gain / to gain] greater control over the price of oil, OPEC consists ③[in / of] the main Arabic oil-producing counties.

09 다음 중 어법상 맞는 것을 고르시오. (19. 서울시 9급)

①[Having selected / Having been selected] ②[representing / to represent] the Association of Korean Dancers at the Annual Convention, she gave a short acceptance speech.

10 다음 밑줄 친 부분 중 어법상 옳지 않은 것을 고르시오. (18. 교육행정직 9급)

Sustainability is a difficult and complex issue, and an elusive one. It is enormously important ①since it has to do with nothing less than the chances of humankind surviving on this planet. At the rate that the human race is using scarce and limited resources it appears that, unless measures are taken now— and if there is still time — the future of civilization, at least as we understand it now, ②is uncertain, to say the least. It follows that such a complex subject has no simple and straightforward treatment, especially ③considered that sustainability is not a goal but a process. It leads to a better life for the present generation and survival for generations to come, ④enhancing their ability to cope with the world that they will inherit.

정답 및 해설 p46

01 밑줄 친 부분에 들어갈 표현으로 가장 적절한 것을 고르시오. (14. 사복직 9급)

In his book, Marco Polo does not mention the important invention of paper, which was first introduced by the Chinese. The Moors, having been taught by Chinese paper makers, brought paper into Europe. By the twelfth century Spain and then France knew the art of paper-making, thanks to their Moorish invaders. However, at that time, most of the European printing continued to be done on parchment, since the paper was considered too_____ .

① convenient

② durable

③ fragile

④ fervent

02 밑줄 친 부분에 들어갈 표현으로 가장 적절한 것을 고르시오. (14. 사복직 9급)

Unless disposed of in a responsible way, batteries are detrimental to the environment and humans. That's .because batteries sometimes contain heavy metals, which, if _____don't really leave the organism's body.

① ingested

② disgusted

③ suggested

④ evacuated

03 밑줄 친 부분에 들어갈 말로 가장 적절한 것은? 19. 서울시 9급

Tests ruled out dirt and poor sanitation as causes of yellow fever, and a mosquito was the _____ carrier.

① suspected

② uncivilized

③ cheerful

④ volunteered

04 밑줄 친 부분에 들어갈 말로 가장 적절한 것은? 19. 서울시 9급

Generally speaking, people living in 2018 are pretty fortunate when you compare modern times to the full scale of human history. Life expectancy _____ at around 72 years, and diseases like smallpox and diphtheria, which were widespread and deadly only a century ago, are preventable, curable, or altogether eradicated.

① curtails

② hovers

③ initiates

④ aggravates

05 밑줄 친 부분에 들어갈 말로 가장 적절한 것은? (19. 서울시 9급)

To imagine that there are concrete patterns to past events, which can provide _____ for our lives and decisions, is to project on to history a hope for a certainty which it cannot fulfill.

① hallucinations

② templates

③ inquiries

④ commotion

06 대화 중 가장 어색한 것은? (19. 서울시 9급)

① A : What was the movie like on Saturday?

B : Great. I really enjoyed it.

② A : Hello. I'd like to have some shirts pressed.

B : Yes, how soon will you need them?

③ A : Would you like a single or a double room?

B : Oh, it's just for me, so a single is fine.

④ A : What time is the next flight to Boston?

B : It will take about 45 minutes to Boston.

As soon as the start-up is incorporated it will need a bank account, and the need for a payroll account will follow quickly. The banks are very competitive in services to do payroll and related tax bookkeeping, ①<u>starting</u> with even the smallest of businesses. These are areas ②<u>where</u> a business wants the best quality service and the most "free" accounting help it can get. The changing payroll tax legislation is a headache to keep up with, especially when a sales force will be operating in many of the fifty states. And the ③<u>requiring</u> reports are a burden on a company's add administrative staff. Such services are often provided best by the banker. The banks' references in this area should be compared with the payroll service alternatives such as ADP, but the future and the long-term relationship should be kept in mind when a decision is ④<u>being</u> made.

Many people refuse to visit animal shelters because they find it too sad or ①<u>depressed</u>. They shouldn't feel so bad because so many lucky animals are saved from a dangerous life on the streets, ②<u>where</u> they're at risk of traffic accidents, attack by other animals or humans, and subject to the elements. Many lost pets likewise ③<u>are found</u> and reclaimed by distraught owners simply because they were brought into animal shelters. Most importantly, ④<u>adoptable</u> pets find homes, and sick or dangerous animals are humanely relieved of their suffering.

09 다음 글의 밑줄 친 부분 중 어법상 틀린 것은? (19. 법원직 9급)

Rice stalks lower their heads when they are mature and corn kernels remain on the shoots even when they are ripe. This may not seem strange, but, in reality, these types of rice and corn should not survive in nature. Normally, when they mature, seeds should fall down to the ground in order to germinate. However, rice and corn are mutants, and they have been modified to keep their seeds ①attached for the purpose of convenient and efficient harvesting. Humans have continuously selected and bred such mutants, through breeding technology, in order ②for these phenomena to occur. These mutant seeds have been spread intentionally, ③which means that the plants have become artificial species not found in nature, ④having bred to keep their seeds intact. By nurturing these cultivars, the most preferred seeds are produced.

*germinate 발아하다 *cultivar 품종

10 다음 글의 밑줄 친 부분 중 어법상 옳지 않은 것은? (18. 법원직 9급)

In the 1960s, the populations of Manhattan and Brooklyn were rapidly increasing, and ①so was the number of the commuters between them. Thousands of people took boats and ferries across the East River every day, but these forms of transport were unstable and frequently stopped by bad weather. Many New Yorkers wanted to have a bridge directly ②connected Manhattan and Brooklyn because it would make their commute quicker and safer. Unfortunately, because of the East River's great width and rough tides, ③it would be difficult to build anything on it. It was also a very busy river at that time, with hundreds of ships constantly ④sailing on it.

11 다음 글의 밑줄 친 부분 중 어법상 옳지 않은 것은? 〔18. 법원직 9급〕

In recent years, peer-peer (P2P) lending has ①become the poster child of the alternative finance industry. In a 2015 report Morgan Stanley predicted that such marketplace lending ②would command $150 billion to $490 billion globally by 2020. P2P lending is the practice of lending money to individuals or businesses through online services that match lenders-investors directly with borrowers, ③enabled both parties to go around traditional providers such as banks. Lenders typically achieve better rates of return, while borrowers—individuals and SMEs (small and medium-sized enterprises)—get access to flexible and competitively priced loans. For investors, the benefits are attractive. Being ④matched with a borrower can take anywhere from a few days to a few hours. And where a bank might typically earn under 2% on personal lending, P2P returns can be more than three times that.

12 다음 밑줄 친 (A)와 (B)에 들어갈 가장 적절한 표현은? 〔17. 국회직 9급〕

Even though freedom of speech is controlled to an extent by the government in Singapore, one Internet site established by a non-governmental organization (A) _____ in Singapore, (B) _____ Think Center, polled Singaporeans on their view on the death penalty.

    (A)   (B)

① operating - calling

② operated - called

③ operation - calling

④ operating - called

⑤ operated - calling

CHAPTER

10

형용사와 부사

Chapter 10 형용사와 부사

1 형용사의 기본 개념

1 형용사란?

형용사는 대표적인 수식어로서 명사의 상태나 성질을 수식하거나 주어 또는 목적어의 상태나 성질을 서술하는 역할을 한다.

- He is a <u>diligent</u> student. 그는 근면한 학생이다.
- The student is <u>diligent</u>. 그 학생은 근면하다.
- We found the student <u>diligent</u>. 우리는 그 학생이 근면하다는 것을 알게 되었다.

2 형용사의 역할

형용사는 명사 앞이나 뒤에서 명사를 수식하거나 불완전 동사의 보어로 사용된다.

1) 제한적 용법

형용사가 명사를 앞이나 뒤에서 수식하는 용법이다.

> 관사 + <u>형용사</u> +명사

2) 서술적 용법

형용사가 불완전 동사 뒤에 사용되어서 주어나 목적어를 설명해 주는 용법이다.

2형식	be, become, remain 감각 동사(look, smell, taste, sound, feel) + 형용사
5형식	make, keep, find, leave, consider + 목적어 + 형용사

중요 포인트 전치 수식만 가능한 형용사(후치 수식이나 보어 자리에는 사용할 수 없다)

| wooden 나무로 된 | golden 금으로 된 | elder 손위의 |
| live 살아 있는 | lone 외로운 | drunken 술 취한 |

- The animal is live [X]
→ a live animal 살아 있는 동물

중요 포인트 서술적 용법으로만 쓰이는 형용사

명사를 전치 수식 할 수 없고, 명사를 후치 수식 하거나 보어로만 사용할 수 있다.

alive 살아 있는	alike 비슷한	awake 깨어 있는
asleep 잠자는	afraid 두려워하는	aware 알고 있는
alone 혼자인	ashamed 수치스러워하는	

- They tried to treat all their children alike. 그들은 자녀들을 모두 비슷하게 대하려고 노력했다.
- Once again he had to readjust to living alone. 그는 다시 한번 혼자 사는 것에 재적응해야 했다.

2 형용사의 종류

1 수량형용사

수나 양을 나타내는 형용사의 경우, 수식받는 명사의 형태에 주의해야 한다. 특히 동사와의 수 일치에 단서가
될 수 있으므로 주의해야 한다.

> 수 형용사 + **복수가산명사**
> 양 형용사 + **불가산명사**
> 수량 공통 형용사 + **복수가산명사**
>   + **불가산명사**

수 형용사		양 형용사		수량 공통 형용사	
수 형용사 + 복수가산명사		양 형용사 + 불가산명사		수량 공통 형용사 + 복수가산명사 + 불가산명사	
many	많은	much	많은	all	모든
few	거의 없는	little	거의 없는	most	대부분의
a few	약간의	a little	약간의	some	몇몇의
quite(not) a few	꽤 많은 수의	quite(not) a little	꽤 많은 양의	any	어떤
a number of	많은 수의	an amount of	많은 양의	no	어떤 ~도 아닌
a couple of	두어 개의	a great deal of	많은	more	더 많은
several	여러 개의	less	더 적은	a lot of	많은
				plenty of	많은

2 난이 형용사

쉬움과 어려움을 나타내는 형용사이다. 아래 2가지 출제 포인트를 확실하게 학습해야 한다.

어려운, 쉬운	difficult, hard, tough, easy
편리한, 불편한	convenient, inconvenient
가능한, 불가능한	possible, impossible

① It is 난이 형용사 for 의미상 주어 to R + O

난이 형용사는 <u>사람을 주어로 쓰지 않고</u> 가주어, 진주어 구문을 이용해서 표현한다. 그리고 to부정사의 의미상의 주어는 <u>for + 명사(목적격대명사)</u>로 표현한다.

중요 포인트   사람의 성질을 나타내는 형용사

사람의 성질을 나타내는 형용사(= 인성 형용사)(kind, wise, nice, foolish, thoughtful, careful, considerate, stupid)는 to부정사의 의미상 주어 자리에 'of + 목적격'을 사용한다. 난이 형용사와 헷갈리지 말자.

• It is very kind of you to say so. 그렇게 말씀해 주시다니 정말 친절하십니다.

② 주어가 It이 아닌 경우, to부정사의 의미상 주어는 문장의 주어로 쓰일 수 없지만, to부정사의 목적어는 문장의 주어로 사용될 수 있다. to부정사의 목적어가 문장의 주어로 간 경우, to부정사의 목적어 자리는 비어 있어야 한다.

- It is difficult for me to read <u>the magazine</u>. 이 잡지를 읽는 것은 어렵다.
  to부정사의 목적어

  = The magazine is difficult for me to read [to read 뒤에 다시 목적어를 사용하면 안 된다.]

  ≠ I am difficult to read the magazine. [X] [to부정사의 의미상 주어가 주어 자리에 갈 수 없다.]

3 판단 형용사

'중요한'이나 '필요한'과 같이 이성적 판단을 나타내는 형용사는 이때 가주어 it을 사용하고 진주어로는 to R과 that S 둘 다 가능하다. that절 안의 동사가 '~해야 한다'라는 당위성을 가지므로 (should) R의 형태가 되는 지 확인해야 한다.

It is 판단 형용사 that + S + (should) V

중요한	important, vital, critical, crucial
필요한	necessary, essential, mandatory, imperative

- It is important for us to finish the assignment. 우리가 과제를 끝내는 것이 중요하다.
- It is important that we (should) finish the assignment. 우리가 과제를 끝내는 것이 중요하다.

4 확실성 형용사

'확실한' 또는 '불확실한'과 같은 형용사는 가주어 진주어 구문에서 진주어로 to부정사를 사용할 수 없음에 주의하자. 확실성 형용사와 어울리는 사실절인 that절만 가능하다.

확실한	clear, certain, likely, obvious, evident, probable
불확실한	uncertain, unlikely

It is + 확실성 형용사 + for + 의미상 주어 + to부정사	X
It is + 확실성 형용사 + that + 주어 + 동사	O

- It is clear that he will succeed. 그가 성공할 것은 확실하다. [O]

  ≠ It is clear for him to succeed. [X]

- It is certain that he is a liar. 그가 거짓말쟁이임에는 틀림없다. [O]

  ≠ It is certain for him to be a liar. [X]

3 부사의 위치

부사는 명사를 제외한 동사, 형용사, 다른 부사, 준동사 또는 문장 전체를 수식할 수 있다. 문장 내 여러 곳에 위치할 수 있기 때문에 여기에 초점을 맞춘 문제가 빈출된다.

1 동사 수식

1) S + (부사) + 동사

• We <u>sincerely</u> regret any inconvenience. 우리는 어떠한 불편함에 대해서도 진심으로 유감으로 생각합니다.

2) be + (부사) + p.p

• The final budget can be <u>formally</u> accepted. 그 최종 예산은 공식적으로 받아들여졌다.

3) have + (부사) + p.p.

• Analysts have <u>repeatedly</u> warned that stock prices will fall. 분석가들은 주가가 하락할 것이라고 반복적으로 경고해 왔다.

4) 조동사 + (부사) + R

• We could <u>easily</u> pass the test. 그는 쉽게 시험에 통과할 수 있었다.

5) 자동사 + (부사) + 전치사

• The country relies <u>heavily</u> on export. 그 나라는 수출에 지나치게 의존한다.

6) 타동사 + 목적어(명사) + (부사)

• He handles the customer complaints <u>professionally</u>. 그는 고객 불만을 전문적으로 다룬다.

중요 포인트 **'타동사 + 전치사 형태의 부사'**

1. 목적어의 위치

수험생들이 어려워하는 '자동사 + 전치사'와 '타동사 + 부사'의 구분에 대해 알아보자. 우선 어떤 게 '자동사 + 전치사'인지, '타동사 + 부사'인지 구분해 보자.

• He <u>looked at</u> us. 그는 우리를 보았다.

• He <u>put on</u> the jacket. 그는 재킷을 입었다.

자동사인지 타동사인지는 원래 동사의 뜻이 변하느냐 변하지 않느냐에 따라 구분된다고 보면 된다.

• look은 원래 뜻이 '보다'이다. 그리고 look at도 '보다'이다. 따라서 이 경우 '자동사 + 전치사'로 보면 된다. 이때 목적어의 위치는 목적어가 명사이든, 대명사이든 반드시 전치사 뒤에 와야 한다.

• look us at [X]

• look at us [O]

• look at people [O]

반면 put은 원래 뜻이 '놓다'이다. 그런데 put on은 '입다'가 된다. 이렇게 뜻이 바뀌는 경우는 '타동사 + 전치사 형태의 부사'로 보면 된다. on은 전치사 모양이지만 실제로는 부사로 사용한 것이다. 이 경우 부사의 위치는 자유로우므로 put on the jacket도 가능하고, put the jacket on도 가능하다. 주의해야 할 점은 목적어가 대명사일 경우에는 타동사와 부사 사이에만 위치한다는 점이다.

• put it on [O]

• put on it [X]

목적어가 일반명사	타동사 + 목적어(일반명사) + 부사 [O] 타동사 + 부사 + 목적어(일반명사) [O] • put the jacket on • put on the jacket
목적어가 대명사	타동사 + 목적어(대명사) + 부사 [O] 타동사 + 부사 + 목적어(대명사) [X] • put it on • put on it [X]

2. 대표 표현
'자동사 + 전치사'의 목적어는 항상 전치사 뒤에 온다. 반면 '타동사 + 부사'의 목적어는 위에서 언급한 것과 같이 목적어가 명사인 경우와 대명사인 경우에 따라서 위치가 결정된다.

타동사 + 부사	turn on(켜다)	turn off(끄다)	put on(입다)
	put off(벗다, 미루다)	pick up(태우다)	see off(마중 가다)
자동사 + 전치사	look for(찾다)	hand in(제출하다)	focus on(집중하다)
	depend on(의존하다)	cope with(대처하다)	

• You must hand in the report by tomorrow. 당신은 내일까지 보고서를 제출해야 한다.

---

2 다른 수식어 수식
부사는 형용사, 분사 그리고 부사와 같은 수식어 앞에 위치해서 의미를 추가할 수 있다.

• This tool is extremely helpful. 이 장비는 매우 유용하다.

• This soup tastes really good. 이 수프는 정말 맛있다.

4 혼동하기 쉬운 부사

1 very vs much

very	much
very + 형용사나 부사의 원급 • very beautiful 매우 아름다운	much + 형용사나 부사의 비교급 • much more beautiful 훨씬 더 아름다운
the very + 최상급 • the very highest building 가장 높은 건물	much + 최상급 • much the most plausible 가장 그럴듯한
very + 현재 분사 • very exciting 매우 흥미로운	much + 과거분사 • much appreciated 상당히 감사한
동사 수식 불가능	동사 수식 가능 • Thank you very much 대단히 고맙습니다.

2 too vs either

too	~ 또한 ~하다(긍정 동의)
either	~ 또한 ~하지 않다(부정 동의)

- Steve is honest, and he is smart <u>too</u>. Steve는 정직하고, 또한 똑똑하다.
- Steve doesn't like the movie, and his wife doesn't <u>either</u>.
  Steve는 영화를 좋아하지 않는다. 그리고 그의 부인 역시 좋아하지 않는다.

3 most, the most, almost

most	(대명)대부분, (형)대부분의
the most	가장 ~한(최상급 표현)
almost	(부)거의

- most of the employees. 대부분의 직원들
  = most employees
- the most successful company 가장 성공적인 회사
- almost all (of) the employees 거의 대부분의 직원들

1. 안부 물을 때

How's it going?	요즘 어떠세요?
What's up?	잘 지냈어요?
How are you feeling today?	오늘 기분이 어떠세요?
How are you getting along?	어떻게 지내고 있어요?
How are things with you?	잘 지내고 있나요?
How have you been?	어떻게 지내세요?
How's life treating you?	요즘 사는 게 어떠세요?

2. 안부에 답할 때

I'm all right.	저는 좋아요.
I'm getting by.	그럭저럭 지내요.
I can't complain.	괜찮게 지내요.
I've been so busy all day.	하루 종일 바빴어요.
I'm not myself today.	오늘 제정신이 아니에요.
Things couldn't be better.	이보다 더 좋을 수 없어요.

3. 우연히 만났을 때 하는 인사말

What a surprise!	웬일이니?
Look who's here?	이게 누구야?
What a coincidence!	정말 우연이네요!
What a small world!	세상 정말 좁군요.
What brings you here?	여긴 어쩐 일이세요?
Fancy meeting you here!	너를 여기서 만나다니!
Long time no see.	정말 오랜만이다.
It's been ages.	정말 오랜만이다.

4. 헤어질 때 하는 인사말

I'd better say goodbye.	이제 가 봐야 할 것 같아요.
Catch you later.	다음에 또 봐요.
keep in touch.	계속 연락하자.
Drop me a line sometime!	가끔 연락 주세요!
Take care of yourself.	살펴 가세요.
Till next time!	다음에 만날 때까지 잘 지내세요!

5. 날씨에 대해서 말할 때

What a gorgeous day!	정말 좋은 날씨예요!
It's pouring out there.	밖에 비가 쏟아지고 있어요.
It's beautiful day, isn't it?	날씨가 정말 화창하지 않나요?
It looks like rain.	비가 올 것 같아요.
It's freezing cold.	정말 춥네요.
It's burning hot.	정말 덥네요.

6. 전화 표현

ABC company, may I help you?	ABC 사입니다. 도와 드릴까요?
Who do you want to talk to?	어느 분과 통화하고 싶으세요?
May I ask who is calling?	전화하시는 분은 누구세요?
I'll put you through.	연결해 드릴게요.
He is on another line. Will you hold?	그는 지금 통화 중입니다. 기다려 주시겠어요?
She is not available. Can I take a message?	그녀는 지금 자리에 없어요. 메시지를 남기시겠어요?
You've got the wrong number.	전화 잘못 거셨습니다.
Would you hang on for a second?	잠시 기다려 주시겠어요?
I'll have him call back.	그에게 다시 전화하라고 할게요.

완숙지! 기출 연습

정답 및 해설 p49

01 다음 중 어법상 맞는 것을 고르시오. (17. 교육직 9급)

If you drive to and from work every day, the drive isn't stimulating you brain [near / nearly] as much as the first time you took that route.

02 옳은 것을 고르시오. (17. 기상직 9급)

It is necessary that the language in any advertising campaign [be examined / is examined] carefully.

03 어법상 옳지 않은 것을 고르시오. (15. 지방직 7급)

Old giant corporation such as IBM and AT&T laid off thousands of workers, ①downsizing to become more efficient and competitive. The auto industry that ②many were ready to pronounce ③deadly has revived and is ④flourishing.

04 틀린 부분을 옳게 고치시오. (18. 기상직 9급)

Computer-generated map revision is essentially for updating rapidly changing phenomena such as air pollution, ocean currents, and forest fires.

05 다음 문장 중 어법상 옳은 것은? 11. 법원직 9급

① They must be carefully not to make any hasty judgements.

② The secretary looked for somebody tall to reach the file on the top shelf.

③ We also have some newly editions of this encyclopedia.

④ The building's lack of parking might be of concerned to tenants.

06 다음 중 어법상 옳은 것은? 11. 국가직 9급

① She felt that she was good swimmer as he was, if not better.

② This phenomenon has described so often as to need no further clichés on subject.

③ What surprised us most was the fact that he said that he had hardly never arrived at work late.

④ Even before Mr. Key announced his movement to another company, the manager insisted that we begin advertising for a new accountant.

07 어법상 옳지 않은 것을 고르시오. 17. 사복직 9급

① The number of employees that arrive late has declined lately.

② Jason is studying hard for the mid-term exam.

③ The performance was such great that it got only positive reviews.

④ My life has become so convenient with such devices.

08 다음 중 어법에 맞는 것을 고르시오. 13. 경찰 1차

The first grapefruit trees in Florida, around Tampa Bay, ㉠[was / were] planted by Frenchman Count Odette Phillipe in 1823. Today, Florida produces more grapefruits than the rest of the world ㉡[to combine / combined]. The first skyscraper, the ㉢[10-story / 10-storeis] Wainwright Building in St. Louis, was designed by Louis Henry Sullivan in 1891.

	㉠	㉡	㉢
①	was	combined	10-story
②	were	combined	10-stories
③	was	to combine	10-story
④	were	combined	10-story

09 다음 문장 중 어법상 틀린 것을 고르시오. (14. 국회직 9급)

① The film received few criticisms and was generally praised.

② One tree was overgrown and needed to be trimmed.

③ The 200-years-old piece of parchment could still be easily read.

④ Either route will take approximately 20 minutes.

10 우리말을 영어로 바르게 옮긴 것은? (13. 서울시 9급)

① 나는 키가 충분히 크지 않아서, 선반의 맨 위칸에 닿기 위해 발판 사다리가 있어야 했다.
　　→ I had to get a stepladder to reach the top shelf because I was not enough tall.

② 새로운 스마트폰을 사기 위해 줄을 서서 기다리는 사람들이 꽤 있었다.
　　→ There were a quite few people waiting in line to buy the new smartphone.

③ 전체 캐비닛을 칠하는 데 심지어 페인트 한 양동이까지도 필요했다.
　　→ It required only one bucket of paint to cover the entire cabinet.

④ 그녀는 기차표를 역에서보다 인터넷에서 사는 것이 훨씬 더 싸다고 말했다.
　　→ She said it is much cheaper to buy a train ticket on the Internet than at the station.

11 다음 글의 (A), (B), (C)에서 어법상 옳은 것을 모두 고른 것은? (15. 지방직 9급)

> The process by which animals wait out bad conditions (A) (is / are) called overwintering. Hibernating and migrating are the two main categories it is divided into, and both methods enable mammals and birds (B) (survive / to survive) through harsh situations. Interestingly, anthropologists note that it is probable many of our ancestors also overwintered during prehistoric times. However, as civilizations became more modern and humans were able to protect themselves against the elements, it no longer became (C) (strictly / strict) necessary for survival.

	(A)	(B)	(C)
①	are	to survive	strictly
②	are	survive	strictly
③	is	to survive	strictly
④	is	to survive	strict

12 밑줄 친 부분 중 어법상 옳지 않은 것은? 20. 서울시 9급 응용

Assertive behavior involves standing up for your rights and expressing your thoughts and feelings in a direct, appropriate way that does not violate the rights of others. It is a matter of getting the other person ①to understand your viewpoint. People who exhibit assertive behavior skills are able to handle conflict situations with ease and assurance while maintaining good interpersonal relations. However, aggressive behavior involves expressing your thoughts and feelings and defending your rights in a way that openly violates the rights of others. ②Those exhibiting aggressive behavior seem to believe that the rights of others must be subservient to theirs. Thus, they have a difficult time ③maintaining good interpersonal relations. They are ④alike to interrupt, talk fast, ignore others, and use sarcasm or other forms of verbal abuse to maintain control.

13 밑줄 친 부분 중 어법상 옳지 않은 것은? 16. 서울시 9급 응용

One well-known difficulty in finding new things has been termed the 'oasis trap' by the cognitive psychologist David Perkins. Knowledge becomes centered in an 'oasis' of rich findings and it is just ①very risky and expensive to leave that still productive and well-watered zone. So people stick to ②what they know. This is what happened to a certain ③extent in China over many centuries. The huge physical distances between centers of knowledge in China and the fact that the distant centers turned ④out to be little different from one another discouraged exploration.

01 밑줄 친 부분의 의미와 가장 가까운 것은? (19. 서울시 9급)

> At least in high school she made one decision where she finally <u>saw eye to eye</u> with her parents.

① quarreled

② disputed

③ parted

④ agreed

02 밑줄 친 부분의 의미와 가장 가까운 것은? (14. 사복직 9급)

> Justifications are accounts in which one accepts responsibility for the act in question, but denies the <u>pejorative</u> quality associated with it.

① derogatory

② extrovert

③ mandatory

④ redundant

03 밑줄 친 부분에 들어갈 표현으로 가장 적절한 것을 고르시오. (14. 사복직 9급)

> The exhibitors at the trade fair _____ free samples to stimulate interest.

① pull through

② pass out

③ put aside

④ pay for

04 밑줄 친 부분에 들어갈 표현으로 가장 적절한 것을 고르시오. 〔14. 사복직 9급〕

My mother does not like sports. That's why she walks out of the room whenever my father _____ sports.

① turns down
② catches out
③ brings up
④ copes with

05 밑줄 친 부분에 들어갈 표현으로 가장 적절한 것을 고르시오. 〔14. 사복직 9급〕

A: I'll let you into a secret.
B: What's that?
A: I heard your boss will be fired soon.
B: It can't be true. How is that happening?
A: It's true. This is strictly between us. OK?
B: All right. _____

① I'll spell it.
② I can't share that with you.
③ I'll keep it to myself.
④ I heard it through the grapevine.

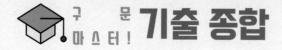

06 밑줄 친 부분의 의미와 가장 가까운 것은? 19. 서울시 9급

A: It's so hot in here! Do you have air-conditioning in your apartment?

B: You see that air-conditioner over there? But the problem is, it's not powerful enough.

A: I see.

B: But I don't care, cause I'm going to move out anyway.

A: _____

B: Well, I had to wait until the lease expired.

① You should've moved out a long time ago.

② You should've turned it on.

③ You should've bought another one.

④ You should've asked the landlord to buy one.

07 밑줄 친 부분에 들어갈 말로 가장 옳은 것은? 19. 서울시 9급

I am writing to you from a train in Germany, sitting on the floor. The train is crowded, and all the seats are taken. However, there is a special class of "comfort customers" who are allowed to make those already seated_____ their seats.

① give up

② take

③ giving up

④ taken

08 밑줄 친 부분의 의미와 가장 가까운 것을 고르시오. 20. 국회직 8급

He is generally regarded as a <u>discursive</u> writer, not especially adept at the economical use of words.

① meandering

② quixotic

③ reticent

④ railing

⑤ brittle

09 밑줄 친 부분에 들어갈 표현으로 가장 적절한 것을 고르시오. 20. 국회직 8급

Tort law is the area of the law that covers most civil suits. Generally, every claim that arises in civil court, with the exception of contractual disputes, falls under tort law. The concept of this area of law is to ——————— a wrong done to a person and provide relief from the wrongful acts of others, usually by awarding monetary damages as compensation. The original intent of tort is to provide full compensation for proved harms.

① adduce

② redress

③ mediate

④ excurse

⑤ condemn

10 어법상 옳지 않은 것은? (20. 국회직 8급)

① Newspapers are ephemeral texts; that is, they are intended only for the day they are delivering the news.

② One-third of the workers are now earning less than the average wage as a result of soaraway pay deals for executives and directors.

③ Floor lamps have become a stylish design element that brings interest and drama to a space in a way furniture and art can't compete with.

④ Neither congress nor state legislatures have authorized the development of such a system, and growing numbers of lawmakers are criticizing the technology as a dangerous tool.

⑤ Education has been seen as one of the most important tools of upward social mobility, and many a tale has been told parents who have sacrificed all in ensuring that their children received a good education.

11 다음 중 어법상 옳지 않은 것은? (20. 국회직 8급)

Although scientists have been familiar with the principle of Occam's razor for centuries, it ①became more widely known to the general public after the movie Contact came out in 1997. The movie, based on a novel written by Carl Sagan and ②starred Jodie Foster as SETI scientist Dr. Ellie Arroway, involves the first confirmed communication received on Earth by extraterrestrial intelligence. The communication is eventually discovered to be a diagram to build a transporter, which Ellie uses to travel through a series of wormholes to ③visit with one of the aliens who made the transport possible, in a first step toward interstellar space travel. When Ellie returns, ④she estimates she was gone about 18 hours, only to find that in Earth time, it appeared she had never left. Her story is doubted, especially when it's revealed that ⑤her recording device recorded nothing but static. When Ellie tries to persuade the others that she actually did travel through time, she is reminded of the principle of Occam's razor: that the easiest explanation tends to be the right one. Meaning, she probably never left.

12 다음 괄호에 들어가기 적절한 것을 순서대로 나열한 것은? <small>15. 서울시 9급</small>

( ) cats cannot see in complete darkness, their eyes are much more sensitive ( ) light than human eyes.

① Despite, to

② Though, at

③ Nonetheless, at

④ While, to

13 문맥상 밑줄에 들어가기 가장 적절한 것은? <small>15. 서울시 9급</small>

The source of this economic paralysis are somewhat different in the two countries. In Japan, a combination of highly constraining social patterns, consensus-based decision making and an ossified political process have suppressed new ideas and made the country resistant to change. In the U.S., there is no shortage of fresh thinking, debate and outrage — the paralysis is caused by _____ of consensus on how problems should be tackled. In a rich nation like the U.S., it's easy to be fooled into thinking there's always more time for problems to get solved. So it has been in Japan. The Japanese are wealthy enough that they don't suffer too much from the prolonged period of stunted growth.

① a number

② a variety

③ a lack

④ a ground

In late-twentieth-century America, perhaps in the West as a whole, human life is conceived in terms of a basic unit, the autonomous, free, self-determining individual. This is a being understood as possessing a(n) _____ selfhood, an inner entity known through a sense of immediacy and plenitude and constituted above all by a self-aware consciousness and an executive will.

① communal
② connected
③ dividual
④ undivided

CHAPTER

11

비교 구문

비교 구문

1 비교급이란?

1 비교급의 종류

형용사나 부사를 강조하는 구문을 비교 구문이라고 한다. 비교급에는 원급 비교, 비교급 비교, 최상급 비교가 있다. 두 대상이 동등함을 나타내는 원급 비교, 2개의 비교 대상 중 하나가 더 우월함을 나타내는 비교급 비교, 그리고 셋 이상의 비교 대상 중 하나가 가장 뛰어날 때 쓰는 최상급 비교가 있다.

비교 구문	형태	의미	예시
원급 비교	as + 원급 + as	~만큼 ~한	as tall as
비교급 비교	비교급 + than	~보다 ~한	taller than
최상급 비교	the + 최상급	가장 ~한	the tallest

2 원급 비교

1 기본형

'~만큼 ~한'이라는 뜻으로, 두 대상이 동등함을 나타내는 표현이다. as~as 사이에 형용사와 부사 중 어떤 품사가 들어가는지가 출제된다. 앞에 be동사가 있으면 형용사의 원급, 앞에 일반동사가 있으면 부사의 원급을 사용한다.

• Home education is important. 가정 교육이 중요하다.

• School education is important. 학교 교육이 중요하다.

→ Home education is as important as school education (is important).
가정 교육이 학교 교육만큼 중요하다. [반복되는 부분은 생략할 수 있다.]

형태	해석
S be as 형용사 원급 as B	S는 B만큼 ~하다
S V (O) as 부사 원급 as B	S는 B만큼 ~하다
not as(so) 형용사/부사 원급 as	~만큼 ~하지 않다

원급의 부정문도 마찬가지로 앞의 동사 종류로 형용사와 부사를 결정한다. 부정문에서는 as 대신에 so를 사용할 수도 있다.

- This fax machine works as _efficiently_ as a new model. 이 팩스 기계는 새것만큼 효율적으로 작동한다.
- The system is **not** _as(so)_ reliable as the traditional method. 이 시스템은 전통적인 방법만큼 믿을 만하지는 않다.

2 명사 원급 구문

'~만큼 많은'을 나타낼 때는 as와 as 사이에 명사가 들어간다. 만약 이 명사가 가산명사이면 many와 함께, 불가산명사이면 much와 함께 사용한다.

가산명사	as many Ns(가산명사) as
불가산명사	as much N(불가산명사) as

- Mark makes much money. Mark는 돈을 많이 번다.
- His wife makes much money. 그의 부인은 돈을 많이 번다.
  - → Mark makes as much money as his wife (makes much money).
    Mark는 그의 부인만큼 돈을 많이 번다. [반복되는 부분은 생략 가능하다.]
  - = Mark makes as much money as his wife does. [일반동사가 반복될 때는 do/does/did로 대신할 수 있다]

3 그 외 원급 비교의 주요 구문

주요 구문	해석
as ~ as S can as as possible	가능한 한 ~한(하게)
not so much A as B	A라기보다는 B인
not so much as	~조차도 아닌

- Give me a call as soon as you can. 가능한 한 빨리 전화주세요.
- He is not so much a singer as an actor. 그는 가수라기보다는 배우이다.
- She could not so much as remember my name. 그녀는 나의 이름조차도 기억하지 못한다.

4 중복, 혼용 주의

more/less와 −er은 중복해서 사용할 수 없다. as와 어울리는 것은 as이고, more와 어울리는 것은 than이다.

3 비교급 비교

1 비교급 비교의 개념

'~보다 ~한'이라는 뜻으로, 두 대상 중 한쪽이 우월할 때 사용하는 비교 구문이다.

- English is important. 영어는 중요하다.
- Science is important. 과학은 중요하다.
    → English is more important than science (is important). 영어는 과학보다 중요하다.

형태	해석
A + 형용사/부사의 비교급 + than + B	A가 B보다 더 ~하다
A + not 형용사/부사의 비교급 + than + B	A가 B보다 더 ~하지 않다

- Buying a new computer would be cheaper than fixing broken parts.
  새로운 컴퓨터를 구입하는 것이 고장 난 것을 수리하는 것보다 저렴할 것이다.
- The student talked more loudly than the teacher.   그 학생은 선생님보다 더 크게 말했다.

2 비교급 비교의 특징

1) 동일 대상의 성질 비교

한 대상의 성질을 비교하는 경우 −er을 사용하지 않고 반드시 more를 사용한다.

- Charles is smarter than his brother. Charles는 그의 형보다 똑똑하다. [O-Charles와 his brother 비교]
- Charles is smarter than cunning. [X]
    → Charles is more smart than cunning. Charles는 교활하기보다는 똑똑하다. [O-Charles의 성질 비교]

2) 비교 대상의 일치

비교급에서 비교되는 두 대상은 아래의 것들이 반드시 일치해야 한다.

① 격의 일치

비교되는 두 대상이 주격이면 주격, 목적격이면 목적격으로 격을 일치시키다.

- Nobody speaks more fluently than him. [X]
→ Nobody speaks more fluently that he (speaks fluently). 아무도 그보다 더 유창하게 말하지는 않는다.

② 동사 종류의 일치

비교되는 두 대상이 동사인 경우, 동사의 종류를 일치시켜야 한다. 일반동사는 do동사로 받고, be동사는 be동사, 조동사는 조동사로 받아야 한다.

비교 구문	
일반동사	do동사
be 동사	be 동사
조동사	조동사

- The new camera operates more quickly than the famous FT40 camera is. [X]
  → The new camera operates more quickly than the famous FT40 camera does.
    그 새로운 카메라는 유명한 FT40 카메라보다 더 빠르게 작동한다.

③ 명사의 대상 일치

비교되는 대상이 명사인 경우, 비교 대상이 일치해야 한다. 앞에서 형용사가 꾸미면 one(ones), 뒤에서 전명구가 수식하면 that(those)을 사용하고, 앞에 '소유격 + 명사'가 제시되면 소유대명사가 비교 대상으로 사용된다.

비교되는 대상 뒤에 수식어가 있는 경우	that / those
비교되는 대상 앞에 수식어가 있는 경우	one / ones
비교 대상이 소유격 + 명사인 경우	소유대명사

- The climate of Busan is milder than Osaka. [X]
  [부산의 날씨와 오사카가 직접 비교될 수 없다. 부산의 날씨와 오사카의 날씨(그것)가 비교되어야 한다]
  → The climate of Busan is milder than that of Osaka. 부산의 날씨는 오사카의 날씨보다 더 온화하다.

- The white camera is more expensive than the red that. [X]
  → The white camera is more expensive than red one. 하얀색 카메라가 빨간색보다 더 비싸다.

- Steve's idea is more persuasive than Mark. [X]
  → Steve's idea is more persuasive than Mark's. Steve의 아이디어는 Mark의 아이디어보다 더 설득력이 있다.

3) 라틴 비교

어미가 –er로 끝나는 게 아니고 –or로 끝나는 것들은 라틴어에서 유래된 단어들이다. 라틴어에서 온 비교 표현은 '~보다'를 표현할 때 than이 아니라 to를 사용한다. 빈출 단어는 다음과 같다.

senior(나이가 더 많은) junior(나이가 더 어린) superior(우수한) inferior(열등한) prefer(선호하다)	to + 비교 대상

4) 비교급 강조 어구

very beautiful과 같이 very는 원급을 수식한다. 반면 much more beautiful과 같이 much는 비교급을 수식한다. much 이외에도 비교급 수식어구에는 다음과 같은 것들이 있다. 비교급을 강조하며 '훨씬'이라는 뜻을 지니고 있는 다음 부사를 기억하자.

> much, far, by far, even, still : 훨씬

- This year's final exam was <u>very</u> difficult. 올해 기말고사는 매우 어려웠다.
- This year's final exam was <u>much</u> more difficult than I thought.
  올해 기말고사는 내가 생각했던 것보다 훨씬 더 어려웠다.

5) 특수한 비교 구문

원래 비교급 앞에는 정관사 the를 사용하지 않지만, 다음 2가지의 특수한 비교급에서는 앞에 정관사 the를 사용한다.

① the 비교급, the 비교급 : ~하면 할수록 더 ~하다

2개의 절이 대구를 이룰 때 관용적으로 비교급 앞에 the를 붙인다.

- We climb high. 우리는 산을 오른다.
- It becomes cold. 날씨가 추워진다.
  → The high**er** we climb, the cold**er** it becomes. 산을 오르면 오를수록, 날씨는 더 추워진다.

'the + 비교급, the + 비교급'에서 주의해야 할 2가지는 ❶ 두 문장이 접속사 없이 연결되고 the 비교급이 문두로 가면 ❷ 비교급의 수식을 받는 명사, 형용사, 부사는 비교급 바로 뒤에 위치하는 도치 현상이 발생한다는 점이다.

- As we grow older, we become the wiser. 우리가 나이를 먹을수록, 더 현명해진다.
  = The old**er** we grow, the wis**er** we become.

② 비교 대상이 둘로 한정된 경우 : the + 비교급 + of the two (복수명사)

비교급 표현 뒤에서 of the two (복수명사)가 비교급을 꾸며 주는 경우에는 비교급 앞에 정관사 the를 사용한다.

- Which is the more expensive option of the two? 둘 중에서 어떤 게 더 비싼 거죠?

6) 배수 비교

'~보다 몇 배나 더 ~하다'를 표현할 때는 배수 비교를 사용한다.

> 배수사(twice, three times 등) + 비교급 ~ than
> as 원급 as

- Seoul is <u>three times</u> larg**er than** Busan. 서울은 부산보다 3배 크다.
- Seoul is <u>three times</u> **as** large **as** Busan. 서울은 부산보다 3배 크다.

7) 그 외 비교급 주요 표현

표현	해석
would rather A than B	B하느니 차라리 A하는 게 낫겠다
• I would rather study English than go fishing. 낚시하러 가느니 차라리 영어 공부를 하는 것이 낫겠다.	
A rather than B	B라기보다는 A인
• She is pretty rather than cute. 그녀는 귀엽다기보다는 예쁘다.	
much more still more	~는 말할 것도 없이(긍정 의미 강화)
• He can speak English still more Chinese. 그는 중국어는 말할 필요도 없이 영어도 구사한다.	
much less still less	~는 말할 것도 없이(부정 의미 강화)
• He can't speak English still less Chinese. 그는 중국어는 말할 필요도 없이 영어도 못한다.	

4 최상급

1 최상급의 의미와 형태

셋 이상의 대상 중에서 '가장 ~한'이라는 뜻을 가지는 것이 최상급이다. 셋 이상의 대상 중 하나의 우월함을 나타낼 때 사용한다. 형태는 다음과 같다.

형태	해석
the 형용사/부사의 최상급	가장 ~한

• It is the largest restaurant in the city. 여기는 이 도시에서 가장 큰 레스토랑이다.

2 정관사 the를 쓰지 않는 최상급

최상급 표현은 '가장 ~한'이라는 뜻으로, 유일성을 가지므로 앞에 소유격이나 정관사를 사용하는 것이 원칙이다. 하지만 정관사를 쓰지 않는 경우도 있다. 정관사를 쓰지 않는 경우는 다음과 같다.

1) 동일물 비교

• This lake is the deepest in the country. 이 호수는 이 나라에서 가장 깊다.
• This lake is deepest at this point. 이 호수는 이 지점이 가장 깊다.

최상급은 셋 이상의 대상 중에서 '가장 ~한'이라는 뜻이다. 첫 번째 문장의 비교 대상은 이 나라에 있는 강들 중에서이다. 반면, 두 번째 문장은 '이 호수에서 이 지점이 가장 깊다'라는 뜻이다. 이와 같이 동일한 사물, 사람의 성질을 비교할 때는 정관사 the를 쓰지 않는다.

- My dad is **the best** cook in this city. 우리 아빠는 이 도시에서 최고의 요리사이다.
- My dad is **happiest** when he is eating. 우리 아빠는 먹을 때 가장 행복하다.

2) 부사의 최상급

형용사의 최상급은 명사가 문맥상 생략되더라도 정관사를 사용하지만, 부사는 원래 동사를 수식하는 것이므로 최상급에 정관사를 사용하지 않는다.

- Mark runs <u>fastest</u> of all the students. Mark는 모든 학생들 중에서 가장 빨리 달린다.
- Those who mount <u>highest</u> can see <u>the farthest</u>. 가장 높이 오르는 자가 가장 멀리 볼 수 있다.

3) 소유격과 같이 사용할 경우

소유격과 정관사는 둘 다 한정사이므로, 둘 다 같이 쓸 수 없고 하나만 사용한다.

- Steve is <u>my</u> best friend. Steve는 나의 가장 친한 친구이다.

3 최상급 대용 표현

원급이나 비교급을 사용해서 최상급의 의미를 전달할 수도 있다.

형태	해석
No other + 단수명사/Nothing + so(as) ~ as A	어떤 것도 A만큼 ~하지 않다
No other + 단수명사/Nothing + 비교급 than A	어떤 것도 A보다 ~하지 않다
more ~ than + any (other) 단수명사 + all the other 복수명사	다른 어떤 것보다도(만큼) ~하다

- Nothing is <u>as precious as</u> health. 어떤 것도 건강보다 중요하지 않다.
  - = Nothing is <u>more precious</u> than health.
  - = Nothing is <u>more precious</u> than any other thing.
  - = Nothing is <u>more precious</u> than all the other things.

- No other city in the world is <u>larger than</u> New York. 뉴욕보다 큰 도시는 전 세계에 없다.
  - = No other city in the world is <u>as large as</u> New York.
  - = New York is <u>larger than</u> any other city in the world.
  - = New York is <u>larger than</u> all the other cities in the world.

Chapter 11   생활 회화(감정 표현)

1. 격려

chin up.	기운 내.
It will pay off soon.	곧 성과가 있을 거야.
Break a leg!	행운을 빌어!
You are on the right track.	잘하고 있다.
You've got it!	해냈구나!
Keep up the good work!	지금처럼 잘해 봐!
Way to go!	잘했어!
That's the sprit!	바로 그거지!

2. 기대

I'm expecting.	나 임신했어.
I am looking forward to it.	기대된다.
I can't wait to get my feet wet.	시작하는 게 정말 기대된다.
I'll make a day of it.	즐거운 하루 보낼거야.
My heart flutters.	마음이 설렌다.

3. 우울하거나 화날 때

I'm feeling blue.	우울해요.
I have butterflies in my stomach.	마음이 조마조마해요.
I can't get back to work.	일이 손에 안 잡혀.
I feel down.	의욕이 없어.
They're really bothersome.	그들이 정말 성가시다.
How dare you say such a thing to me!	감히 나에게 그런 말을 하다니!
You got on my nerves.	너 정말 내 신경을 건드리고 있다.
I can't take this anymore.	더 이상은 참을 수 없다.
It's so outrageous I can't say a word.	기가 막혀 말이 안 나오네.
I'm really pissed up. It's annoying.	진짜 열 받네.
That was the last straw.	더 이상은 못 참아.

4. 걱정, 유감

Don't sweat it!	걱정하지 마.
What's eating you?	무슨 걱정 있어요?
I'm worried sick.	걱정돼 죽겠다.
Why the long face?	왜 그렇게 시무룩해요?
Things will look up soon.	곧 좋아질 거야.
It was a close call.	큰일 날 뻔했다.
It was a bolt out of the blue.	마른 하늘에 날벼락이었네요.
What a pity!	안됐네요.
What a shame.	참 유감이다.
How disappointing.	정말 실망이다.
Please accept my condolences.	애도를 표합니다.

 정답 및 해설 p55

01 다음 중 어법상 맞는 것을 고르시오. (14. 법원직 9급)

You can visualize anything you want and you can embellish and ①[exaggerate / exaggerating] your imagery as ②[many / much] as you want.

02 다음 중 어법상 맞는 것을 고르시오. (12. 지방직 7급)

Other studies have found ①[that / what] African American girls are just as ②[like / likely] as boys to compete and ③[talk / talking] about their rights in conversations.

03 다음 우리말을 영어로 옮긴 것 중 가장 적절한 것은? (18. 경찰 1차)

① 새로운 관리자가 이전 관리자보다 더 우수하다.
　→ The new manager is more superior to the old one.
② 시민들은 그 파출소가 폐쇄되어서는 안 된다고 요구했다.
　→ Citizens demanded that the police box was not closed.
③ 서희는 가족과 함께 있을 때 가장 행복하다.
　→ Seohee is happiest when she is with her family.
④ 우리가 가장 존경했던 선생님께서 지난달에 은퇴하셨다.
　→ The teacher whose we respect most retired last month.

04 다음 중 어법상 맞는 것을 고르시오. (10. 국가직 9급)

①[In / On] fact, since I've been here, I ②[farted / have farted] no ③[less / least] than twenty times.

05 우리말을 영어로 옮긴 것 중에서 가장 어색한 것은? ⟨15. 지방직 9급⟩

① 제인은 보기만큼 젊지 않다.
  → Jane is not as young as she looks.
② 전화하는 것이 편지 쓰는 것보다 더 쉽다.
  → It's easier to make a phone call than to write a letter.
③ 너는 나보다 돈이 많다.
  → You have more money than I.
④ 당신 아들 머리는 당신 머리와 같은 색깔이다.
  → Your son's hair is the same color as you.

06 다음 중 어법상 틀린 부분을 골라 바르게 고치시오. ⟨10. 국가직 9급⟩

①Colder it gets, ②the brighter the city ③becomes ④with colorful lights and decorations.

07 어법상 옳은 것을 고르시오. ⟨17. 국가직 9급⟩

① My father was in the hospital during six weeks.
② The whole family is suffered from the flu.
③ She never so much as mentioned it.
④ She would like to be financial independent.

08 다음 중 어법상 맞는 것을 고르시오. ⟨04. 보건직 9급⟩

The Pacific is ①[a / the] deepest ocean, with a bottom area at more profound depths ②[as / than] any other ③[ocean / oceans].

09 다음 중 어법상 가장 옳지 않은 것은? (16. 서울시 7급)

① Nutritionists recommended that everyone eat from three to five servings of vegetables a day.

② Their human rights record remained among the worst, with other abuses taking place in the country.

③ It has been widely known that he is more receptive to new ideas than any other men.

④ He proposed creating a space where musicians would be able to practice for free.

10 다음 중 어법상 옳지 않은 것은? (14. 국가직 7급)

① Mount Everest is tallest mountain in the world.

② She is weariest on Thursdays because she works overtime.

③ This is by far the most comprehensive study on sleeping habits.

④ Almonds are one of the healthiest snack foods.

11 다음 중 어법상 옳은 것은? (17. 지방직 7급)

① She was noticeably upset by how indignant he responded to her final question.

② Obviously, this state of affairs is known to the ambassadors, who reacts unfavorably to it.

③ I walked on as briskly as the heat would let me until I reached the road which led to the village.

④ Although there are some similarities in the platforms of both candidates, the differences among them are wide.

12 밑줄 친 부분 중 어법상 옳지 않은 것은? (20. 서울시 7급)

The e-book applications available on tablet computers employ touchscreen technology. Some touchscreens feature a glass panel ①<u>covering</u> two electronically-charged metallic surfaces lying face-to-face. When the screen is touched, the two metallic surfaces feel the pressure and make contact. This pressure sends an electrical signal to the computer, ②<u>which</u> translates the touch into a command. This version of the touchscreen ③<u>is</u> known as a resistive screen because the screen reacts to pressure from the finger. ④<u>Another</u> tablet computers feature a single electrified metallic layer under the glass panel. When the user touches the screen, some of the current passes through the glass into the user's finger. When the charge is transferred, the computer interprets the loss in power as a command and carries out the function the user desires. This type of screen is known as a capacitive screen.

13 밑줄 친 부분 중 어법상 옳지 않은 것은? (16. 서울시 9급 응용)

As ①<u>incredibly</u> as it sounds, there are some species of insects that will sacrifice ②<u>themselves</u> to protect their nests. When ③<u>faced</u> with an intruder, the Camponotus cylindricus ant of Borneo will grab onto the invader and squeeze itself until it explodes. The ant's abdomen ruptures, releasing a sticky yellow substance that will be lethal for both the defender and the attacker, permanently sticking them together and preventing the attacker ④<u>from reaching</u> the nest.

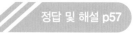
정답 및 해설 p57

01 밑줄 친 부분에 들어갈 말로 가장 적절한 것을 고르시오. (18. 국가직 9급)

> A: Can I ask you for a favor?
> B: Yes, what is it?
> A: I need to get to the airport for my business trip, but my car won't start. Can you give me a lift?
> B: Sure. When do you need to be there by?
> A: I have to be there no later than 6 : 00.
> B: It's 4 : 30 now._____ . We'll have to leave right away.

① That's cutting it close

② I took my eye off the ball

③ All that glitters is not gold

④ It's water under the bridge

02 밑줄 친 부분의 의미와 가장 가까운 것은? (18. 국가직 9급)

> Robert J. Flaherty, a legendary documentary filmmaker, tried to show how <u>indigenous</u> people gathered food.

① native

② ravenous

③ impoverished

④ itinerant

03 밑줄 친 부분과 의미가 가장 가까운 것을 고르시오. (17. 국가직 9급)

These days, Halloween has drifted far from its roots in pagan and Catholic festivals, and the spirits we <u>appease</u> are no longer those of the dead: needy ghosts have been replaced by costumed children demanding treats.

① assign

② apprehend

③ pacify

④ provoke

04 밑줄 친 부분과 의미가 가장 가까운 것을 고르시오. (17. 국가직 9급)

I usually <u>make light of</u> my problems, and that makes me feel better.

① consider something as serious

② treat something as unimportant

③ make an effort to solve a problem

④ seek an acceptable solution

05 우리말 문장을 영어로 옮길 때 밑줄 친 부분에 들어갈 가장 적절한 것은? 14. 지방직 9급

폭풍우 전에는 대체로 고요한 시기가 먼저 온다.

A quiet spell usually _____ a storm.

① pacifies

② precedes

③ presumes

④ provokes

06 밑줄 친 부분의 의미와 가장 가까운 것은? 18. 서울시 9급

Surgeons were forced to <u>call it a day</u> because they couldn't find the right tools for the job.

① initiate

② finish

③ wait

④ cancel

07 대화 중 가장 어색한 것은? 18. 서울시 9급

① A : I'd like to make a reservation for tomorrow, please.

   B : Certainly. For what time?

② A : Are you ready to order?

   B : Yes, I'd like the soup, please.

③ A : How's your risotto?

   B : Yes, we have risotto with mushroom and cheese.

④ A : Would you like a dessert?

   B : Not for me, thanks.

08 글의 흐름상 빈칸에 들어갈 단어로 가장 옳은 것은? 18. 서울시 9급

Mr. Johnson objected to the proposal because it was founded on a _____ principle and also was _____ at times.

① faulty - desirable

② imperative - reasonable

③ conforming - deplorable

④ wrong - inconvenient

09 밑줄 친 부분 중 문맥상 낱말의 쓰임이 적절하지 않은 것은? (20. 국회직 8급)

Jim Heckman, Nobel Laureate in economics, and his collaborators have shown that strong foundational skills built in early childhood are crucial for socio-economic success. These foundational skills lead to a self-reinforcing motivation to learn so that "skills ①beget skills." This leads to better-paying jobs, healthier lifestyle choices, greater social participation and more productive societies. Growing research also reveals that these benefits are linked to the important role that early foundations of cognitive and socio-emotional abilities play on healthy brain development across the human lifespan. Brain complexity—the diversity and complexity of neural pathways and networks—is ②molded during childhood and has a lasting impact on the development of cognitive and socio-emotional human abilities. Childhood cognitive abilities provide a foundation for adult cognitive functions. This means that successful brain development ③ensures that children develop basic cognitive abilities. The so-called "fluid abilities" (such as memory, reasoning, speed of thought, and problem solving ability), which ④underlie high-level cognitive processes, are used to acquire new knowledge and ⑤aggravate novel problems.

10 밑줄 친 부분 중 어법상 가장 옳지 않은 것은? (19. 지방직 9급 응용)

The happy brain tends ①to focus on the short term. That being the case, it's a good idea ②to consider what short-term goals we can accomplish that will eventually lead to accomplishing long-term goals. For instance, if you want to lose thirty pounds in six months, what short-term goals can you associate with losing the smaller increments of weight that will get you there? Maybe it's something as ③simply as rewarding yourself each week that you lose two pounds. The same thinking can be applied to any number of goals, like improving performance at work. By breaking the overall goal into smaller, shorter-term parts, we can focus on incremental accomplishments instead of ④being overwhelmed by the enormity of the goal in our profession.

11 밑줄 친 부분 중 어법상 가장 옳지 않은 것은? (19. 서울시 9급 응용)

"①High conscientious employees do a ②series of things better than the rest of us," says University of Illinois psychologist Brent Roberts, who ③studies conscientiousness. Roberts owes their success to "hygiene" factors. Conscientious people have a tendency to organize their lives well. A disorganized, unconscientious person might lose 20 or 30 minutes rooting through their files to find the right document, an inefficient experience conscientious folks tend to avoid. Basically, by being conscientious, people sidestep stress they'd ④otherwise create for themselves.

CHAPTER

12

전치사

Chapter 12 전치사

1 전치사의 목적어

전치사 뒤에는 명사나 명사 상당 어구(대명사, 동명사, 명사절)가 수반된다.

① 명사(구)

② 대명사(목적격)

③ 동명사(to부정사는 X)

④ 명사절

2 전치사구의 역할

전치사구란 '전치사 + 명사/대명사' 구성으로, 문장에서 수식어(형용사나 부사)의 역할을 하는 구를 의미한다. 문장 앞, 중간, 뒤 어디에라도 위치할 수 있다.

1 전치사구의 종류

1) 형용사구

① 명사 수식

• The people in the meeting room are our patients. 회의실에 있는 사람들은 우리 환자들이다.

• The manager is a man of ability. 그 매니저는 능력 있는 사람이다.

② 보어로 사용

• The subject is of importance. 이 주제는 중요하다.

포 인 트   **of + 추상명사 = 형용사**

'of + 추상명사'는 아래와 같이 형용사가 된다. 즉, 추상명사를 형용사로 만들고 싶을 때는 앞에 전치사 of를 붙인다고 보면 된다.

of importance = important	of use = useful
of value = valuable	of no value = valueless

• This problem is of importance. 이 문제는 중요하다.

반면, of를 제외한 나머지 '전치사 + 추상명사'는 부사가 된다.

2) 부사구

• For hours, he waited at the entrance. 몇 시간 동안, 그는 입구에서 기다렸다.

• He has worked for 30 years. 그는 30년 동안 근무했다.

• The woman in the picture is standing in a vividly red room. 사진에 있는 그 여성은 선명하게 붉은 방에 서 있다.

[이 문장에서 in the picture는 the woman을 수식하므로 형용사구의 기능을 하고 in a vividly red room은 장소를 나타내는 부사구의 기능을 한다.]

포 인 트   **with + 추상명사 = 부사**

with ease = easily(쉽게)	with kindness = kindly(친절하게)
with care = carefully(조심스럽게)	with patience = patiently(참을성 있게)

of를 제외한 다른 전치사가 추상명사 앞에 오면 부사가 되는데, 특히 with이 많이 온다.

• They are expecting to win the election with ease.
그들은 쉽게 선거에서 승리할 것이라고 예상하고 있다.

with confidence = confidently(자신 있게)
on purpose = purposely(일부러, 고의로)
by luck = luckily(운 좋게)
to perfection = perfectly(완벽하게)
in detail(자세하게)

3 중요 전치사

1 시간 전치사

시간 전치사에는 대표적으로 at, in, on이 있다. 시점에는 at, 월 이상의 기간에는 in, 특정한 날에는 on을 사용한다.

1) at, in, on

	사용할 때	예시
at	시점, 시간 앞	at 7 at the end of the year at dawn/noon/night
in	월, 계절, 연도 오전, 오후, 저녁 앞	in July in summer in 2020 in the morning(afternoon / evening)
on	날짜, 요일, 특정일 앞	on July 1 on Friday on Christmas

• The meeting usually takes place <u>at</u> 8:30 a.m. 그 회의는 주로 오전 8:30에 한다.

• The meeting usually takes place <u>on</u> Friday morning. 그 회의는 주로 금요일 오전에 한다.

2) for, during

'~동안에'를 표현할 때는 for와 during을 사용한다. 이 둘의 구분을 묻는 문제가 빈출된다. during 뒤에는 보통 '명사(구)'가 오고, for 뒤에는 '시간의 길이'가 온다고 보면 된다. 다시 말해서 숫자로 시간의 길이를 언급할 때는 during을 사용하지 않고 for를 사용한다. 단, the last(past)가 시간 표현 앞에 붙는 경우에는 during을 사용할 수 있다.

	사용할 때	예시
for	+ 불특정 기간 숫자 기간(며칠, 몇 년)	for eight years for three weeks
during	+ 특정 기간(휴가, 방학)	during the holiday during the meeting

• They have lived in Seoul during ten years. [X]

  → They have lived in Seoul <u>for</u> ten years. [○] 그들은 10년 동안 서울에서 살았다.

• He has been using English <u>for</u> ten years. 그는 영어를 10년 동안 사용해 왔다.

• We will travel to Spain <u>during</u> the Christmas season. 우리는 크리스마스 시즌 동안에 스페인에 여행 갈 것이다.

• Seoul has been modernized tremendously <u>during</u> the last ten years. 서울은 지난 10년 동안 엄청나게 근대화되었다.

3) by, until

'～까지'를 표현할 때는 by와 until을 사용하는데, 이 둘의 구분을 묻는 문제가 빈출된다.

	특징	해석
by	동작의 완료(1회성)	finish, complete, submit, return 등의 동사와 사용 '늦어도'를 넣어서 해석
until	동작, 상태의 계속(계속성)	work, stay, remain, wait 등의 동사와 사용 '계속'을 넣어서 해석

- The store <u>remains</u> open <u>until</u> 9 P.M. 그 가게는 저녁 9시까지 계속 문을 열 것이다.
- The package <u>must be delivered</u> <u>by</u> noon. 그 소포는 늦어도 정오까지는 배송되어야 한다.

다만 deliver와 같은 완료(1회성)를 나타내는 동사들도, not과 함께 사용할 때는 '～하지 않은 상태가 ～까지 계속'되는 것을 의미한다. 따라서 이때 전치사로는 until을 사용해야 한다.

- Your order <u>will not</u> be delivered <u>until</u> the end of the month. 당신의 주문은 이달 말일이 되어야 도착할 겁니다.

4) 시점과 기간 전치사

시간 전치사 문제는 뒤에 나오는 명사가 크게 시점을 나타내는지, 기간을 나타내는지를 구분하면 쉽게 풀 수 있다.

시점 전치사	at ～에　　on ～에　　by ～까지　　until ～까지 since ～이래로　from ～로부터　before ～전에　prior to ～전에
기간 전치사	for ～동안에　　during ～동안에　over ～에 걸쳐　throughout ～에 걸쳐 within ～이내에

- I will have this done <u>by</u> the end of the week. 나는 이 일을 이번 주말까지는 끝낼 것이다.
- We have lived in this city <u>for</u> three years. 우리는 3년 동안 이 도시에서 살았다.

2 장소 전치사

1) at, in, on

시간과 마찬가지로 장소를 나타내는 전치사에도 at, in, on이 있다. 같은 장소이지만, 그 장소 안을 나타낼 때는 in을, 장소 자체를 의미할 때는 at을 사용한다.

	사용할 때	뜻	예시
at	지점(건물)	~에	at the station 역에서 at the company 회사에서 at the corner of the street 길 모퉁이에서
in	공간(도시) 또는 '~안에'	~에, ~안에	in Peru 페루에서 in the city 도시에서 in Room 502 502호에서
on	지면	~위에	on the table 테이블 위에 on the wall 벽에 on the list 목록에 on the second floor 2층에

- I was <u>in</u> the store when he came in. 나는 그가 들어왔을 때 그 가게에 있었다.
- We stopped <u>at</u> the store on the way home. 우리는 집에 가는 도중에 그 가게에 들렀다.

3 위치, 방향 전치사

1) 가까이, 근처에

가까이	by, beside, next to
근처에	near, close to, adjacent to

2) between, among

'사이에'라는 표현으로는 between과 among이 있다.

between	주로 둘 사이에서(비교급과 어울림) between two companies
among	셋 이상 사이에서(최상급과 어울림) among Asian cities

3) from, to

방향을 나타내는 대표 전치사로 from과 to가 있다. to는 '~쪽으로'라는 뜻이고 from은 '~로부터'라는 뜻이다. 다음과 같은 동사와 잘 어울린다.

	뜻	어울리는 동사	형태
from	~로부터, ~에서	obtain(얻다) receive(수령하다) collect(모으다)	A from B
to	~에게, ~로	send(보내다) transfer(전송하다) deliver(배달하다)	A to B

- The copy of the receipt can be obtained <u>from</u> the office. 그 영수증 사본은 그 사무실에서 얻을 수 있다.
- I will send the document <u>to</u> your office. 서류를 당신의 사무실로 보내 드릴게요.

Chapter 12 생활 회화(의사 표현)

1. 의견, 제안, 조언

Do you have a moment?	잠시 시간 있나요?
Can I have a word with you?	이야기 좀 할 수 있나요?
A penny for your thoughts!	무슨 생각하는지 말해 줘!
I'm all ears.	듣고 있어요.
Pardon me.	한 번 더 말씀해 주세요.
Are you following me?	내 말을 이해하고 있니?
Did I make myself clear?	제 말 이해하셨나요?
What about you?	당신은 어때요?
The ball's in your court.	결정은 당신 몫이에요.
How did it go today?	오늘 일 어떻게 됐어?
If memory serves me right.	제 기억이 맞다면.
No doubt about it.	확실해요.
It's beyond dispute.	논란의 여지가 없다.
I got it straight from the horse's mouth.	믿을 만한 소식통으로부터 들었어요.
It's on the tip of tongue.	생각이 날 듯 말 듯해요.
Beats me.	모르겠어요.
I don't have clue.	전혀 모르겠어요.
Not that I know of.	제가 알기로는 그렇지 않아요.
It's a long shot.	거의 승산이 없어요.
It's up in the air.	아직 미정이에요.
Don't beat around the bush.	빙빙 돌려 말하지 마세요.
Let bygones be bygones.	지난 것은 잊으세요.
Take it on the chin.	꾹 참고 견뎌.
Just keep your shirt on.	화내지 마세요.
You should take the bull by the horns.	정면으로 돌파해야 해요.
That's the way the cookie crumbles.	세상일이 다 그런 거야.

2. 동의

Be my guest.	그렇게 하세요.
Suit yourself.	좋을 대로 하세요.
You bet.	물론이죠.
You got it.	그렇고 말고요.
You said it!	물론이죠!
I'm with you.	저는 당신 편이에요.
I can't agree with you more.	전적으로 동의해요.
We are all of one mind.	저희는 모두 같은 생각이에요.
Tell me about it!	나도 그렇게 생각해!
That will do.	그러면 되겠군요.
You're telling me.	내 말이 바로 그 말이다.
That's what I'm thinking of.	그게 제가 생각하고 있는 거예요.
I'm all for it.	전적으로 찬성이에요.

3. 동의하지 않을 때

I'm against it.	저는 반대해요.
Not a chance.	절대 안 돼요.
That makes no sense.	말도 안 돼요.
Not on your life.	어림도 없는 소리예요.
We don't see eye to eye on this.	이 문제는 저와 의견이 다르네요.
I beg to differ.	제 생각은 좀 다릅니다.
I totally disagree.	저는 완전히 다릅니다.
Speak for yourself!	너나 그렇지!

4. 칭찬, 주의, 비난

You've dressed to kill.	옷 차림이 끝내 주네요.
Way to go!	잘했어요!
You made my day!	덕분에 기분이 좋네!
I'm very impressed by your speech.	당신의 연설에 감동받았어요.
You look like a million dollars.	신수가 훤해 보이네요.
It's none of your business.	신경 쓰지 마세요.
Don't let the cat out of the bag.	비밀을 누설하지 마세요.
Don't put on airs.	잘난 체하지 마.

01 어법상 옳은 것을 고르시오. (07. 사복직 9급)

Both adolescents and adults should be cognizant [to / of] the risks of secondhand smoking.

02 어법상 옳지 않은 것을 고르시오. (10. 경찰 1차)

Between ①she and her husband there have been nothing but arguments; ②this is a situation ③which is strikingly ④typical of most modern marriage.

03 문법적으로 틀린 부분을 옳게 고치시오. (14. 국가직 7급)

From improving trade opportunities for U.S. businesses to provide management supervision, you can use your skills in a Civil Service career.

04 다음 밑줄 친 부분 중 어법상 옳지 않은 것을 고르시오. (11. 사복직 9급)

While the world's eyes are focused ①to the deficiencies of the U.S. electoral system, ②bigger constitutional problems are ③confronting ④a few of Asian fledgling democracies.

05 다음 밑줄 친 부분 중 어법상 옳지 않은 것을 고르시오. 10. 경찰 1차

We know ①very little about Shakespeare, because, in his day, historical stories ②were devoted to the lives of kings. It is ③beyond imagine that a common actor would be ④of interest in the future.

06 밑줄 친 부분 중 문법적으로 옳지 않은 것은? 12. 지방직 9급

The largest building in the world will be opening its doors ①in China next month. ②Beside housing 14 theaters and a regulation-size ice-skating rink, ③it also has two ④five-star hotels and an indoor beach amidst thousands of shops.

07 밑줄 친 부분 중 어법상 옳지 않은 것은? 19. 기상직 9급

① When you are driving on rain-slick, icy, or winding roads, good traction is of important, so always be sure your tires are in top conditions.

② As the snowstorm gets worse and worse, and his wife still hadn't arrived home from work, Jeff became increasingly distraught.

③ Teddy hates catching a cold, When anyone is sneezing and coughing in his presence, he opens a window and fans the air to dissipate the cold germs.

④ Last year, the town experienced a sizzling summer that was the reverse of its frigid winters.

08 다음 문장 중 어법상 옳은 것은? `12. 국가직 9급`

① I left my apartment this morning without closing the window.

② The novel gave her many new ideas to think.

③ The deforestation of the earth's tropical rainforests is occurring a worrying pace at.

④ He is in trouble with the manager for constantly be late to work.

09 밑줄 친 부분 중 어법상 옳지 않은 것은? `20. 서울시 9급`

Louis XIV needed a palace worthy ①of his greatness, so he decided to build a huge new house ②at Versailles, where a tiny hunting lodge stood. After almost fifty years of labor, this tiny hunting lodge had been transformed ③into an enormous palace, a quarter of a mile long. Canals were dug to bring water from the river and to drain the marshland. Versailles was full of elaborate rooms like the famous Hall of Mirrors, where seventeen huge mirrors stood ④across seventeen large windows.

Two major techniques for dealing with environmental problems are conservation and restoration. Conservation involves protecting existing natural habitats. Restoration involves cleaning up and ①restoring damaged habitats. The best way to deal with environmental problems is to prevent them from happening. Conserving habitats prevents environmental issues that arise from ecosystem disruption. For example, parks and reserves protect a large area ②in which many species live. Restoration reverses damage to ecosystems. Boston Harbor is one restoration success story. Since the colonial period, the city dumped sewage directly ③into the harbor. The buildup of waste caused outbreaks of disease. Beaches were closed. Most of the marine life disappeared and as a result, the shellfish industry shut down. To solve the problem, the city built a sewage treatment complex. ④After then, the harbor waters have cleared up. Plants and fish have returned, and beaches have been reopened.

정답 및 해설 p62

01 밑줄 친 부분에 들어갈 말로 가장 적절한 것을 고르시오. (17. 국가직 9급)

> Mary: Hi, James. How's it going?
>
> James: Hello, Mary. What can I do for you today?
>
> Mary: How can I arrange for this package to be delivered?
>
> James: Why don't you talk to Bob in Customer Service?
>
> Mary: _____

① Sure. I will deliver this package for you.

② OK. Let me take care of Bob's customers.

③ I will see you at the Customs office.

④ I tried calling his number, but no one is answering.

02 밑줄 친 부분에 들어갈 말로 가장 적절한 것을 고르시오. (17. 국가직 9급)

> A: Wow! Look at the long line. I'm sure we have to wait at least 30 minutes.
>
> B: You're right. _____
>
> A: That's a good idea. I want to ride the roller coaster.
>
> B: It's not my cup of tea.
>
> A: How about the Flume Ride then? It's fun and the line is not so long.
>
> B: That sounds great! Let's go!

① Let's find seats for the magic show.

② Let's look for another ride.

③ Let's buy costumes for the parade.

④ Let's go to the lost and found.

03 밑줄 친 부분에 들어갈 말로 가장 적절한 것은? 18. 국가직 9급

Listening to music is _____ being a rock star. Anyone can listen to music, but it takes talent to become a musician.

① on a par with
② a far cry from
③ contingent upon
④ a prelude to

04 밑줄 친 부분에 들어갈 말로 가장 적절한 것은? 18. 국가직 9급

A: Do you know how to drive?
B: Of course. I'm a great driver.
A: Could you teach me how to drive?
B: Do you have a learner's permit?
A: Yes, I got it just last week.
B: Have you been behind the steering wheel yet?
A: No, but I can't wait to_____ .

① take a rain check
② get my feet wet
③ get an oil change
④ change a flat tire

05 밑줄 친 부분의 의미와 가장 가까운 것은? `15. 사복직 9급`

It is important to find a way to <u>settle</u> the issue before the meeting begins.

① resolve

② resume

③ retrieve

④ revoke

06 밑줄 친 부분에 들어갈 가장 적절한 것은? `15. 사복직 9급`

Robert wasn't able to_____ so he had to ask his parents to pay his rent and utility fees.

① hit the sack

② slack off

③ keep his chin up

④ make ends meet

07 밑줄 친 부분의 의미와 가장 가까운 것은? `17. 서울시 9급`

Leadership and strength are <u>inextricably</u> bound together. We look to strong people as leaders because they can protect us from threats to our group.

① inseparably

② inanimately

③ ineffectively

④ inconsiderately

08 밑줄 친 부분과 의미가 가장 가까운 것은? 17. 서울시 9급

Prudence indeed will dictate that governments long established should not be changed for light and <u>transient</u> causes.

① transparent

② momentary

③ memorable

④ significant

09 대화의 흐름으로 보아 빈칸에 들어갈 가장 적절한 것은? 17. 서울시 9급

A: Do you think we can get a loan?

B: Well, it depends. Do you own any other property? Any stocks or bonds?

A: No.

B: I see. Then you don't have any _____. Perhaps you could get a guarantor—someone to sign for the loan for you.

① investigation

② animals

③ collateral

④ inspiration

chapter 12 전치사 **249**

10 빈칸에 들어갈 가장 적절한 단어는? (17. 서울시 9급)

Again and again we light on words used once in a good, but now in an unfavorable sense. Until the late Eighteenth century this word was used to mean serviceable, friendly, very courteous and obliging.
But a(n)_____ person nowadays means a busy uninvited meddler in matters which do not belong to him/her.

① servile

② officious

③ gregarious

④ obsequious

11 빈칸에 들어갈 가장 적절한 단어는? (17. 서울시 9급)

A faint odor of ammonia or vinegar makes one-week-old infants grimace and _____ their heads.

① harness

② avert

③ muffle

④ evoke

12 대화의 흐름으로 보아 빈칸에 들어갈 가장 적절한 것은? 17. 서울시 9급

A: Why don't you let me treat you to lunch today, Mr. Kim?

B: _____

① No, I'm not. That would be a good time for me.

② Good. I'll put it on my calendar so I don't forget.

③ OK. I'll check with you on Monday.

④ Wish I could but I have another commitment today.

13 밑줄 친 부분에 들어갈 가장 적절한 것은? 20. 국회직 8급

Football players generally avoid alienating their fans so that displays of _____ and wrapping themselves in the national flag might be seen partly as expressions of identity but also as sensible responses to fan expectations and a means to avoid accusations of disloyalty.

① alteration

② allegiance

③ alleviation

④ alliteration

⑤ ammunition

밑줄 친 부분 중 어법상 가장 옳지 않은 것은? 18. 국가직 9급 응용

Fear of loss is a basic part of being human. To the brain, loss is a threat and we naturally take measures to avoid it. We cannot, however, avoid it ①<u>indefinitely</u>. One way to face loss is with the perspective of a stock trader. Traders accept the possibility of loss as part of the game, not the end of the game. ②<u>What</u> guides this thinking is a portfolio approach; wins and losses will both happen, but it's the overall portfolio of outcomes that matters ③<u>most</u>. When you embrace a portfolio approach, you will be less inclined ④<u>dwelling</u> on individual losses because you know that they are small parts of a much bigger picture.

등위접속사와 상관접속사

Chapter 13 등위접속사와 상관접속사

1 등위접속사

1 등위접속사의 의미와 종류

등위접속사란 문법적으로 대등한 구조를 연결해 주는 접속사이다. 등위접속사 앞뒤에 오는 것은 같은 품사나 구조로 된 것이어야 한다. 이것을 병치라고 한다. 단어와 단어, 구와 구, 절과 절을 대등하게 연결해 주는 등위접속사에는 다음과 같은 것들이 있다.

> and(그리고)   or(또는)   but(그러나)   yet(그러나)   so(따라서)   for(왜냐하면)

- Everyone was singing and dancing. 모든 사람들이 노래하고 춤췄다.
  (동명사 / 동명사)

- My car isn't the blue one, but the red one. 나의 차는 파란색이 아닌 빨간색이다.
  (명사구 / 명사구)

- I had nothing to eat or (to) drink all day. 나는 하루 종일 먹거나 마실 것이 아무것도 없었다.
  (to부정사 / to부정사)

- All guests must present an ID and (they must) surrender any electronic devices.
  (문장 / 문장(동일 부분 생략))

  모든 손님들은 신분증을 제시하고 전자장비를 넘겨 줘야 한다.

so와 for는 등위접속사로 사용할 경우, 뒤에는 반드시 문장이 와야 한다. 요소를 생략하는 것도 할 수 없다.

- I lost my watch, so I bought a new one. 나는 시계를 분실했다. 그래서 새것을 구입했다.
  (문장 / 문장(so 뒤는 생략 안 됨))

중요
포인트
등위접속사 출제 포인트

등위접속사 문제는 다음 3가지를 기억해야 한다. ① 등위접속사 앞뒤로 동일 구조가 병치되어야 한다. ② 문두에 단독으로 사용될 수 없다. ③ so와 for를 제외하고는 등위접속사 뒤에 앞 부분과 동일 부분이 반복되는 경우 생략이 가능하다.

① 병치 / 병렬

② 문두에 사용 불가

③ 동일 부분 생략 가능(so, for 제외)

2 등위접속사를 사용할 때는

1) 명령문 + 등위접속사

명령문 뒤에 and와 or가 오면 다음과 같은 뜻이 된다.

구성	해석
명령문 + and + S + V	~해라. 그러면 ~할 것이다
명령문 + or + S + V	~해라. 그렇지 않으면 ~할 것이다

- Study hard, and you will pass the exam. 열심히 공부해라. 그러면 너는 시험에 합격할 것이다.
- Hurry up, or you will be late. 서둘러라. 그렇지 않으면 늦을 것이다.

2) 병렬 구조

등위접속사를 사용하는 경우, 연결되는 두 요소는 반드시 문법적으로 같은 요소여야 한다.

- The newly designed glasses are light and stylish. 그 새롭게 디자인된 안경은 가볍고 세련되다.
  (형용사 / 형용사)
- The boy never paid attention in class, but always scored highly on exam.
  (동사 / 동사)

  그 소년은 수업 중에 집중하지 않았다. 그러나 항상 시험에서 좋은 점수를 받았다.

같은 요소가 3개 이상 나열되는 경우에는 'A, B, C, 등위접속사 D' 구조가 된다.

- The candidate is young, enthusiastic, and talented. 그 후보는 젊고, 열정적이고, 재능이 있다.
  (형용사 / 형용사 / 형용사)
- The doctor specializes in problems with the ears, nose and throat. 그 의사는 귀과 코와 목의 문제를 전문으로 한다.
  (명사 / 명사 / 명사)

2 상관접속사

1 상관접속사의 의미와 종류

상관접속사란 대등한 접속사의 일종이다. 접속사의 앞과 뒤에 오는 말이 대등한 관계를 갖는 병렬 구조로 연결된다. 상관접속사는 두 단어가 한 짝으로 항상 같이 쓰인다.

both A and B(A와 B 둘 다)	either A or B(A 또는 B)
neither A nor B(A도 B도 아닌)	not A but B(A가 아니라 B인(= B but not A))
not only A but also B(A뿐만 아니라 B도(also는 생략 가능))	B as well as A(A뿐만 아니라 B도)

- His presentation was <u>both</u> interesting <u>and</u> informative. 그의 발표는 흥미롭고 유익했다.

- Your presentation should <u>either</u> interesting <u>or</u> informative. 당신의 발표는 흥미롭거나 유익해야 한다.

- His presentation was <u>neither</u> interesting <u>nor</u> informative. 그의 발표는 흥미롭지도 않았고 유익하지도 않았다.

- His presentation was <u>not</u> interesting <u>but</u> informative. 그의 발표는 흥미로운 것이 아니라 유익했다.

- His presentation was <u>not only</u> interesting <u>but also</u> informative. 그의 발표는 흥미로울 뿐만 아니라 유익했다.

중요 포인트 상관접속사 출제 포인트

상관접속사 문제는 다음 3가지를 유념하자. ① either는 항상 or와, neither는 항상 nor와 같이 사용되는 구조가 맞아야 한다. ② 등위접속사와 마찬가지로 연결되는 A와 B는 병렬 구조(같은 구조)가 되어야 한다. ③ 상관접속사는 수의 일치 문제가 출제된다.

① 구조(짝)

② 병치 / 병렬

③ 수 일치

2 상관접속사의 수 일치

상관접속사가 주어 자리에 올 때는 뒤에 나오는 동사의 수를 묻는 문제가 자주 나온다. 동사의 수는 주로 both A and B(항상 복수동사를 사용)와 B as well as A(B에 수 일치)를 제외하고는, 근접성의 원칙에 따라 동사에 가까운 B에 의해서 결정된다.

상관접속사	수 일치
either A or B	B에 수 일치
neither A nor B	B에 수 일치
not A but B	B에 수 일치
not only A but also B	B에 수 일치
both A and B	복수동사 사용
B as well as A	B에 수 일치

- Either you or I <u>am</u> responsible for the matter. 너 아니면 내가 그 일에 책임이 있다.

- Neither you nor I <u>am</u> responsible for the matter. 너와 나 둘 다 그 일에 책임이 없다.

- Not only the professor but also his students <u>are</u> interested in the research.
  그 교수님뿐만 아니라 그의 학생들도 그 연구에 관심이 있다.

- Both you and I <u>are</u> anxious to deal with the matter promptly.
  당신과 나 둘 다 이 문제를 신속히 처리하기를 간절히 바라고 있다.

- Employees as well as employers <u>are</u> expecting to benefit from the new tax law.
  고용주뿐만 아니라 직원들도 새로운 세법으로 혜택을 볼 것으로 기대하고 있다.

 Chapter 13   생활 회화(감사, 사과)

1. 감사

I owe you one.	신세 졌네요.
It's very considerate of you to say so.	그렇게 말씀해 주시다니 정말 사려 깊으시군요.
I can't thank you enough.	뭐라고 감사해야 할지 모르겠어요.
Oh, you shouldn't have!	안 그러셔도 되는데!
I really want to thank you for the help.	도와주셔서 정말 감사합니다.
I really appreciate everything you've done.	당신이 해 준 모든 일에 대해 대단히 감사하게 생각하고 있습니다.
Don't mention it.	별말씀을요.
It was no bother at all.	별거 아니에요.
Don't make too much of it.	너무 대단하게 생각하지 마세요.

2. 사과

I didn't mean it.	일부러 그런 거 아니야.
I apologize for my mistake.	제 실수에 사과드립니다.
I'm terribly sorry about that.	정말 죄송해요.
I take that back.	그 말 취소할게.
I was wrong. It's my fault.	잘못했습니다. 제 잘못이에요.
I'm sorry to bother you.	귀찮게 해서 죄송합니다.
Don't take it too seriously.	너무 심각하게 생각하지 마세요.
I'm sorry to have kept you waiting.	기다리게 해서 죄송합니다.
I shouldn't have stuck my nose in.	제가 참견하지 말았어야 했어요.
Let's bury the hatchet.	화해하자.
I truly regret it.	난 정말 후회하고 있어.
I beg your pardon.	용서해 주세요.
I was such a fool!	내가 정말 멍청했다!
I'm so ashamed of myself.	나 자신이 부끄럽다.
I shouldn't have said it.	그 말을 하지 말았어야 했는데.
Apology accepted.	사과 받아 줄게.
Don't sweat it.	괜찮아.
I don't mind at all.	전혀 개의치 않아.
Never mind.	신경 쓰지 마세요.
No harm done.	괜찮아요.
That's the way it goes.	어쩔 수 없는 일이에요.
I couldn't help it.	어쩔 수 없었어.
I promise this will be the last time.	이런 일이 다시는 없을 거예요.
I take the blame.	제 잘못이에요.

정답 및 해설 p65

01 어법상 옳은 것은? `21. 지방직 9급`

① My sweet-natured daughter suddenly became unpredictably.

② She attempted a new method, and needless to say had different results.

③ Upon arrived, he took full advantage of the new environment.

④ He felt enough comfortable to tell me about something he wanted to do.

02 다음 중 어법상 맞는 것을 고르시오. `07. 국가직 7급`

Tea and drugs are poles apart, as ①[different / differently] as life and death, day and night. The evils of drug use are ②[well / good] known, but what is seldom appreciated is that tea not only cheers ③[but / as well as] cures.

03 다음 밑줄 친 부분 중 어법상 가장 적절하지 않은 것은? `19. 경찰 1차`

Each color has different qualities ㉠associated with it and ㉡affect our moods and feelings, Some combinations of colors natural go well together while ㉢others can feel discomfort. Take care ㉣not to bring too many colors into a room since this can confuse the energy and end up being too stimulating.

① ㉠   ② ㉡   ③ ㉢   ④ ㉣

04 다음 중 어법상 틀린 부분을 골라 바르게 고치시오. (10. 국가직 7급)

Though ①admiring critics speak of him sometimes as ②"manly" or ③"courageously," he is actually timid almost to the point of burlesque-the anti-type of the ④foolhardy Tom.

05 다음 중 어법상 틀린 부분을 골라 바르게 고치시오. (20. 국가직 9급)

①Listening to somebody else's ideas is the one way to know ②whether the story you believe about the world-③as well about yourself and your place in it ④remains intact.

06 우리말을 영어로 잘못 옮긴 것은? (16. 국가직 9급)

① 나의 이모는 파티에서 그녀를 만난 것을 기억하지 못했다.
　→ My aunt didn't remember meeting her at the party.
② 나의 첫 책을 쓰는 데 40년이 걸렸다.
　→ It took me 40 years to write my first book.
③ 학교에서 집으로 걸어오고 있을 때 강풍에 내 우산이 뒤집혔다.
　→ A strong wind blew my umbrella inside out as I was walking home from school.
④ 끝까지 생존하는 생물은 가장 강한 생물도, 가장 지적인 생물도 아니고,
　변화에 가장 잘 반응하는 생물이다.
　→ It is not the strongest of the species, nor the most intelligent,
　　or the one most responsive to change that survives to the end.

07 다음 밑줄 친 부분 중 어법상 옳지 않은 것은? （16. 국가직 9급）

Extraordinary creative activity has ①been characterized as revolutionary, flying in the face ②of what is established and producing not what is acceptable ③and what will become accepted. According to this formulation, highly creative activity transcends the limits of an existing form and ④establishes a new principle of organization. However, the idea that extraordinary creativity transcends established limits is misleading when it is applied to the arts, even though it may be valid for the sciences. Differences between highly creative art and highly creative science ⑤arise in part from a difference in their goals.

08 다음 밑줄 친 부분 중 어법상 옳지 않은 것은? （20. 서울시 9급）

All of us inherit something: in some cases, it may be money, property or some object—a family heirloom such as a grandmother's wedding dress ①or a father's set of tools. ②But beyond that, all of us inherit something else, something much less concrete and tangible, something we may not even be fully aware of. It may be a way of doing a daily task, or the way we solve a particular problem ③so decide a moral issue for ourselves. It may be a special way of keeping a holiday or a tradition to have a picnic on a certain date. It may be ④something important or central to our thinking, or something minor that we have long accepted quite casually.

다음 밑줄 친 부분 중 어법상 옳지 않은 것은? (16. 사복직 9급 응용)

The majority of British people ①dress conservatively rather than ②fashionably. A small number of the upper and professional upper middle class, for example, barristers, diplomats, army officers and Conservative MPs, dress in the well-tried styles of the past 50 years or so. Many of the men still have their suits specially ③tailored, and are thus instantly recognizable as belonging to the upper echelons of society. Yet how they dress is wholly unrepresentative of society in general. The vast majority of people buy their clothes at the high-street stores, of which Marks and Spencer, a major British multinational retailer, must be the most famous. They wear the clothes of the British middle classes, perfectly passable but hardly ④style like the dress standards in much of Europe. Indeed, the British still have a reputation of being the worst dressed people in Europe, and they do not really care.

다음 밑줄 친 부분 중 어법상 옳지 않은 것은? (16. 사복직 9급 응용)

The rewards that come from teaching ①are numerous. One of those is the emotional connections you make with your students. You are constantly engaging with them on a personal level, inspiring them to strive to do the best they can and ②to provide support when they run into problems. Watching them grow from the experience and ultimately seeing them ③succeed because of your tuition and guidance is a feeling without comparison. Teaching is also one of the few jobs where you can say you are making a significant and positive impact on the world around you. While other jobs may leave a more obvious mark, few can say that over the course of their career they have helped countless young people ④fulfill their potential and become the adults they are today.

정답 및 해설 p67

01 밑줄 친 부분과 의미가 가장 가까운 것을 고르시오. (17. 국가직 9급)

I absolutely <u>detested</u> the idea of staying up late at night.

① defended
② abhorred
③ confirmed
④ abandoned

02 밑줄 친 부분과 의미가 가장 가까운 것을 고르시오. (17. 국가직 9급)

I had an <u>uncanny</u> feeling that I had seen this scene somewhere before.

① odd
② ongoing
③ obvious
④ offensive

03 밑줄 친 부분에 들어갈 말로 가장 적절한 것을 고르시오. (16. 국가직 9급)

A: I'd like to get a refund for this tablecloth I bought here yesterday.

B: Is there a problem with the tablecloth?

A: It doesn't fit our table and I would like to return it. Here is my receipt.

B: I'm sorry, but this tablecloth was a final sale item, and it cannot be refunded.

A: _____

B: It's written at the bottom of the receipt.

① Nobody mentioned that to me.

② Where is the price tag?

③ What's the problem with it?

④ I got a good deal on it.

04 밑줄 친 부분에 들어갈 말로 가장 적절한 것을 고르시오. (16. 국가직 9급)

A: Hello? Hi, Stephanie. I'm on my way to the office. Do you need anything?

B: Hi, Luke. Can you please pick up extra paper for the printer?

A: What did you say? Did you say to pick up ink for the printer? Sorry, _____

B: Can you hear me now? I said I need more paper for the printer.

A: Can you repeat that, please?

B: Never mind, I'll text you.

A: Okay. Thanks, Stephanie. See you soon.

① My phone has really bad reception here.

② I couldn't pick up more paper.

③ I think I've dialed the wrong number.

④ I'll buy each item separately this time.

05 밑줄 친 부분과 의미가 가장 가까운 것을 고르시오. [15. 지방직 9급]

> Bringing presents for his children <u>alleviated</u> some of the guilt he felt for not spending enough time with them.

① relieved

② accumulated

③ provoked

④ accelerated

06 밑줄 친 부분과 의미가 가장 가까운 것을 고르시오. [15. 지방직 9급]

> I am not <u>made of money</u>, you know!

① needy

② thrifty

③ wealthy

④ stingy

07 다음 중 밑줄 친 단어와 뜻이 가장 가까운 것은? [17. 국가직 9급]

> Parents must not give up on kids who act <u>rebellious</u> or seem socially awkward; this is a normal stage most youngsters go through and eventually outgrow.

① passive

② delirious

③ disobedient

④ sporadic

08 다음 중 밑줄 친 단어와 뜻이 가장 가까운 것은? 17. 국가직 9급

He was born to a wealthy family in New York in 1800's. This circumstance allowed him to lead a <u>prodigal</u> existence for much of his life.

① perjury

② unstable

③ pernicious

④ lavish

09 다음 중 밑줄 친 단어와 뜻이 가장 가까운 것은? 17. 국가직 9급

Perhaps the brightest spot in the contemporary landscape of American higher education is the <u>resurgence</u> of interest in engaging students in civic life beyond campus.

① comeback

② disappearance

③ motivation

④ paucity

10 다음 대화에서 어법상 가장 옳지 않은 것은? 17. 서울시 9급

Ann: Your hair ①<u>looks nice.</u>

Tori: I ②<u>had it cut by</u> the tall hairdresser in the new hair salon next to the cafeteria.

Ann: Not that place, where I ③<u>got my head to stick</u> in the drier?

Tori: ④<u>Must be</u>, I suppose. Yes, that one.

Ann: Huh, and they still let them open.

11 어법상 빈칸에 들어가기에 가장 적절한 것은? (17. 서울시 9급)

> Creativity is thinking in ways that lead to original, practical and meaningful solutions to problems or _____ new ideas or forms of artistic expression.

① that generate

② having generated

③ to be generated

④ being generated

12 문맥상 빈칸에 들어갈 가장 적절한 것은? (17. 서울시 9급)

> Usually several skunks live together; however, adult male striped skunks are _____ during the summer.

① nocturnal

② solitary

③ predatory

④ dormant

13 문맥상 빈칸에 들어갈 가장 적절한 것은? (17. 서울시 9급)

> Language and spelling change. Crystal, one of the most prolific writers on English, has helped popularize that truth. If, as internet use suggests, people are now starting to write "rhubarb" as "rubarb", that, he says, may one day become an acceptable _____.

① alternative

② obligation

③ risk

④ order

14 Which of the following is NOT used appropriately in the context? 20. 국회직 8급

In 1930, the English economist John Maynard Keynes took a break from writing about the problems of the interwar economy and indulged in a bit of ①futurology. In an essay entitled ''Economic Possibilities for Our Grandchildren," he ②speculated that by the year 2030 capital investment and technological progress would have raised living standards as much as eightfold, creating a society so rich that people would work as little as fifteen hours a week, devoting the rest of their time to leisure and other "non-economic purposes. As striving for greater affluence ③loomed, he predicted, "the love of money as a possession... will be recognized for what it is, a somewhat disgusting ④morbidity." This transformation hasn't taken place yet, and most economic policymakers remain committed to ⑤maximizing the rate of economic growth.

15 다음 대화에서 어법상 가장 옳지 않은 것은? 18. 국가직 9급

Insomnia can be classified as transient, ①acutely, or chronic. Transient insomnia lasts for ②less than a week. It can be caused by another disorder, by changes in the sleep environment, by the timing of sleep, severe depression, or by stress. Its consequences ③such as sleepiness and impaired psychomotor performance are similar to those of sleep deprivation. Acute insomnia is the inability to consistently sleep well for a period of less than a month. Acute insomnia is present when there is difficulty ④initiating or maintaining sleep or when the sleep that is obtained is not refreshing. These problems occur despite adequate opportunity and circumstances for sleep and they can impair daytime functioning.

CHAPTER

14

부사절
접속사

01 부사절의 의미와 종류

02 접속사와 전치사의 구분

03 접속부사

Chapter 14 부사절 접속사

1 부사절의 의미와 종류

부사절은 마치 부사와 같이 문장을 꾸며 주는 역할을 하는 절을 말한다. 부사절은 '부사절 접속사 + 주어 + 동사'의 구조로 문장에서 부사 역할을 하며, 시간, 조건, 양보, 이유, 결과, 목적 등을 나타낸다.

1 시간 부사절 접속사

> when(~할 때) while(~하는 동안에) before(~하기 전에) after(~한 후에)
>
> until(~할 때까지(계속성)) by the time(~할 때까지(1회성)) as soon as(~하자마자)
>
> the moment (that)(~하자마자) whenever(~할 때마다) the next time (that)(다음에)
>
> the first time (that)(~처음에)

- You need to check the price <u>before</u> you place an order. 당신은 주문하기 전에 가격을 확인할 필요가 있다.
- <u>When</u> he returns, he will give a presentation. 그가 돌아오면, 발표를 할 것이다.

2 조건 부사절 접속사

시간과 조건 부사절에서는 미래시제 대신에 현재시제를 사용한다.

> if(만일 ~라면) unless(만일 ~아니라면) providing/provided (that)(~한다면)
>
> supposing/suppose (that)(만약 ~라면) as long as(~하는 한)
>
> in case (that)(~인 경우에) given (that)(~라고 가정하면)
>
> on the condition that(~한다는 조건으로)

- <u>Unless</u> the budget <u>increases</u>, the problem <u>will continue</u>. 예산이 증가하지 않으면, 문제는 계속될 것이다.
- <u>If</u> the plan <u>is approved</u>, the project <u>will begin</u>. 만약 그 계획이 승인되면, 그 프로젝트를 시작할 것이다.

분사형 접속사

providing, provided, supposing(suppose는 예외)은 분사 구성의 접속사로, 뒤에 that이 생략될 수 있고 그 뒤로 '주어 + 동사' 구성의 문장이 나온다. '만일 ~한다면'으로 해석한다. if와 같다고 보면 된다.

- We'll buy everything you <u>produce</u>, provided the price is right.
  만약 가격이 적절하다면, 당신이 생산하는 모든 것을 사겠어요.

- <u>Suppose (that)</u> I don't arrive until after midnight, will be hotel still be open?
  만약 내가 새벽까지 도착하지 않는다고 가정하면, 그 호텔은 여전히 열려 있을까?

3 이유 부사절 접속사

> because(~이기 때문에)　　since(~이기 때문에)　　as(~이기 때문에)
>
> now that(~이기 때문에)　　in that(~라는 점에서)　　seeing that(~을 고려하면)

- I couldn't go to the party because I had to finish the assignment.
  나는 과제를 끝내야 하기 때문에, 그 파티에 갈 수 없었다.

- Since the deadline is fixed, we have to work extra hours. 마감일이 정해졌기 때문에, 우리는 초과 근무를 해야 한다.

4 양보 부사절 접속사

> although(비록 ~이지만)　　even though(비록 ~이지만)　　though(비록 ~이지만)
>
> even if(비록 ~이지만)　　granted (that)(비록 ~일지라도)　　granting (that)(비록 ~일지라도)
>
> while(~인 반면에)　　whereas(~인 반면에)

- Although the materials are expensive, they are popular. 그 재료는 비싸지만, 인기가 있다.

- Though the store is small, it is the only option. 그 가게는 작지만, 유일한 선택안이다.

- Granting(that) there is no law against that, I still think it is immoral.
  비록 그것을 금지하는 법이 없다 할지라도, 나는 여전히 그것이 비도덕적이라고 생각한다.

포인트 ① as/though 도치 양보 구문(형용사/부사/무관사명사 + as + 주어 + 동사)

as가 양보접속사로 사용되는 경우에는 as의 위치가 중요하다. 다른 양보접속사들과 달리 as가 양보접속사로 사용되는 경우에는, 동사 뒤에 나오는 술어 부분이 먼저 나오고, 그 뒤로 'as + 주어 + 동사'가 연결된다. 이때 만약 명사가 문두에 오는 경우에는 반드시 무관사명사를 사용해야 한다. though도 as와 마찬가지로 도치해서 사용이 가능하다.

- Although he was a child, he was not afraid of the failure. 그는 어리지만, 실패를 두려워하지 않는다.

  = Child as he was, he was not afraid of the failure. [A child X]

- Though it may seem strange, I don't like watching cricket.
  비록 이상해 보일 수 있지만, 나는 크리켓 보는 것을 좋아하지 않는다.

  = Strange though it may seem, I don't like watching cricket.

- Angry as she was when treated unfairly, Lauren bore such insult patiently.
  부당하게 대우를 받았을 때, Lauren은 비록 화가 났지만 그녀는 그러한 모욕을 꾹 참았다.

- Little boy as he was, he was very considerate. 그는 비록 매우 어린 소년이지만, 생각이 매우 깊다.

- Bravely though they fought, they had no chance of winning.
  그들은 비록 용감하게 싸웠지만, 이길 확률이 없었다.

포인트 ② However + 형용사/부사 + S + V : 아무리 ~하더라도

However가 양보접속사로 사용되는 경우에는 However 뒤에 형용사나 부사가 위치하고, 그 뒤로 '주어 + 동사' 구성의 문장이 수반된다. 이때 형용사인지 부사인지를 결정하는 문제가 출제되는데, 뒤에 나오는 문장의 동사가 be동사이면 형용사를, 일반동사이면 부사를 사용한다. 접속사 However는 no matter how로 대치할 수 있다.

However + 형용사 + S + be
However + 부사 + S + V

- However careful you may be, you can make a mistake. 너가 아무리 주의하더라도, 실수할 수는 있다.

- However hard you may try, you cannot pass the exam.
  너가 아무리 열심히 노력하더라도, 그 시험은 통과할 수 없다.

- However rich a man may be, he should not spend money on such things.
  아무리 부자라도, 그런 것에 돈을 써서는 안 된다.

  = No matter how rich a man may be, he should spend money on such things.

결과	so + 형용사/부사 + that S V 매우 ~해서 ~하다
	so + 형용사 + a(n) + 명사 + that S V 매우 ~해서 ~하다
	such + a(n) + 형용사 + 명사 + that S V 매우 ~해서 ~하다
목적	so that ~하기 위해서
	in order that ~하기 위해서
	lest/for fear ~ (should) R ~하지 않기 위해서
비교	as ~처럼 like ~처럼

• Set up your computer so that all users share the same files.
모든 사용자들이 같은 자료를 공유할 수 있도록 컴퓨터를 설치하세요.

• The book was so interesting that I read it in half an hour. 그 책은 매우 재미있어서 30분 만에 읽었다.

unless와 lest의 이중 부정

unless와 lest에는 부정의 의미가 내포되어 있으므로 not과 함께 쓰일 수 없다(이중 부정 금지). [함정 문제로 빈출]

lest가 접속사로 사용되는 경우 그 자체가 '~하지 않도록'의 의미로 부정의 의미가 내포되어 있어서, 다시 부정어 not을 사용하면 안 된다. lest + 주어 + (should) + R = for fear (that) 주어 + (should) + R과 같은 의미이다.

unless	~하지 않는다면
lest S (should) R	~하지 않기 위해서

• He drank strong coffee lest he (should) feel sleepy. 그는 졸리지 않기 위해서 진한 커피를 마셨다.
• He lowered his voice for fear he (should) be overheard.
그는 누군가가 엿듣지 못하도록 목소리를 낮췄다.
• You won't get paid for time off unless you have a doctor's note.
의사의 진단서를 받지 않으면, 근무하지 않은 것에 대한 급여를 못 받는다.

포인트 ② so ~ that / too ~ to R / 형용사 + enough + to R

영작 문제에 같이 많이 등장하는 표현들이다. 우선 so~that은 긍정문에 사용한다. '매우 ~해서 ~하다'라는 뜻이다. 반면 too ~ to R은 부정의 의미로, '지나치게 ~해서 ~할 수 없다'라는 표현이다. 그리고 '형용사 + enough + to R'은 '~하기에 충분히 ~하다'라는 뜻이다. enough가 형용사 뒤에 위치해서 후치 수식을 한다는 점이 중요하다.

so ~ that	매우 ~해서 ~하다
too ~ to R	너무 ~해서 ~할 수 없다
형용사/부사 enough to R	~할 만큼 충분히 ~하다

- The student was so tired that he fell asleep in the library.
  그 학생은 너무 피곤해서 도서관에서 잠이 들었다.
- The math question was too difficult to solve. 그 수학 문제는 너무 어려워서 풀 수 없었다.
- She was old enough to enter the school. 그녀는 학교에 들어갈 만큼 충분한 나이가 되었다.

 ## 접속사와 전치사의 구분

접속사와 전치사는 둘 다 대표적인 연결어이다. 이 둘의 구분 방법은 다음과 같다. 전치사 뒤에는 명사(구)가 오고, 접속사 뒤에는 '주어 + 동사' 구성의 문장이 연결된다. 따라서 뒤에 따라오는 구성의 구조가 구인지, 절인지를 파악해서 전치사를 사용할지 접속사를 사용할지를 결정할 수 있다.

전치사 + 명사 → '전명구'

접속사 + 주어 + 동사 → '접주동'을 꼭 기억하자!

	전치사 + 명사(구)	접속사 + S + V
양보(~에도 불구하고)	despite, in spite of, notwithstanding	although, though, even though, even if
이유(~때문에)	because of	because
기간(~동안)	for + 숫자 during + the 기간명사	while

- The renovation will be done on time despite the delivery delayed.
  　　　　　　　　　　　　　　　　　　　전치사　　　명사　　(과거분사)
  지연된 배송에도 불구하고, 그 보수 공사는 정각에 끝날 것이다.

- Although the director didn't arrive, the meeting started on time.
  　접속사　　　주어　　　　동사
  그 임원이 도착하지 않았음에도 불구하고, 그 회의는 정각에 시작되었다.

3 접속부사

접속부사는 접속사가 아니라 접속사의 성질을 가진 '부사'이다. 따라서 접속사와 다르게 문장과 문장을 문법적인 기능으로는 연결하지 못하고, 의미만 연결을 한다. 부사이기 때문에 혼자서는 2개의 절을 연결할 수 없다. 반드시 앞에 마침표나 세미콜론이 있어야 한다.

인과	therefore(따라서) afterwards(그 후에)	accordingly(그에 따라서) consequently(결과적으로)
역접	however(그러나) yet (그럼에도 불구하고) nonetheless(그럼에도 불구하고)	but(그럼에도 불구하고) nevertheless(그럼에도 불구하고)
부연	moreover(게다가) furthermore(게다가) besides(게다가)	

- Because the homeowner had insurance, the damage was repaired at no cost.
  집주인이 보험에 들었기 때문에, 피해는 비용 없이 복구되었다. [접속사]
= The homeowner had insurance. Therefore, the damage was repaired at no cost.
  집주인은 보험이 있었다. 따라서 피해는 비용 없이 복구되었다. [접속부사]

Chapter 14   생활 회화(약속, 초대)

1. 약속

What time shall we meet?	몇 시에 만날까?
What time would be good for you?	몇 시가 좋겠습니까?
Can I come and see you now?	지금 가서 당신을 만날 수 있을까요?
Do you mind if I drop by?	잠시 들러도 될까요?
Can I make an appointment to see you sometime next week?	다음 주 언제쯤 예약할 수 있을까요?
I'm flexible. It's up to you.	저는 아무 때나 괜찮습니다. 당신이 결정하세요.
When is it convenient for you to meet?	언제 만나는 게 편하세요?
What time are you available?	몇 시에 시간이 되나요?
Would that be convenient for you?	그 시간 괜찮으세요?
Yes, that would be fine.	네, 좋습니다.
Do you have anything planned for this weekend?	이번 주말에 무슨 계획 있나요?
I'm booked up for the week.	이번 주에는 약속이 꽉 찼습니다.
Anytime will do.	언제든 좋아요.
Anything after three will be fine.	3시 이후에는 언제라도 좋아요.
Can I have a rain check?	다음 기회로 미뤄도 될까요?
Let's make it another time then.	그럼 다음에 만나요.
Can I reschedule our appointment?	우리 약속을 변경할 수 있나요?
She stood me up.	그녀는 나를 바람 맞혔습니다.
I've taken the liberty of making an appointment for you.	제가 대신 시간 약속을 해 놨습니다.
What took you so long?	왜 이렇게 오래 걸렸습니까?
I can't make it today. How about tomorrow?	오늘은 안 되겠는데, 내일은 어떻습니까?

2. 초대

I'd like to invite you over for dinner.	저녁 식사에 초대하고 싶어요.
I'd love to, thank you. By the way what's the occasion?	좋아요. 감사합니다. 그런데 무슨 일이죠?
Would you like to come to my office?	제 사무실에 오시겠어요?
I'm throwing a party at my place.	우리 집에서 파티를 열 거예요.
Can you come to the party this evening?	오늘 저녁 파티에 올 수 있나요?
I'm not sure, but I'll try to make it.	확실하지는 않지만 가도록 노력할게요.
Count me in.	저도 끼워 주세요.
Do you mind if I drop by later?	나중에 잠깐 들러도 될까요?
Thank you for asking.	물어봐 줘서 감사해요.
Thank you for having us.	우리를 초대해 줘서 감사해요.
make yourself at home.	편하게 계세요.
Glad to be there.	여기 오게 돼서 기뻐요.
Thank you for coming.	와 주셔서 감사해요.
Thank you for inviting me.	초대해 주셔서 감사해요.

정답 및 해설 p70

01 우리말을 영어로 옮긴 것 중에서 가장 적절한 것은? (19. 경찰 1차)

① 밤공기가 뜨거웠지만, 그들은 푹 잤다.
→ Hot as the night air was, they slept soundly.

② 어젯밤에 경찰은 행방불명된 소녀를 찾았다고 말했다.
→ Last night the police have said that they had found the missed girl.

③ 교통신호등이 파란색으로 바뀌어 나는 출발했다.
→ The traffic lights were turned green and I pulled away.

④ 불리한 증거가 없어서 그는 석방되었다.
→ Being no evidence against him, he was released.

02 다음 중 어법상 틀린 부분을 골라 바르게 고치시오. (18. 경찰 2차)

We can measure the amount of chemicals introduced into the air, whereas is extremely difficult to monitor cumulative exposure to noise.

03 다음 중 어법상 틀린 부분을 골라 바르게 고치시오. (19. 지방직 9급)

Single noises are only occasionally meaningful: mostly, the various speech sounds convey coherent messages ①only when ②combining into an overlapping chain, ③like different colors of ice cream ④melting into one another.

04 우리말을 영어로 잘못 옮긴 것을 고르시오. 14. 국가직 7급

① 누가 엿들을까 봐 그는 목소리를 낮추었다.

  → He lowered his voice for fear he should not be overheard.

② 그녀는 그 계획을 계속 따라갈 사람이 결코 아닐 것이다.

  → She would be the last person to go along with the plan.

③ 고위 간부들은 일등석으로 여행할 자격이 있다.

  → Top executives are entitled to first class travel.

④ 일하는 것과 돈 버는 것은 별개의 것이다.

  → To work is one thing, and to make money is another.

05 다음 중 어법상 틀린 부분을 골라 바르게 고치시오. 19. 지방직 9급

Just ①as many human languages have dialects, ②so do some bird species: in California, the white-crowned sparrow has songs ③such different from area to area that Californians can supposedly tell ④where they are in the state by listening to these sparrows.

06 어법상 옳지 않은 것은? 19. 서울시 9급

A country's wealth plays a central role in education, ①so that lack of funding and resources from a nation-state can weaken a system. Governments in sub-Saharan Africa spend only 2.4 percent of the world's public resources ②on education, yet 15 percent of the school-age population lives there. ③Conversely, the United States spends 28 percent of all the money ④spent in the world on education, yet it houses only 4 percent of the school-age population.

07 다음 빈칸 (A)와 (B)에 들어갈 표현으로 어법상 가장 적절한 것을 고르시오. (18. 교육행정직 9급)

> _____(A)_____ the Wright Brothers' maiden voyage on December 17, 1903, lasted just twelve seconds and covered only 120 feet – "you could have thrown a ball farther"-it displayed the possibility of conquering air itself to the world. The flight proved highly _____(B)_____ to the U.S. government, which through army had given seed money to a similar program under the direction of Samuel P. Langley.

     (A)   (B)
① Despite   -   embarrassed
② Despite   -   embarrassing
③ Although -   embarrassed
④ Although -   embarrassing

08 다음 중 어법상 맞는 것을 고르시오. (10. 국회 8급)

> The sad news is that the majority of them cannot succeed in ①[speaking / to speak] excellent English ②[if / unless] they have grown up and spent a substantial period of time in English-speaking countries when they were young.

09 다음 문장 중 어법상 옳은 것은? (13. 국가직 9급)

① When waking up, I realized that I had forgotten to set my alarm clock.

② It will take at least another week prior to the draft is ready.

③ She enjoys classical music, whereas doesn't like pop songs.

④ Wherever your career to take you, I'm sure you will be doing something you enjoy.

10 다음 중 어법상 틀린 것은? (20. 서울시 9급)

Most people like to talk, but few people like to listen, yet listening well is a ①<u>rare</u> talent that everyone should treasure. ②<u>Because of</u> they hear more, good listeners tend to know more and to be more sensitive to what is going on around them than most people. In addition, good listeners are inclined to accept or tolerate rather than to judge and criticize. Therefore, they have ③<u>fewer</u> enemies than most people. In fact, they are probably the most beloved of people. However, there are ④<u>exceptions</u> to that generality. For example, John Steinbeck is said to have been an excellent listener, yet he was hated by some of the people he wrote about. No doubt his ability to listen contributed to his capacity to write. Nevertheless, the result of his listening didn't make him popular.

11 다음 중 어법상 틀린 것은? (15. 국가직 9급 응용)

Language is saturated with implicit metaphors ①<u>like</u> "Events are objects and time is space." Indeed, space turns out to be a conceptual vehicle not just for time ②<u>but</u> for many kinds of states and circumstances. Just as a meeting can be moved from 3:00 to 4:00, a traffic light can go from green to red, a person can go from flipping burgers to ③<u>running</u> a corporation, and the economy can go from bad to worse. Metaphor is ④<u>such</u> widespread in language that it's hard to find expressions for abstract ideas that are not metaphorical. Does it imply that even our wispiest concepts are represented in the mind as hunks of matter that we move around on a mental stage? Does it say that rival claims about the world can never be true or false but can only be alternative metaphors that frame a situation in different ways? Few things in life cannot be characterized in terms of variables and the causation of changes in them.

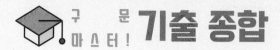
01 밑줄 친 부분에 들어갈 말로 가장 적절한 것은? (16. 국가직 9급)

> The campaign to eliminate pollution will prove _____ unless it has the understanding and full cooperation of the public.

① enticing

② enhanced

③ fertile

④ futile

02 밑줄 친 부분과 의미가 가장 가까운 것은? (16. 국가직 9급)

> Up to now, newspaper articles have only <u>scratched the surface of</u> this tremendously complex issue.

① superficially dealt with

② hit the nail on the head of

③ seized hold of

④ positively followed up on

밑줄 친 부분에 들어갈 말로 가장 적절한 것을 고르시오. (17. 국가직 9급)

A: May I help you?

B: I bought this dress two days ago, but it's a bit big for me.

A: _____

B: Then I'd like to get a refund.

A: May I see your receipt, please?

B: Here you are.

① I'm sorry, but there's no smaller size.

② I feel like it fits you perfectly, though.

③ That dress sells really well in our store.

④ I'm sorry, but this purchase can't be refunded.

04 밑줄 친 부분에 들어갈 말로 가장 적절한 것을 고르시오. (17. 국가직 9급)

A: Every time I use this home blood pressure monitor, I get a different reading. I think I'm doing it wrong. Can you show me how to use it correctly?

B: Yes, of course. First, you have to put the strap around your arm.

A: Like this? Am I doing this correctly?

B: That looks a little too tight.

A: Oh, how about now?

B: Now it looks a bit too loose. If it's too tight or too loose, you'll get an incorrect reading.

A: _____

B: Press the button now. You shouldn't move or speak.

A: I get it.

B: You should see your blood pressure on the screen in a few moments.

① I didn't see anything today.

② Oh, okay. What do I do next?

③ Right, I need to read the book.

④ Should I check out their website?

05 밑줄 친 부분과 의미가 가장 가까운 것을 고르시오. ⟨ 16. 국가직 9급 ⟩

> When my sister's elbow healed, her fears of never being able to play tennis were <u>assuaged.</u>

① heightened

② soothed

③ tormented

④ escalated

06 밑줄 친 부분과 의미가 가장 가까운 것을 고르시오. ⟨ 16. 사복직 9급 ⟩

> There are <u>multiple</u> opportunities each day to become upset about something, but we have the choice to let them go and remain at peace.

① various

② important

③ occasional

④ decisive

07 밑줄 친 부분의 의미와 가장 가까운 것은? ⟨ 15. 서울시 9급 ⟩

> South Korea's Ministry for Foreign Affairs and Trade <u>came under fire</u> for making hundreds of translation errors in overseas trade deals.

① became a mockery

② became notorious

③ caught flak

④ was investigated

08 밑줄 친 부분의 의미와 가장 가까운 것은? (15. 서울시 9급)

Lawmakers in Nevada, New Mexico, Texas and Utah are trying to pass bills that would allow the states to circumvent daylight saving time laws.

① cramp
② maintain
③ codify
④ reestablish

09 밑줄 친 부분의 의미와 가장 가까운 것은? (15. 서울시 9급)

Moscow's annexation of Crimea last year and its meddling in the conflict in eastern Ukraine have galvanized NATO and focused particular attention on its vulnerable Baltic members.

① spurred
② disparaged
③ appeased
④ justified

10 밑줄 친 부분의 의미와 가장 가까운 것은? (15. 서울시 9급)

The frequency and severity of corporal punishment varies widely. Parents who sometimes smack their children also use other positive and punitive methods.

① typical
② physical
③ physiological
④ psychological

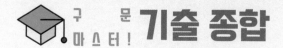

11 다음 대화의 흐름으로 보아 밑줄 친 부분에 가장 적절한 것은? (15. 서울시 9급)

A: Do you have any vacancies?

B: I'm sorry. _____

A: I should have made a reservation.

B: That would have helped.

① How many people are there in your company?

② We're completely booked.

③ We have plenty of rooms.

④ What kind of room would you like?

12 다음 대화의 흐름으로 보아 밑줄 친 부분 중 가장 적절하지 않은 것은? (15. 서울시 9급)

A: I'm new here at this airport. Where can I get my baggage?

B: Please check at ①carousel number 2. Do you have anything special in your baggage?

A: I have a 500 watt microwave with a ②carousel.

B: You didn't have to bring it. Most of the hotels have microwaves. By the way, what are you planning to do first in your trip to Seattle?

A: I'd like to ride the ③carousel at Miners' Landing. Well, what kind of clothing will be the best here at this season? It's so chilly.

B: I'd recommend to wear a ④carousel, then.

13 밑줄 친 부분 중 어법상 옳지 않은 것을 고르시오. 20. 국가직 9급

Domesticated animals are the earliest and most effective 'machines' ①available to humans. They take the strain off the human back and arms. ②Utilizing with other techniques, animals can raise human living standards very considerably, both as supplementary foodstuffs (protein in meat and milk) and as machines ③to carry burdens, lift water, and grind grain. Since they are so obviously ④of great benefit, we might expect to find that over the centuries humans would increase the number and quality of the animals they kept. Surprisingly, this has not usually been the case.

14 밑줄 친 부분 중 어법상 옳지 않은 것을 고르시오. 20. 국가직 9급

A myth is a narrative that embodies-and in some cases ①helps to explain—the religious, philosophical, moral, and political values of a culture. Through tales of gods and supernatural beings, myths ②try to make sense of occurrences in the natural world. Contrary to popular usage, myth does not mean "falsehood." In the broadest sense, myths are stories—usually whole groups of stories—③that can be true or partly true as well as false; regardless of their degree of accuracy, however, myths frequently express the deepest beliefs of a culture. According to this definition, the Iliad and the Odyssey, the Koran, and the Old and New Testaments can all ④refer to as myths.

A technique that enables an individual ①<u>to gain</u> some voluntary control over autonomic, or involuntary, body functions by observing electronic measurements of those functions ②<u>are</u> known as biofeedback. Electronic sensors are attached to various parts of the body to measure ③<u>such</u> variables as heart rate, blood pressure, and skin temperature. When such a variable moves in the desired direction (for example, blood pressure down), it triggers visual or audible displays—feedback on equipment such as television sets, gauges, or lights. Biofeedback training teaches one to produce a ④<u>desired</u> response by reproducing thought patterns or actions that triggered the displays.

CHAPTER

15

명사절
접속사

Chapter 15 명사절 접속사

1 명사절 접속사의 의미

명사절 접속사는 '접속사 + 주어 + 동사' 구성으로 되어 있는 절이 명사의 기능을 가져서 문장에서 주어, 목적어, 보어 자리에 사용되는 절을 의미한다. 즉, '주어 + 동사'가 포함된 절 자체가 문장에서 주어, 타동사의 목적어, 전치사의 목적어, 또는 보어 자리에 사용되는 것을 명사절이라고 한다.

2 명사절 접속사의 종류

1 ~라는 것(that/what)

'~라는 것'이라는 뜻으로 사용되는 명사절 접속사에는 that과 what이 있다. 접속사 뒤에 뒤따르는 절이 완전한 문장이면 that을, 주어나 목적어가 빠져 있는 불완전한 문장이면 what을 사용한다.

that은 접속사이므로 연결하는 기능만 하므로 뒤에 완전한 문장이 오고, what은 관계대명사(접속사 + 대명사)로 대명사 역할까지 하므로 뒤에는 주어나 목적어가 빠져 있는 불완전한 구조가 수반된다.

1) that(접속사) + 완전한 문장

- That he was promoted to the position is true. 그가 승진했다는 것은 사실이다.
  That 주어 + be + p.p.(수동태는 목적어가 주어로 간 문장이니 완전한 구조이다)

다만 that절이 목적어로 사용되는 경우, 전치사 뒤에는 사용하지 않는다.

2) what(관계대명사) + 불완전한 문장

- What happened at the meeting is a secret. 미팅에서 일어났던 일은 비밀이다.
  happened라는 동사의 주어가 없는 불완전한 구조

- What I didn't know was that she was promoted. 내가 몰랐던 것은 그녀가 승진했다는 것이다.
  know라는 타동사의 목적어가 없다   수동태는 완전한 구조이다

① 주어

- That he will succeed is certain. 그가 성공할 것은 확실하다.

- What you said is not true. 너가 말한 것은 사실이 아니다.

② 목적어

• James suggests that he will write a new song. James는 그가 새로운 노래를 쓸 것을 제안했다.

• You decide what you need to do. 너가 해야 할 필요가 있는 것을 결정해라.

③ 보어

• The truth is that the Sun rises from the east. 사실은 해가 동쪽에서 뜬다는 점이다.

2 ~인지 아닌지(if/whether)

'~인지 아닌지'라는 뜻을 가진 명사절 접속사에는 if와 whether가 있다.

• Whether he comes or not is very important. 그가 올지 안 올지는 매우 중요하다.

1) if

'~인지, 아닌지'와 같이 의심이나 불확실을 나타낼 때 if와 whether를 사용할 수 있는데, if의 경우 위치 제한이 있다. 주어 자리에는 if가 올 수 없고, 전치사의 목적어로도 if가 올 수 없다. 한마디로 목적어 자리에만 사용이 가능하다.
그리고 명사절 접속사 뒤에 to R이나 or not이 수반되는 경우에도 if가 올 수 없다. 이때는 whether만 가능하다.

If	① 주어 자리(X)
	② 전치사 뒤(X)
	③ or not과 함께 사용(X)

• I wonder whether(if) you spare ten minutes on the phone next week.
  　　　　타동사　　　　　　　　　　　　　　목적어 자리(if/whether 둘 다 가능)
다음 주에 10분 정도 통화할 시간을 내줄 수 있으신지 궁금합니다.

• Whether he comes or not is not certain. 그가 올지 안 올지는 확실하지 않다. [If 안 됨]
  주어 자리(if 안 되고 whether만 가능)

  = It is not certain whether(if) he will come (or not).
  　　　　　　　　　　진주어 자리(if/whether 둘 다 가능)

  = It is not certain whether or not he will come.
  　　　　　　　　　　if + or not은 사용 불가능

  = It is not certain if he will come.
  　　　　　　　　진주어 자리(if 가능)

  = It is not certain if he will come or not.
  　　　　　　　　(or not이 뒤로 가는 경우 if 가능)

2) whether

whether는 다음과 같은 3가지 형태로 사용이 가능하다.

① whether + 주어 + 동사

② whether (or not) to R

③ whether A or B

• I'm not sure whether I'm doing this right. 나는 이것을 제대로 하고 있는지 모르겠다.

• You have to choose whether (or not) to buy it. 너는 그것을 구매할지를 결정해야 한다.

• Whether he is smart or pretentious is debatable. 그가 똑똑한지 그런 척을 하는지는 논쟁의 여지가 있다.

3 의문사

1) 의문사의 종류

의문사가 이끄는 절을 간접의문문이라고 한다. 간접의문문의 어순을 묻는 문제는 시험에 반드시 나온다. 어순은 '의문사 + 주어 + 동사' 순이다.

사용하는 의문사는 크게 의문대명사와 의문부사로 나뉜다. 뒤에 주어나 목적어가 없는 불완전한 문장이 수반되면 의문대명사를 사용하고, 뒤에 완전한 문장이 수반되면 의문부사를 사용한다.

의문대명사	who(누가 ~하는지) what(무엇이(무엇을) ~하는지) which(어느 것이(을) ~하는지)	+ V + O(주어 X) + S + V(목적어 X) [불완전한 문장]
의문부사	when(언제 ~하는지) where(어디서 ~하는지) how(어떻게 ~하는지) why(왜 ~하는지)	+ S + V + O [완전한 문장]

① 의문대명사

• Who will be the boss is uncertain. 누가 사장이 될지는 확실하지 않다.
  주어 자리(명사절의 주어가 없으므로 불완전)
• The problem is who will take care of children. 문제는 누가 애들을 돌볼지이다.
  목적어 자리(명사절의 주어가 없으므로 불완전)
• Please tell Mr. White which you prefer. White 씨에게 너는 어떤 것을 선호하는지를 말해 줘.
  목적어 자리(명사절 동사 prefer의 목적어가 없으므로 불완전)

② 의문부사

• I asked when he is going to New York. 나는 그가 언제 New York에 갈지를 물었다.
  목적어 자리(go는 완전 자동사이므로 완전한 문장)
• No one knew why the CEO suddenly retired. 아무도 왜 그 최고 경영자가 은퇴했는지 모른다.
  목적어 자리(retire는 완전 자동사이므로 완전한 문장)
• I don't know how to place an advertisement. 나는 어떻게 광고를 내야 할지를 모른다.
  목적어 자리(how + S + V + O는 how to R으로 전환 가능)

4 복합 관계대명사

1) 복합 관계대명사의 용법

관계대명사 뒤에 −ever가 붙은 복합 관계대명사도 명사절 접속사로 사용한다. 복합 관계대명사는 그 자체가 복합 관계대명사가 이끄는 명사절의 주어나 목적어 역할을 수행하므로, 뒤에는 주어나 목적어가 빠져 있는 불완전한 문장이 나온다.

복합 관계대명사	뒤따르는 형태
whoever(누구든지)	+ S(X) + V + O
whichever(어느 것이든)	+ S + V + O(X)
whatever(무엇이든지)	[불완전한 문장]

- **Whoever wants the book may have it.** 이 책을 원하는 사람은 누구든지 가질 수 있다.

- **Let's do whatever you want.** 너가 원하는 것이 무엇이든지 하자.

Chapter 15 생활 회화(식당, 쇼핑)

1. 식당

Can I make a reservation for two?	2명으로 예약할 수 있을까요?
All tables are booked tonight.	오늘 저녁은 예약이 다 찼습니다.
Please put me on the waiting list.	대기자 명단에 올려 주세요.
How many are in your party?	총 몇 분이신가요?
Can I have a table by the window?	창가 쪽 자리 가능한가요?
Are you ready to order?	주문하시겠습니까?
For here or to go?	여기서 드시겠습니까, 가져가시겠습니까?
How would you like it done?	어떻게 해 드릴까요?
Have you been served?	주문하셨나요?
Do you have any recommendations?	추천할 만한 메뉴가 있나요?
What's today's special?	오늘의 특별 요리는 무엇입니까?
I'll go for a steak.	저는 스테이크로 할게요.
Make that two.	그걸로 2개 주세요.
Can I have a doggy bag?	남은 음식을 싸 갈 수 있을까요?
Can I have a to-go box, please?	포장해 주시겠어요?
Can you wrap up the leftovers?	남은 음식을 포장해 주실 수 있나요?
Let's have a toast.	건배합시다.
Be my guest.	제가 낼게요.
I'll pick up the tab.	제가 계산할게요.
It's on me.	제가 살게요.
How about going Dutch?	각자 내는 게 어때요?
Let's split the bill.	각자 냅시다.
Let's go halves.	반반씩 냅시다.
Can we pay separately?	따로 계산해도 될까요?

2. 쇼핑

I'm just browsing.	그냥 둘러보는 중이에요.
Please show me another one.	다른 것을 보여 주세요.
Do you have this in size 6?	이거 6사이즈 있나요?
Can I try this on?	이거 입어 봐도 될까요?
How can I help you?	무엇을 도와 드릴까요?
Where is the fitting room?	탈의실은 어디죠?
Does it fit OK?	이거 잘 맞나요?
It looks great on you.	네 정말 잘 어울려요.
Let me have a smaller one.	더 작은 거 주세요.
Do you have something less expensive?	좀 더 저렴한 것 없나요?
That's a perfect fit.	딱 맞아요.
Is it included in the sale?	이것도 세일 품목인가요?
All sales are final because of the discount.	할인 때문에 모든 세일 품목은 환불이 안 됩니다.
Can you come down a little?	조금 할인해 줄 수 있나요?
How much does it cost?	이거 얼마예요?
It's too steep.	너무 비싸요.
That costs a pretty penny.	상당히 비싸네요.
I'll pay it in cash.	현금으로 계산할게요.
Charge it to my credit card.	신용카드로 계산할게요.
It's a steal!	공짜나 마찬가지이다.
It's a bargain.	정말 싸게 사는 거다.
Would you like to pay in installments?	할부로 계산해 드릴까요?
I'd like to pay in full.	일시불로 계산할게요.
I'd like to pay in three monthly installments.	3개월 할부로 계산할게요.
I'd like to exchange this, please.	교환하기를 원합니다.
Can I get a refund?	환불받을 수 있을까요?
I was ripped off.	바가지 썼다.

 정답 및 해설 p75

01 틀린 부분을 옳게 고치시오. (18. 경찰 2차)

The people were stunned into silence as they slowly began to realize that the mayor's statement meant to their future as citizens in the city.

02 다음 밑줄 친 부분 중 어법상 옳지 않은 것은? (16. 교육행정직 9급)

The navigation compass was one of ①the most important inventions in history. It sparked an enormous age of exploration ②which in turn brought great wealth to Europe. This wealth is ③that fueled later events such as the Enlightenment and the Industrial Revolution. It has been continually simplifying the lives of people around the globe ④since its introduction to the world.

03 다음 중 어법상 틀린 부분을 골라 바르게 고치시오. (12. 지방직 7급)

Many also ①formed production companies ②in association with studios, which meant ③what they had a say ④in what kind of films were made. Those days are long gone now.

04 다음 중 어법상 맞는 것을 고르시오. (17. 지방직 9급)

①[What / How] we can protect our decisions from confirmation bias depends on our awareness of ②[which / why], psychologically, confirmation bias happens. There are two possible reasons.

05 우리말을 영어로 잘못 옮긴 것을 고르시오. 16. 지방직 7급

① 당신이 그것을 더 잘 이해할 수 있게 제가 도표를 만들었습니다.
   → I made a chart so that you can understand it better.
② 제가 사무실에 없을지도 모르니까 제 휴대전화 번호를 알려 드릴게요.
   → In case I'm not in my office, I'll let you know my mobile phone number.
③ 선거에 대해서 말하자면 아직까지 누구에게 투표할지 못 정했어.
   → Speaking of the election, I haven't decided who I'll vote for yet.
④ 네가 여기에 오나 내가 거기에 가나 마찬가지다.
   → It's the same that you come here or I go there.

06 다음 중 어법상 틀린 부분을 골라 바르게 고치시오. 16. 국가직 7급

①What amazed Schmidt was not only ②however people's needs could be met, but also ③how much the participants benefited from the social aspect of their contact. This experience deeply moved not only Schmidt, ④but other people as well.

07 다음 중 어법상 올바른 문장은? 16. 지방직 7급

① My boss sent me a message asked me to come into work early.
② Ridden my bike down the path, I saw many interesting things.
③ Reverse psychology consists of requesting the opposite of whatever one actually wants.
④ The researchers will observe and documentation the actions of the study participants.

08 다음 중 어법상 올바른 문장은? 11. 지방직 9급

① He imagined how it would be like to live in another country.
② If you go skiing or snowboarding is up to you.
③ I think I know who customer you're talking about.
④ He hasn't decided what to buy his sister for her birthday.

09 빈칸에 들어갈 표현으로 가장 적절한 것은? (19. 서울시 9급)

For every mystery, there is someone trying to figure out ①[that / what] happened. Scientists, detectives, and ordinary people search for evidence that will help to reveal the truth. They investigate prehistoric sites trying to understand how and why ancient people constructed pyramids or created strange artwork. They study the remains of long-extinct animals and they speculate about ②[what / how] the animals might have looked when they were alive. Anything ③[that / what] is unexplained is fascinating to people who love a mystery.

① what   that   how
② what   how   that
③ that   what   that
④ that   how   what

10 밑줄 친 부분 중 어법상 옳지 않은 것은? (17. 국가직 9급 응용)

The first decades of the 17th century witnessed an exponential growth in the understanding of the Earth and heavens, a process usually ①<u>referred to as</u> the Scientific Revolution. The older reliance on the philosophy of Aristotle was fast waning in universities. In the Aristotelian system of natural philosophy, the movements of bodies were explained 'causally' in terms of the amount of the four elements (earth, water, air, fire) ②<u>what</u> they possessed, and objects moved up or down to their 'natural' place depending on the preponderance of given elements ③<u>of which</u> they were composed. Natural philosophy was routinely contrasted with "mixed mathematical' subjects such as optics, hydrostatics, and harmonics, ④<u>where</u> numbers could be applied to measurable external quantities such as length or duration.

11 밑줄 친 부분 중 어법상 옳지 않은 것은? 15. 지방직 9급 응용

A growing number of people ①<u>are seeking</u> medical attention for vitamin D deficiency, a common condition among those who ②<u>spend</u> a lot of time indoors. It is well known ③<u>whether</u> vitamin D deficiency can affect one's muscles, bones and immunity and is even associated with cancer. Vitamin D is produced by the body in response to skin being exposed to sunlight. A lot of women, however, wear sunscreen before they go out, and this often makes it more difficult for their body ④<u>to produce</u> vitamin D — as sunscreen can block vitamin D-producing ultraviolet rays.

정답 및 해설 p77

01 밑줄 친 부분에 들어갈 말로 가장 적절한 것을 고르시오. (15. 국가직 9급)

The young knight was so _____ at being called a coward that he charged forward with his sword in hand.

① aloof

② incensed

③ unbiased

④ unpretentious

02 밑줄 친 부분에 가장 적절한 것을 고르시오. (15. 국가직 9급)

Back in the mid-1970s, an American computer scientist called John Holland _____ the idea of using the theory of evolution to solve notoriously difficult problems in science.

① took on

② got on

③ put upon

④ hit upon

03 밑줄 친 부분과 의미가 가장 가까운 것은? 14. 국가직 9급

Johannes Kepler believed that there would one day be "celestial ships with sails adapted to the winds of heaven" navigating the sky, filled with explorers "who would not fear the vastness" of space. And today those explorers, human and robot, employ as <u>unerring</u> guides on their voyages through the vastness of space the three laws of planetary motion that Kepler uncovered during a lifetime of personal travail and ecstatic discovery.

① faultless

② unreliable

③ gutless

④ unscientific

04 밑줄 친 부분에 가장 적절한 것은? 14. 국가직 9급

A: I saw the announcement for your parents' 25th anniversary in yesterday's newspaper. It was really neat. Do you know how your parents met?

B: Yes. It was really incredible, actually, very romantic. They met in college, found they were compatible, and began to date. Their courtship lasted all through school.

A: No kidding! That's really beautiful. I haven't noticed anyone in class that I could fall in love with!

B: _____. Oh, well, maybe next semester!

① Me neither

② You shouldn't blame me

③ It is up to your parents

④ You'd better hang about with her

05 밑줄 친 부분에 들어갈 말로 가장 적절한 것은? `16. 지방직 9급`

John: Excuse me. Can you tell me where Namdaemun Market is?

Mira: Sure. Go straight ahead and turn right at the taxi stop over there.

John: Oh, I see. Is that where the market is?

Mira: _____

---

① That's right. You have to take a bus over there to the market.

② You can usually get good deals at traditional markets.

③ I don't really know. Please ask a taxi driver.

④ Not exactly. You need to go down two more blocks.

06 다음 대화 중 어색한 것은? `16. 지방직 9급`

① A : Would you like to go to dinner with me this week?

　B : OK. But what's the occasion?

② A : Why don't we go to a basketball game sometime?

　B : Sure. Just tell me when.

③ A : What do you do in your spare time?

　B : I just relax at home. Sometimes I watch TV.

④ A : Could I help you with anything?

　B : Yes, I would like to. That would be nice.

07 다음 밑줄 친 (A), (B), (C)에 들어갈 가장 적절한 표현은? 18. 국회직 9급

Anecdotes about elephants (A) _____ with examples of their loyalty and group cohesion. Maintaining this kind of togetherness calls for a good system of communication. We are only now beginning to appreciate (B) _____ complex and far-reaching this system is. Researcher Katharine Payne first started to delve into elephant communication after a visit to Portland's Washington Park Zoo. Standing in the elephant house, she began to feel (C) _____ vibrations in the air, and after a while realized that they were coming from the elephants. What Katharine felt, and later went on to study, is a low-frequency form of sound called infrasound.

	(A)	(B)	(C)
①	abound	how	throbbing
②	abound	that	throbbed
③	abound	that	throbbing
④	are abounded	how	throbbing
⑤	are abounded	that	throbbed

08 다음의 밑줄 친 부분에 들어갈 가장 적절한 단어는? 18. 국회직 9급

If you are having trouble going somewhere or doing something, don't give up. You just haven't found the best solution or met the right person yet. Don't listen to those who say it can't be done. _____ pays off. I can't tell you how many times I've been told what I want isn't possible, only to prove it wrong later when I don't give up and keep trying.

① Anxiety

② Cooperation

③ Speculation

④ Perseverance

⑤ Convention

구문 마스터! 기출 종합

09 다음 밑줄 친 부분에 들어갈 가장 적절한 표현은? 〔18. 국회직 9급〕

Gray, which is neither black nor white but a combination of these two opposites, is an ambiguous, indefinite color. It suggests fog, mist, smoke and twilight—conditions that blur shapes and colors. An all-gray costume can indicate a modest, retiring individual, someone who prefers not to be noticed or someone who whether they wish it or not merges with their background, like Lily Briscoe in Virginia Woolf's To the Lighthouse. When a livelier, prettier girl enters the room, the narrator reports, Lily Briscoe "became _____ than ever, in her little grey dress."

① more resonant

② more distinguished

③ more sullen

④ more sophisticated

⑤ more inconspicuous

10 밑줄 친 부분에 들어갈 말로 가장 적절한 것은? 〔19. 지방직 7급〕

A: Hi, John. Time flies. The winter break is just around the corner.

B: Yes, it is. I'm looking forward to it.

A: Do you have any special plans?

B: Oh, sure! I'm thinking about spending my break volunteering abroad.

A: Again? I know you volunteered in Vietnam last summer. Don't you have to spend your own money?

B: Yeah. But _____. I've learned a lot through the experience.

A: Oh, I see.

① I'm buried in work

② I think it's worth it

③ I'm paying for lunch

④ I'm so absent-minded

11 우리말을 영어로 가장 잘 옮긴 것은? 19. 지방직 7급

① 너는 내게 전화해서 일에 늦을 거라고 알렸어야 했다.

   → You were supposed to phone me and let me know you were going to be late for work.

② 내가 축구 경기를 시청하는 동안, 내 남편은 다른 TV로 영화를 보았다.

   → While I watched a soccer match, my husband has watched a movie on the other TV.

③ 그녀의 감정을 상하게 하지 않으려고, 그는 독감으로 매우 아팠다고 말했다.

   → He said he was very sick with a flu, so as not hurting her feelings.

④ 상관이 생각하는 것과는 반대로, 절대 이 프로젝트를 일주일에 끝낼 수 없다.

   → Contrary to what the boss thinks, there is no way we can't get this project done in a week.

12 밑줄 친 부분 중 어법상 옳지 않은 것은? 19. 지방직 7급

Princeton University offers a tuition-free, nine-month "Bridge Year" in which students can elect ①to do a service project outside of the U.S. The University of North Carolina at Chapel Hill and Tufts University have similar programs, while ②ones run by the New School in New York City offers up to a year's worth of academic credit to participants. But in the last five years, the idea has been ③gaining more traction in the U.S.— particularly among Americans ④admitted to selective colleges and universities.

어법상 ㉠ ~ ㉢에 들어갈 말로 가장 적절한 것은? (19. 서울시 7급)

Supplements on the market today_____㉠_____those that use natural herbs or synthetic ingredients. Experts point out that when choosing between multivitamins, those _____㉡_____ natural herbs may not necessarily be better than those with synthetic ingredients. The body recognizes the molecular weight and structure of each vitamin and mineral for their functions regardless of _____㉢_____the vitamins come from synthetic or natural sources.

	㉠	㉡	㉢
①	include	contained	if
②	include	containing	whether
③	includes	containing	if
④	includes	contained	whether

14 **밑줄 친 부분 중 어법상 옳지 않은 것은?** (18. 지방직 9급 응용)

The ancient Olympics provided athletes an opportunity ①to prove their fitness and superiority, just like our modem games. The ancient Olympic events were designed to eliminate ②weak and glorify the strong. Winners were pushed to the brink. Just as in modem times, people loved extreme sports. One of the favorite events ③was added in the 33rd Olympiad. This was the pankration, or an extreme mix of wrestling and boxing. The Greek word pankration means "total power." The men wore leather straps with metal studs, which could make a terrible mess of their opponents. This dangerous form of wrestling had no time or weight limits. In this event, only two rules applied. First, wrestlers were not allowed to gouge eyes with their thumbs. Secondly, they could not bite. Anything else was considered fair play. The contest was decided in the same manner as a boxing match. Contenders continued until one of the two collapsed. If neither surrendered, the two exchanged blows ④until one was knocked out.

CHAPTER 16

관계대명사

Chapter 16 관계대명사

1 관계대명사

1 관계대명사의 종류와 해석

관계대명사는 2개의 문장을 연결해 주는 접속사 기능과 앞에 나온 명사를 대신 받아 주는 대명사 기능을 동시에 한다. 따라서 관계대명사 앞에는 명사(선행사)가 있어야 한다. 뒤에는 불완전한 문장이 수반된다.

• I like the girl. 나는 그 소녀를 좋아한다. **+** The girl lives next door. 그 소녀는 옆집에 산다.

  → I like the girl and she lives next door. 나는 그 소녀를 좋아한다. 그리고 그녀는 옆집에 산다.

  = I like the girl who lives next door. 나는 옆집에 사는 소녀를 좋아한다.

관계대명사 앞에 나온 명사를 선행사라 한다고 했다. 이 선행사가 사람인지, 사물인지, 없는지에 따라 사용하는 관계대명사는 달라진다. 또한 관계대명사 뒤에는 불완전한 문장이 수반되므로, 뒤 문장에서 빠진 요소를 확인해서 관계대명사의 격을 결정한다.

		주격	소유격	목적격
선행사	사람	who, that	whose	whom, that
	사물 / 동물	which, that	whose, of which	which, that
	복수	what	–	what
해석		그런데 그 명사는	그런데 그 명사의	그런데 그 명사를

2 격의 결정

관계대명사 뒤에는 불완전한 문장이 나오는데, 그 문장에서 빠져 있는 성분이 관계대명사의 격이 된다.

1) 주격 관계대명사

뒤에 주어가 없는 불완전한 문장이 온다.

• I know a woman who lives next door to me. 나는 나의 옆집에 사는 여자를 안다.
  　　　　　주격 관계대명사 + 동사(주어 없음)

2) 목적격 관계대명사

뒤에 목적어가 없는 불완전한 문장이 온다.

- This is the book which I bought yesterday. 이것은 내가 어제 구매했던 책이다.
  목적격 관계대명사 + 주어 + 타동사(타동사의 목적어 없음)
- All employees whom the company hired should attend the seminar.
  목적격 관계대명사 + 주어 + 타동사(타동사의 목적어 없음)
  그 회사가 고용했던 모든 직원들은 그 세미나에 참석해야 한다.

3) 소유격 관계대명사

소유격 뒤에는 대명사가 올 수 없고 명사가 온다. 그리고 소유격 자체는 수식하는 역할을 하는 것이므로 주격이나 목적격과 다르게 뒤에는 완전한 구조의 문장이 온다.

- She bought the book whose cover is white. 그녀는 표지가 흰색인 책을 구입했다.
  소유격 관계대명사 + 명사 + be + 보어(2형식 완전한 문장)
- They will introduce a new car whose design is very innovative.
  소유격 관계대명사 + 명사 + be + 보어(2형식 완전한 문장)
  그들은 디자인이 매우 혁신적인 신차를 소개할 것이다.

3 주의해야 할 관계대명사

1) 관계대명사 that만 사용하는 경우

관계대명사 that은 선행사가 사람, 사물일 때 둘 다 사용이 가능하다. 그러니 꼭 that을 사용해야 하는 경우와 that을 사용할 수 없는 경우를 기억해야 한다. 다음과 같은 선행사가 나오면 꼭 that을 사용해야 한다.

① 선행사가 '사람 + 사물' 혹은 '사람 + 동물'일 때

- A man and his dog that were passing by were injured. 지나가고 있는 한 남자와 그의 개가 부상을 당했다.

  [who를 사용하면 dog가 '사람' 취급이 되고, which를 사용하면 man이 '사물' 취급이 되기 때문이다.]

- The story is about a child and a tree that get close to each other.
  이 이야기는 한 아이와 한 나무가 서로 친해지는 이야기이다.

② 선행사 앞에 수식어가 있는 경우(서수, 최상급, the only, the same, all)

- Man is the only animal that can speak. 인간은 말을 하는 유일한 동물이다.

- It's the best food that I've ever eaten. 이 음식은 내가 이제까지 먹었던 것 중에서 제일 맛있다.

- The doctor did all that was humanly possible. 그 의사는 인간적으로 할 수 있는 모든 것을 했다.

③ 의문사가 이끄는 의문대명사인 경우

- Who that has common sense can believe such a thing? 상식을 가진 어떤 이가 그런 것을 믿을 수 있는가?

  [선행사가 사람이라고 해서 who를 사용하면, who가 연달아 두 번 사용되기 때문이다.]

④ –thing으로 끝나는 단어가 선행사일 때

선행사가 something, anything, nothing과 같이 –thing으로 끝나는 단어일 때 관계대명사로는 that을 사용한다.

- There is nothing that you can do to get your mom and dad together again.
  당신의 엄마와 아빠가 다시 합치게 하기 위해서 당신이 할 수 있는 것은 아무것도 없다.

2) 관계대명사 that을 쓸 수 없는 경우

① 콤마(,) 뒤

관계대명사 that은 계속적 용법에는 사용할 수 없다. that은 관계대명사뿐만 아니라 지시대명사로 사용할 수도 있어서 혼동을 피하기 위해 콤마 뒤에는 that을 사용하지 않는다.

보통 관계절은 앞의 명사(선행사)를 수식(한정적 용법)하는데, 관계대명사 앞에 콤마(,)를 찍으면 계속적 용법이 된다. 해석은 앞에서 뒤로 순차적으로 하면 된다.

- There is a house which I live in. 내가 살고 있는 집이 있다. [한정적 용법 : which는 that으로 교체 가능]
- There is a house, which I live in. 거기에 집이 하나 있는데, 내가 살고 있는 집이다. [계속적 용법 : that 사용 불가능]

② 전치사 뒤

관계절의 문장 끝에 전치사가 오는 경우, 그 전치사는 목적격 관계대명사 앞으로 이동 가능하다. 단 '전치사 + 관계대 명사' 구문에서 전치사 뒤의 관계대명사로 that은 사용할 수 없다.

- This is the principle which the theory is based on. 이것은 그 이론이 근거로 하는 원칙이다.
  = This is the principle that the theory is based on.
  = This is the principle on which the theory is bases.
  ≠ This is the principle on that the theory is based. [×]

- Our company moved to the city in which the president lives now.
  우리 회사는 사장님이 현재 살고 있는 도시로 이전했다.

3) which를 사용해야 하는 경우 : 선행사가 구나 앞 문장 전체인 경우

선행사가 한 단어가 아니라 구나 앞 문장 전체인 경우 관계대명사는 which로 받는다.

- Tom passed the state examination. Tom은 그 국가 시험을 통과했다.
  + This surprised everyone. 그것은 모두를 놀라게 했다. [this는 앞 문장 전체를 받는다.]
  → Tom passed the state examination and this surprised everyone.
  = Tom passed the state examination which surprised everyone.
    [이때 which는 앞 문장 전체를 선행사로 받는 관계대명사이다. 관계대명사 = 접속사 + 대명사]

- His daughter was very intelligent, which was a source of pride to him.
  그의 딸은 굉장히 똑똑했는데, 그것은 그의 자부심의 원천이었다.

- She became a professor, which was very difficult. 그녀는 교수님이 되었다. 그것은 매우 어려운 것이었다.

4) 관계사절 내에 삽입절이 있는 경우

주격 관계대명사 뒤에 S + think, believe, guess, suppose(인식, 확신 계열의 동사)가 나오면 이 '주어 + 동사'는 삽입절이라고 보면 된다. 없다고 보고 괄호를 친 다음에 문장 성분을 파악하면 된다.

이때 관계대명사의 격과 관계절 동사의 수 일치에 주의한다.

> 선행사 + 관계대명사 + (S + think/say/believe/know/guess/feel) + V

- This is the man <u>who</u> (we think) is reliable. 이분이 우리가 믿을 만하다고 생각하는 사람이다.
- Doing what (you think) is right does not necessarily mean doing the popular thing.
  네 생각에 옳은 일을 한다는 것은 반드시 남들이 하는 일을 한다는 것을 의미하지는 않는다.

5) 전치사 + 관계대명사

전치사는 관계사절 맨 끝에 위치하거나, '전치사 + 관계대명사'의 형태로 관계절 앞에 위치할 수 있다. '전치사 + 관계대명사' 형태일 경우, 그 뒤에는 완전한 문장이 온다. 올바른 전치사를 묻는 문제가 나오면 선행사를 관계절 맨 끝에 넣어서 고르면 된다.

- This is the man. 이분이 그 사람이다.

  + We can rely on the man. 우리는 그 사람을 믿을 수 있다.

  → This is the man <u>whom</u> we can rely <u>on.</u> 이분이 우리가 믿을 수 있는 사람이다.

  = This is the man <u>on whom</u> we can rely.

6) 부정대명사 + of + 목적격 관계대명사

'부정대명사(all, most, some, both, none) + of + 관계대명사'의 구조를 주의하자. 여기에서 관계대명사는 전치사 뒤에 위치하므로 목적격이 되어야 한다. 또한 관계대명사 자리에는 일반 대명사 them을 사용하지 않도록 주의해야 한다.

- We hired ten workers, <u>and</u> all of <u>them</u> are bilingual.
  우리는 열 명의 직원을 고용했다. 그리고 그들 모두는 2개 국어를 구사한다. [두 문장을 접속사 and로 연결하고 있다.]

  ≠ We hired ten workers, all of them are bilingual.
  [[X] 두 문장이 접속사 없이 콤마로는 연결될 수 없다. 따라서 접속사나 접속사의 기능을 포함하는 관계대명사가 필요하다.]

  → We hired ten workers, all of <u>whom</u> are bilingual. 우리는 열 명의 직원을 고용했는데 그들 모두는 2개 국어를 구사한다.

마지막 문장에서 관계대명사 whom은 'and'와 'them'이 결합된 것이므로 접속사 기능을 포함하고 있다. 따라서 두 문장을 연결하는 기능을 할 수 있다. 이때 whom 자리에 them을 쓰지 않도록 주의해야 한다.

2 관계부사

1 관계부사의 개념

선행사가 사람이나 사물이 아닌 시간, 장소, 방법, 이유와 같이 부사가 오는 경우에는 관계부사를 사용한다. 이때 관계부사는 '전치사 + 관계대명사'를 대신할 수 있고, 접속사와 부사의 역할을 수행한다.

• They didn't tell me the time. 그들은 나에게 그 시간을 말해 주지 않았다.

＋ They could come back at that time. 그들은 그 시간에 돌아올 수 있다.

= They didn't tell me the time which they could come back at. 그들은 돌아올 수 있는 시간을 나에게 말해 주지 않았다.

= They didn't tell me the time at which they could come back.

= They didn't tell me the time when they could come back.

선행사	종류	해석
시간 the time	when	그런데 그 시간에
장소 the place	where	그런데 그 장소에
방법 the way	how	그런데 그 방법으로
이유 the reason	why	그런데 그 이유로

또한 관계부사는 접속사의 역할과 함께 부사 역할을 하므로, 뒤에는 완전한 문장이 온다.

• This is the house where he lives. 이 집은 그가 살고 있는 집이다. [where = in which]

• Do you know the reason why the teacher was angry? 선생님이 화난 이유를 혹시 아니? [why = for which]

• Please tell me (the way) how you solved the problem.
  네가 어떻게 이 문제를 풀었는지 좀 말해 줘. [how = in which, the way와 how는 같이 사용할 수 없다.]

관계부사는 관계부사나 선행사 중에 어느 한쪽이 없어도 뜻이 확실한 경우에는 둘 중 하나를 생략할 수 있다. 반면 how는 선행사나 how 둘 중에 하나를 반드시 생략해야 한다. the way how는 쓰지 않는다. 그러나 the way that은 가능하다.

• This is the place (where) I worked hard. 여기는 내가 열심히 일했던 곳이다.

= This is (the place) where I worked hard.

• We ate dinner in the place (where) we saw the performance. 우리는 공연을 봤던 곳에서 저녁을 먹었다.

= We ate dinner (in the place) where we saw the performance.

• Can you show me how you solve the math problem? 그 수학 문제를 어떻게 풀었는지 알려 줄래?

= Can you show me the way you solve the math problem?

= Can you show me the way that solve the math problem?

≠ Can you show me <u>the way how</u> you solve the math problem? [X]

▌3 복합관계사

복합관계사는 관계사에 -ever가 붙은 것으로, 복합 관계대명사와 복합 관계부사가 있다.

1 복합 관계대명사

명사절과 부사절 역할을 한다. 뒤에는 불완전한 문장이 온다.

복합 관계대명사	명사절일 때 의미	부사절일 때 의미
whoever/whomever	~하는 사람이면 누구나 (= anyone who/whom)	~하는 사람이면 누구든지 간에
whichever	~하는 것이면 어느 것이든(제한) (= anything that)	~하는 것이면 어느 것이든지 간에
whatever	~하는 것이면 무엇이든 (= anything that)	~하는 것이면 무엇이든지 간에

- <u>Whoever</u> comes here first will get this. 가장 먼저 오는 사람은 누구든지 이것을 가질 것이다. [명사절]

- (<u>Whatever</u> they say,) I don't care. 그들이 무슨 말을 하든지, 나는 신경 쓰지 않는다. [부사절]

2 복합 관계부사

부사절 역할을 한다. 뒤에는 완전한 문장이 온다.

복합 관계부사	부사절일 때 의미
whenever + S + V + O	~할 때면 언제든지
wherever + S + V + O	~할 때면 어디든지
however + 형용사 + S + be + 부사 + S + V	아무리 ~하더라도(= no matter how)

Chapter 16 생활 회화(건강, 시간, 돈)

1. 건강

I couldn't be better.	제 상태가 최고예요.
I feel a little sore.	약간 아파요.
I've been under the weather lately.	최근에 컨디션이 안 좋아요.
I'm not feeling well.	몸이 안 좋다.
I have come down with something.	뭔가에 걸린 것 같다.
I caught a cold.	감기에 걸렸다.
I have food poisoning.	식중독에 걸렸다.
I feel nausea.	속이 메스꺼워요.
I'm coming down with fever.	열이 납니다.
I feel like throwing up.	토할 것 같다.
My body aches all over.	온몸이 쑤신다.
I have a running nose.	콧물이 난다.
I'm on my period.	생리 중이에요.
I hope you feel better soon.	곧 낫기를 바랄게요.
I'm sorry you aren't feeling well.	몸이 아프다니 안됐네요.

2. 돈

I'm flat broke.	나는 완전 빈털터리다.
He's back on his feet now.	그는 사정이 다시 좋아졌다.
I'm not made of money.	나는 돈이 많지 않다.
It's hard to make ends meet these days.	요즘은 먹고 살기 힘들다.
Can you give me ballpark figure?	대략 얼마인지 알려 주세요.
I'm loaded.	나는 돈이 많다.
My bread and butter is my work as lawyer.	내 주 소득원은 변호사로서의 수입이다.
He is a penny pincher.	그는 구두쇠다.

3. 시간

Take your time.	천천히 하세요.
There is no rush.	서두를 것 없어요.
We don't have all day.	시간이 많지 않다.
What's the rush?	왜 이렇게 서둘러?
How long will it last?	얼마나 걸릴까요?
That's cutting it close.	아슬아슬하다.
Were you here for long?	오래 기다렸나요?
You were just in time.	딱 맞추어 왔네요.
I'll be taking a leave of absence next week.	다음 주에 휴가 낼 거예요.
I'm tied Up until Friday.	나는 금요일까지 바빠요.
Can you put it off for a few minutes?	이거 잠깐 뒤로 미뤄도 될까?
Time flies.	시간이 정말 빠르다.
Time's up.	시간이 다 됐다.
Time's running out.	시간이 다 되고 있다.
Time waits for no man.	세월은 아무도 기다려 주지 않는다.
Only time will tell.	시간만이 알려 줄 거야. 시간이 흐르면 알게 될 거야.

정답 및 해설 p81

01 다음 중 어법상 틀린 부분을 골라 바르게 고치시오. (11. 국가직 9급)

According to the teachers we work ①<u>with</u>, this highly scripted approach to reading instruction ②<u>has produced</u> many students ③<u>whom</u> know ④<u>how to sound</u> out words.

02 다음 밑줄 친 부분 중 어법상 옳지 않은 것은? (18. 국회직 9급)

We live in a democratic age. Over the last century the world has been shaped by one trend above all others – the rise of democracy. In 1900, not a single country had ①<u>what</u> we would today consider a democracy: a government created by elections ②<u>which</u> every adult ③<u>citizen</u> could vote. Today this is done by over 60 percent of the countries in the world. ④<u>What</u> was once a peculiar practice of a handful of states around the North Atlantic ⑤<u>has become</u> the standard form of government for humankind.

03 다음 중 어법상 올바른 것을 고르시오. (17. 소방직 9급)

The stock market, [which / where] claims on the earnings of corporations (shares of stock) are traded, is the most widely followed financial market in America.

04 다음 중 어법상 맞는 것을 고르시오. (12. 국가직 9급)

In the eighteenth century families began ①[eat / to eat] alone, preferring to serve themselves rather than ②[having / to have] servants listening to ③[everything / everything which] they had to say.

05 다음 중 어법상 맞는 것을 고르시오. (07. 서울시 9급)

Since the poets and philosophers discovered the unconscious before him, ①[that / what] Freud discovered ②[was / were] the scientific method ③[in which / from which] the unconscious can be studied.

06 다음 중 어법상 맞는 것을 고르시오. (13. 경찰 1차)

She watched stories [whose / which] characters would shed light on her experiences, [whom / who] searched for love and meaning amidst the everyday clutter, and [whose / who] fates might, if at all possible, turn out to be moderately happy ones.

07 어법상 옳지 않은 것은? (14. 국가직 7급)

① Two hours from now, the hall will be empty. The concert will have ended.
② The lab test helps identify problems that might otherwise go unnoticed.
③ The police found an old coin which date had become worn and illegible.
④ Tom made so firm a decision that it was no good trying to persuade him.

08 다음 문장 중 어법상 틀린 것을 고르시오. (13. 국가직 9급)

① The year when I first drove a car was 2010.
② The Aztec Empire collapsed in 1521, when it was conquered by the Spanish.
③ He is the man who delivers express packages.
④ The movie will be released on April 12 in all cities which selected theaters are located.

09 밑줄 친 부분 중 어법상 옳지 않은 것은? `18. 지방직 7급`

Officials in the UAE, responding to an incident ①which an Emirati tourist was arrested in Ohio, cautioned Sunday that travelers from the Arab country should "refrain from ②wearing the national dress" in public places ③while visiting the West "to ensure their safety" and said that women should abide by bans ④on face veils in European countries, according to news reports from Dubai.

10 밑줄 친 부분 중 어법상 옳지 않은 것은? `20. 서울시 9급 응용`

Carbonate sands, ①that accumulate over thousands of years from the breakdown of coral and other reef organisms, are the building material for the frame-works of coral reefs. But these sands are sensitive to the chemical make-up of sea water. As oceans absorb carbon dioxide, they acidify—and at a certain point, carbonate sands simply start to dissolve. The world's oceans have absorbed around one-third of human-emitted carbon dioxide. The rate ②at which the sands dissolve was strongly related to the acidity of the overlying seawater, and was ③ten times more sensitive than coral growth to ocean acidification. In other words, ocean acidification will impact the dissolution of coral reef sands more than the growth of corals. This probably reflects the corals' ability to modify their environment and partially adjust to ocean acidification, ④whereas the dissolution of sands is a geochemical process that cannot adapt.

11 밑줄 친 부분 중 어법상 옳지 않은 것은? 17. 국가직 9급 응용

Stressful events early in a person's life, such as neglect or abuse, can have psychological impacts into adulthood. New research shows that these effects may persist in their children and even their grandchildren. Larry James and Lorena Schmidt, bio-chemists at the Tufts School of Medicine, caused chronic social stress in adolescent mice by regularly relocating them to new cages ①over the course of seven weeks. The researchers then tested these stressed mice in adulthood using a series of standard laboratory measures for rodent anxiety, such as how long the mice spent in open areas of a maze and ②how frequently they approached mice they had never met before. Female mice showed more anxious behaviors compared with control animals, ③whereas the males did not. Both sexes' offspring displayed more anxious behaviors, however, and the males ④whoever had been stressed as adolescents even transmitted these behavior patterns to their female grandchildren and great grandchildren.

12 밑줄 친 부분 중 어법상 옳지 않은 것은? 15. 지방직 9급 응용

Mythology was an integral part of Egyptian culture for much of its timespan. Characters and events from myth permeate Egyptian art, architecture, and literature. Myths underpinned many of the rituals performed by kings and priests. Educated Egyptians believed ①that a knowledge of myth was an essential weapon in the fight to survive the dangers of life and the afterlife. There is disagreement among Egyptologists about when mythical narratives first developed in Egypt. This dispute is partly due to the difficulty of deciding ②what should be counted as a myth. Today, the term myth is often used in an unfavorable way to refer to something ③which is exaggerated or untrue. In ancient cultures, myth did not have this negative connotation; myths could be regarded as stories ④that contained poetic rather than literal truths. Some scholars separate myths from other types of traditional tale by classifying them as stories featuring deities. This simple definition might work quite well for Egypt, but not for all cultures.

01 밑줄 친 부분에 가장 적절한 것은? (14. 국가직 9급)

Before she traveled to Mexico last winter, she needed to_____ her Spanish because she had not practiced it since college.

① make up to

② brush up on

③ shun away from

④ come down with

02 밑줄 친 부분과 의미가 가장 가까운 것은? (14. 국가직 9급)

I was told to let Jim <u>pore over</u> computer printouts.

① examine

② distribute

③ discard

④ correct

03 밑줄 친 부분에 가장 적절한 것을 고르시오. `15. 국가직 9급`

A: What business is on your mind?

B: Do you think that owning a flower shop has good prospects nowadays?

A: It could. But have you prepared yourself mentally and financially?

B: _____.

A: Good! Then you should choose a strategic place and the right segment too. You must do a thorough research to have a good result.

B: I know that. It's much easier to start a business than to run it well.

① I plan to go to the hospital tomorrow

② I can't be like that! I must strive to get a job

③ I'm ready to start with what I have and take a chance

④ I don't want to think about starting my own business

04 밑줄 친 부분에 가장 적절한 것을 고르시오. `15. 국가직 9급`

M: What's that noise?

W: Noise? I don't hear anything.

M: Listen closely. I hear some noise._____

W: Oh, let's stop and see.

M: Look! A piece of glass is in the right front wheel.

W: Really? Umm... You're right. What are we going to do?

M: Don't worry. I got some experience in changing tires.

① I gave my customers sound advice.

② Maybe air is escaping from the tire.

③ I think the mechanic has an appointment.

④ Oh! Your phone is ringing in vibration mode.

05 밑줄 친 부분의 의미와 가장 가까운 것을 고르시오. (17. 지방직 9급)

She is <u>on the fence</u> about going to see the Mona Lisa at the Louvre Museum.

① anguished
② enthusiastic
③ apprehensive
④ undecided

06 밑줄 친 부분에 들어갈 말로 가장 적절한 것을 고르시오. (17. 지방직 9급)

Our main dish did not have much flavor, but I made it more _____ by adding condiments.

① palatable
② dissolvable
③ potable
④ susceptible

07 (A), (B), (C)에서 어법에 맞는 표현으로 가장 적절한 것은? 19. 법원직 9급

First impression bias means that our first impression sets the mold (A) [which / by which] later information we gather about this person is processed, remembered, and viewed as relevant. For example, based on observing Ann-Chinn in class, Loern may have viewed her as a stereotypical Asian woman and assumed she is quiet, hard working, and unassertive. (B) [Reached / Having reached] these conclusions, rightly or wrongly, he now has a set of prototypes and constructs for understanding and interpreting Ann-Chinn's behavior. Over time, he fits the behavior consistent with his prototypes and constructs into the impression (C) [that /what] he has already formed of her. When he notices her expressing disbelief over his selection of bumper stickers, he may simply dismiss it or view it as an odd exception to her real nature because it doesn't fit his existing prototype.

	(A)		(B)		(C)
①	which	-	reached	-	that
②	which	-	having reached	-	what
③	by which	-	having reached	-	that
④	by which	-	reached	-	what

08 밑줄 친 부분의 의미와 가장 가까운 것을 고르시오. 19. 지방직 7급

Knowing the odds of side effects and making sure to get periodic checkups that would pick up an <u>adverse</u> reaction, I chose to focus on the drugs' potential benefits.

① harmful

② favorable

③ addictive

④ mild

09 밑줄 친 부분의 의미와 가장 가까운 것을 고르시오. (19. 지방직 7급)

The Canadian government <u>backed down on</u> a threat to impose sanctions against Calgary-based Talisman Energy Inc., eliciting a rebuke from the U.S. State Department.

① devised
② unfolded
③ withdrew
④ reinforced

10 두 사람의 대화 중 가장 어색한 것은? (19. 지방직 7급)

① A : May I help you, sir?

　B : Just looking, thank you.

② A : What time does the movie start?

　B : At 4 o'clock.

③ A : I've lost my wallet at the food court.

　B : Let's go to the Lost & Found.

④ A : How long have you been away from home?

　B : It's about ten miles.

11 밑줄 친 부분 중 어법상 옳지 않은 것은? 19. 지방직 7급

Yawning is ①catching. One person's yawn can trigger yawning among an entire group. People who are more empathic are believed to be more ②easily influenced to yawn by others' yawns; brain imaging studies have shown that ③when humans watch other people yawn, brain areas known to be involved in social function are activated. Even dogs yawn in response to seeing their owners or even strangers ④to yawn, and contagious yawning has been noted in other animals as well.

12 우리말을 영어로 가장 잘 옮긴 것은? 19. 지방직 7급

문화를 연결해 주는 교차로 중 하나인 하와이에서는 그 어느 곳보다 퓨전 요리가 더욱 눈에 띈다.

① Nowhere are fusion dishes more apparent than in Hawaii which is one of the crossroad places that bridge cultures.

② Nowhere are fusion dishes more apparent than in Hawaii where is one of the crossroad places that bridges cultures.

③ Nowhere fusion dishes are more apparent than in Hawaii where is one of the crossroad places that bridge cultures.

④ Nowhere fusion dishes are more apparent than in Hawaii which is one of the crossroad places that bridges cultures.

13 밑줄 친 부분 중 어법상 옳지 않은 것은? (18. 서울시 9급 응용)

Marcel Mauss (1872-1950), French sociologist, was bone in Epinal (Vosges) in Lorraine, ①which he grew up within a close-knit, pious, and orthodox Jewish family. Emile Durkheim was his uncle. By the age of 18 Mauss had reacted against the Jewish faith; he was never a religious man. He studied philosophy ②under Durkheim's supervision at Bordeaux; Durkheim took endless trouble in guiding his nephew's studies and even chose subjects for his own lectures that would be most useful to Mauss. Thus Mauss was initially a philosopher (like most of the early Durkheimians), and his conception of philosophy was influenced ③above all by Durkheim himself, ④for whom he always retained the utmost admiration.

가정법

1 가정법

가정법은 현재나 과거 사실을 반대로 가정하거나 실현 가능성이 희박한 미래의 상황에 대한 상상 혹은 소망을 표현하는 것을 말한다.

1 가정법 과거

현재 사실의 반대를 가정한다. '만약 ~하다면, ~ 할 것이다'라고 해석한다.

종속절	주절
If + S + 동사의 과거형 / were	S + would, could, should, might + R

- If I were a bird, I would fly to you. 만약 내가 새라면, 너에게 날아갈 텐데.
- If the car had an automatic transmission, I would buy it. 만약 그 차에 자동 변속 장치가 있다면, 나는 구매할 텐데.

2 가정법 과거완료

과거 사실의 반대를 가정한다. '만약 ~했다면, ~했을 것이다'라고 해석한다.

종속절	주절
If + S + had p.p.	S + would, could, should, might + have p.p.

- If I had studied harder, I would have passed the exam. 만약 내가 더 열심히 공부했다면, 나는 시험에 통과했을 텐데.
- If the weather had been nice, you could have seen the beautiful sky.
  날씨가 좋았더라면, 당신은 아름다운 도시를 볼 수 있었을 텐데.

3 가정법 미래

가정법 미래는 미래에 발생할 가능성이 매우 적은 일을 가정할 때 사용한다. '혹시라도 ~하면, ~하세요'라고 해석한다.

종속절	주절
If + S + should R(불확실한 미래)	S + would(will), could(can), should(shall), might(may) + R
If + S + were to R(불가능)	S + would, could, should, might + R

- If you <u>should have</u> any concerns, please feel free to contact us. 만약 걱정이 있으면, 주저 말고 연락주세요.
- If I <u>were to be born</u> again, I <u>would become</u> an actor. 내가 만약 다시 태어난다면, 배우가 될 텐데.

4 혼합 가정법

가정법 과거완료와 가정법 과거가 혼합된 형태이다. 보통 주절에는 현재를 나타내는 시간 부사(구)(now, today, currently 등)가 온다. '만약 ~했더라면, ~할 텐데'라고 해석이 된다.

종속절(가정법 과거완료)	주절(가정법 과거)
If + S + had p.p.	S + would, could, should, might + R + (now / today / currently)

- If you <u>had listened</u> to my advice, there <u>would be</u> no problem <u>now</u>.
  만약 너가 나의 조언에 귀 기울였다면, 지금쯤 문제가 없을 텐데.

2 if가 생략된 가정법

1 가정법 도치

가정법에서 if가 생략되면, 주어와 동사가 도치된다.

가정법 과거	Were + S ~ , S + would, could, should, might + R
가정법 과거완료	Had + S + p.p. ~ , S + would, could, should, might + have p.p.
가정법 미래	Should + S + R ~, S + would(will), could(can), should(shall), might(may) + R Were + S + to R, S + would, could, should, might + R

2 I wish 가정법

현재 이루지 못하고 있거나 과거에 이루지 못했던 것에 대한 아쉬움을 표현하기 위해 사용한다.

I wish + 가정법 과거	현재 이루지 못하고 있는 것에 대한 아쉬움(~라면, 좋을 텐데) I wish + 주어 + 과거동사 • I wish I were rich. 부자라면, 좋을 텐데.
I wish + 가정법 과거완료	과거에 이루지 못한 것에 대한 아쉬움(~였더라면, 좋을 텐데) I wish + 주어 + had p.p. • I wish I had been rich. 부자였더라면, 좋을 텐데.

3 It is high time + 가정법 과거

'It is (high) time (that) 주어 + 동사'는 이미 할 때가 되었는데 아직 하지 않은 일을 나타낼 때 사용한다. '왜 ~안 하냐고'와 유사한 뜻을 가지는 구문이다. 주의해야 할 점은 (that)절의 동사로 가정법 동사(과거시제)를 사용해야 한다는 점이다.

구성	해석
It is (high/about) time + 주어 + 동사(과거형)	~ 할 시간이다(그런데 아직 못했다)

- It is time you went to bed. 이제 자러 갈 시간이다.
- It is time for you to sleep. 이제 잠잘 시간이다. [직설법]
- It is time (that) you slept. 이제 잠잘 시간이다. [가정법]

4 as if / as though 가정법

as if나 as though는 실제로는 안 그런데 '마치 ~처럼 ~하다'라는 의미로, 반대의 상황을 가정하므로 뒤에는 가정법 동사가 온다. 현재 사실을 반대로 가정하면 가정법 과거, 과거 사실을 반대로 가정하면 가정법 과거완료 동사를 사용한다.

구성	해석
as if / as though + 주어 + 가정법 과거	마치 ~인 것처럼
as if / as though + 주어 + 가정법 과거완료	마치 ~이었던 것처럼

- He talks as if he were rich. 그는 마치 부자인 것처럼 이야기한다.
- He talks as though he had seen the accident. 그는 그 사실을 봤었던 것처럼 말한다.

5 '~이 없다면', '~이 없었다면' 가정법

구분	종속절	주절
~이 없다면(가정법 과거)	If it were not for~ = Were it not for ~ = But for ~ = Without ~	S + would, could, should, might + R
~이 없었더라면(가정법 과거완료)	If it had not been for~ = Had it not been for ~ = But for ~ = Without ~	S + would, could, should, might + have p.p.

- If it were not for computers, our lives would be very inconvenient.
  만일 컴퓨터가 없다면, 우리 생활은 매우 불편할 것이다.

  = Were it not for computers, our lives would be very inconvenient.

= But for computers, our lives would be very inconvenient.

= Without computers, our lives would be very inconvenient.

• If it had not been for you, I couldn't have succeeded.
만약 당신이 없었다면, 나는 성공하지 못했을 것이다.

= Had it not been for you, I couldn't have succeeded.

= But for you, I couldn't have succeeded.

= Without you, I couldn't have succeeded.

Chapter 17   생활 회화(여행, 탈 것)

1. 여행

I'm ready to hit the road.	떠날 준비가 다 되었다.
Do you have a room available for two?	두 명이 묵을 수 있는 방이 있습니까?
Is breakfast included?	조식이 포함되었나요?
What are the rates?	숙박비가 얼마예요?
Do you something to declare?	세관 신고할 게 있습니까?
I have two suitcases to check in.	저는 맡길 수화물이 2개 있습니다.
The flight has a brief stopover in Chicago.	이 비행기는 시카고에서 잠시 중간 기착합니다.
Will I have to take a detour?	우회로로 가야 합니까?
Is there a short-cut to the City Hall?	시청으로 가는 지름길이 있나요?
How long does it take to get to the airport?	공항까지 가는 데 얼마나 걸리나요?
You can't miss it.	쉽게 찾을 거예요.
I've lost my way. Where am I?	길을 잃었습니다. 여기가 어디죠?
Where is the nearest subway station?	가장 가까운 지하철 역이 어디죠?
Which way should I take to get to the station?	역으로 가려면 어느 길을 가야 하죠?
Which line goes to Airport?	어느 노선이 공항으로 가나요?
What station do I transfer?	어느 역에서 환승하죠?
Could you direct me to 24th Avenue?	24번가로 가는 길을 가르쳐 주시겠습니까?
Is there a good Italian restaurant near here?	근처에 좋은 이태리 레스토랑이 있습니까?

2. 탈 것

I was stuck in traffic.	교통 체증에 걸렸다.
The road is unusually packed.	길이 평소와 다르게 꽉 막히다.
There is a lot of traffic congestion downtown.	시내에 교통체증이 심해요.
Could you give a ride home?	집까지 태워 줄 수 있나요?
Could you drop me off on the way?	가는 길에 저를 내려다 줄 수 있습니까?
Do you need a lift?	태워 드릴까요?
Would you like to be dropped off here?	여기 내려 드릴까요?
Drop me off anywhere around here.	아무 데나 내려 주세요.
This is me.	(택시 탔을 때) 여기 내려 주세요.
I'll pick you up at the airport.	공항으로 태우러 갈게요.
I'll put it in the garage.	차고에 차를 넣을게요.
It's not easy to find a parking place here.	이 근처에서 주차 공간을 찾기 힘들다.
There's an open spot over there.	저쪽에 빈자리가 있어요.
He ran a red light.	그는 정지 신호를 무시하고 달렸다.
I was pulled over.	차를 갓길에 세웠다.
He got a ticket for speeding.	그는 과속으로 딱지를 받았어요.
Fill it up with unleaded.	무연 휘발유로 가득 채워 주세요.
Does this bus go to the city hall?	이 버스 시청으로 가나요?
How much is the fare?	요금이 얼마인가요?
Would you prefer a window or aisle seat?	창가 자리와 복도 자리 중 어디를 선호하세요?

정답 및 해설 p87

01 다음 중 어법상 틀린 부분을 골라 바르게 고치시오. (04. 서울시 9급)

He has rejected an offer ①by the cabinet that ②he should resign ③to deflect criticism directed at him, but has called for a referendum on his rule, saying he would resign if the voters ④do not support him.

02 다음 중 어법상 맞는 것을 고르시오. (09. 국가직 7급)

①[Have / Had] the computer parts ②[delivered / been delivered] earlier, we could have been able ③[completing / to complete] the project on time.

03 어법상 옳은 것은? (18. 서울시 9급)

① If the item should not be delivered tomorrow, they would complain about it.
② He was more skillful than any other baseball players in his class.
③ Hardly has the violinist finished his performance before the audience stood up and applauded.
④ Bakers have been made come out, asking for promoting wheat consumption.

04 다음 우리말을 영어로 옮긴 것으로 가장 옳은 것은? <u>10. 국가직 9급</u>

우리가 작년에 아파트를 구입했었더라면 얼마나 좋을까?

① I wish we purchased the apartment last year.
② I wished we purchased the apartment last year.
③ I wish we had purchased the apartment last year.
④ I wished we purchased the apartment last year.

05 다음 중 어법상 옳은 것은? <u>15. 지방직 9급</u>

① I supposed to take out the trash, but I forgot.
② Tom has been owning his apartment for 3 years.
③ She had better to eat now or she'll get hungry later.
④ My aunt would be happy if my cousin got married.

06 어법상 밑줄 친 곳에 들어갈 가장 적절한 것은? <u>09. 지방직 9급</u>

Our failure to provide full security to the American people has shaken the nation devastated by this terrible carnage and has stunned the whole world. It is high time that we _____ our foreign policy in the Middle East.

① have reviewed
② review
③ reviewed
④ are reviewed

07 다음 우리말을 영어로 가장 잘 옮긴 것은? (15. 법원직 9급)

마치 그녀의 삶의 모든 걱정들이 차츰 사라졌던 것처럼 그녀는 평온해 보였다.

① She looked serenely, as though all of the worries in her life were melting away.
② She appeared serenely, as if some of the worries in her life melted away.
③ She looked serene, as if some of the worries in her life are melting away.
④ She appeared serene, as though all of the worries in her life had melted away.

08 밑줄 친 부분 중 어법상 옳지 않은 것은? (15. 지방직 9급 응용)

Since dog baths tend to be messy, time-consuming and not a whole lot of fun for everyone involved, it's natural to wonder, "How often should I bathe my dog?" As is often the case, the answer is "It depends" "Dogs groom ①<u>themselves</u> to help facilitate the growth of hair follicles and to support skin health," says Dr. Adam Denish of Rhawnhurst Animal Hospital. "However, bathing is needed for most dogs to supplement the process. But bathing too often can be detrimental to your pet ②<u>as well.</u> It can irritate the skin, damage hair follicles, and increase the risk of bacterial or fungal infections, if you ③<u>will bathe</u> your dog too often." Dr. Jennifer Coates, veterinary advisor with petMD, adds, "the best bath frequency depends on the reason behind the bath. Healthy dogs who ④<u>spend</u> most of their time inside may only need to be bathed a few times a year to control natural 'doggy odors.' On the other hand, frequent bathing is a critical part of managing some medical conditions, like allergic skin disease."

09 다음 밑줄 친 부분 중 어법상 옳지 않은 것은? 〔15. 지방직 9급 응용〕

We rarely get tired when we are doing ①something interesting and exciting. For example, I recently took a vacation in the Canadian Rockies up around Lake Louise. I spent several days ②trout fishing along Coral Creek, ③fighting my way through brush higher than my head, stumbling over logs, struggling through fallen timber—yet after eight hours of this, I was not exhausted. Why? Because I was excited, exhilarated. I had a sense of high achievement: six cutthroat trout. But suppose I had been bored by fishing, then how do you think I ④would feel? I would be worn out by such strenuous work at an altitude of seven thousand feet.

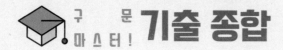

 정답 및 해설 p88

01 밑줄 친 부분에 들어갈 말로 가장 적절한 것은? 20. 지방직 9급

The issue with plastic bottles is that they're not _____, so when the temperatures begin to rise, your water will also heat up.

① sanitary
② insulated
③ recyclable
④ waterproof

02 밑줄 친 부분의 의미와 가장 가까운 것을 고르시오. 20. 지방직 9급

Strategies that a writer adopts during the writing process may <u>alleviate</u> the difficulty of attentional overload.

① complement
② accelerate
③ calculate
④ relieve

03 두 사람의 대화 중 가장 어색한 것은? 19. 지방직 9급

① A : What time are we having lunch?

  B : It'll be ready before noon.

② A : I called you several times. Why didn't you answer?

  B : Oh, I think my cell phone was turned off.

③ A : Are you going to take a vacation this winter?

  B : I might. I haven't decided yet.

④ A : Hello. Sorry I missed your call.

  B : Would you like to leave a message?

04 밑줄 친 부분에 들어갈 말로 가장 적절한 것은? 19. 지방직 9급

A: Hello. I need to exchange some money.

B: Okay. What currency do you need?

A: I need to convert dollars into pounds. What's the exchange rate?

B: The exchange rate is 0.73 pounds for every dollar.

A: Fine. Do you take a commission?

B: Yes, we take a small commission of 4 dollars.

A: _____?

B: We convert your currency back for free. Just bring your receipt with you.

① How much does this cost

② How should I pay for that

③ What's your buy-back policy

④ Do you take credit cards

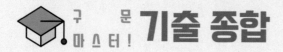

05 밑줄 친 부분에 들어갈 말로 가장 적절한 것을 고르시오. 〔17. 지방직 9급〕

A: How do you like your new neighborhood?

B: It's great for the most part. I love the clean air and the green environment.

A: Sounds like a lovely place to live.

B: Yes, but it's not without its drawbacks.

A: Like what?

B: For one, it doesn't have many different stores. For example, there's only one supermarket, so food is very expensive.

A: _____

B: You're telling me. But thank goodness. The city is building a new shopping center now. Next year, we'll have more options.

① How many supermarkets are there?

② Are there a lot of places to shop there?

③ It looks like you have a problem.

④ I want to move to your neighborhood.

A: So, Mr. Wong, how long have you been living in New York City?

B: I've been living here for about seven years.

A: Can you tell me about your work experience?

B: I've been working at a pizzeria for the last three years.

A: What do you do there?

B: I seat the customers and wait on them.

A: How do you like your job?

B: It's fine. Everyone's really nice.

A: _____

B: It's just that I want to work in a more formal environment.

A: Okay. Is there anything else you would like to add?

B: I am really good with people. And I can also speak Italian and Chinese.

A: I see. Thank you very much. I'll be in touch shortly.

B: I hope to hear from you soon.

① So, what is the environment like there?

② Then, why are you applying for this job?

③ But are there any foreign languages you are good at?

④ And what qualities do you think are needed to work here?

07 두 사람의 대화 중 가장 자연스러운 것은? (20. 지방직 9급)

① A : Do you know what time it is?

  B : Sorry, I'm busy these days.

② A : Hey, where are you headed?

  B : We are off to the grocery store.

③ A : Can you give me a hand with this?

  B : OK. I'll clap for you.

④ A : Has anybody seen my purse?

  B : Long time no see.

08 밑줄 친 부분의 의미와 가장 먼 것은? (19. 서울시 7급)

Jonathan <u>slandered</u> Mr. Perriwinkle by telling everyone in school that the principal wore a toupee.

① libel

② calumniate

③ commend

④ depreciate

09 밑줄 친 부분의 의미와 가장 가까운 것은? (19. 지방직 9급)

It's an absolute <u>bonanza</u> for the potential buyers.

① windfall

② debacle

③ strategem

④ ingenuity

10 밑줄 친 부분의 의미와 가장 가까운 것은? 19. 서울시 7급

She is often rebellious to my parents, and has a <u>laid-back</u> attitude towards life.

① mettlesome

② mousy

③ blithe

④ hyaloid

11 밑줄 친 부분의 의미와 가장 가까운 것은? 19. 서울시 7급

One characteristic of the Renaissance was a new expression of wealth, and the related consumption of luxury goods. Economic and political historians have fiercely debated the reasons for the changes in demand and consumption from the 14th century onwards. The belief in the flowering of the spirit of the Renaissance is <u>at odds</u> with the general belief that the 14th and 15th centuries experienced a profound period of economic depression.

① discordant

② consonant

③ commensurate

④ interchangeable

12 빈칸에 들어갈 말로 가장 적절한 것은? (19. 서울시 7급)

For Enlightenment thinkers, the notion of civilization was _____ connected with the idea of social progress, namely the triumph of rationality over religion, the decline of local, particular customs and the rise of natural science.

① exploitatively

② insipidly

③ rarely

④ inextricably

13 글의 흐름상 빈칸에 들어갈 말로 가장 적절한 것은? (19. 서울시 7급)

It is generally believed that most of criminals are not _____ㄱ_____ any kind of ordeal. Even though the criminals are successful in _____ㄴ_____ the accusation and are proved innocent for a moment, they are doomed to exact constant, physical and mental abuse on themselves.

	ㄱ	ㄴ
①	chained to	weaseling out
②	fettered by	nodding through
③	exempted from	complying with
④	emancipated from	evading from

14 어법상 가장 옳지 않은 것은? 19. 지방직 7급

① The boss wants our team to go the documents through before the board of directors begins.

② Not only has the number of baseball players increased but so have the values of the players.

③ Bob tends to borrow more money from the bank than he can pay back.

④ A huge research fund was given to a local private university by the Ministry of Education.

15 밑줄 친 부분 중 어법상 가장 옳지 않은 것은? 18. 서울시 9급 응용

Contemporary art has in fact become an integral part of today's middle class society. ①Even works of art which are fresh from the studio are met with enthusiasm. They receive recognition ②rather quickly — too quickly for the taste of the surlier culture critics. Of course, not all works of them are bought immediately, ③but also there is undoubtedly an increasing number of people who enjoy buying brand new works of art. Instead of fast and expensive cars, they buy the paintings, sculptures and photographic works of young artists. They know that contemporary art also adds to their social prestige. Furthermore, since art is not exposed to the same ④wear and tear as automobiles, it is a far better investment.

CHAPTER
18

강조, 도치

Chapter 18 강조, 도치

1 강조

1 강조의 종류

문장에서 특정한 내용을 강조하기 위해서 아래와 같은 다양한 방법들이 사용된다.

1) 동사 강조

일반 동사를 강조할 때는 일반동사 앞에 do/dose/did를 넣어서 강조한다. 그리고 do/does/did에서 수와 시제가 다 반영이 되는 것이므로 뒤에는 항상 동사원형이 와야 한다.

> do/does/did + R

• I do like the class. 저는 이 수업을 정말 좋아해요.

2) 부정어 강조

not이나 never와 같은 부정어 뒤에 다음과 같은 표현을 사용하면 부정어를 강조할 수 있다.

> 부정어 + at all, at bit, in the least

• I don't like the class at all. 나는 이 수업이 전혀 마음에 들지 않는다.

3) It ~ that 강조 구문

가장 중요한 강조 구문이다. It is ~ that 사이에 주어, 목적어, 부사구(절)를 넣어서 강조하는 구문이다. that 뒤로는 강조하려고 뺀 요소를 제외한 나머지 성분을 순서대로 나열한다.

> It is + 강조 대상(주어/목적어/부사구(절)) + that + 나머지 성분

• Laura lost the watch at the department store. Laura는 백화점에서 시계를 분실했다.

• It was Laura that lost the watch at the department store. 백화점에서 시계를 분실한 사람은 바로 Laura였다.

• It was the watch that Laura lost at the department store. Laura가 백화점에서 분실했던 것은 시계였다.

- It was at the department store that Laura lost the watch. Laura가 시계를 분실한 곳은 바로 백화점이었다.

- It was me who received the promotion. 승진 통보를 받는 사람은 나였다.

- It was John's brother who I saw at the theater yesterday. 어제 극장에서 내가 본 사람은 바로 John의 형이다.
  [강조 대상이 사람인 경우 that 대신에 who를 사용할 수 있다]

 중 요
포 인 트

It ~ that 강조 구문 vs It ~ that 가주어-진주어 구문

강조 구문은 that 이하는 강조 대상이 빠져 있는 불완전한 구조이다. 반면에 가주어-진주어 구문은 주어 자리에 있던 명사절 that 절이 너무 길어서 뒤로 뺀 것이므로 뒤에는 완전한 문장이 수반되어야 한다.

① It ~ that 강조 구문일 경우 뒤에 불완전 문장

② It ~ that 가주어-진주어 구문일 경우 뒤에 완전한 문장

- It was the hunter that found a rabbit in front of the cave. 동굴 앞에서 토끼를 발견한 것은 바로 그 사냥꾼이었다.
  동사   목적어
  [주어에 해당하는 the hunter가 강조 대상으로 간 강조 구문]

- It was obvious that the manager made a big mistake. 매니저가 큰 실수를 한 것은 명백했다. [가주어-진주어 구문]
  주어   동사   목적어

2 도치

주어가 아닌 문장의 다른 성분이 문두에 오는 경우, 주어와 동사는 순서가 바뀌어 도치된다.

1 도치의 종류

1) 장소부사구 도치

장소나 방향을 나타내는 부사구나 유도부사 There, Here가 문두에 오는 경우, 주어가 명사이고 동사가 1형식 동사일 때 도치가 일어난다. 단, 주어가 대명사일 때는 도치되지 않는다. 장소부사구가 문두에 와서 도치가 발생하는 이유는 도치를 시킴으로써 청자나 독자의 기대감을 증폭시키고 '주어'를 강조하기 위함이다.

> 장소 및 방향부사구/There/Here + 동사 + 주어(명사) → 도치 O
> 장소 및 방향부사구/There/Here + 주어(대명사) + 동사 → 도치 X

주의할 점은 다음과 같다.

① 주어가 대명사인 경우 도치가 발생하지 않는다

- On the hill stood the strange man. 언덕 위에 이상한 사람이 서 있다.
  장소부사구　　　동사　　　　주어

- On the hill he stands talking with a strange man. 언덕 위에서 그는 이상한 사람과 이야기하며 서 있다. [도치 X]
  장소부사구　　주어　동사

② 시간부사는 문두에 가도 도치가 발생하지 않는다

- At first sight I could easily imagine that the girl would become a good actress. [도치 X]
  시간부사구　주어　동사

  첫눈에 나는 그 소녀가 좋은 여배우가 될 것이라고 쉽게 상상할 수 있었다.

③ 대동사를 이용하지 않는다

보통 도치 구문은 일반동사의 경우 대동사 do를 이용해서 도치하지만, 장소/방향부사구가 문두에 가는 경우에는 동사 자체가 주어 앞으로 통째로 이동해서 도치가 이루어진다.

일반적 도치

- I never saw such a beautiful city. 이렇게 아름다운 도시는 못 봤다.

  → Never did I see such a beautiful city.
    부정부사 대동사 주어 동사원형

장소부사 도치

- The treasure came from the ancient grave. 그 보물은 고대 무덤에서 나왔다.

  ≠ From the ancient grave did the treasure come. [X]

  → From the ancient grave came the treasure.
    장소부사구　　　　　동사　　주어

2) 부정부사 도치

부정의 의미를 가지는 부사가 문두에 오는 경우, 강조하기 위한 것으로 뒤에 나오는 주어와 동사는 도치된다.

부정부사	해석
never	결코 ~아니다
little	거의 ~아니다
hardly, scarcely, seldom, rarely	좀처럼 ~하지 않다
not only ~ but also	~일 뿐만 아니라 ~아니다
no sooner ~ than	~하자마자 ~하다
not until	~하고 나서야 비로소 ~하다
under no circumstances	어떠한 상황에서도 ~아니다
on no account	무슨 일이 있어도 ~아니다

이때 동사가 일반동사인 경우 do, does, did를 이용해서 도치한다. 그리고 주어 뒤에는 동사원형이 와야 한다.

- I never imagined that you would become a professor. 나는 너가 교수가 되리라고는 상상도 못했다.

  = Never did I imagine that you would become a professor.

- Not only did the samples arrive two weeks late but they were also severely damaged.
  샘플이 2주 늦게 도착했을 뿐만 아니라 심각하게 손상이 되었다.

3) 보어 도치

'주어 + be(불완전 자동사) + 보어'의 2형식 문장에서 보어가 문두에 가는 경우 주어와 동사가 도치된다.

- A tentative schedule is attached. 잠정적인 일정이 첨부되었다.

  = Attached is a tentative schedule.

4) so/neither 도치 구문

'~또한 그렇다'나 '~또한 그렇지 않다'와 같이 동의를 나타낼 때 주어와 동사가 도치된다. 긍정문과 부정문에서 사용되는 부사 구분 문제가 주로 출제된다.

또한 이 도치 구문에서는 동사의 형태를 묻는 문제가 주로 출제되는데, 앞에 문장의 동사가 be동사나 조동사이면, 그 be동사나 조동사를 그대로 사용한다. 반면, 앞 문장의 동사가 일반동사인 경우, 'do'동사를 인칭과 시제에 맞게 도치시킨다.

	형태	해석
긍정 동의	so + 동사 + 주어	주어 또한 ~하다
부정 동의	neither + 동사 + 주어	주어 또한 ~하지 않다
	nor + 동사 + 주어	주어 또한 ~하지 않다

- He works hard and so does his wife. 그는 열심히 일하고 그리고 그의 아내 또한 그러하다.

- He didn't call me, and neither did his wife. 그는 나를 부르지 않았고, 그의 아내 또한 부르지 않았다. [일반동사(did)로 일치]

- She is diligent and so is he. 그녀는 부지런하다. 그리고 그도 그렇다. [be동사로 일치]

- She can't attend the job fair and neither can I. 그녀는 취업 박람회에 참여할 수 없다. 그리고 나도 그렇다. [조동사로 일치]

- She would like to succeed and so would he. 그녀는 성공하고 싶어 한다. 그리고 그도 그렇다. [조동사로 일치]

- She went to the museum, and so did I. 그녀는 박물관에 갔다. 그리고 나도 그렇다. [일반동사(did)로 일치]

neither와 nor의 차이

둘 다 부정문에서 '~역시 아니다'라는 뜻을 가지고, 뒤에는 주어와 동사가 도치되어 나온다. 차이는 neither는 부사이므로 그 앞에 접속사 and가 제시되어야 한다. 반면 nor는 'and'와 'not'이 결합된 표현으로 그 자체가 접속사 기능을 가지고 있다. 따라서 앞에 접속사 없이 단독으로 사용된다.

- Stocks are not a safe investment, <u>and neither</u> is gold now.

  주식은 안전한 투자가 아니다. 금 역시 마찬가지이다.

  = Stocks are not a safe investment, <u>nor</u> is gold now.

- You can't go outside, and neither can you use the computer.

  너는 밖에 나갈 수도 없고, 컴퓨터를 사용할 수도 없다.

  = You can't go outside, <u>nor</u> can you use the computer.

5) only + 부사(구/절) 도치

'only + 부사'가 강조를 위해서 문두에 오는 경우, 주어와 동사는 도치된다.

> Only + (then, recently, when/after/if + 주어 + 동사) + 동사 + 주어

- Only recently <u>have we decided</u> to move. 우리는 최근에 이사 가기로 결정했다.
  Only + 부사   have 동사 + 주어 + p.p.

- Only after he had lost his health <u>did he realize</u> the importance of it.
  Only after 주어 동사   동사 + 주어 + 동사원형

  그는 건강을 잃고 나서야 비로소 그것의 소중함을 알았다.

6) so + 형용사/부사 도치

so ～ that 구문에서 'so + 형용사/부사'가 문두에 나오는 경우, '대동사 + 주어'의 어순으로 도치된다.

> So + 형용사/부사 + 동사 + 주어 + that S V   매우 ～해서 ～하다

- She came so late that she missed half of the movie. 그녀는 너무 늦게 도착해서 영화의 반을 놓쳤다.

  = So late <u>did she</u> come that she missed half of the movie.

- It was so cold that the outing was cancelled. 너무 추워서 야유회는 취소되었다.

  = So cold <u>was it</u> that the outing was canceled.

7) as/that 도치

'～처럼'이라는 뜻의 접속사 as와 '～보다'라는 뜻의 접속사 than은 뒤에 나오는 동사가 be동사, 조동사, do동사일 때 주어와 동사가 도치된다.

as + 동사 + 주어	S가 ~한 것처럼
than + 동사 + 주어	S가 ~한 것보다

- Kevin is very tall, as is his father. Kevin은 그의 아버지처럼 매우 키가 크다.

- John arrived earlier than did his coworkers. John은 그의 동료들보다 일찍 도착했다.

중요 포인트 **as가 올 때 도치가 일어나지 않는 경우**

'~처럼'이라는 뜻으로 쓰인 접속사 as가 문두에 오더라도, 2개 절의 주어가 같은 경우 도치가 일어나지 않는다.

- The police department assembled to discuss crime reports, as it does each month.
경찰부는 매달 하는 것처럼 범죄 보고서를 토론하기 위해서 모였다.

Chapter 18   생활 회화(직장, 기타, 속담)

1. 직장

Do you have any opening for sales clerk?	판매원직 자리 있습니까?
The position has been filled.	그 직책은 충원이 되었어요.
I hope I land this job.	이 일자리를 얻고 싶어요.
I got a raise.	월급이 올랐어요.
You've got what you deserve.	마땅히 받아야 할 것을 받았어요.
I'm on sick leave.	나는 병가 중이다.
I'm running against the clock.	시간을 다투어 일하고 있습니다.
Let's call it a day.	오늘은 여기까지 합시다.
Can you substitute for me?	저를 대신해 줄 수 있나요?
Keep me in the loop.	계속 보고해 주세요.
Can I take a day off tomorrow?	내일 하루 쉬어도 될까요?
He got laid off.	그는 해고되었다.

2. 기타

Can you give me a hand?	도와주실 수 있나요?
Will you do me a favor?	부탁 하나 해도 되나요?
It's my pleasure.	천만에요.
What do you do for a living?	어떤 일 하세요?
Stay out of this.	상관하지 마세요.
Keep your nose nice and clean.	상관하지 마세요.
It's six of one and half a dozen of the other.	피장파장이다.
You can say that again.	동감입니다.
Don't beat around the bush.	말 돌리지 마.
I aced the test.	시험 잘 봤다.
I blew the test.	시험 망쳤다.
It slipped my mind.	완전히 잊어버렸다.
Can I have seconds?	더 먹어도 될까요?
It's no use.	소용없다.
It's not worth the candle.	소용없다.
Over my dead body.	절대 안 된다.
Not that I know of.	제가 알기로는 아니다.
Don't get me wrong.	오해하지 마.
I tossed and turned all night.	밤새 뒤척였다.
I'll opt in. / I'll opt out.	나도 참여할게. / 나는 빠질게.
I messed up. / I screwed up.	내가 다 망쳤다.
Look who's talking.	사돈 남 말하네.
You're flattering me.	과찬이십니다.
I can't tell you offhand.	지금 당장 말하기는 힘듭니다.
Speak of the devil.	호랑이도 제 말하면 온다더니.

It's good to be true.	너무 좋아서 실감이 안 난다.
Spill it.	그냥 말해.
It's the spit toward heaven.	누워서 침 뱉기다.
We got company.	우리는 일행이 있습니다.
You've gone too far.	너가 너무 지나쳤다.
I'll squeeze you in.	너를 위해 시간을 내 볼게.
It's pie in the sky.	그림의 떡이다.
That's a wild dream.	그거 개꿈이야.
Don't hold your breath.	기대하지 마.
He is the fifth wheel.	그는 쓸모 없는 사람이다.
Spare me the details.	변명은 듣고 싶지 않아.
Once in a blue moon.	가뭄에 콩나듯이.
Don't pull her leg.	그녀를 놀리지 마라.
It's a little blank.	조금 싱거워요.
He is a wet blanket.	그는 흥을 깨는 사람이다.
That will be the day!	그런 날이 올까!
Beats me.	전혀 모르겠다.
My ears are burning.	귀가 간지럽대(누가 내 이야기하고 있나 봐).
Just bring yourself.	그냥 몸만 오세요.
I'm not myself today.	오늘 몸이 안 좋다.
it's a piece of cake.	식은 죽 먹기다.
That's all that matters.	바로 그 점이 중요한 것이다.
It's the thought that counts.	생각만으로도 고마워.
That's a deal.	좋아, 알았어.

3. 속담

All that glitters is not gold.	빛나는 게 다 금은 아니다.
Better safe than sorry.	나중에 후회하는 것보다 조심하는 게 더 낫다.
A penny saved is a penny earned.	한 푼의 절약은 한 푼의 이득이다.
A stitch in time saves nine.	호미로 막을 것을 가래로 막는다.
Everyday has his day.	쥐 구멍에도 볕 들 날이 있다.
Don't bite the hand that feeds you.	은혜를 원수로 갚지 마라.
Walls have ears.	벽에도 귀가 있다.
Haste makes waste.	서두르면 망친다.
Well begun is half done.	시작이 반이다.
You reap what you sow.	뿌린 대로 거둔다.
Better late than never.	늦더라도 안 하는 것보다 낫다.
Every cloud has a silver lining.	고생 끝에 낙이 온다.
All is well that ends well.	끝이 좋으면 모두 좋다.
Look before you reap.	돌다리도 두드려 보고 건너라.
It never rains, but it pours.	불운은 한 번에 쏟아진다.
More haste less speed.	급할수록 천천히.
It takes two to tango.	손바닥도 마주쳐야 소리가 난다.
You can't eat your cake and have it too.	두 마리 토끼를 다 잡을 수는 없다.
Many hands make light work.	백지장도 맞들면 낫다.
Give a pack and get a bushel.	되로 주고 말로 받는다.
Practice what you preach.	언행을 일치시켜라.
ignorance is bliss.	모르는 게 약이다.
It's always darkest before the dawn.	해뜨기 전이 가장 어두운 법이다.
A squeaky wheel gets the grease.	우는 아이 젖 준다.

정답 및 해설 p92

01 우리말을 영어로 제대로 옮긴 것을 고르시오. (21. 국가직 9급)

① 나는 너의 답장을 가능한 한 빨리 받기를 고대한다.
→ I look forward to receive your reply as soon as possible.
② 그는 내가 일을 열심히 했기 때문에 월급을 올려 주겠다고 말했다.
→ He said he would rise my salary because I worked hard.
③ 그의 스마트 도시 계획은 고려할 만했다.
→ His plan for the smart city was worth considered.
④ Cindy는 피아노 치는 것을 매우 좋아했고 그녀의 아들도 그랬다.
→ Cindy loved playing the piano, and so did her son.

02 다음 중 어법상 틀린 부분을 골라 바르게 고치시오. (11. 국가직 7급)

①Not only ②were the Palm Beach Post our local paper, it was ③also the source of ④half of our household income.

03 다음 중 어법상 맞는 것을 고르시오. (11. 국가직 9급)

①[Blessed is the man / Blessed the man is] ②[who / which] is too busy to worry in the day and too tired ③[of lying / to lie] awake at night.

04 어법상 틀린 것을 바르게 고치시오. (18. 법원직 9급)

In the 1860s, the population of Manhattan and Brooklyn was rapidly increasing, and so does the number of the commuters between them.

05 다음 중 어법상 틀린 부분을 골라 바르게 고치시오. 12. 지방직 9급

①It was language ②<u>what</u> enshrined the memories, ③<u>the common experience</u> ④<u>and</u> the historical record.

06 다음 문장 중 어법상 가장 적절하지 않은 것은? 20. 경찰 1차

① No sooner had he seen me than he ran away.

② Little I dreamed that he had told me a lie.

③ Written in plain English, the book has been read by many people.

④ When I met her for the first time, I couldn't help but fall in love with her.

07 다음 중 어법상 가장 옳지 않은 것은? 17. 서울시 7급

① What personality studies have shown is that openness to change declines with age.

② A collaborative space program could build greater understanding, promote world peace, and improving scientific knowledge.

③ More people may start buying reusable tote bags if they become cheaper.

④ Today, more people are using smart phones and tablet computers for business.

08 밑줄 친 부분 중 어법상 틀린 것은? (19. 국가직 9급 응용)

Langston Hughes was born in Joplin, Missouri, and graduated from Lincoln University, ①in which many African-American students have pursued their academic disciplines. At the age of eighteen, Hughes published one of his most well-known ②poems, "Negro Speaks of Rivers." Creative and experimental, Hughes incorporated authentic dialect in his work, adapted traditional poetic forms to embrace the cadences and moods of blues and jazz, and created characters and themes that reflected elements of lower-class black culture. ③With his ability to fuse serious content with humorous style, Hughes attacked racial prejudice in a way that ④were natural and witty.

09 밑줄 친 부분 중 어법상 틀린 것은? (17. 지방직 9급)

Before the fifteenth century, all four characteristics of the witch (night flying, secret meetings, harmful magic, and the devil's pact) were ascribed individually or in limited combination by the church to its adversaries, including Templars, heretics, learned magicians, and other dissident groups. Folk beliefs about the supernatural ①emerged in peasant confessions during witch trials. The most striking difference between popular and learned notions of witchcraft lay in the folk belief ②that the witch had innate supernatural powers not derived from the devil. For learned men, this bordered on heresy. Supernatural powers were never human in origin, ③and could witches derive their craft from the tradition of learned magic, ④which required a scholarly training at the university, a masculine preserve at the time. A witch's power necessarily came from the pact she made with the devil.

밑줄 친 부분 중 어법상 틀린 것은? (19. 기상직 9급 응용)

When accepted and expressed, envy can be beneficial, and even pleasant. It's an emotion ①<u>what</u> carries the power to motivate change combined with a clearly defined goal. It is a desire ②<u>which</u> induces competitiveness, pushes us out of our comfort zone, and drives us to try harder and pursue greater things. When ③<u>accepted</u> and dealt with consciously, envy may also transform into admiration. With the understanding and appreciation of the challenges and difficulties of reaching some goals, we also learn to appreciate the efforts which the object of our envy must have invested. And it is that exact same desire for someone else's achievements, joint with understanding and appreciation, which ④<u>bring forth</u> the emotion of respect and admiration.

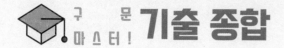
01 밑줄 친 부분의 의미와 가장 가까운 것을 고르시오. (19. 지방직 9급)

> I came to see these documents as relics of a sensibility now dead and buried, which needed to be <u>excavated</u>.

① exhumed

② packed

③ erased

④ celebrated

02 밑줄 친 부분의 의미와 가장 가까운 것을 고르시오. (19. 지방직 9급)

> Riding a roller coaster can be a joy ride of emotions: the nervous anticipation as you're strapped into your seat, the questioning and regret that comes as you go up, up, up, and the <u>sheer</u> adrenaline rush as the car takes that first dive.

① utter

② scary

③ occasional

④ manageable

03 밑줄 친 부분의 의미와 가장 가까운 것을 고르시오. (20. 지방직 9급)

The cruel sights <u>touched off</u> thoughts that otherwise wouldn't have entered her mind.

① looked after
② gave rise to
③ made up for
④ kept in contact with

04 밑줄 친 부분의 의미와 가장 가까운 것을 고르시오. (20. 지방직 9급)

The school bully did not know what it was like to be <u>shunned</u> by the other students in the class.

① avoided
② warned
③ punished
④ imitated

05 밑줄 친 부분의 의미와 가장 가까운 것은? (18. 지방직 9급)

> The student who finds the state-of-the-art approach <u>intimidating</u> learns less than he or she might have learned by the old methods.

① humorous
② friendly
③ convenient
④ frightening

06 밑줄 친 부분에 들어갈 말로 가장 적절한 것은? (18. 지방직 9급)

> Since the air-conditioners are being repaired now, the office workers have to _____ electric fans for the day.

① get rid of
② let go of
③ make do with
④ break up with

07 다음 글의 밑줄 친 부분 중 어법상 틀린 것은? (20. 법원직 9급)

As we consider media consumption in the context of anonymous social relations, we mean all of those occasions that involve the presence of strangers, such as viewing television in public places like bars, ①going to concerts or dance clubs, or reading a newspaper on a bus or subway. Typically, there are social rules that ②govern how we interact with those around us and with the media product. For instance, it is considered rude in our culture, or at least aggressive, ③read over another person's shoulder or to get up and change TV channels in a public setting. Any music fan knows what is appropriate at a particular kind of concert. The presence of other people is often crucial to defining the setting and hence the activity of media consumption, ④despite the fact that the relationships are totally impersonal.

08 다음 글의 밑줄 친 부분 중 어법상 옳지 않은 것은? (18. 법원직 9급)

After lots of trial and error, Richard finally created a system of flashing LED lights, ①powered by an old car battery that was charged by a solar panel. Richard set the lights up along the fence. At night, the lights could be seen from outside the stable and took turns flashing, ②which appeared as if people were moving around with torches. Never again ③lions crossed Richard's fence. Richard called his system Lion Lights. This simple and practical device did no harm to lions, so human beings, cattle, and lions were finally able to make peace with ④one another.

Risk is a fundamental element of human life in the sense ①how risk is always a factor in any situation where the outcome is not precisely known. In addition, the necessary calculations that we make about the probability of some form of harm resulting from an action that we take ②are generally a given in our decision processes. Whether the risk assessment involves decisions about a major corporate initiative or just making the decision ③walk down the street, we are always anticipating, identifying, and evaluating the potential risks involved. In that respect, we can be said to be constantly managing risk in everything ④what we do.

10 밑줄 친 부분과 의미가 가장 가까운 것은? `19. 지방직 7급`

No one is very comfortable making a large investment while the currency values <u>fluctuate</u> almost daily.

① sway   ② linger   ③ duplicate   ④ depreciate

11 우리말을 영어로 잘못 옮긴 것은? `19. 지방직 7급`

① 옆집에 사는 여자는 의사이다.
  → The woman who lives next door is a doctor.
② 당신은 런던에 가 본 적이 있나요?
  → Have you ever been to London?
③ 내가 명령한 것만 하시오.
  → Please just do which I ordered.
④ 그가 사랑에 빠졌던 여자는 한 달 뒤에 그를 떠났다.
  → The woman he fell in love with left him after a month.

개념부터 실전까지 한 권으로 마스터한다!

손태진
공무원
영어
별개기

손태진 지음

구문

정답 및 해설

헤지연

다시 한번 체크하는 공무원 영어 공부 방법

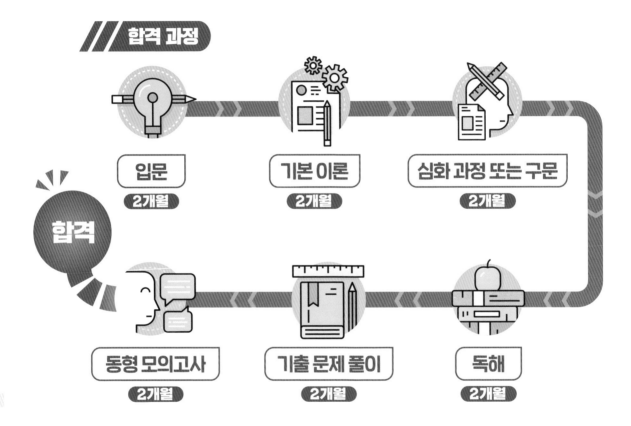

// 합격 과정

입문
2개월

기본 이론
2개월

심화 과정 또는 구문
2개월

합격

동형 모의고사
2개월

기출 문제 풀이
2개월

독해
2개월

▶ **최단기 합격을 이끄는** 공무원 영어 구문 공부 방법

Point ❶ **핵심 문법 포인트**를 복습하자!

Point ❷ 다양한 **문장형 기출 구문**을 풀어 보자!

Point ❸ 문법이 **실제 장문 구문에서 어떻게 적용**되는지 분석하자!

Point ❹ **놓친 문법**을 한 번 더 공부하자!

Point ❺ **빈출 핵심 표현**과 **생활 영어**를 따로 정리하여 외우자!

개념부터 실전까지 한 권으로 마스터한다!

손태진 공무원 영어 별개기

구문

정답 및 해설

기출 연습

01 representing

| **해석** | 고도, 높이, 기온, 또는 인구수에 관한 공간 데이터는 디지털데이터베이스에 저장될 수 있고, 지도 위에 접근되고, 보일 수 있다.

| **해설** | 본동사가 can be stored로 뒤에 제시되고 있으므로 빈칸에는 동사가 아닌 분사가 와야 한다. 그리고 타동사에서 파생된 분사는 그 뒤에 명사를 목적어로 수반하는 경우, 현재분사의 형태가 되어야 한다.

02 is → are

| **해석** | 또한, 우리가 취하는 행동에서 비롯되는 어떤 형태의 위해의 확률에 대해 우리가 하는 필요한 계산은 일반적으로 우리의 의사결정 과정에서 당연한 일이다.

| **해설** | 주어와 동사 수 일치 문제의 핵심은 주어와 동사를 찾고 그 사이의 수식어구는 괄호로 묶는 일이다. 이 문장의 경우 주어가 the necessary calculations로 복수명사이므로 동사 역시 복수형인 are가 되어야 한다.

03 ② depend → depends

| **해석** | 우리 몸의 면역 체계는 질병을 유발하는 박테리아 및 바이러스와 싸운다. 따라서 우리가 다양한 질병에 걸릴 가능성이 있는지는 우리의 면역 체계가 얼마나 잘 작용하는지에 달려 있다. 생물학자들은 면역 체계가 우리 몸의 개별적이고 독립적인 부분이라고 생각하곤 했지만, 최근 그들은 우리의 뇌가 우리의 면역 체계에 영향을 미칠 수 있다는 것을 발견했다. 이러한 발견은 정서적인 요인들과 질병 간에 연관성이 있을지도 모른다는 것을 암시한다.

| **해설** | ② 주어 자리에 명사절이 사용되는 경우는 단수 취급해야 한다. 주어가 명사와 대명사일 때만 복수가 가능하다. 주어가 부정사, 동명사, 명사절인 경우, 복수 개념 차제가 있을 수 없으므로 동사는 항상 단수 취급한다. 따라서 복수동사 depend를 단수동사 depends로 고쳐야 한다.

| **오답 분석** |

① 주어 자리에 단수 명사 The immune system이 왔으므로 단수 동사 fights가 올바르게 쓰였다.

③ '~하고 했다'라는 의미의 used to는 조동사이므로 뒤에는 동사원형이 어어져야 한다. 따라서, 동사원형 think가 올바르게 쓰였다.

④ 문맥상 '최근 그들은 우리의 뇌가 우리의 면역 체계에 영향을 미칠 수 있다는 것을 발견했다'라는 현재에 완료된 일을 표현하고 있으므로 현재완료시제 have found가 올바르게 쓰였다.

| **어휘** | • immune system 면역 체계 • biologist 생물학자
• separate 개별적인 • independent 독립적인
• emotional 정서적인 • factor 요인

04 ③ does → do

| **해석** | 이 글을 쓸 때는, 이민 감시 활동에 관한 이 행정부의 계획이 보다 일반적으로 무엇인지 여전히 불분명한 상태이다. 우리의 밀입국한 연구 협력자들의 신원을 보호하기 위해서, 모든 이름은 지어 낸 이름이다. 이러한 사실은 밀입국자들이 그들의 임금에 대한 세금을 내지 않는다는 일반적인 생각과는 반대이다. 오히려, 밀입국 노동자들은 위조된 서류를 사용하여 소득세로 매년 수입억 달러를 지불한다. 많은 밀입국 노동자들은 그들이 소득세를 지불하는 데 사용하는 합법적인 개인 납세자 식별 번호 또한 가지고 있다.

| **해설** | ③ 주어로 제시된 the undocumented는 'the + 형용사'의 형태로 복수가산명사와 같은 의미이다. 즉, undocumented people(미등록자들)이다. 따라서 동사의 수 역시 복수가 되어야 하므로 단수 동사인 does를 do로 고쳐야 한다.

| **오답 분석** |

① unclear about what this administration's plans are에서 형용사 뒤에 명사절 접속사가 오는 경우 전치사 about이 생략될 수 있다. 따라서 목적어 자리에 사용되는 명사절이고, 간접의문문이므로 '의문사 + 주어 + 동사'의 순서가 맞게 사용되었다.

② '보호하기 위해서'라는 의미로 to부정사의 부사적 용법이 바르게 쓰였다.

④ '전치사 + 관계대명사' 뒤에는 전치사의 목적어로 바로 뒤에 목적격 관계대명사가 사용되는 형태이므로 그 뒤로는 완전한 문장이 이어져야 한다. they가 주어, pay가 동사, income taxes가 목적어이므로 완전한 문장이 맞다. 그리고 '~을 가지고'라는 의미로 전치사 with 역시 바르게 사용되었다.

05 ③ appears → appear

| **해석** | UN 과학자들은 아랄해가 없어지는 것을 20세기의 가장 큰 환경 재해라고 부른다. 그러나 나는 일어났던 일의 규모를 이 책에 나오는 두어 개의 위성사진을 보고 나서야 이해했다. 그것들(위성사진)은 바다 전체가 인간의 행동에 의해 유독성 웅덩이로 축소된 것을 보여 준다. 그것은 세상의 형태에 대해 인간이 만들어낸 전례 없는 변화이다.

| **해설** | ③ 관계절의 동사의 수는 선행사에 따라 결정해야 한다. 선행사가 복수명사이므로 단수동사 appears를 복수동사 appear로 고쳐야 한다.

| **오답 분석** |

① 타동사 call의 목적어 자리에는 명사 역할을 하는 것이 와야 하므로 동명사 emptying이 올바르게 쓰였다.

② 문맥상 '일어났던 일의 규모를 위성사진을 보고서야 이해했다'라는 의미가 되어야 자연스러운데 '일어났던 일'은 과거 시점(이해한 것)보다 명백히 이전에 일어난 일이므로 과거완료시제 had happened가 올바르게 쓰였다.

④ 명사 man-made change를 앞에서 수식할 수 있는 것은 형용사이므로 형용사 unprecedented가 올바르게 쓰였다.

| **어휘** | • empty 없어지다, 비우다 • disaster 재해

- scale 규모 • toxic 유독성의
- sump 웅덩이 • unprecedented 전례 없는

06 ①

| 해설 | ① 동사 sound는 주격 보어를 취하는 동사이다. 보어 자리에는 명사나 형용사 역할을 하는 것이 와야 하므로 부사 strangely를 형용사 strange로 고쳐야 한다.

| 오답 분석 |

② '일어나는 데 익숙하다'는 동명사 관련 표현 'be used to -ing'(~에 익숙하다)로 나타낼 수 있으므로 am used to getting up이 올바르게 쓰였다.

③ 명령문은 주어를 생략하고 동사원형으로 문장을 시작하고, 감정 동사(surprise)의 경우 주어가 감정을 느끼면 수동태를 써야 하는데, 생략된 주어(You)가 놀라운 감정을 느끼는 것이므로 수동태 be surprised가 올바르게 쓰였다.

④ '부족한 것이 없다'는 'lack for nothing'(부족한 것이 없다)으로 나타낼 수 있고, 문장의 주어 자리에 단수명사 He가 왔으므로 단수동사 lacks가 올바르게 쓰였다.

⑤ '누가했든, '무엇이든'은 의문대명사 who(누구)와 what(무엇)을 사용하여 'who did it or what it was'로 나타낼 수 있고, 명사절(who – was)과 같이 긴 주어가 오면 가주어 it이 진주어인 명사절을 대신해서 주어 자리에 쓰이므로 It matters – who did it or what it was가 올바르게 쓰였다.

| 어휘 | • strangely 이상하게 • burst into tears 울음을 터뜨리다
- lack for nothing 부족한 것이 없다, 돈이 풍족하다

07 ② has → have

| 해석 | 이제는 메이저리그 야구가 경기가 변화되어 온 방식에 맞는 확장된 선수 명단을 받아들일 때이다. 경기 참가 선수 명단은 25명으로 하되, 전체 선수 명단을 28명으로 확장하라. 메이저리그 야구 대변인인 Pat Courtney는 그 주제에 대한 논의가 있어 왔지만 진척은 없었다고 말했다. 그러나 토의는 계속되고 있고, 경기가 선수들이 계속해서 부상을 당하는 것(경기)으로 변화하고 있기 때문에, MLB는 시대에 맞는 선수 명단을 만들 필요가 있을 것이다.

| 해설 | ② 유도부사 there 구문 'there + 동사 + 진짜 주어(discussions)'에서 동사는 진짜 주어에 수 일치시켜야 하는데, 진짜 주어 자리에 복수명사 discussions가 왔으므로 단수동사 has를 복수동사 have로 고쳐야 한다.

| 오답 분석 |

① 선행사 one이 사물이고 관계절 내에서 동사 makes의 주어 역할을 하므로, 사물을 가리키는 주격 관계대명사 that이 올바르게 쓰였다.

③ 절(the game – hurt)과 절(it would – times)은 접속사 없이 콤마(,)로 연결될 수 없고, 문맥상 '경기(야구)가 선수들이 계속해서 부상을 당하는 것(경기)으로 변화하고 있기 때문에'라는 의미가 되어야 자연스러우므로 이유를 나타내는 접속사 as(때문에)가 올바르게 쓰였다.

④ 동사 behoove(~할 필요가 있다)는 to부정사를 목적격 보어로 취하는 5형식 동사이므로 to부정사 to create가 올바르게 쓰였다.

| 어휘 | • roster 선수 명단 • evolve 변화하다, 발전하다

08 ④ give → giving

| 해석 | 상호원조집단은 개인이 문제를 가져오고 도움을 요청하는 곳이다. 집단 구성원이 문제를 가진 개인에게 도움을 제공하면서 그들 또한 자신 스스로를 돕는다. 각각의 집단 구성원은 비슷한 관심사에 연관되어 있을 수 있다. 이것은 하나의 상호원조집단 내에서 도움을 주는 것이 자가 도움의 한 형태인 중요한 방식 중 하나이다.

| 해설 | ④ in which라는 '전치사 + 관계대명사' 뒤에는 완전한 문장이 수반되어야 한다. 뒤에 본동사 is가 제시되어 있으므로 give를 주어 역할을 할 수 있는 동명사인 giving으로 고쳐야 한다.

| 오답 분석 |

① 관계부사 where 뒤에 완전한 문장이 수반되므로 맞는 표현이다.

② 이 문장에서 help는 offer라는 타동사의 목적어로 바르게 사용되었다.

③ themselves는 재귀대명사의 재귀용법으로, 주어와 목적어가 동일하므로 바르게 사용되었다.

09 ③ have → has

| 해석 | 농작물 재배에 사용되는 농지의 토양은 토양 형성 속도의 10배에서 40배, 그리고 삼림지의 토양 침식 속도의 500배에서 10,000배 사이의 속도로 물과 바람의 침식에 의해 휩쓸려 가고 있다. 이러한 토양 침식 속도는 토양 형성 속도보다 훨씬 더 높기 때문에, 그것은 토양의 순손실을 의미한다. 예를 들어, 미국에서 농업 생산성이 가장 높은 주인 아이오와의 표면 토양의 약 절반이 지난 150년간 침식되어 왔다. 나의 가장 최근의 아이오와 방문에서, 나의 호스트들은 나에게 그러한 토양 손실에 대한 극적으로 눈에 띄는 예를 제시하는 한 교회 부지를 보여 주었다. 교회는 19세기에 그곳 농지의 한가운데에 지어졌고, 그 이후로 계속 교회로 유지되어 왔으며, 그동안 그 주변의 땅은 경작되었다. 교회 부지에서보다 농지에서 토양이 훨씬 더 빠르게 침식되는 것의 결과로, 그 부지는 현재 주위의 방대한 농지보다 10피트 위로 올라간 작은 섬처럼 서 있다.

| 해설 | ③ 문장의 주어는 half of the top soil이다. 주어와 동사 사이의 것들은 괄호로 묶어서 없는 것처럼 처리한다. 그리고 half와 같이 부분을 나타내는 명사는 뒤에 나오는 전체 명사에 의해서 동사의 수가 결정된다. soil이 단수이므로 동사의 수 역시 단수가 되어야 한다. 따라서 have를 has로 고쳐야 한다.

| 오답 분석 |

① so much는 뒤에 나오는 비교급 higher를 수식하므로 바르게 쓰였다.

② 숫자나 half와 같은 수적인 표현 앞에서 about은 전치사가 아니라 부사이다. around와 같은 의미로 '대략'이라는 뜻이다.

④ 등위접속사 and 뒤에 대명사 주어가 생략되고 동사가 이어지고 있으므로 주어는 a church이다. 따라서 단수동사가 맞고, 교회는 유지하는 것이 아니라 유지되는 것이므로 수동태로 바르게 사용되었다.

01 ①

| **해석** | 사회 관행으로서의 사생활은 다른 사회적 관행과 함께 개인의 행동을 형성하고 따라서 사회생활의 중심이 된다.

    ① ~와 결합하여   ② ~와 비교하여

    ③ ~대신에   ④ ~의 경우에

| **해설** | in conjunction with은 '~와 함께'라는 뜻으로, 이와 의미가 가장 가까운 것은 ① 'in combination with(~와 결합하여)이다. 참고로 conjunction은 con(함께) + junction(접합점)이 결합된 단어로 '접속사'라는 의미이다.

| **어휘** | • social practice 사회 관행 • shape 형성하다

      • social life 사회 생활

02 ④

| **해석** | 많은 충동적인 구매자들에게, 그들이 사는 것보다 구매라는 행위가 만족감을 초래하는 것이다.

    ① 생동감   ② 자신감

    ③ 평온함   ④ 만족감

| **해설** | gratification은 '만족감'이라는 뜻으로, 이와 의미가 가장 가까운 것은 ④ satisfaction(만족감)이다. grateful은 grat(감사) + ful(가득한)로 '감사하는'이고, gratify는 '만족시키다', gratitude는 '감사함', gratification은 '만족감'이다.

| **어휘** | • compulsive 강제적인, 충동적인

      • rather than ~대신에, ~라기 보다는 • lead to ~로 이끌다

03 ③

| **해석** | 우리가 그 대화를 마무리지었을 때쯤, 나는 내가 제네바에 가지 않으리란 걸 알았다.

    ① 착수시켰다   ② 재개했다

    ③ 끝냈다   ④ 중단시켰다

| **해설** | wind up(마무리짓다)의 과거형인 wound up과 비슷한 의미를 가진 어휘를 묻고 있으므로, '끝내다'라는 의미의 terminate의 과거형인 ③ terminated가 정답이다.

| **어휘** | • wind up 마무리짓다 • initiate 착수시키다

      • resume 재개하다 • terminate 종료하다

      • interrupt 중단시키다, 방해하다

04 ④

| **해석** | 15년의 경력을 가진 경사는 젊은 경찰관에게 유리하게 그(경사)가 승진에서 제외된 후 크게 실망했다.

    ① 치이다

    ② 데이트 신청을 받다

    ③ 수행되다

    ④ 제외되다

| **해설** | 경사는 젊은 경찰관에게 유리하게 그가 승진에서 _____ 후 크게 실망했다'라는 문맥에서 A police sergeant~was dismayed

after being _____ for promotion in favor of a young officer의 빈칸에는 '제외되다'라는 의미가 들어가야 자연스럽다. 따라서 pass over(제외시키다)의 수동형인 ④ passed over가 정답이다.

| **어휘** | • police sergeant 경사 • dismay 크게 실망하다

      • promotion 승진 • in favor of ~에 유리하게

      • run over ~을 치다 • ask out 데이트 신청을 하다

      • carry out 수행하다 • pass over 제외시키다

05 ④

| **해석** | 지루한 오후 강의 동안에는 시간이 느릿느릿하게 흘러가는 듯하고, 뇌가 매우 재미있는 무언가에 몰두했을 때는 쏜살같이 가는 듯하다.

    ① ~에 의해 향상된

    ② ~에 무관심한

    ③ ~에 의해 안정된

    ④ ~에 정신이 팔린

| **해설** | engrossed in(~에 몰두한)과 비슷한 의미를 가진 어휘를 묻고 있으므로, '~에 정신이 팔린'이라는 의미의 ④ preoccupied with이 정답이다.

| **어휘** | • trickle 느릿느릿한 움직임 • engrossed in ~에 몰두한

      • enhance 향상시키다, 강화하다 • apathetic 무관심

      • stabilize 안정되다, 안정시키다

      • preoccupied 정신이 팔린, 사로잡힌

06 ①

| **해석** | 이러한 일간 업데이트는 정부가 시장을 제어하려고 시도함에 따라 독자들이 시장에 뒤떨어지지 않게 도와주록 고안되었다.

    ① ~을 알다

    ② ~에 의해 영감을 받다

    ③ ~을 믿고 있다

    ④ ~에 가까이하지 않다

| **해설** | keep abreast of(~에 뒤떨어지지 않다)와 비슷한 의미를 가진 어휘를 묻고 있으므로, '~을 알다'라는 의미의 ① be acquainted with이 정답이다.

| **어휘** | • keep abreast of ~에 뒤떨어지지 않다

      • attempt 시도하다 • keep under control 억제하다

07 ②

| **해석** | A : 내 컴퓨터가 방금 아무 이유도 없이 꺼졌어. 나는 이걸 다시 켤 수도 없어.

    B : 너 그거 충전해 봤어? 단순히 배터리가 다 된 것일 수도 있어.

    A : 물론, 나는 그걸 충전해 봤어.

    B : 그럼 가장 가까운 서비스 센터에 방문해 보자.

    A : 그렇게 해야 하는데, 나는 너무 게을러.

    ① 나는 네 컴퓨터를 어떻게 고쳐야 할지 몰라.

    ② 그럼 가장 가까운 서비스 센터에 방문해 보자.

    ③ 글쎄, 네 문제들에 대해서는 그만 생각하고 자도록 해.

    ④ 내 형제는 기술자이기 때문에 네 컴퓨터를 고쳐 주려 할 거야.

| 해설 | A의 컴퓨터가 꺼진 이유가 단순히 배터리가 다 되어서일 수도 있다는 B의 말에 대해 빈칸 앞에서 A가 배터리를 충전해 봤다고 말하고, 빈칸 뒤에서 다시 A가 I should do that, but I'm so lazy(그렇게 해야 하는데, 나는 너무 게을러)라고 말하고 있으므로, 빈칸에는 '그럼 가장 가까운 서비스 센터에 방문해 봐'라는 의미가 들어가야 자연스럽다. 따라서 ② Try visiting the nearest service center then이 정답이다.

| 어휘 | • shut down (컴퓨터를) 끄다 • charge 충전하다
       • lazy 게으른

08 ①

| 해석 | A : 너는 우리 신혼여행을 어디로 가고 싶어?
       B : 우리 둘 다 가 본 적 없는 곳으로 가자.
       A : 그럼, 우리 하와이로 가는 건 어때?
       B : 나는 항상 그곳에 가고 싶었어.
       ① 나는 항상 그곳에 가고 싶었어.
       ② 한국은 살기 좋은 곳이지 않아?
       ③ 좋아! 그곳에서 나의 지난 여행은 굉장했어!
       ④ 오, 너는 하와이에 이미 다녀왔음이 틀림없어.

| 해설 | 신혼 여행을 어디로 가고 싶은지 묻는 A의 질문에 대해 B가 둘 다 가 본 적 없는 곳으로 가자고 대답하자, 빈칸 앞에 다시 A가 Then, why don't we go to Hawaii?(그럼, 우리 하와이로 가는 건 어때?)라고 묻고 있으므로, 빈칸에는 '나는 항상 그곳에 가고 싶었어'라는 의미가 들어가야 자연스럽다. 따라서 ① I've always wanted to go there가 정답이다.

| 어휘 | • honeymoon 신혼여행

09 ③ are exceedingly → is exceedingly

| 해석 | 우리 대부분은 기억상실증, 즉 갑작스러운 기억 상실의 결과 사람의 이름과 신분을 기억해 내지 못하게 된다고 믿는다. 이러한 믿음은 기억상실증이 보통 영화, 텔레비전, 그리고 문학 작품에서 묘사되는 방식을 반영할지도 모른다. 예를 들어. 우리가 영화 '본 아이덴티티'에서 맷데이먼의 캐릭터를 본다면, 그는 그가 누구인지, 왜 그가 가진 기술을 갖고 있는지, 또는 그가 어디 출신인지에 대한 기억이 없다는 것을 우리는 알게 된다. 그는 영화의 대부분을 이러한 질문에 대답하는 데 애쓰며 보낸다. 하지만, 당신의 이름과 신분을 기억하지 못하는 것은 실제로는 몹시 드물다. 대개 기억상실증은 피해자들이 새로운 기억을 형성할 수 없게 만드는 뇌 손상이 원인이지만, 대부분의 과거 기억은 온전한 상태이다. 우리가 가장 좋아하는 '메멘토'와 같은 일부 영화에서는 이러한 더욱 일반적인 증상을 그대로 묘사한다.

| 해설 | ③ 주어 자리에 단수 취급하는 불가산명사 inability가 왔으므로 복수동사 are를 단수동사 is로 고쳐야 한다. 주어와 동사 사이의 수식어 거품(to remember - identity)은 동사의 수 결정에 영향을 주지 않는다.

| 오답 분석 |

① 동사 is portrayed 뒤에 목적어가 없고, 주어(amnesia)와 동사가 '기억상실증이 묘사된다'라는 의미의 수동 관계이므로 be동사(is) 뒤에서 수동태를 완성하는 과거분사 portrayed가 올바르게 쓰였다. 참고로, 부사(usually)가 수동형 동사를 수식할 때는 '조동사(is) + p.p.(portrayed)' 사이나 그 뒤에 올 수 있다.

② 문맥상 '영화의 대부분을 이러한 질문에 대답하는 데 애쓰며 보낸

다'라는 의미가 되어야 자연스럽고, '~하는 데 애쓰며 보내다'는 동명사구 관용 표현 spend + 시간/돈 + -ing'(~하는 데 시간/돈을 쓰다)를 사용하여 나타낼 수 있으므로 동명사 trying이 올바르게 쓰였다.

④ 문맥상 '대부분의 과거 기억은 온전한 상태인'이라는 의미로 동시 상황을 나타내고 있으므로 동시 상황을 나타내는 with + 목적어(most - past) + 보어(~한 채)의 형태로 나타낼 수 있는데, 보어 자리에는 명사나 형용사 역할을 할 수 있는 것이 와야 하므로 형용사 intact가 올바르게 쓰였다.

| 어휘 | • amnesia 기억상실(증) • recall 기억해 내다, 상기하다
       • reflect 반영하다, 반사하다 • portray 묘사하다, 보여 주다
       • exceedingly 몹시 • rare 드문
       • intact 온전한, 손상되지 않은 • accurately 그대로

10 ④

| 해석 | 설사 거짓말이 특정 경우에 어떤 해로운 영향을 끼치지 않더라도, 만약 밝혀지면 거짓말은 인간의 의사소통이 따르고 있는, 진실을 말하는 일반적인 관행을 약화시키기 때문에 그것은 여전히 도덕적으로 잘못된 것이다. 예를 들어, 내가 허영심을 이유로 나의 나이에 대해서 거짓말을 하고 내 거짓말이 밝혀지면, 비록 아무런 심각한 피해가 없었더라도, 전반적으로 당신의 신뢰를 ① 약화시켰을 것이다. 그 경우에 당신은 앞으로 내가 말할지도 모르는 어떤 것이든 훨씬 덜 신뢰할 것이다. 그러므로 모든 거짓말은 밝혀지면 간접적인 ② 해로운 영향이 있다. 하지만, 아주 가끔, 거짓말로 인해 생기는 ③ 장점으로 아마 이러한 해로운 영향의 결점을 메우기에 충분할지도 모른다. 예를 들어, 만약 누군가가 심각하게 아프면, 그들의 기대 수명에 대해서 거짓말하는 것은 아마 그들에게 더 오래 살 기회를 줄지도 모른다. 반면에, 그들에게 진실을 말하는 것은 아마 그들의 육체적 쇠약을 가속화할 우울증을 ④ 예방할 수 있다.

| 해설 | 지문 마지막에서 심각하게 아픈 사람에게 기대 수명에 대해서 거짓말하는 것이 그들에게 더 오래 살 수 있는 기회를 줄지도 모른다고 했으므로, 그들에게 진실을 말하는 것은 육체적 쇠약을 가속화할 우울증을 예방할(prevent) 수 있다고 하는 것은 문맥상 적절하지 않다. 따라서 ④ prevent가 정답이다. 참고로, 주어진 prevent를 대신할 수 있는 어휘로는 '야기하다'라는 의미의 cause, induce 등이 있다.

| 어휘 | • morally 도덕적으로 • weaken 약화시키다
       • on grounds of ~을 이유로 • vanity 허영심
       • undermine 약화시키다 • indirect 간접적인
       • utweigh ~의 결점을 메우기에 충분하다
       • life expectancy 기대 수 • accelerate 가속화하다
       • physical 육체적 • decline 쇠약, 감소시키다

11 ③ reacting → reacted

| 해석 | 최근 연구는 어떤 사람들은 유전적으로 수줍어하는 성향을 갖게 된다고 밝힌다. 다시 말하면, 어떤 사람들은 내성적으로 태어난다. 연구원들은 15퍼센트에서 20퍼센트 사이의 신생아들이 수줍음의 징후를 보인다고 말하는데, 그들은 더 조용하고 더 경계한다. 연구원들은 생후 2개월 만에 나타나는 사교적인 아기와 내성적인 아기들 간의 생리학적인 차이점들을 확인했다. 한 연구에서, 이후 내성적인 아이들로 확인된 2개월 된 아기들은 움직이는 모빌과 사랑의 목소리 녹음 테이프와 같은 자극에 대해 스트레스 징후를 보이며 반응했는데, 스트레스 징후에

는 증가된 심장 박동, 팔다리의 요동치는 움직임과 지나친 울음이 있었다. 수줍음과 관련된 유전적 근거에 대한 추가 증거는 내성적인 아이들의 부모나 조부모들은 그들이 어렸을 때 내성적이었다는 것을 내성적이지 않은 아이들의 부모나 조부모들보다 더 자주 말한다는 사실이다.

| 해설 | ③ 절에는 반드시 주어와 동사가 있어야 하는데, 동사 자리에는 '동사'나 '조동사 + 동사원형'이 와야 하므로 '동사원형 + ing' 형태인 reacting을 과거 동사 reacted로 고쳐야 한다.

| 오답 분석 |

① 동사 predispose(~하는 성향을 갖게 하다) 뒤에 목적어가 없고, 주어 some individuals와 동사가 '어떤 사람들은 ~하는 성향을 갖게 된다'라는 의미의 수동 관계이므로 be동사 are와 함께 수동태를 완성하는 과거분사 predisposed가 올바르게 쓰였다.

② 선행사 differences(차이점들)가 사물이고 관계절 내에서 동사(show up)의 주어 역할을 하므로 사물을 가리키는 주격 관계대명사 that이 올바르게 쓰였다.

④ 비교급 표현은 '형용사/부사의 비교급(more often) + than'의 형태로 나타낼 수 있으므로 than이 올바르게 쓰였다.

| 어휘 | • reveal 밝히다 • individual 사람, 개인
• genetically 유전적으로 • predispose ~하는 성향을 갖게 하다
• vigilant 경계하는 • identify 확인하다
• physiological 생리학적인

12 ①

| 해석 | 대부분의 사람들은 윤리적인 것이 공정하고 합리적이면서 <u>탐욕스럽지</u> 않은 것을 의미한다고 인정한다.
① 탐욕스러운   ② 이타적인
③ 피곤한   ④ 회의적인

| 해설 | 대부분의 사람들은 윤리적인 것이 공정하고 합리적이면서 _____ 않은 것을 의미한다고 인정한다'라는 문맥에서 being fair and reasonable and not being_____의 빈칸에는 '탐욕스러운'이라는 의미가 들어가야 자연스럽다. 따라서 ① greedy가 정답이다.

| 어휘 | • acknowledge 인정하다 • ethical 윤리적인
• reasonable 합리적인 • greedy 탐욕스러운
• altruistic 이타적인 • weary 피곤한, 지친
• skeptical 회의적인

13 ①

| 해석 | 일부 주에서 제정된 개혁들은 이미 발효된 데 반해, 다른 주에서는 개혁 법률이 <u>보류되었다</u>.
① 미정인
② 서두르는
③ 정확한
④ 나눌 수 있는

| 해설 | shelve(보류하다)의 과거분사형인 shelved와 비슷한 의미를 가진 어휘를 묻고 있으므로, '미정인'이라는 의미의 ① pending이 정답이다.

| 어휘 | • enact 제정하다, 규정하다 • take effect 발효하다
• legislation 법률, 입법 • shelve 보류하다

• pending 미정인, 미결인 • hasty 서두르는
• precise 정확한 • divisible 나눌 수 있는

14 ③ paying to this question → paid to this question

| 해석 | 집중은 일을 완료하는 것을 의미한다. 많은 사람이 대단한 생각들을 가지고 있지만 그것들에 따라 행동하지는 않는다. 예를 들어, 나에게 기업가의 정의는 그 새로운 생각을 실행하는 능력으로 혁신과 창의력을 결합할 수 있는 사람이다. 어떤 사람들은 인생에서 가장 중요한 이 분법은 당신을 흥미 있게 하거나 걱정시키는 문제들에 대해 당신이 긍정적인지 부정적인지라고 생각한다. 낙관적인 시각을 갖는 것이 나은지 비관적인 시각을 갖는 것이 나은지에 대한 이 질문에 많은 관심이 기울어져 있다. 나는 물어보기에 더 나은 질문은 당신이 무언가 행동을 취할 것인지 아니면 그저 인생이 당신을 스쳐 지나가게 할 것인지라고 생각한다.

| 해설 | ③ 분사 paying은 attention과의 관계가 수동 관계로 관심이 기울어지는 것이므로 과거분사가 사용되어야 한다. 또한 분사는 동사의 성격이 있어서 타동사에서 만들어진 분사는 목적어를 수반하는데, paying 뒤에 목적어 없이 바로 전치사 to가 제시되어 있으므로 구조적으로도 과거분사가 정답이다.

| 오답 분석 |

① 동사 mean(means)은 목적어로 동명사를 취할 수 있으므로 getting이 바르게 쓰였다. 또한 동사 get(getting)은 목적어와 목적격 보어가 수동 관계일 때에는 목적격 보어로 과거분사를 취하는데, 목적어 stuff와 목적격 보어가 '일이 완료되다'라는 의미의 수동 관계이므로 과거분사 done이 올바르게 쓰였다.

② 선행사 the issues(문제들)가 사물이고 관계절 내에서 동사(interest, concern)의 주어 역할을 하므로 사물을 가리키는 주격 관계대명사 that이 올바르게 쓰였고, 관계절의 동사는 선행사에 수 일치시켜야 하는데 선행사가 복수명사이므로 복수동사 interest, concern이 올바르게 쓰였다.

④ 사역동사 let은 동사원형을 목적격 보어로 취하는 동사이므로 동사원형 pass가 목적격 보어 자리에 올바르게 쓰였고 '동사 + 부사'의 동사구는 목적어가 대명사이면 '동사(pass) + 목적어(you) + 부사(by)'의 어순으로 쓰이므로 pass you by가 올바르게 쓰였다.

| 어휘 | • act on ~에 따라 행동하다 • entrepreneur 기업가
• ingenuity 창의력 • execute 실행하다
• dichotomy 이분법 • optimistic 낙관적인
• pessimistic 비관적인 • pass by ~을 스쳐 지나가다

기출 연습 p48

01 ④

해석 ① 공사가 강당 옆 건물에서 진행되는 동안 학생들은 집중하기가 어렵다고 생각했다.
② 그녀의 바쁜 근무 일정에도 불구하고, Mrs. Peters는 그녀의 빵을 처음부터 굽는 것을 즐긴다.
③ Randy는 그 교육 프로그램의 이점을 이해했다.
④ 진행 중인 연구는 투탕카멘 왕의 무덤에 있는 숨겨진 방에 대한 이전에는 묵살되었던 학설이 타당할지도 모른다고 시사했다.

해설 ④ 동사 suggest(have suggested)의 목적어 자리에는 명사절(that the previously dismissed theory ~ may be valid)이 올바르게 쓰였다.

오답 분석
① to부정사구 목적어(to concentrate)가 목적격 보어(difficult)와 함께 오면, 진짜 목적어(to부정사구)를 목적격 보어 뒤로 보내고 목적어가 있던 자리에 가짜 목적어 it을 써서 '가짜 목적어(it) + 목적격 보어(difficult) + 진짜 목적어(to concentrate)'의 형태가 되어야 하므로 to concentrate difficult를 it difficult to concentrate로 고쳐야 한다.
② 동사 enjoy는 동명사를 목적어로 취하므로 동사 bake를 동명사 baking으로 고쳐야 한다.
③ 동사 understand(understood)의 목적어 자리에는 명사 역할을 하는 것이 와야 하므로 형용사 advantageous를 명사 advantages로 고쳐야 한다.

어휘 • lecture hall 강당 • from scratch 처음부터, 아무런 사전 지식 없이
• advantageous 이로운, 유리한 • investigation 연구
• dismiss 묵살하다, 일축하다 • chamber 방
• valid 타당한, 근거 있는

02 ② to present → presenting

해석 많은 학생들은 교과서 저자들이 자신들을 사실에 한정시키고 의견을 피력하는 것을 피한다고 가정한다. 비록 그것은 일부 과학 교과서에는 맞는 말이지만, 전체적으로 특히 심리학, 역사, 정부 분야에서는 맞는 말이 아니다.

해설 ② avoid는 목적어로 to부정사가 아닌 동명사를 수반하는 동사이다.

오답 분석
① assume이라는 타동사의 목적어 자리이고, 뒤에 완전한 문장이 수반되고 있으므로 명사절 접속사 that이 제대로 사용되었다.
③ 이 문장에서 that은 앞 문장을 받아 주고 있는 지시대명사이다.
④ that may be true for some science texts, it's not true for textbooks 이 문장에서 for는 앞에 'for + 명사'가 병치되는 것으로 맞게 사용되었다.

03 ② enable → enables

해석 당신의 시간의 가치를 아는 것은 당신의 환경, 목표, 그리고 관심사에 따라 이것을 어디서 어떻게 써서 이 한정된 자원을 가장 잘 활용할 수 있도록 하는가에 대해 당신이 현명한 결정을 내리는 것을 가능하게 한다.

해설 ② 동명사가 문장의 주어로 사용되는 경우 단수 취급하므로 동사를 enables로 바꾸어야 한다.

오답 분석
① 동명사는 동사에 명사의 성격이 추가된 것으로 문장의 주어 자리에 사용될 수 있다.
③ enable은 목적격 보어 자리에 to부정사를 사용하는 동사이다. 제대로 사용되었다.
④ 앞에 제시된 접속사 so는 so (that)에서 (that)이 생략된 접속사로, 목적을 나타낸다. that절 안의 동사는 '~할 수 있다'라는 의미가 내포된 can이나 may를 사용하므로 맞게 사용되었다.

04 ④ to eat → eating

해석 아즈텍 사람들은 초콜릿이 사람들을 똑똑하게 만든다고 믿었다. 오늘날, 우리는 이를 믿지 않는다. 그러나 초콜릿은 페닐에틸아민이라고 불리는 특별한 화학물질을 가지고 있다. 이것은 사람이 사랑에 빠질 때 신체가 만들어 내는 것과 동일한 화학물질이다. 초콜릿을 먹는 것 또는 사랑에 빠지는 것 중 어떤 것을 선호하는가?

해설 ④ 등위접속사 or를 쓸 때는 앞과 뒤가 같은 구조가 나와서 병치되어야 한다. or 뒤에 being이라는 동명사의 형태가 제시되어 있으므로 to eat을 eating으로 바꾸어야 한다.

오답 분석
① make는 5형식 동사이므로 뒤에 목적어가 오고, 목적격 보어 자리에 형용사를 제대로 사용하였다.
② '명사 + called + A('A라고 불리는 명사) 표현으로 과거분사가 맞게 사용되었다.
③ the body makes 앞에 목적격 관계대명사 that이 생략된 구문이다. 따라서 관계절은 불완전한 구조이므로 맞는 표현이다.

05 ③ to introduce → introducing

해석 그러나 1840년에 한 영국인 교사가 무게를 기반으로 한 우표와 우편요금을 도입할 것을 제안했다.

해설 ③ suggest는 뒤에 목적어로 to부정사가 아닌 동명사를 취한다.

오답 분석
① However는 역접의 접속부사이다.
② 시간 부사 in 1840으로 과거이므로 동사의 시제 역시 과거가 맞다.
④ based on은 '~을 근거로 한'이라는 표현으로 제대로 사용되었다.

06 ③ to be maintained → to maintain

| 해석 | 힌두교와 이슬람교와 같이, 종교가 민족의 문화와 밀접하게 연관된 국가에서 종교 교육은 그 사회와 그 사회의 전통을 유지하는 데 필수적이다.

| 해설 | ③ to부정사도 동사의 성격이 있어서 태가 존재한다. 뒤에 목적어가 제시되어 있으므로 능동태로 바꾸어야 한다.

| 오답 분석 |
① be identified with은 '~와 밀접하게 관계를 맺다'라는 맞는 표현이고, 수와 시제 역시 맞다.
② 명사 앞에 소유격이 맞게 표현되었다.
④ its는 society를 받고 있으므로 단수형이 맞다.

07 ① that ② hardly pick up ③ encountering

| 해석 | 요즘 내가 잡지를 하나 집어 들기만 하면 우리 대학에 대한 누군가의 비평을 마주하게 되는 것 같다.

| 해설 | ① 주어 자리에 가주어 it이 제시되어 있으므로 진주어 자리에 that절이 사용되어야 한다.
② 부정부사의 위치는 '조동사 + 부정부사 + 일반동사'의 위치를 따르므로 조동사 can 뒤에 위치해야 한다.
③ never(hardly)~without은 '~할 때마다 ~하다'라는 구문이다. 전치사 뒤는 목적어 자리이므로 동사가 아닌 동명사가 와야 한다.

08 ②

| 해석 | ① 그녀는 겸손할 뿐만 아니라 예의 바르기까지 하다.
② 나는 나이가 들수록 클래식 음악을 더 즐긴다는 것을 깨닫는다.
③ 도시들의 범죄 수가 꾸준히 감소하고 있다.
④ 도시에서 자동차 보험료는 시골보다 더 높다.

| 해설 | ② find의 목적어가 주어와 동일하므로 재귀대명사를 바르게 사용했다. 그리고 find는 5형식 동사이므로 목적격 보어 자리에 분사를 사용할 수 있는데, 스스로 즐긴다는 것이므로 능동의 의미를 갖는 현재분사도 바르게 썼다.

| 오답 분석 |
① Not only는 부정부사이므로, 강조를 위해 문두에 오는 경우 주어와 동사가 도치되어야 한다. 따라서 she is가 아닌 is she가 되어야 한다.
③ 'the number of + 복수명사'는 '~의 수'를 나타내는 것이므로 단수 취급해야 한다. 따라서 동사를 are가 아닌 is로 고쳐야 한다.
④ higher 자체가 비교급 표현이므로 앞에 또 다시 more를 사용할 수 없다. 비교급 강조부사인 much로 바꾸어야 한다.

09 ④ providing → to provide

| 해석 | 틀에서 벗어나는 사고를 촉진시키는 문화를 만드는 것은 궁극적으로 사람들에게 뻗어 나가고, 변화를 주도하도록 하는 것과 같다. 지도자로서 변화가 힘들 때 지원을 할 필요가 있다. 그리고 그 지원은 당신이 설정하는 예에 관한 것이고, 당신이 고무하는 행동, 당신이 보상하는 업적에 관한 것이다.

| 해설 | ④ need는 뒤에 목적어로 to부정사를 수반하는 동사이다. 따라서 providing을 to provide로 바꾸어야 한다.

| 오답 분석 |
① 동명사는 문장의 주어 자리에 사용되어서 '~하는 것'이라는 의미를 가진다.
② 주격 관계대명사가 앞에 있는 선행사 a culture를 받는 것으로 단수이므로, 동사 역시 단수로 제대로 사용되었다.
③ 전치사의 목적어로 동명사가 제대로 사용되었다.

10 ③ utilizing → to utilize

| 해석 | 심각하게 남획된 동물의 예는 남극의 대왕고래와 북대서양의 큰 넙치이다. 매년 최대 어획량을 유지하기 위해 올바른 양의 어업 활동을 하는 것은 과학이자 기술이다. 우리가 어류 개체 수를 잘 이해하고 개체 수의 고갈 없이 최대한으로 어획량을 활용할 수 있는지에 대한 연구는 계속되고 있다.

| 해설 | ③ 명사절 접속사로 의문사가 사용되는 경우, 의문사 뒤에 '주어 + 동사'가 생략되고 to부정사가 올 수 있다. 따라서 how utilizing이 아닌 how to utilize로 바꾸어야 한다.

| 오답 분석 |
① overfished라는 과거분사를 수식하는 것은 부사로 제대로 사용되었다.
② 문장의 주어가 examples라는 복수명사이므로 복수동사 are와 수가 일치하고 있다.
④ 전치사 without의 목적어로 동명사가 제대로 사용되고 있다. without + Ring는 '~하지 않고'라는 의미를 가진다.

11 ④ what → why

| 해석 | 우리 마음이 행하는 기술 중 하나는 우리가 이미 믿고 있는 것을 확인해 주는 증거들을 강조하는 것이다. 만약 우리가 라이벌에 대한 소문을 듣는다면 우리는 "그 녀석이 형편없는 사람인 줄 알고 있었어"라고 생각하는 경향이 있다. 만약 우리가 제일 친한 친구에 관한 똑같은 소문을 듣는다면 우리는 "그건 단지 소문일 뿐이야"라고 말할 것 같다. 일단 당신이 확증 편향이라 불리는 이러한 마음의 습관을 알게 되면 당신은 이것을 여러 곳에서 목격하기 시작할 것이다. 우리가 좀 더 좋은 결정을 내리기를 원할 때 이것은 중요하다. 확증 편향은 우리가 올바르다면 괜찮다. 그러나 우리는 너무나 자주 틀리며, 결정적인 증거들에 주목하게 된 때에는 너무 늦게 된다. 우리가 확증 편향으로부터 우리의 결정을 보호하는 방법은 확증 편향이 심리적으로 발생하는 이유를 깨닫는 것에 달려 있다. 이에는 2개의 가능성 있는 이유가 있다. 하나는 우리의 상상 속에 약점이 있다는 것이고, 또 하나는 우리가 새로운 정보에 대해 질문하지 못한다는 것이다.

| 해설 | ④ 앞에 나온 전치사 of의 목적어 자리에 명사절 접속사가 필요하다. 명사절 접속사에는 의문사가 대표적인데, 뒤의 문장이 불완전하면 who와 what과 같은 의문대명사를 사용하고, 뒤의 문장이 완전하면 when, where, why, how와 같은 의문부사를 사용한다. 이 문장

의 경우 psychologically는 부사로 없다고 보면, conformation bias happens라는 문장이 이어지는데, happen은 자동사이므로 이 문장은 완전한 문장이다. 그리고 문맥상 '왜 이런 확증 편향이 일어나는지'라는 의미이므로 what을 why로 고쳐야 한다.

| 오답 분석 |

① 'one of the 복수명사' 구조에서 주어는 one이므로 동사로 is가 바르게 사용되었다.

② confirms라는 타동사의 목적어 자리에 명사절 접속사가 사용되었다. 이어지는 문장은 believe라는 타동사의 목적어가 없는 불완전한 구조이므로 what이 바르게 쓰였다.

③ '명사 called A'(A라고 불리는 명사)이므로 과거분사가 바르게 사용되었다. call은 5형식 동사로 'call A (as) B'의 구조에서 목적어인 A가 주어 자리에 가서 수동태가 되면 'is called B'가 된다. this mental habit (which is) called confirmation bias에서 (which is)가 생략된 것으로 이해하면 된다.

| 어휘 | • highlight 강조하다 • nasty 불쾌한, 심술궂은
 • confirmation bias 확증 편향
 • pay attention to ∼에 주의를 기울이다

기출 종합

p52

01 ②

| 해석 | 재즈의 영향력이 매우 만연해 있어서 대부분의 대중음악은 자신들의 양식적 기원을 재즈에 빚지고 있다.
 ① 기만적인, 현혹하는
 ② 어디에나 있는, 아주 흔한
 ③ 설득력 있는
 ④ 처참한

| 해설 | ipervasive는 '만연하는, 스며드는'이라는 뜻으로, 이와 의미가 가장 가까운 것은 ② 'ubiquitous(어디에나 있는, 아주 흔한)'이다. 참고로 ubiqu은 everywhere라는 의미를 가지는 접두사이다.

| 어휘 | • owe A to B A를 B에 빚지다 • stylistic 양식적인

02 ③

| 해석 | 세계화는 더 많은 나라들이 그들의 시장을 개방하도록 이끌며, 더 낮은 비용과 더 높은 효율로 상품과 서비스를 자유롭게 거래할 수 있게 한다.
 ① 멸종
 ② 우울증
 ③ 효율성
 ④ 주의

| 해설 | 세계화로 많은 나라들이 시장을 개방하고 더 낮은 비용으로 서비스를 자유롭게 거래할 수 있다는 부분을 통해서 문맥상 efficiency(효율성)를 유추할 수 있다. 또한 'with + 추상명사'는 부사의 의미를 가지게 되어서 with efficiency는 '효율적으로'라는 의미가 된다.

| 어휘 | • globalization 세계화 • open up 개방하다
 • with efficiency 효율적으로

03 ④

| 해석 | Francesca가 여름 휴가 동안 집에 있을 것을 주장한 후, 불편한 정적이 저녁 식탁을 엄습했다. Robert는 그녀에게 그의 거창한 계획에 대해 이야기하기에 적절한 때인지 확신하지 못했다.
 ① ∼에 반대했다
 ② ∼을 꿈꾸었다
 ③ 완전히 제외했다
 ④ 강력하게 제안했다

| 해설 | make a case for(주장하다)의 과거형인 made a case for와 비슷한 의미를 가진 표현을 묻고 있으므로, '강력하게 제안하다'라는 의미의 strongly suggest의 과거형인 ④ strongly suggested가 정답이다.

| 어휘 | • make a case for 주장하다 • uncomfortable 불편한
 • silence 정적, 침묵 • fall on ∼을 엄습하다
 • grandiose 거창한, 과장된 • object 반대하다 • exclude 제외하다

04 ②

| 해석 | A : 아. 하나 더 있네! 스팸 메일들이 너무 많아!
 B : 그러니까. 나도 하루에 10개가 넘는 스팸 메일을 받아.
 A : 우리는 그것들이 오지 못하게 할 수 있을까?
 B : 나는 그것들을 완전히 차단하는 것이 가능하다고 생각하진 않아.
 A : 우리가 할 수 있는 것이 없을까?
 B : 음, 너는 설정에서 필터를 설정할 수 있어.
 A : 필터?
 B : 응. 필터는 일부 스팸 메일을 추릴 수 있어.
 ① 너는 이메일을 자주 작성해?
 ② 우리가 할 수 있는 것이 없을까?
 ③ 너는 이렇게 훌륭한 필터를 어떻게 만들었어?
 ④ 이메일 계정 만드는 걸 도와줄 수 있어?

| 해설 | 빈칸 앞에서 B가 스팸 메일을 완전히 차단하는 것이 가능하다고 생각하진 않는다고 했고 빈칸 뒤에서 Well, you can set up a filter on the settings(음, 너는 설정에서 필터를 설정할 수 있어)라고 말하고 있다. 따라서 빈칸에는 '우리가 할 수 있는 것이 없을까'라는 의미가 들어가야 자연스럽다. 그러므로 ② Isn't there anything we can do가 정답이다.

| 어휘 | • block 차단하다, 막다 • weed out 추려내다, 제거하다
 • account 계정

05 ③

| 해석 | 한국은 전 세계의 선두적인 대중문화의 수출 국가가 되겠다는 헌신적인 목표를 가진 세계에서 몇 안되는 국가들 중 하나이다. 이것은 한국이 그것의 '소프트 파워'를 발전시키는 방법이다. 이것은 국가가 군사적 힘 또는 경제적 힘을 통해서보다는 그것(국가)의 이미지를 통해 행사하는 (A) 무형의 힘을 가리킨다. 한류는 처음으로 중국과 일본에 퍼졌고, 이후 동남아시아와 전 세계의 여러 국가에 퍼졌다. 2000년에, 한국과 일본 간의 대중문화의 교류에 대한 50년간의 금지가 부분적으로 해제되었고, 이것은 일본인들 사이에서 한국 대중문화의 (B) 상승을 향상시켰다. 한국의 방송 관계자들은 여러 나라에서 그들의 TV 프로그램과 문화 콘텐츠를 홍보하기 위해 대표단을 파견해 오고 있다. 한류는 한국, 그것(한국)의 기업들, 문화 그리고 국가 이미지에 축복이 되어 왔다. 1999년 초부터, 한류는 아시아 전역에 걸쳐 가장 큰 문화적 현상들 중 하나가 되어 왔다. 한류 효과는 엄청났는데, 2004년 한국의 GDP

에 0.2퍼센트를 기여했으며, 이는 대략적으로 미화 18억 7천만 달러에 상당했다. 더 최근인 2014년에, 한류는 한국 경제에서 어림잡아 미화 116억 달러의 (C) 증가를 주었다.

| 해설 | (A) 빈칸이 있는 문장에서 이것(소프트 파워)은 국가가 군사적 힘 또는 경제적 힘을 통해서보다는 국가의 이미지를 통해 행사하는 힘을 가리킨다고 했으므로, 빈칸에는 '무형의'(intangible)라는 내용이 들어가야 적절하다. (B) 빈칸이 있는 문장에서 2000년에, 한국과 일본 간의 대중문화의 교류에 대한 50년간의 금지가 부분적으로 해제되었고 이것이 일본인들 사이에서 한국 대중 문화의 무언가를 향상시켰다고 했으므로, 빈칸에는 '상승'(surge)이라는 내용이 들어가야 적절하다. (C) 빈칸 앞 문장에서 한류 효과는 엄청났는데, 2004년 한국의 GDP에 0.2퍼센트를 기여했고, 이는 미화 18억 7천만 달러에 상당했다고 했으므로, 빈칸에는 더 최근인 2014년에 한류는 한국 경제에 어림잡아 미화 116억 달러의 '증가'(boost)를 주었다는 내용이 들어가야 적절하다. 따라서 ③ (A) intangible(무형의) – (B) surge(상승) – (C) boost(증가)가 정답이다.

| 어휘 | • dedicated 헌신적인 • popular culture 대중문화
• tangible 유형의 • intangible 무형의
• wield 행사하다 • military 군사적인
• spread 퍼지다 • ban 금지
• lift (제재를) 해제하다 • surge 상승
• decline 하락 • delegate 대표단
• promote 홍보하다 • tremendous 엄청난
• amount ~에 상당하다 • estimated 어림잡아
• stagnation 침체, 불경기

06 ③

| 해석 | 치명적인 사고의 대부분은 과속 때문에 일어난다. (남을) 능가하려고 하는 것은 인간의 자연스러운 잠재 의식이다. 만약 기회가 주어진다면 인간은 반드시 속도에서 무한대를 달성할 것이다. 그러나 우리가 다른 이용자들과 도로를 공유하고 있을 때 우리는 항상 어느 차량의 뒤에 남아 있을 것이다. 속도의 ① 증가는 사고의 위험성과 사고 동안 부상의 심함을 크게 증가시킨다. 빠른 차량들은 느린 것보다 사고를 당하기 더 쉽고 빠른 차량의 경우에 사고의 심함도 또한 더 클 것이다. 속도가 ② 더 높을수록, 위험은 더 크다. 고속에서 차량은 정지하기 위해 더 긴 거리 즉, 제동 거리가 필요하다. 빠른 것(차량)은 정지하기 위해 긴 거리가 있어야 하고, 또한 운동 제1 법칙 때문에 ③ 짧은 거리를 미끄러지는 반면 느린 차량은 즉시 정지한다. 고속으로 움직이는 차량은 충돌하는 동안 큰 충격을 갖게 될 것이고 따라서 더 많은 부상을 초래할 것이다. 판단의 오류와 결국 충돌을 일으키는 빠른 속도로 운전하는 동안 다가오는 사건들을 판단하는 능력은 또한 ④ 줄어들게 된다.

| 해설 | 지문 중간에서 고속에서 차량은 정지하기 위해 제동 거리가 필요하고, 빠른 차량은 정지하기 위해 긴 거리가 있어야 한다고 했으므로, 운동의 제1 법칙 때문에 짧은(short) 거리를 미끄러진다고 하는 것은 문맥상 적절하지 않다. 따라서 ③ short가 정답이다. 참고로, 주어진 short를 대신할 수 있는 어휘로는 '긴'이라는 의미의 long 등이 있다.

| 어휘 | • fatal 치명적인 • over speeding 과속
• natural 자연스러운, 당연한 • subconscious 잠재의식의
• excel (남을) 능가하다 • achieve 달성하다 • infinity 무한대
• multiply 크게 증가시키다 • braking distance 제동 거리
• halt 정지하다 • immediately 즉시 • skid 미끄러지다
• forthcoming 다가오는

07 ②

| 해석 | 의사와 환자 사이의 많은 대화는 사적이다. 당신의 의사와 좋은 관계를 갖기 위해서는, 비록 당신이 쑥스럽거나 불편할지라도, 섹스나 기억력 문제와 같은 민감한 주제들에 대해 이야기하는 것이 중요하다. 대부분의 의사들은 사적인 문제들에 대해 이야기하는 것에 익숙하고 당신의 불편함을 덜어 주기 위해 노력할 것이다. 이러한 주제들은 다수의 노인들과 관련이 있다는 것을 명심해라. 당신은 의사와 이야기할 때 당신이 민감한 주제를 꺼내도록 도와주는 소책자와 다른 자료들을 사용할 수 있다. 기억, 우울증, 성기능 그리고 요실금에 대한 문제들은 반드시 노화의 보편적인 부분들이 아니라는 것을 이해하는 것은 중요하다. 좋은 의사는 이러한 주제들에 대한 당신의 걱정들을 진지하게 받아들일 것이고 그것들을 무시하지 않을 것이다. 만약 당신의 의사가 당신의 걱정들을 진지하게 받아들이고 있지 않다고 생각한다면, 그 또는 그녀에게 당신의 기분에 대해 이야기하거나 새로운 의사를 찾는 것을 고려해 봐라.
① 당신과 민감한 문제에 대해 이야기하다
② 당신이 가진 어떤 걱정을 무시하다
③ 당신이 말한 것에 대해 편안하게 느끼다
④ 불편한 문제를 진지하게 다루다

| 해설 | 밑줄 친 brush them off가 있는 문장을 통해 좋은 의사는 당신의 걱정들을 진지하게 받아들일 것이고 어떻게 하지 않을 것인지를 지문에서 추론해야 한다는 것을 알 수 있다. 지문 마지막에서 만약 당신의 의사가 당신의 걱정들을 진지하게 받아들이고 있지 않다고 생각한다면, 그 또는 그녀에게 당신의 기분에 대해 이야기하거나 새로운 의사를 찾는 것을 고려해 보라고 하고 있으므로, brush them off의 의미는 '당신이 가진 어떤 걱정을 무시하다'라고 한 ②번이 정답이다.

| 어휘 | • personal 사적인, 개인적인 • sensitive 민감한
• embarrassed 쑥스러운 • uncomfortable 불편한
• ease (불편함을) 덜어 주다 • discomfort 불편함
• seriously 진지하게, 심각하게 • brush off 무시

08 ④

| 해석 | 미국 생리학자 Hudson Hoagland는 도처에서 과학적인 미스터리를 목격했고 그것들을 해결하는 것이 그의 소명이라고 느꼈다. 한번은 그의 아내가 열이 났을 때, 그녀에게 아스피린을 주기 위해 Hoagland는 차를 몰고 약국에 갔다. 그는 그것을 빨리 처리했지만 그가 돌아왔을 때, 평소에는 ① 이성적인 그의 아내가 그가 몹시 느렸다고 화를 내며 불평했다. Hoagland는 그녀의 열이 그녀의 생체 시계를 ② 왜곡시켰는지 궁금해서 아내의 체온을 측정했고, 그녀에게 1분의 길이를 추측하도록 시켰으며, 그녀에게 아스피린을 주었고 그녀의 체온이 내려가는 동안에 그녀에게 시간을 추측하도록 계속해서 시켰다. 그녀의 체온이 정상으로 돌아왔을 때 그는 로그 그래프를 그렸고 그것이 ③ 직선인 것을 발견했다. 후에, 그는 피실험자들의 체온을 인위적으로 올리고 내리면서, 그가 맞다고 확신할 때까지 그의 실험실에서 연구를 계속했다. 높은 체온은 생체 시계가 더 빨리 가도록 만들었고 그의 아내는 ④ 정당하게 짜증을 낸 것이 아니었다.

| 해설 | 지문 초반에서 평소에는 이성적인 Hoagland의 아내가 열이 났을 때 Hoagland가 빨리 처리했지만 그가 돌아왔을 때 몹시 느렸다고 불평했다고 하고, 지문 마지막에 높은 체온은 생체 시계가 더 빨리 가

도록 만들었다고 했으므로 그의 아내가 '정당하게'(justifiably) 짜증을 낸 것이 아니었다는 것은 문맥상 적절하지 않다. 따라서 ④ justifiably 가 정답이다. 참고로, 주어진 justifiably를 대신할 수 있는 어휘로는 '이치에 맞지 않게'라는 의미의 unjustifiably가 있다.

| 어휘 | • physiologist 생리학자 • calling 소명
• drugstore 약국 • reasonable 이성적인
• slow as molasses (동작 등이) 몹시 느린
• distort 왜곡하다 • internal clock 생체 시계
• temperature 체온, 온도 • estimate 추측하다, 어림잡다
• drop 내려가다, 떨어지다 • plot 그래프를 그리다
• linear 직선의 • laboratory 실험실 • artificially 인위적으로
• test subject 피실험자 • justifiably 정당하게 • cranky 짜증을 내는

09 ④

| 해석 | 왓슨은 아침 식사용 식탁에 앉은 후부터 ① 그의 친구를 골몰히 바로 보고 있었다. 홈즈는 우연히 올려다 보고는 그의 시선을 붙잡았다. "음, 왓슨, 자네 무얼 생각하고 있나?" 그가 물었다.
"자네에 관해."
"② 나?"
"그래, 홈즈. 나는 자네의 이러한 속임수들이 얼마나 피상적인지, 그리고 사람들이 그것들에 계속해서 관심을 보이는 것이 얼마나 놀라운지 생각하고 있었네."
"나도 꽤 동의하네." 홈즈가 말했다.
"사실, 나는 ③ 나 스스로 비슷한 발언을 했던 기억이 있네."
"자네의 방식들은 정말 쉽게 얻을 수 있네." 왓슨이 심각하게 말했다.
"당연하지." 홈즈는 미소를 띠고 대답했다.
"아마도 자네도 ④ 자네 스스로 이러한 추리의 방식의 예를 들 수 있을 것이네."

| 해설 | ①, ②, ③번 모두 홈즈를 지칭하지만, ④번은 왓슨을 지칭하므로 ④번 이 정답이다.

| 어휘 | • companion 친구, 동반자 • intently 골똘히
• happen to 우연히 ~하다 • look up 올려다보다
• catch 붙잡다 • superficial 피상적인, 깊이 없는
• trick 속임수 • recollection 기억 • make a remark 발언을 하다
• severely 심각하게 • acquire 얻다, 습득하다
• reasoning 추리, 추론

10 ③

| 해석 | 형사가 그 사건에 대해 Steve를 심문했을 때, 그는 지나가는 검은 형태를 본 것을 기억했다. 하지만 그는 그것이 무엇이었는지 확신할 수 없었다.

| 해설 | ③ 동사 remember는 동명사나 to부정사를 모두 목적어로 취할 수 있는 동사인데, '~한 것을 기억하다'라는 과거의 의미를 나타낼 때는 동명사를 목적어로 취한다. 문맥상 '본 것을 기억했다'라는 과거의 의미가 되어야 자연스러우므로, 동사 remember의 목적어로 동명사 ③ seeing이 정답이다.

| 어휘 | • detective 형사 • interrogate 심문하다 • figure 형태, 인물
• pass by 지나가다

11 ②

| 해석 | 오늘 최종 결정을 내릴 필요가 없습니다. 집에 가서 그것에 대해 하룻밤 자면서 생각해 보는 게 어떠신가요?
① 늦게까지 자기 위해 하루 쉬다
② 그것에 대해 천천히 생각하다
③ 그것을 당연하게 여기다
④ 충분히 휴식을 취하다

| 해설 | sleep on it(그것에 대해 하룻밤 자면서 생각해 보다)과 비슷한 의미를 가진 표현을 묻고 있으므로, '그것에 대해 천천히 생각하다'라는 의미의 ② take time to think about it이 정답이다.

| 어휘 | • sleep on ~에 대해 하룻밤 자면서 생각해 보다, 결정을 다음날로 미루다
• take a day off 하루 쉬다, 하루 휴가를 얻다
• take time to think 천천히 생각하다
• take ~ for granted ~을 당연하게 여기다

12 ②

| 해석 | A : 왜 내 전화를 받지 않았어? 난 정말 너랑 이야기를 하고 싶었단 말이야.
B : 미안해. 하지만 내 생각에 우리 좀 떨어져 있는 시간이 필요한 것 같아.
A : 무슨 의미야? 나와 헤어지고 싶은 거야?
B : 아니, 내 말을 오해하지 마. 난 여전히 널 정말 많이 사랑하지만, 그저 잠시 동안 혼자 있고 싶어.
① 나를 거부하지 마
② 내 말을 오해하지 마
③ 내게 의지하지 마
④ 날 두고 가지 마

| 해설 | 자신과 헤어지고 싶은지를 묻는 A의 질문에 대해 B가 아니라고 한 후, 빈칸 뒤에서 I still love you very much, but I just want to be by myself for a while(난 여전히 널 정말 많이 사랑하지만, 그저 잠시 동안 혼자 있고 싶어)이라고 말하고 있으므로, 빈칸에는 '내 말을 오해하지 마'라는 의미가 들어가야 자연스럽다. 따라서 ② don't get me wrong이 정답이다.

| 어휘 | • break up with ~와 헤어지다 • reject 거부하다, 거절하다
• get – wrong ~의 말을 오해하다 • lean on ~에게 의지하다
• leave – behind ~를 두고 가다, 내버려 두고 가다

13 ④

| 해석 | 신문과 비교해서, 잡지는 매일이 아니라 주마다, 달마다 혹은 심지어 그보다 덜 자주 발간되기 때문에 반드시 최신 정보를 가진 것은 아니다. 그것들은 심지어 외적으로도 신문과 다른데, 주로 잡지는 책과 비슷하기 때문이다. 종이는 더 두껍고, 사진은 더 다채로우며, 기사의 대부분이 비교적 길다. 독자는 훨씬 더 많은 배경 정보와 더 많은 세부사항들을 접한다. 많은 주제들을 보도하는 시사 주간지들도 있지만, 대부분의 잡지들은 다양한 고객들을 끌어들이기 위해 전문화된다. 예를 들어, 유명인에 관한 청춘잡지뿐만 아니라 패션, 화장품, 그리고 요리법을 다루는 여성 잡지들이 있다. 다른 잡지들은, 예를 들어 컴퓨터 사용자, 스포츠 팬, 예술에 흥미를 느끼는 사람들, 그리고 다른 많은 소집단들을 겨냥한다.

| 해설 | ④ interest는 감정 동사이다. 감정 동사의 분사형을 결정할 때에는 수

식받는 명사가 감정을 일으키는 것이면 현재분사를, 감정을 받는 대상이 되면 과거분사를 사용한다. those가 흥미를 느끼는 것이므로 과거분사형이 바르게 사용되었다.

| 오답 분석 |

① resemble은 전치사(like) 없이 목적어를 바로 취하는 타동사이므로 resemble like a book을 resemble a book 또는 resemble books로 고쳐야 한다.

② 관계절(which~topics) 내의 동사는 선행사(weekly news magazines)에 수 일치시켜야 하는데, 선행사 weekly news magazines가 복수명사이므로 단수동사 reports를 복수동사 report로 고쳐야 한다.

③ 문장 내에 이미 동사(are)가 있으므로 동사 cover를 명사 women's magazines를 뒤에서 수식할 수 있는 분사나 관계절의 동사로 고쳐야 한다. 수식받는 명사(women's magazines)와 분사가 여성 잡지가 '~을 다루다'라는 의미의 능동 관계이므로 동사 cover를 현재분사 covering으로 고치거나, 주격 관계대명사 which나 that을 써서 women's magazines cover를 women's magazines which cover로 고쳐야 한다

| 어휘 | • necessarily 반드시 • up-to-the-minute 최신 정보를 가진
• appear 발간되다 • externally 외적으로 • resemble 비슷하다
• specialize 전문화하다, 특수화하다 • cosmetics 화장품
• celebrity 유명인, 연예인

기출 연습
p68

01 ① what ② run ③ fewer

| 해석 | 예술가로서, 우리를 움직이는 것은 우리의 삶을 좀 더 순조롭게, 덜 불안하게 덜 공허하게 하며 최소한으로 귀찮게 만들고자 하는 바람이다.

| 해설 | ① 주어 자리에 명사절 접속사가 사용되는데, 명사절에 주어가 빠진 불완전한 문장이므로 what이 정답이다.

② make라는 사역동사의 목적격 보어 자리에 빈칸이 있으므로 동사원형이 정답이다.

③ voids가 복수가산명사이므로 수식어구는 fewer가 되어야 한다.

| 어휘 | • angst 걱정, 고뇌 • void 공허 • bother 귀찮게 하다

02 ① letting ② die ③ suspending

| 해석 | 수동적인 안락사는 환자가 치료의 부족이나 시작했던 치료를 중단함으로써 사망하도록 내버려 두는 것을 의미한다.

| 해설 | ① mean은 목적어로 동명사를 수반하는 타동사이다.

② 앞에 let이라는 사역동사가 있으므로 목적격 보어 자리에는 동사원형이 사용되어야 한다.

③ 등위접속사는 앞과 뒤가 같은 구조로 병치되는데, or 뒤도 mean의 목적어 자리가 되므로 동명사가 사용되어야 한다.

| 어휘 | • euthanasia 안락사 • treatment 대우
• suspend 연기하다, 중단하다

03 ③ he → and he

| 해석 | 그는 활동 기간 동안 12개의 상을 받았고, 올해 후반에 영화 산업에 대한 지대한 공헌을 인정받아 그에게 공로상이 수여될 것이다.

| 해설 | ③ 완전한 문장 뒤에 접속사 없이 또 다른 완전한 문장이 올 수 없으므로 중간에 등위접속사 and를 넣어 주어야 한다.

| 오답 분석 |

① 주어가 he이므로 동사는 has로 수가 일치하고 있다.
② 특정 기간 앞에 전치사 during이 바르게 사용되었다.
④ significant는 뒤에 나오는 명사 contribution를 제대로 수식하고 있다.

04 ③ getting → (to) get

| 해석 | 그는 그로 하여금 많은 직원들을 모으고, 개인 비행기로 전국을 돌아다니는 것을 가능하게 한 그의 가족의 재산에 대해 비난을 받았다.

| 해설 | ③ 등위접속사 and는 앞과 뒤가 동일 구조로 병치되어야 한다. enable은 목적격 보어 자리에 to부정사를 수반하므로 ②의 to assemble은 맞는 표현이다. 그리고 앞에 to assemble이 제시되어 있으므로 뒤에도 (to) get의 형태가 되어야 한다.

| 어휘 | • criticism 비난 • enable 가능하게 하다 • assemble 모으다
• get around 돌아다니다

05 ① maintain ② protect ③ from

| 해석 | 식단과 운동 모두 당신이 건강한 몸무게를 유지하고, 계속해서 활기차게 느끼도록 하고 질병으로부터 보호하는 것을 도울 수 있다.

| 해설 | ① 준사역동사 help는 목적격 보어 자리에 동사원형을 사용한다.

② 앞에 나온 조동사 can에 걸리는 동사원형이 help, keep, protect이다.

③ protect A from B는 'B로부터 A를 보호하다'이다.

06 ④ indulge → to indulge

| 해석 | 위험한 사람은 비평가가 아니라 우리로 하여금 자축 파티에 탐닉하도록 독려하는 시끄러운 애국자이다.

| 해설 | ④ encourage는 목적격 보어 자리에 to부정사를 수반한다.

| 오답 분석 |

①, ② not A but B 구조이다.

③ 선행사 patriot가 사람이고 뒤에 동사가 나오므로 주격 관계대명사 who가 제대로 사용되었다.

07 ④

| 해설 | ④ '막다, 금지하다'의 동사류는 뒤에 A from ~ing의 구조가 따라야 한다. 따라서 kids to watch가 아니라 kids from watching으로 바꾸어야 한다.

| 오답 분석 |

① '희미한 생각도 없다'가 not have the faintest notion으로 제대로 표현되었다.

② plan은 명사로 사용되는 경우, 뒤에 to부정사가 형용사적 용법으로 사용되어 후치 수식이 가능하다.

③ agree는 자동사이므로 뒤에 목적어가 오는 경우 전치사가 뒤따라야 한다. '~와 동의하다'는 with을 사용하고, '~에 대해 동의하다'는 on을 사용하므로 전치사가 제대로 사용되었다.

08 ①

| 해설 | ① 과일을 딴 시점보다 익은 시점이 더 이전이므로 과거완료시제로 제대로 표현되었다. 그리고 grow는 불완전 자동사이므로 뒤에 형용사 보어가 바르게 사용되었다.

| 오답 분석 |

② hardly는 부정부사로 '좀처럼 ~하지 않다'라는 의미이다. make라는 5형식 동사의 목적격 보어 자리에는 형용사형인 hard가 와야 한다.

③ find는 5형식 동사이다. 문은 잠기는 것이므로 목적어와 목적격 보어가 수동 관계이다. 따라서 unlock을 unlocked로 고쳐야 한다.

④ was라는 불완전 자동사의 보어 자리에는 부사가 아닌 형용사가 사용되어야 한다. hoarsely를 hoarse로 고쳐야 한다.

09 ④ to breathe → breathe

| 해석 | 다른 누군가의 생각을 듣는다는 것은 당신 자신과 그 안에 있는 당신의 위치뿐만 아니라, 당신이 세상에 대해 믿는 이야기가 온전하게 남아 있는지 알 수 있는 유일한 방법이다. 우리 모두는 우리의 신념을 조사하고, 그것들을 밖으로 내보내고, 숨쉬게 할 필요가 있다.

| 해설 | ④ 앞의 동사가 let으로 사역동사이므로 목적격 보어 자리에는 to부정사가 아닌 원형 부정사가 사용되어야 한다.

| 오답 분석 |
① 동명사가 주어 자리에 바르게 사용되었다.
② remain은 불완전 자동사이므로 뒤에 형용사 intact이 오는 것은 바른 표현이다.
③ need는 목적어로 to부정사를 수반하는 동사이다.

10 ① diversely → diverse

| 해석 | 예술은 더욱 다양해질 것이고, 우리가 기대하는 모습처럼 '예술'처럼 보이지 않을 수 있다. 미래에, 우리 모두가 온라인에서의 가시적인 우리의 삶에 지치게 되고 우리의 사생활이 거의 없어지면, 익명성이 명성보다 더 바람직해질 수도 있다.

| 해설 | ① become이라는 불완전 자동사의 목적격 보어 자리에는 부사가 올 수 없다. 따라서 diversely를 형용사형인 diverse로 고쳐야 한다.

| 오답 분석 |
② look like(~처럼 보이다)가 제대로 사용되었다.
③ become 뒤의 보어 자리에 형용사형인 weary가 바르게 사용되었다.
④ all but은 '거의'라는 의미로 바르게 사용되었다.

| 어휘 | • weary 지친, 피곤한 • all but 거의 • anonymity 익명성
• desirable 바람직한 • fame 명성

11 ② hungrily → hungry

| 해석 | 최첨단의 현대 과학의 한 이야기는 19세기 스웨덴 북부의 어느 고립된 지역에서 시작되었다. 스웨덴의 이 지역은 19세기 전반에 예측할 수 없을 정도의 수확을 했다. 수년간 흉작이 되면 사람들은 굶주렸다. 하지만 수확이 좋은 해에는 매우 좋았다. 흉작 동안에 굶주렸던 같은 사람들은 수확이 잘된 기간에는 훨씬 많이 먹었다. 한 스웨덴 과학자는 이러한 식습관이 장기적으로 어떤 영향을 끼칠지 궁금했다. 그는 수확과 그 지역의 건강 기록을 연구했다. 그는 그가 발견한 결과에 놀랐다. 수확이 잘된 기간에 많이 먹었던 소년들의 자녀와 손자들은 매우 적게 먹었던 소년들의 아이들과 손자들보다 6년 정도 빨리 사망했다. 다른 과학자들 또한 소녀들에게 있어서도 같은 결과를 발견했다. 과학자들은 과식이라는 하나의 요인이 세대에 걸쳐 계속되는 부정적 영향을 미칠 수 있다는 결론을 내리게 되었다.

| 해설 | ② go는 완전 자동사로 사용되면 '가다'이다. 반면, 불완전 자동사로 사용되어서 뒤에 형용사가 이어지면 '~게 되다'라는 의미가 된다. 예를 들어, go wrong(잘못되다), go sour(상하다), go bankrupt(파산

하다) 같은 표현들이 있다. 따라서 go(went) 뒤의 부사 hungrily를 형용사형인 hungry로 고쳐야 한다.

| 오답 분석 |
① edge와 어울리는 전치사는 on이다. 'on the edge of'는 '~의 가장 자리에'이다. 기본적으로 전치사 on은 접하는 면인 '지면'을 나타낼 때 사용하므로 바르게 쓰였다.
③ 뒤에 나오는 관계절의 수식을 받아서 '~하는 사람들'의 의미를 가질 때 사용하는 지시대명사는 those이므로 바르게 쓰였다.
④ 수동태 뒤에 동사가 다시 수반될 때는 to부정사가 나온다. force A to R(A에게 ~하도록 강요하다)가 수동태로 전환되어서 A is forced to R이 된 것으로 이해하면 된다.

기출 종합
p72

01 ②

| 해석 | 이 소설은 사업을 시작하기 위해 학교를 그만두는 한 제멋대로인 10대의 골치 아파하는 부모에 관한 이야기이다.
① 냉담한
② 짜증난
③ 평판이 좋은
④ 자신감 있는

| 해설 | vexed는 '곤란한, 짜증이 난'이라는 뜻으로, 이와 의미가 가장 가까운 것은 ② 'annoyed(짜증이 난)'이다. vex는 '성가시게 하다'라는 동사로 annoy와 같은 의미이다. 이 단어를 모르더라도 아들이 학교를 그만둔다고 제멋대로 행동하므로 '짜증난, 화가 난'의 의미가 들어가야 한다.

| 어휘 | • unruly 제멋대로의 • quit 그만두다

02 ③

| 해석 | A : 너는 Ted에게 생일 선물로 뭘 사 줄래? 나는 그에게 야구 모자 몇 개를 주려고 해.
B : 나는 딱 맞는 선물을 생각해 내려고 머리를 짜내고 있어. 나는 그가 무엇이 필요한지 짐작하지 못하겠어.
A : 그에게 사진첩을 주는 건 어때? 그는 많은 사진을 가지고 있잖아.
B : 그거 좋겠다! 내가 왜 그걸 생각하지 못했지? 제안해 줘서 고마워.
① 그에게 연락을 받다
② 종일 자다
③ 머리를 짜내다
④ 사진첩을 수집하다

| 해설 | Ted에게 생일 선물로 무엇을 사 줄 것인지 묻는 A의 질문에 대해 B가 빈칸이 있는 문장에서 딱 맞는 선물을 생각해 내려고 하고 있다고 하고, 빈칸 뒤에서 I don't have an inkling of what he needs(나는 그가 무엇이 필요한지 짐작하지 못하겠어)라고 했으므로 빈칸에는 딱 맞는 선물을 생각해 내려고 '머리를 짜내고 있어'라는 의미가 들어가야 자연스럽다. 따라서 ③ racking my brain이 정답이다.

| 어휘 | • have an inkling of 짐작하다 • rack one's brain 머리를 짜내다

03 ③

| 해석 | 작년에 나는 극장에서 예술 행사를 <u>무대에 올리는</u> 것을 담당하는 직원들과 함께 이번 공연을 할 수 있는 대단히 좋은 기회를 얻었다.
① 변하는 것
② ~없이 지내는 것
③ 무대에 올리는 것
④ 포기하는 것

| 해설 | '나는 극장에서 예술 행사를 담당하는 직원들과 함께 이번 공연을 할 수 있는 대단히 좋은 기회를 얻었다'라는 문맥에서 with the staff responsible for _____ art events at the theater의 빈칸에는 '무대에 올리는 것'이라는 의미가 들어가야 자연스럽다. 따라서 put on(무대에 올리다)의 동명사형인 ③ putting on이 정답이다.

| 어휘 | • opportunity 기회 • performance 공연 • turn into ~로 변하다
• do without ~없이 지내다 • put on 무대에 올리다, 공연하다
• give up ~을 포기하다

04 ①

| 해설 | 비교 구문 would rather A than B에서 비교 대상은 같은 품사끼리 연결되어야 하는데, 조동사 관련 숙어 would rather 뒤에는 동사원형(relax)이 와야 하므로 than 뒤에도 동사원형이 와야 한다. 따라서 going을 동사원형 go로 고쳐야 한다.

| 오답 분석 |
② 형용사 unwilling(꺼리는)은 to부정사를 취하는 형용사이므로 unwilling to interfere가 올바르게 쓰였다.
③ '과거의 일을 걱정해 봐야 소용없다'는 동명사 관련 표현 Its no use -ing(~해도 소용없다)로 나타낼 수 있으므로 It's no use worrying이 올바르게 쓰였다. 또한, 선행사 past events가 사물이고 관계절 내에서 전치사 over의 목적어 역할을 하므로 목적격 관계대명사 which가 올바르게 쓰였다.
④ 부사절 접속사 so~that(매우 ~해서 ~하다)은 so + 형용사/부사 + that + 주어 + 동사'의 형태로 쓰이므로 so often that my secretary carries가 올바르게 쓰였다.

| 어휘 | • unwilling 꺼리는 • interfere 개입하다
• it is no use -ing ~해도 소용없다 • spare 여분의

05 ①

| 해석 | A : 너 오늘 아침에 Steve 봤어?
B : 응. 그런데 그는 왜 <u>그렇게 우울한 얼굴을 하고 있어?</u>
A : 전혀 모르겠어.
B : 나는 그가 행복할 거라고 생각했는데.
A : 나도 그래. 특히 그가 지난주에 판매부장으로 승진했으니까.
B : 그는 아마 여자친구와 문제가 있을지도 몰라.
① 그렇게 우울한 얼굴을 하다
② 나의 후임이 되다
④ 우세한 편에 붙다
④ 멋진 수를 쓰다

| 해설 | 빈칸 뒤에서부터는 최근에 승진한 Steve가 행복할 거라고 생각했지만 여자친구와 문제가 있을지도 모른다고 추측하고 있으므로, 빈칸에는 그(Steve)가 왜 '그렇게 우울한 얼굴을 하고 있어?'라고 묻는 질

문이 들어가야 자연스럽다. 따라서 ① have such a long face가 정답이다.

| 어휘 | • promote 승진시키다 • have a long face 우울한 얼굴을 하다
• step into one's shoes ~의 후임이 되다 • jump on the bandwagon 우세한 편에 붙다, 시류에 편승하다
• play a good hand 멋진 수를 쓰다

06 ③

| 해석 | 많은 업계의 전문가들에 의해 만화 목소리 연기의 창시자로 여겨지는 Mel Blanc은 1927년에 지역 라디오 쇼의 목소리 배우로서 그의 경력을 시작했다. 제작자들은 많은 배우들을 고용할 수 있는 자금을 가지고 있지 않아서 Mel Blanc은 필요에 따라 쇼를 위해 여러 가지 목소리와 등장인물을 만들어 내는 것에 의지했다. 그는 The Jack Benny Program의 고정 출연자가 되었는데, 이 프로그램에서 그는 인간, 동물, 그리고 엔진 조정이 필요한 자동차와 같은 생명이 없는 물체들 등의 많은 등장인물에 대한 목소리를 제공했다. Porky Pig를 위해 그가 만들어 낸 독특한 목소리는 Warner Bros에서의 그의 큰 성공에 연료를 공급했다. 머지 않아 Blanc은 Hanna-Barbera Studios의 등장인물뿐만 아니라 많은 스튜디오의 초대형 만화 스타들과 밀접한 관계를 맺게 되었다. 그의 가장 오래 진행한 목소리 연기는 약 52년간 Daffy Duck이라는 등장인물을 위해 한 것이었다. Blanc는 그의 작업을 매우 보호하려고 했으며 'Mel Blanc의 목소리 연기'라고 쓰인 스크린 크레딧이 항상 그의 계약 조건의 항목에 있었다.

| 해설 | (A) 'resort to(~에 의지하다)에서 to는 전치사이고, 전치사 뒤에는 명사 역할을 하는 것이 와야 하므로 동사 원형 create가 아닌 동명사 creating을 써야 한다.
(B) 관계사 뒤에 완전한 절(he~characters)이 왔으므로 관계대명사 which가 아닌 관계부사 where를 써야 한다.
(C) 주어 자리에 복수명사 screen credits가 왔으므로 단수동사 was가 아닌 복수동사 were를 써야 한다. 주어와 동사 사이의 수식어 거품(reading~Mel Blanc)은 동사의 수 결정에 영향을 주지 않는다. 따라서 ③ (A) creating – (B) where – (C) were가 정답이다.

| 어휘 | • expert 전문가 • inventor 창시자
• resort to ~에 의지하다 • regular 고정 출연자
• nonliving 생명이 없는 • tune-up 엔진 조정
• distinctive 독특한 • breakout success 큰 성공
• protective 보호하는 • term 조건

07 ③

| 해석 | 질문을 받았을 때, 거의 모든 사람은 칭찬에 대한 적절한 반응이 '감사합니다'라고 말한다. 하지만 연구원들은 실제로 칭찬을 받았을 때, 사람들의 3분의 1만이 그것을 정말로 ① 단순하게 받아들인다는 것을 알아냈다. 어려움은 모든 칭찬이("스웨터가 참 멋지구나!") 선물 요소(수락하거나 거절하거나) 그리고 내용 요소(동의하거나 반대하거나)의 2가지 관점을 가지고 있다는 사실에 있다. (칭찬을) 받는 사람은 어떻게 그 2가지에 동시에 대답할지에 대한 ② 딜레마에 직면한다. 즉, "나는 말하는 사람에게 동의해야 하고, 자화자찬을 피하면서 그에게 칭찬이라는 선물에 대한 감사를 표해야 한다." 흥미롭게도, 여성들과 남성들은 양쪽 다 여성보다 남성으로부터의 칭찬을 ③덜 받아들이는 경향이 있다. 남자가 "멋진 스카프네요"라고 말할 때, 여자는 "고맙습니다. 여동생이 저를 위해 떠 줬어요"와 같이 더 ④ 긍정적으로 대답하는 경향이 있다. 그러나 여자가 다른 여자에게 "참 아름다운 스웨터네요"라고

15

말할 때, (칭찬을) 받는 사람은 "할인 중이었고, 심지어 제가 원했던 색깔도 없었어요"와 같이 동의하지 않거나 회피하기 쉽다.

| 해설 | 지문 뒷부분에 칭찬을 받는 사람은 남자가 칭찬할 때는 긍정적으로 대답하고, 여자가 칭찬할 때는 동의하지 않거나 회피하기 쉽다는 내용이 있으므로, 흥미롭게도 여성들과 남성들은 양쪽 다 여성보다 남성으로부터의 칭찬을 '덜'(less) 받아들이는 경향이 있다는 것은 문맥상 적절하지 않다. 따라서 ③ less가 정답이다. 문맥상 less가 아니라 more로 바꿔야 자연스럽다.

| 어휘 | • compliment 칭찬 • level 관점, 수준 • reject 거절하다
• confront 직면하다 • dilemma 딜레마 • simultaneously 동시에
• self-praise 자화자찬 • affirmatively 긍정적으로
• deflect 회피하다, 모면하다

08 ③

| 해석 | 아이였을 때 나는 언니와 침실을 같이 썼다. 비록 나이 차는 적었지만, 지적 능력과 성숙함에 있어서 그녀는 거대한 분수령 너머에서 나를 바라보았다(아주 멀고 높은 곳에서 멀리 보듯 바라보았다). 그녀의 진지한 학문적이고 문화적인 추구는 라디오 쇼를 열심히 모니터링하는 내 행동과 뚜렷하게 대조를 이루었다. 이러한 ① 다른 관심사와 우리 사이에 하나의 침실이라는 제한된 자원 때문에, 우리는 무엇이 방해가 되고 사려 깊지 못한 행동이 되는지에 관해 자주 갈등을 겪었다. 몇 달 동안, 우리의 다른 관점에 있어서 '절반씩 절충해서 합의를 봄'으로써 혹은 '모두 똑같이 공평하게 분배하는 것'을 실천함으로써 ② 타협하려는 시도들이 있었다. 심지어 부모님의 중재뿐만 아니라 서면으로 된 일정과 협정이 있었지만, 언쟁은 계속되었다. 우리가 다음 번의 수학적 타협을 위해 책략을 짜고 스스로의 위치를 정하며 상당한 시간과 에너지가 낭비되고 있다는 것을 우리 둘 모두가 깨닫게 되었을 때, 결국 그 문제는 ③ 악화되었다. 우리의 상호이익을 위해 문제를 해결하는 것에 대한 ④ 공통의 관심사를 인식하면서, 우리는 공간, 시간, 그리고 물질의 물리적인 자원을 넘어서 생각할 수 있었다. 우리의 요구를 모두 충족시키는 만족스러운 해결책은 라디오용 이어폰의 구입이었다.

| 해설 | 지문 마지막에 상호이익을 위해 문제를 해결하는 것에 대한 공통의 관심사를 인식하면서 화자와 언니는 물리적인 자원을 넘어서 생각할 수 있다고 했으므로, 결국 그 문제가 '악화되었다'(aggravated)는 것은 문맥상 적절하지 않다. 따라서 ③ aggravated가 정답이다. 참고로, 주어진 aggravated를 대신할 수 있는 어휘로는 '해결되었다'라는 의미의 settled가 있다.

| 어휘 | • intellect 지적 능력 • maturity 성숙함 • pursuit 추구
• contrast 대조를 이루다 • sharply 뚜렷하게 • dissimilar 다른
• constitute ~가 되다 • disturbing 방해가 되는
• inconsiderate 사려 깊지 못한 • compromise 타협하다
• split the difference 절반씩 절충해서 합의를 보다 • divergent 다른
• share and share alike 모두 똑같이 공평하게 분배하다
• mediation 중재, 조정 • controversy 언쟁, 싸움 • persist 계속되다
• ultimately 결국 • aggravate 악화시키다 • considerable 상당한
• maneuver 책략을 짜다 • position 위치를 정하다
• mathematical 수학적인 • mutual 상호의

09 ②

| 해석 | 우리의 일상적이고 의식적인 활동에서, 우리는 일반적으로 정신과 육

체 사이의 ① 분리를 경험한다. 우리는 우리의 육체와 육체적인 행위들에 대해 생각한다. 동물들은 이 구분을 경험하지 않는다. 우리가 육체적인 요소를 가지고 있는 어떤 기술을 배우기 시작할 때, 이러한 분리는 훨씬 ② 덜 명백해진다. 우리는 관련된 다양한 행동과 우리가 따라야 하는 단계들에 대해 생각해야 한다. 우리는 우리의 느림과 우리의 육체가 어떻게 서투르게 반응하는지에 대해 인지하고 있다. 우리가 ③ 개선되면서, 특정 시점에는, 우리는 이 과정이 어떻게 다르게 기능할 수 있는지, 정신이 육체를 방해하지 않는 상태로 그 기술을 유동적으로 실행하는 것이 어떤 느낌일지를 어렴풋이 안다. 그러한 짧은 경험을 통해 우리는 무엇을 목표로 해야 하는지 안다. 만약 우리가 충분히 연습한다면 그 기술은 ④ 무의식적인 것이 되고 우리는 정신과 육체가 하나로서 작용하고 있다는 느낌을 갖는다.

| 해설 | 지문 전반에 걸쳐 우리는 우리의 느림과 우리의 육체가 어떻게 서투르게 반응하는지를 인지하지만, 우리가 충분히 연습한다면 그 기술은 무의식적인 것이 된다고 했으므로, 우리가 육체적인 요소를 가지고 있는 어떤 기술을 배우기 시작할 때 이러한 분리가 훨씬 '덜'(less) 명백해진다는 것은 문맥상 적절하지 않다. 따라서 ② less가 정답이다. 주어진 less를 대신할 수 있는 어휘로는 '더'라는 의미의 more가 있다.

| 어휘 | • conscious 의식적인 • separation 분리 • physical 육체의
• division 구분 • component 요소 • apparent 명백한
• slowness 느림 • awkward 서투른, 어색한
• have a glimpse of ~를 어렴풋이 알다 • function 기능하다, 작용하다
• fluidly 유동적으로 • automatic 무의식적인, 반사적인
• sensation 느낌 • operate 작용하다

10 ③

| 해석 | 역설적이지만, 어떤 관심사에 대한 초기의 발견은 발견한 사람에 의해 종종 간과된다. 다시 말해서, 당신이 무언가에 막 관심을 가지기 시작할 때, 당신은 심지어 무엇이 일어나고 있는지 인식하지 못할 수도 있다. 지루함의 감정은 당신이 그것을 느낄 때 당신이 알기 때문에, 늘 의식적이지만, 당신의 관심이 새로운 행동이나 경험에 이끌릴 때, 당신은 당신에게 일어나고 있는 것에 대한 사색적인 감상을 거의 갖지 못할 수도 있다. 이것은 새로운 노력의 시작에서, 당신 스스로에게 초조하게 며칠마다 당신이 당신의 열정을 찾았는지 물어보는 것은 너무 이르다는 것을 의미한다.
① 관련 있는
② 필요한
③ 너무 이른
④ 흔하지 않은

| 해설 | 빈칸이 있는 문장을 통해 빈칸에 새로운 노력의 시작에서 당신이 당신 스스로에게 초조하게 며칠마다 열정을 찾았는지 물어보는 것이 어떠한지에 대한 내용이 나와야 적절하다는 것을 알 수 있다. 빈칸 앞 문장에서 지루함의 감정은 당신이 그것을 느낄 때 알기 때문에 늘 의식적이지만, 당신의 관심이 새로운 행동이나 경험에 이끌릴 때는 일어나고 있는 것에 대한 사색적인 감상을 거의 갖지 못할 수도 있다고 설명하고 있다. 따라서 당신 스스로에게 초조하게 며칠마다 당신의 열정을 찾았는지 물어보는 것은 '너무 이른' 것을 의미한다고 한 ③번이 정답이다.

| 어휘 | • paradoxically 역설적으로 • unnoticed 간과되는
• boredom 지루함, 따분함 • self-conscious 의식적인
• attract (주의, 흥미 따위)를 끌다 • reflective 사색적인

- appreciation 감상, 이해 • endeavor 노력 • nervously 초조하게
- passion 열정 • premature : 너무 이른

11 ①

| 해석 | 동물의 이타적 행위 중 가장 흔하고 <u>눈에 띄는</u> 행동은 부모, 특히 엄마에 의해 그들의 자녀들에게 행해진다.
① 두드러진
② 적절한
③ 숨겨진
④ 부수적인
⑤ 기본의

| 해설 | conspicuous(뚜렷한)와 비슷한 의미를 가진 어휘를 묻고 있으므로, '두드러진'이라는 의미의 ① salient가 정답이다.

| 어휘 | • conspicuous 뚜렷한, 눈에 띄는 • altruism 이타적 행위, 이타주의
- salient 두드러진, 현저한 • pertinent 적절한 • conceal 숨기다
- contingent 부수적인 • rudimentary 기본의

12 ④

| 해석 | A : 귀하께서 관심이 있으셨던 차들을 방금 모두 보셨습니다. 마음에 드시는 특정 모델이 있으신가요?

B : 음, 처음에 봤던 빨간색 모델이 정말 마음에 들어요. 특히 그것의 밝은 색 외관이요.

A : 그럼, 그것을 시승하시겠습니까?

B : 아마도요…. 그런데 다리를 뻗을 수 있는 공간에 대해 약간 걱정이 되는군요.

A : <u>그것이 귀하께 너무 작다고 생각하시나요?</u>

B : 음, 우리 가족에게는 공간이 충분히 넓지 않은 것 같아요.

A : 그렇게 느끼셨다면, 다른 모델을 시운전할 수 있습니다.

B : 좋아요. 저는 당신의 제안에 열려 있습니다.

① 외관에 무슨 문제가 있는 것 같나요?
② 다른 색을 시운전해 보고 싶으신가요?
③ 아마도 빨간 것을 시승하고 싶으신가요?
④ 그것이 귀하께 너무 작다고 생각하시나요?

| 해설 | 다리를 뻗을 수 있는 공간이 걱정된다는 B의 말에 대한 A의 대답 후, 빈칸 뒤에서 B가 다시 I don't think it is spacious enough for my family (우리 가족에게는 공간이 충분히 넓지 않은 것 같아요) 라고 말하고 있으므로, 빈칸에는 '그것이 귀하께 너무 작다고 생각하시나요?'라는 의미가 들어가야 자연스럽다. 따라서 ④ Do you think it is too small for you?가 정답이다.

| 어휘 | • particular 특정한 • exterior 외관, 외부 • radiant 밝은, 빛나는
- test-drive 시승하다, 시험 운행하다
- leg room 다리를 뻗을 수 있는 공간
- spacious 공간이 넓은 • try out 시운전하다

13 ① increasingly damaging → increasingly damaged

| 해석 | 산호는 어망에 의해 점차적으로 훼손되는 생태계의 근간이지만, 과학자들은 그 천천히 자라는 생명체에 대해 거의 알지 못하는데, 그것들은 접근하기 다소 어렵기 때문이다.

| 해설 | ① 수식받는 명사(The corals)와 분사가 '산호들이 훼손되다'라는 의미의 수동 관계이므로 현재분사 damaging을 과거분사 damaged로 고쳐

야 한다.

| 오답 분석 |

② 문맥상 '거의 알지 못한다'라는 의미가 되어야 자연스러우므로 부정을 나타내는 부사 little(거의 ~않는)이 강조부사 very 뒤에 올바르게 쓰였다.
③ 수식받는 명사(life-forms)와 분사가 '생명체가 천천히 자라다'라는 의미의 능동 관계이므로 현재분사 slow-growing이 올바르게 쓰였다.
④ 형용사 difficult는 to부정사를 취하는 형용사이므로 to reach가 올바르게 쓰였다.

| 어휘 | • coral 산호 • ecosystem 생태계 • fishing net 어망
- life-form 생명체

기출 연습 p86

01 ④ moved → moving

| 해설 | saw는 지각동사로 쓰였고, 목적어인 한 가족이 이사 오는 것이므로 목적격 보어 자리에는 동사원형이나 현재분사가 사용되어야 한다.

| 오답 분석 |

① 난이형용사 구문에서 to부정사의 목적어가 주어로 오는 경우 to부정사의 목적어가 중복되지 않아야 하므로, to read 뒤에 목적어 자리가 비어 있는 것은 적절하다.

② 'it is no use R-ing'는 '~해도 소용없다'라는 뜻을 갖는 동명사의 관용 표현이다. 따라서 It is no use trying은 어법에 맞게 쓰였다.

③ 'every + 숫자 + 복수명사'는 '~마다'라는 뜻의 시간 부사구로 알맞게 쓰였다.

02 ② distracted → be distracted

| 해설 | let이 사역동사로 쓰여 목적어와 목적격 보어가 수동 관계일 경우, 다른 사역동사와 달리 'let + 목적어 + be p.p.'의 형태로 쓰고 이때 be가 빠지면 안 된다. 따라서 distracted를 be distracted로 고쳐야 한다. '책을 태우다'는 I let my book be burned in the fire가 되어야 한다.

| 오답 분석 |

① had가 사역동사로 쓰였고 목적어 the woman이 '체포되는' 것이므로 목적격 보어 자리에 과거분사 arrested는 바르게 쓰였다.

③ let이 사역동사로 쓰였고 목적어와 목적격 보어가 목적격 보어가 올 때 목적격 보어 자리에는 원형부정사를 사용하므로 know는 바르게 쓰였다.

④ had가 사역동사로 쓰였고 목적어와 목적격 보어가 능동 관계이므로 목적격 보어 자리에 원형 부정사 phone과 ask가 바르게 사용되었다. 또한 ask는 5형식으로 쓰이는 경우 목적격 보어에 to부정사를 사용하므로 to donate 또한 적절하게 쓰였다.

03 ③ will be vary → will vary

| 해석 | ① 지진에 따른 화재는 보험업계에서 특별히 관심을 가진다.
② 워드 프로세서는 과거에 키보드 사용자에게 최고의 도구로 여겨졌다.
③ 현금 예측에서 소득 요소는 회사 사정에 따라 달라질 것이다.
④ 세계 최초의 디지털 카메라는 1975년 Steve Sasson이 Eastman Kodak에서 만들었다.

| 해설 | ③ vary는 '다르다'라는 뜻의 완전 자동사이다. 따라서 be동사와 일반동사를 같이 쓸 수 없으므로, will be vary를 will vary로 고쳐야 한다.

| 오답 분석 |

① 'of + 추상명사'는 형용사 역할을 한다. 따라서 of special interest는 형용사 보어 역할로 어법에 맞게 쓰였다.

② consider는 5형식 동사로 쓰여 'consider + O + (to be) + 형/명'의 구조를 취할 수 있는데, 수동태가 되면 'be considered + (to be)

+ 형/명' 형태가 된다.

④ 1975년이라는 명백한 과거 시간이 있으므로 과거시제 was로 쓴 것은 적절하고, 카메라가 만들어진 것이므로 수동태로 쓴 것도 적절하다.

| 어휘 | • following 다음의 • earthquake 지진
• element 요소 • vary 다르다

04 It took hours to find him out
→ It took him hours to find out

| 해석 | 그가 위조지폐의 출처를 알아내는 데에는 오랜 시간이 걸렸다.

| 해설 | It + takes + 사람 + 시간 + to R은 '~가 ~하는 데 얼마의 시간이 걸리다'이다.

05 to feel → feel

| 해석 | 하이힐을 신는 가장 중요한 이유는 여자가 더 크고, 더 날씬하고, 더 섹시하게 느끼게 하는 것이다.

| 해설 | make가 사역동사이므로 목적격 보어 자리에 원형 부정사를 사용한다.

06 ③ lend you with the money
→ lend you the money
will pay → pay

| 해설 | ③ lend는 4형식 동사이므로 'lend + 사람 + 돈(~에게 ~을 빌려주다)'의 구조를 취하므로 전치사 with을 삭제해야 한다. 그리고 provided는 if와 같은 의미를 가지는 조건접속사이므로 동사의 시제는 미래 대신에 현재를 사용해야 한다. 따라서 will pay를 pay로 고쳐야 한다.

| 오답 분석 |

① 주어 자리에 that절이 오면 뒤로 빼고 가주어 it을 사용하므로 제대로 표현되었다.

② 주절 주어 my car가 주차되는 것이므로 과거분사 parked가 올바르게 사용되었다.

④ 과거 상황의 반대를 가정하는 경우 가정법 과거완료를 사용하는데, if절 동사는 had p.p.이고 주절 동사는 might have p.p.로 올바르게 쓰였다.

07 ③ wait → wait for

| 해석 | ① 벽에 걸린 그 그림은 아름답다.
② 그 쌍둥이는 성격 면에서 서로 다르다.
③ 고객 서비스 번호로 전화를 걸었을 때, 나는 서비스 관리자를 10분 동안 기다려야 했다.
④ 소금을 너무 많이 섭취하는 것은 고혈압을 초래할 수 있다.

| 해설 | ③ wait은 자동사이므로 뒤에 목적어가 오는 경우 전치사 for와 함께 사용되어야 한다.

| 오답 분석 |
① '그림이 걸려 있다'라는 표현으로 hang은 자동사이므로 현재분사가 올바르게 쓰였다.
② differ는 자동사이므로 뒤에 전치사 from이 수반된다.
④ result는 자동사이므로 뒤에 전치사 in을 수반한다.

08 ② of → from

| 해설 | ② deter + 사람 + from + ‒ing는 '~가 ~하는 것을 막다'라는 뜻이다.

| 오답 분석 |
① deprive + 사람 + of + 대상은 '~에게 ~을 빼앗다'라는 뜻이다.
③ discuss는 타동사이므로 전치사 없이 바로 목적어를 취한다.
④ present + 사람 + with + 대상은 '~에게 ~을 제공하다'라는 뜻이다.

09 ④ lied on the track → lying on the track

| 해석 | 간디가 어느 날 기차에 올라타고 있을 때, 그의 신발 중 한 짝이 벗겨져 선로로 떨어졌다. 기차가 움직이고 있었기 때문에 그는 그것을 회수할 수 없었다. 같이 있는 동료들이 놀라게도, 간디는 조용히 다른 한 짝의 신발을 벗어서 선로를 따라 던져 첫 번째 신발 가까이에 내려 주었다. 왜 그렇게 했냐고 동료 승객에게 질문을 받자 간디는 웃었다. "선로 위에 놓인 그 신발을 발견한 가난한 사람이" 간디는 대답했다. "이제는 그가 쓸 수 있는 한 켤레를 가질 수 있을 것입니다."

| 해설 | ④ lie는 자동사이므로 과거분사형으로 사용될 수 없다. 현재분사형인 lying으로 고쳐야 한다.

| 오답 분석 |
① aboard는 부사이고, step board는 '탑승하다'라는 의미가 맞다.
② '~에 가까이 두기 위해서'라는 의미로 부정사의 부사적 용법이 바르게 쓰였다.
③ 목적어 자리에 사용되는 명사절(간접 의문은)은 '접속사 + 주어 + 동사'의 어순으로 도치하지 않는다. why he did so가 바르게 쓰였다.

10 ② cited → citing

| 해석 | 미국 헌법 수정조항 제2조는 "잘 규정된 민병대는 자유로운 주의 안보에 필수적이므로, 무기를 소장하고 휴대하는 인민의 권리는 침해될 수 없다"라고 명시하고 있다. 대법원 판결들은 이 조항을 인용하면서 총기를 규제할 수 있는 주의 권리를 지지해 왔다. 하지만 2008년 무기를 소유하고 휴대할 수 있는 개인의 권리를 확인하는 판결에서 법원은 권총을 금지하고 가정에서 권총은 안전장치를 해 두거나 분해해 둘 것을 요구하는 워싱턴 DC의 법을 기각했다.

| 해설 | ② 분사구문은 동사의 성격을 지니는데, 뒤에 this amendment라는 의미상의 목적어가 제시되어 있으므로 현재분사형으로 교체해야 한다.

| 오답 분석 |
① be라는 불완전 자동사의 보어로 형용사가 제대로 쓰였다.
③ 지시대명사 those는 앞에 복수명사 handguns를 받고 있으므로 수가 일치하고 있다.
④ require는 목적격 보어 자리에 to부정사를 수반한다. 그리고 '권총이 안전장치가 걸리는 것'이므로 수동태의 형태 역시 제대로 쓰였다.

| 어휘 |
• amendment 미국 헌법 수정조항 • constitution 헌법 • militia 민병대
• arms 무기 • handgun 권총 • disassemble 분해하다

11 ① to spot them → to spot

| 해석 | 12월은 하와이에서 혹등고래 계절의 시작을 나타낸다. 그러나 전문가들은 올해 혹등고래의 귀환이 늦어지고 있다고 말한다. 이 거대한 고래들은 섬에서 겨울의 상징적인 부분이며 전문 여행업자들에게는 수입원이다. 하지만 혹등고래 해양보호 구역 전문가들은 지금까지 고래를 발견하기 어려웠다는 보고를 받고 있다고 한다. "1가지 이론은 이런 일들이 고래가 증가할 때 발생했다는 것이다. 이는 (번식) 성공의 결과물이다. 더 많은 개체 수로 인해, 그들은 먹이 자원을 얻는 것에 경쟁하고 있고, 다시 돌아갈 긴 여행을 위한 에너지를 비축한다"라고 마우이에 있는 섬 자원 보호 매니저이자 대응 코디네이터인 에드 리먼은 말했다. 크리스마스 이브에 고통받는 새끼 고래에 대한 요청에 응답하는 동안, 그는 얼마나 적은 수의 동물들을 봤는지에 놀랐다며 말했다. "우리는 단지 소수의 고래만을 봤을 뿐입니다". 보호 구역 공동의 전 매니저인 제프 월터스에 따르면, 공무원들이 고래의 확실한 숫자를 알기까지는 시간이 걸릴 것이라고 한다. 왜냐하면, 고래 수에 대한 연간 집계는 1월, 2월. 3월 마지막 토요일이 되어서야 이루어지기 때문이다.

| 해설 | ① difficult와 같은 난이형용사는 가주어, 진주어 구문을 이용해서, 'It is + 난이형용사 + to R + 목적어'의 구조로 사용된다. 이때 to부정사의 목적어에 해당하는 명사가 주어 자리에 가는 경우 to부정사 뒤에 목적어를 비워야 한다는 점에 주의해야 한다. 즉, It has been difficult to spot the whales가 원래 문장이었는데, the whales가 주어 자리로 가는 경우 The whales have been difficult to spot이 되어야 한다. to spot 뒤에 다시 목적어를 쓰지 않도록 주의해야 한다. 따라서 이 문장에서 them을 삭제해야 한다.

| 오답 분석 |
② reserve는 동사로 사용되는 경우 '예약하다, 권리 등을 보유하다'라는 의미이다. 반면 명사로 사용되는 경우 '예비, 비축'이라는 의미를 가진다. 이 문장에서는 명사로 사용되는 것이므로 바르게 쓰였다.
③ calf라는 명사를 수식해 주는 분사가 와야 하는데, distress는 '~괴롭히다, 고통을 주다'라는 감정 동사이다. 따라서 '고통을 받은'의 의미로는 과거분사형인 distressed가 바르게 쓰였다.
④ 'It will be + 시간 + before + 주어 + 동사'는 '~하는 데 ~만큼의 시간이 걸리다'라는 구문이다. 따라서 접속사 before가 바르게 쓰였다. 참고로 'It will not be long before + 주어 + 동사'는 '~하는 데 오래 걸리지 않을 것이다'이다. 같이 기억해 두자!

| 어휘 |
• humpback whale 혹등고래 • iconic 상징적인, 대표적인
• tour operator 여행업자 • sanctuary 보호구역 • calf 새끼
• a handful of 몇몇, 소수의 • reserve 예약하다, 비축

01 ④

| 해석 | 한 무리의 젊은 시위대가 경찰서에 침입하려고 시도했다.

① 줄서다

② 나눠주다

③ 수행하다

④ 침입하다

| 해설 | 주어가 젊은 시위대이고 목적어가 경찰서이므로 동사는 당연히 ④ 'break into(침입하다)'가 정답이다. break into는 '∼을 부수고 안으로 들어가다'이므로 '침입하다'가 된다.

02 ③

| 해석 | 페니실린은 그것에 알레르기가 있는 사람에게 역효과가 있을 수 있다.

① 긍정적인

② 냉담한

③ 역의

④ 암시적인

| 해설 | 페니실린은 그것에 알레르기가 있는 사람에게 _____ 효과가 있을 수 있다'라는 문맥에서 Penicillin can have an _____ effect의 빈칸에는 '역의'라는 의미가 들어가야 자연스럽다. 따라서 ③ adverse가 정답이다.

| 어휘 | • allergic 알레르기가 있는 • affirmative 긍정적인 • aloof 냉담한
• adverse 역의 • adverse effect 역효과, 부작용 • allusive 암시적인

03 ①

| 해석 | 몇몇 최신 법률들은 사람들이 필요할 때 그들을 위해 의학적인 의사결정을 내릴 수 있는 대리인을 지정하는 것을 허가한다.

① 대리인

② 보초병

③ 전임자

④ 약탈자

| 해설 | surrogate(대리인)와 비슷한 의미를 가진 어휘를 묻고 있으므로, '대리인'이라는 의미의 ① proxy가 정답이다.

| 어휘 | • authorize 허가하다 • appoint 지정하다, 임명하다
• surrogate 대리인 • proxy 대리인 • sentry 보초(병)
• predecessor 전임자 • plunderer 약탈자

04 ④

| 해석 | A : 그는 자신이 무엇이든 해낼 수 있다고 생각해.
B : 맞아, 그는 현실적일 필요가 있어.

① 자기 혼자만의 세계에서 산다

② 휴식을 취하고 즐기다

③ 용기를 내고 자신감을 가지다

④ 삶에 대해 분별 있고 현실적이다

| 해설 | keep his feet on the ground(현실적이다)와 비슷한 의미를 가진 표현을 묻고 있으므로, '삶에 대해 분별 있고 현실적이다'라는 의미의 ④ remain sensible and realistic about life가 정답이다.

| 어휘 | • achieve 해내다, 달성하다
• keep one's feet on the ground 현실적이다 • sensible 분별 있는
• realistic 현실적인

05 ①

| 해석 | 그는 서랍에서 사진 한 장을 꺼내 깊은 존경을 담아 입을 맞추고, 하얀 실크 손수건으로 그것을 조심스럽게 감싸 그의 셔츠 속 심장 옆에 놓았다.

① 조심스럽게

② 서둘러서

③ 단호히

④ 유쾌하게

| 해설 | meticulously(조심스럽게)와 비슷한 의미를 가진 어휘를 묻고 있으므로, '조심스럽게'라는 의미의 ① carefully가 정답이다.

| 어휘 | • drawer 서랍 • reverence 존경, 숭배 • fold 감싸다
• meticulously 조심스럽게, 세심하게 • kerchief 손수건

06 ①

| 해석 | 우리는 번아웃의 대가에 대해 잘 알고 있는데, 즉 에너지, 동기 부여, 생산성, 참여와 헌신은 직장에서나 가정에서나 모두 타격을 입을 수 있다. 그리고 많은 해결책들은 상당히 직관적이다. 정기적으로 코드를 뽑아라. 불필요한 회의를 줄여라. 운동을 하라. 낮에 작은 휴식 시간을 일정에 넣어라. 때때로 도저히 떨어져 있지 않으면 안 되므로, 일에서 떨어져 있을 여유가 없다고 생각하더라도 휴가를 가져라.

① 해결책   ② 손해, 피해

③ 상   ④ 문제, 합병증

| 해설 | 번아웃에 대한 언급과 함께 빈칸 이후에는 번아웃에서 벗어날 수 있는 방법들이 열거되고 있으므로, 빈칸에 들어갈 말로 가장 적절한 것은 ① 'fixes'(해결책들)이다. 이 문제는 우선 fix를 명사로 알고 있어야 풀 수 있다. fix는 동사로는 '고치다'이고 명사로는 '해결책'이라는 의미이다.

| 어휘 | • familiar 익숙한, 친숙한 • burnout 탈진
• motivation 동기 부여 • productivity 생산성
• engagement 참여 • commitment 헌신
• take a hit 타격을 입히다 • intuitive 직감에 의한, 직감하는
• unplug 플러그를 뽑다, 장애물을 없애다 • now and then 때때로
• complication 복잡한 문제, 합병증

07 ③ seems → seem

| 해석 | 2000년에 하버드 대학교의 과학자들은 모나리자의 규정하기 힘든 미소를 설명하는 신경학적인 방법을 제시했다. 관찰자가 그녀의 눈을 바라볼 때, 입은 흑백으로 보이는 주변 시야에 있다. 이것은 그녀의 입 가장자리에 있는 그늘을 두드러지게 하며, 미소가 더 넓어 보이게 한다. 그러나 당신이 그것을 똑바로 바라보면, 미소는 줄어든다. 그녀

의 미소를 너무도 생생하고 신비하게 만드는 것은 바로 그녀의 미소의 가변성, 즉 당신이 그것으로부터 눈길을 돌리면 그것이 변한다는 사실이다.

| 해설 | ③ 동사 make(making)는 동사원형을 목적격 보어로 취하는 사역동사이므로 인칭단수동사 seems를 동사원형 seem으로 고쳐야 한다.

| 오답 분석 |
① 전치사 of 뒤에는 명사 역할을 하는 것이 와야 하므로 동명사 explaining이 올바르게 쓰였다.
② 선행사 peripheral vision이 사물이고, 관계절 내에서 동사 sees의 주어 역할을 하므로 사물을 가리키는 주격 관계대명사 which가 올바르게 쓰였다.
④ 사물을 강조할 때 'It~that 강조 구문'(~한 것은 ~이다)을 사용하여 'it + 동사(is) + 강조되는 내용(the variability of her smile) + that절'의 형태로 나타낼 수 있으므로, that이 올바르게 쓰였다.

| 어휘 |
• neurological 신경학적인, 신경학의 • elusive 규정하기 힘든
• peripheral 주변적인 • accentuate 두드러지게 하다
• corner 가장자리, 모서리 • broad 넓은
• diminish 줄어들다, 약해지다 • straight 똑바로
• variability 가변성 • look away alive 생생한
• mysterious 신비한

08 ②

| 해석 | 미국의회는 그 법이 다시 승인되지 않는다면, "소수 인종과 소수 언어 집단의 시민들은 그들의 투표권을 행사할 기회를 빼앗기거나 그들의 투표권이 약화되어 지난 40년 동안 소수 집단들에 의해 만들어진 중요한 성과를 훼손할 것이다"라고 결론지었다.
① 냉담한
② 제한된
③ 적대적인
④ 논쟁을 좋아하는
⑤ 터무니없는

| 해설 | dilute(약화시키다)의 과거분사형인 diluted와 비슷한 의미를 가진 어휘를 묻고 있으므로, '제한하다'라는 의미의 restrict의 과거분사형인 restricted가 정답이다.

| 어휘 |
• reauthorize 다시 승인하다 • minority 소수 집단
• deprive 빼앗다 • diluted 약화된
• undermine 훼손하다, 해치다 • callous 냉담한
• restrict 제한하다 • belligerent 적대적인
• contentious 논쟁을 좋아하는 • preposterous 터무니없는

09 ①

| 해석 | 그들이 어떤 여자도 그들 사이를 갈라 놓지 못할 것이라고 단언했지만, Biff와 Trevor는 두 사람 모두 아름다운 Teresa와 사랑에 빠진 후 악감정이 그들의 우정을 뒤덮는 것을 막을 수 없었다.
① 악의
② 무분별함
③ 온정
④ 동정
⑤ 추억

| 해설 | acrimony(악감정)와 비슷한 의미를 가진 어휘를 묻고 있으므로, '악의'라는 의미의 ① malice가 정답이다.

| 어휘 |
• vow 단언하다, 맹세하다 • come between ~의 사이를 갈라놓다
• acrimony 악감정, 독살스러움 • overwhelm 뒤덮다, 압도하다
• malice 악의, 적의 • temerity 무분별함, 대담함
• cordiality 온정, 진심 • recollection 추억, 회상

10 ③

| 해석 | 학생들은 공부할 때 그들이 무엇을 하는지에 대한 질문을 받으면, 그들은 그것을 학습하려 노력하면서 보통 밑줄을 치고, 하이라이트를 하거나 아니면 자료에 표시를 한다고 말한다. 개념상으로 그것들이 같은 방식으로 작용해야 한다는 것을 고려하면, 우리는 이러한 기술들을 ① 동등한 것으로 취급한다. 이 기술들은 일반적으로 학생들에게 매력적인데, 왜냐하면 그것들은 사용하기 간단하고, 연습을 ② 필요로 하지 않으며, 자료를 읽는 데 이미 필요한 것 이상으로 학생들이 많은 시간을 투자하는 것을 요구하지 않기 때문이다. 우리가 여기서 던지는 질문은, 사용하기에 매우 ③ 복잡한 기술이 실제로 학생들이 학습하도록 할까?이다. 하이라이트하기와 밑줄 긋기 특유의 이점들을 이해하기 위해, 우리는 활발한 텍스트 표시가 노트 필기와 같은 다른 보통의 기술들과 ④ 짝지어졌던 연구들을 고려하지 않는다. 비록 많은 학생들이 여러 기술들을 병행한다고 말하더라도, 어떤 것이 성공에 필수적인지 발견하기 위해 각각의 기술들은 ⑤ 독립적으로 평가되어야 한다.

| 해설 | 지문 중반에 이 기술들(하이라이트하기와 밑줄긋기)이 일반적으로 학생들에게 매력적인데, 왜냐면, 그것들은 사용하기 간단하고, 연습을 필요로 하지 않으며, 자료를 읽는 데 이미 필요한 것 이상으로 학생들이 많은 시간을 투자하는 것을 요구하지 않기 때문이라고 했다. 그러므로 사용하기에 매우 복잡한(complicated) 기술이 실제로 학생들이 학습하도록 하느냐는 질문은 문맥상 적절하지 않다. 따라서 ③ complicated가 정답이다. 주어진 complicated를 대신할 수 있는 어휘로는 '단순한'이라는 의미의 simple, easy 등이 있다.

| 어휘 |
• equivalent 동등한, 맞먹는 • conceptually 개념상으로
• entail 필요로 하다, 수반하다 • complicated 복잡한
• specific 특유의 • pair 짝짓다
• combine 병행하다, 합치다
• evaluate 평가하다 • independently 독립적으로
• crucial 필수적인, 결정적인

11 ①

| 해석 | A : David, 나 이 차트를 이해하는 데 문제가 있어.
B : 어떤 게 문제니?
A : 내 생각에는 내가 위도와 경도는 이해하는 것 같은데, 분과 초를 완전히 이해하지 못하겠어.
B : 자, '분'과 '초'는 해양 용어에서는 다른 것을 의미해. 그것들은 일상적인 것들과 같지 않아.
A : 무슨 말이니?
B : 음, 해양에서의 분은 거리를 측정해.
① 그것들은 일상적인 것들과 같지 않아

② 그것들은 다양한 항해 기술을 사용해

③ 그것들은 GPS를 어떻게 사용하느냐에 따라 달라

④ 사람들은 학생들이 그들만의 도표를 그리도록 연습시켰어

⑤ 초기 인류 역사 이후로 사람들은 서로 다른 기술을 사용해 왔어

| 해설 | 빈칸 앞에서 B는 A가 질문한 '분'과 '초'가 해양 용어에서는 다른 것을 의미한다고 하였으므로, 빈칸에는 '그것들은 일상적인 것들과 같지 않아'라는 말이 들어가야 자연스럽다. 따라서 ① They are not the same as ordinary ones가 정답이다.

| 어휘 | • chart 차트, 도표 • latitude 위도

• longitude 경도 • nautical 해양의, 항해의

• navigational 항해의

12 ⑤ being down → went down

| 해석 | 영국의 호화로운 해변 마을 들 중 하나에서 집을 사는 것은 적당히 부유한 사람들에게도 오랫동안 아주 도달할 수 없는 것이었다. 하지만, 이제 가장 고급인 휴양지 중 두 곳의 집값이 작년에 상당히 폭락한 것으로 보인다. Halifax에 의하면 South Devon에 있는 Salcombe의 뱃놀이 항구에서 가격은 8.2% 떨어졌다. 그리고 영국의 가장 비싼 휴양지로 유명한 Dorset의 Sandbanks에서 가격은 5.6% 떨어졌다.

| 해설 | ⑤ 절에는 반드시 주어와 동사가 있어야 하는데, 동사 자리에는 '동사'나 '조동사 + 동사원형'이 와야 하므로 '동사원형 + ing' 형태인 being을 과거 동사 went로 고쳐야 한다.

| 오답 분석 |

① 명사 역할을 하며 주어 자리에 올 수 있는 동명사구 Affording a home이 주어 자리에 올바르게 쓰였다.

② 전치사(for)의 목적어 자리에는 명사 역할을 하는 것이 와야 하므로, 'the + 형용사'(~한 사람들)의 형태로 복수 명사 역할을 하는 the rich가 올바르게 쓰였다.

③ 문맥상 '가격은 8.2% 떨어졌다'라는 현재에 완료된 일을 표현하고 있으므로, 현재완료시제 have fallen이 올바르게 쓰였다.

④ 형용사 renowned는 전치사 for와 함께 쓰여 '~으로 유명한'이라는 의미를 나타내므로 renowned for가 올바르게 쓰였다.

| 어휘 | • opulent 호화로운, 부유한 • moderately 적당히, 중간 정도로

• tumble 폭락하다 • haven 항구, 정박소

• renowned for ~으로 유명한

13 ③ used → using

| 해석 | 미국의 경찰용 무인 비행기에 대한 논쟁의 상당 부분은 사생활에 관한 것이었다. 그러나, 새로운 걱정거리가 나타났다. 해커들의 위협이다. 작년에, 보안 연구원인 Nils Rodday는 단지 노트북과 40달러의 값어치가 있는 특수 장비만을 사용해서 30,000달러에서 35,000달러 사이의 비용이 드는 무인 비행기 한 대를 탈취할 수 있다고 주장했다.

| 해설 | ③ 분사구문의 주어가 주절의 주어(he)와 같아서 생략되었고, 문맥상 분사구문의 주어와 분사가 '그가 노트북과 40달러의 값어치가 있는 특수 장비만을 사용하다'라는 의미의 능동 관계이므로 과거분사 used를 현재분사 using으로 고쳐야 한다.

| 오답 분석 |

① 주어 자리에 단수 취급하는 수량 표현 'much of + 불가산명사'(Much of the debate)이 왔으므로 단수동사 has가 올바르게 쓰였다.

② 문맥상 '30,000달러에서 35,000달러 사이의 비용이 든다'라는 의미가 되어야 자연스럽고, cost는 '비용이 들다'라는 의미로 쓰일 때 자동사이므로 능동태 cost가 올바르게 쓰였다.

④ 문맥상 '40달러의 값어치가 있는'이라는 의미가 되어야 자연스러우므로 '~의 값어치'를 의미하는 worth of가 올바르게 쓰였다.

| 어휘 | • debate 논쟁, 토론 • drone 무인 비행기 • concern 걱정거리, 우려

• come to light 나타나다, 밝혀지다 • take over 탈취하다, 장악하다

기출 연습

p106

01 ② might have not imagined
→ might not have imagined

| 해석 | 그 스스로가 몽상가였던 마틴 루터 킹 주니어조차 그가 살해된 지 40년 후에, 우리가 대통령직에 오른 최초의 아프리카 후손의 취임식을 준비할 것이라고 상상하지 못했을 것이다.

| 해설 | ② might have p.p.의 부정은 might not have p.p.이다.

| 오답 분석 |
① 여기서 himself는 없어도 되는 부사 자리에 강조를 위해서 사용되고 있다. 재귀대명사의 강조 용법이다.
③ will be planning에서 주절 동사와 시제의 일치를 위해서 would be planning이 되었다.
④ 부정사의 부사적 용법으로 바르게 사용되었다.

| 어휘 | • inauguration 취임식 • descent 후손 • ascend 올라가다
• presidency 대통령직

02 ② making → make

| 해석 | 그것은 건축자재, 종이와 연료를 만들기 위해 사용되는 원자재를 제공한다.

| 해설 | ② materials (which are) used to make에서 which are가 생략된 구문이다. 그리고 '~하기 위해 사용되다'라는 의미일 때는 be used to R이 되어야 한다.

| 오답 분석 |
① materials은 가산명사이므로 복수형이 바르게 표시되었다.
③ building materials는 복합명사로 '건축자재'라는 의미이다.
④ paper는 불가산명사이므로 부정관사와 사용되거나 복수형이 될 수 없다.

03 ③ signed → sign

| 해석 | 수술하는 날, 나의 부인이 수술하기 몇 분 전에, 의사보조원은 그녀가 원하지 않은 수술 동의서에 서명할 것을 요구했다.

| 해설 | ③ demand는 요구, 제안, 명령, 주장 등의 동사이므로 that절 안의 동사는 (should) R이 되어야 한다.

| 오답 분석 |
① 특정일을 나타낼 때 전치사 on을 사용하므로 올바른 표현이다.
② a few 뒤에는 가산복수명사가 수반되므로 minutes가 바르게 쓰였다.
④ she 앞에는 목적격 관계대명사 which가 생략된 것으로 능동형이 바르게 사용되었고, want의 목적어를 비우는 것도 맞다.

04 ④ is completed → (should) be completed

| 해석 | 태국의 헌법 재판소는 투표 과정은 전국적으로 같은 날 마쳐야 한다는 것을 규정하고 있는 법을 위반했기 때문에 2월 2일의 총선거가 무효임을 선언했다.

| 해설 | require는 요구, 제안, 명령, 주장 등의 동사이므로 that절 안의 동사는 (should) + R의 형태가 되어야 한다.

| 오답 분석 |
① declare는 5형식 동사이므로 목적격 보어 자리에 형용사가 바르게 사용되었다.
② it은 the country를 받는 대명사로, 수가 일치하고 있다.
③ require라는 타동사의 목적어 자리에 명사절 접속사 that이 바르게 사용되었다.
⑤ nationwide는 부사로 정확한 위치에 사용되고 있다.

05 ③

| 해석 | ① Jessica는 지식을 향상시키기 위해서 거의 노력을 하지 않는 무심한 사람이다.
② 그가 올지 안 올지는 확실하지 않다.
③ 경찰은 그녀가 당분간 그 나라를 떠나지 않을 것을 요구했다.
④ 호텔이 더 비쌀수록, 서비스가 더 좋다.

| 해설 | ③ 주절에 demand라는 요구, 제안, 명령, 주장 등의 동사가 있으므로 that절 동사는 (should) not leave가 올바르게 쓰였다.

| 오답 분석 |
① much는 비교급 강조 부사이므로 very로 고쳐야 한다.
② but은 등위접속사이므로 '올지 안올지'라는 의미를 가지는 명사절 접속사 whether로 고쳐야 한다.
④ '~하면 할수록, 더 ~하다'라는 의미로 the + 비교급, the + 비교급을 사용하는데, 이때 'the more + 형용사'가 문두에 사용되어야 한다. 따라서 The more a hotel is expensiver → the more expensive a hotel is로 바꾸어야 한다.

06 ④ should have achieved
→ couldn't have achieved

| 해석 | ④ 가정법 과거완료구문으로 조동사 완료 형태는 제대로 사용되었지만, should have p.p.는 '~했어야만 했는데, ~하지 않았다'라는 의미이다. '~했을 리가 없다'라는 문맥으로는 couldn't have p.p.를 사용해야 한다.

| 오답 분석 |
① as soon as는 시간을 나타내는 접속사이므로 시간부사절에 미래의 의미일 때 현재시제를 사용한다. 따라서 receive가 바르게 쓰였다.
② '~했어야만 했다'라는 의미의 조동사로 ought to have p.p.가 바르게 쓰였다.
③ 분사구문으로 그가 10년간 외국에 있었던 것은 주절 동사보다 이전 시제이므로 완료분사구문이 바르게 사용되었다.

07 ① have asked → were asked

| 해석 | ① 승객들은 다른 사람들을 배려하기 위해 음악 소리를 낮추기를 요청받았다.

② 그들은 현재의 자금 부족과 관련해서 무엇을 할지를 결정했다.

③ 저는 낮잠을 잘 거니까, 절대 저를 방해하지 마세요.

④ 이 전등은 다른 것보다 더 비싸다.

| 해설 | ① 문맥상 승객들이 요청한 것이 아니라 요청을 받은 것이므로 수동태로 바꾸어야 한다.

| 오답 분석 |

② '의문사 + to부정사'는 명사의 기능이 있어서 decided의 목적어로 바르게 사용되었다.

③ '낮잠을 자고 있을 것이다'라는 의미로 미래진행시제가 바르게 사용되었다.

④ 앞에 사용된 동사 costs의 대동사로 do동사가 바르게 사용되었다.

08 ④

| 해석 | ① 대학신문은 학생과 교수들에게 흥미 있는 소식만 발행한다.

② 나는 모든 예방 주사를 맞자마자, 휴가를 떠날 것이다.

③ Susan은 매일 오후에 누워서 잠시 낮잠을 자는 것을 좋아한다.

④ 그 지침은 우리가 붉은 펜을 쓰지 않을 것을 요구한다.

| 해설 | ④ 주절 동사로 require가 사용되었으므로 that절 안의 동사는 (should) not use로 바르게 쓰였다.

| 오답 분석 |

① 주격 관계대명사 that의 선행사가 news로 불가산명사이므로 that절 안의 동사 역시 단수형인 is가 되어야 한다.

② 시간 부사절에서는 미래시제 대신에 현재시제를 사용해야 한다. will get을 get으로 바꾸어야 한다.

③ lay는 '~을 두다'라는 타동사로 뒤에 목적어가 수반되어야 한다. 여기서는 '눕다'라는 자동사로 lie가 사용되어야 한다.

09 ③ can → could

| 해석 | 그의 아버지가 수감된 이후, 찰스 디킨스는 템스 강을 따라 위치한 구두닦이 공장에서 일하기 위해서 학교를 떠나야 했다. 황폐하고, 쥐가 들끓는 공장에서 디킨스는 벽난로 청소에 사용되는 물질인 '흑색 도료' 통에 라벨을 붙이면서 일주일에 6실링을 벌었다. 그것은 그가 가족을 돕기 위한 최선책이었다. 그의 경험을 되돌아보면서, 디킨스는 그때를 그의 젊은 날의 순수함에 작별을 한 순간으로 생각하며, "어떻게 그렇게 어린 나이에 버림을 받을 수 있었는지" 의아하다고 말했다. 그는 그를 돌보아야 할 의무가 있는 어른들로부터 버림받은 느낌을 받았다고 했다.

| 해설 | ③ it was the best he can에서 주절 동사가 was로 과거이므로 종속절의 동사 역시 시제를 일치시켜서 could로 바꾸어야 한다.

| 오답 분석 |

① following은 분사 형태이지만 전치사로 '~후에'라는 의미를 가진다. 뒤에 명사구가 제시되고 있으므로 바르게 쓰였다.

② a substance (which is) used to clean에서 which is가 생략된 구문이다. 그리고 '~하는 데 사용되다'라는 의미로는 be used to R이 맞게 사용되었다.

④ such가 부사로 사용되는 경우, 어순이 중요한데 'such + a + 형용사 + 명사'가 바르게 사용되었다.

| 어휘 | • imprisonment 투옥 • boot-blacking 구두닦이

• alongside 옆에, 나란히 • run-down 황폐한

• rodent-ridden 설치류가 들끓는 • substance 물질

• look back (과거를) 되돌아보다

• youthful (성인이 되기 이전의) 어린 시절

• innocence 결백, 무죄

• wonder 궁금해하다, 궁금하다, ~할까 생각하다

10 ② to give → give

| 해석 | 홈스쿨링을 옹호하는 사람들은 아이들이 안정되고 사랑이 넘치는 환경에 있을 때 더 잘 학습한다고 믿는다. 많은 심리학자들은 집을 가장 자연스러운 학습 환경으로 생각하고, 원래 집은 학교가 설립되기 훨씬 전에 교실이었다. 홈스쿨링을 하는 부모들은 그들이 자녀들의 교육을 관리할 수 있고 전통적인 학교 환경에서는 부족한 주의를 그들에게 기울일 수 있다고 주장한다. 학생들은 또한 무엇을 공부하고 언제 공부할지를 선택할 수 있으므로, 이는 그들이 그들만의 속도로 공부할 수 있도록 한다.

| 해설 | ② 등위접속사 앞과 뒤는 같은 구조로 병치를 이루어야 한다. 앞의 조동사 can에 걸리는 첫 번째 동사가 monitor이고 두 번째 동사가 give가 되어야 하므로 giving을 동사원형인 give로 고쳐야 한다.

| 오답 분석 |

① 주어가 schools로 복수명사이므로 동사의 수 역시 복수가 맞다. 그리고 학교는 설립되는 것이므로 태 역시 수동태가 올바르게 쓰였다.

③ choose라는 타동사의 목적어 자리에 명사절 접속사가 사용되는데, 의문사 뒤에 주어 + 동사가 생략되는 경우 to부정사가 올 수 있으므로 바르게 쓰였다.

④ 동명사도 동사의 성격을 그대로 가지는데, enable은 'enable + 목적어 + to R'의 구조로 목적격 보어 자리에 to R을 수반하므로 to learn이 바르게 쓰였다.

11 ③

| 해석 | ① 나는 어제 구내식당에서 너를 안다고 말하는 한 학생을 만났다.

② 비록 Tim이 너의 친구일지라도, 그에게 다른 사람들의 돈을 맡겨서는 안 된다.

③ 우리는 당신이 여행 서류와 함께 확정 송장 사본 한 부를 가져갈 것을 제안한다.

④ 놀랍게도, 그녀는 그 제안에 대해 아무런 이의를 제기하지 않았다.

| 해설 | ③ 동사 suggest는 목적격 보어로 to부정사를 취하는 5형식 동사가 아닌 that절을 목적어로 취하는 3형식 동사이고, 제안을 나타내는 동사 suggest가 주절에 나오면 종속절(that절)에는 '(should +) 동사원형'이 와야 한다. 따라서 We suggest you to take를 We suggest that you (should) take로 고쳐야 한다.

| 오답 분석 |

① 선행사 a student가 사람이고, 관계절 내에서 동사 said의 주어 역할을 하므로 사람을 가리키는 주격 관계대명사 who가 올바르게 쓰였다.

② 절(Tim is your friend)과 절(he~money)을 연결하는 부사절 접속사 Even though(비록 ~이지만)가 올바르게 쓰였다. 또한, 명사처럼 be동사(is)의 보어 자리에 올 수 있는 to부정사의 수동형 to be trusted가 올바르게 쓰였다.

④ 형용사처럼 명사(any objection)를 수식할 수 있는 to부정사 to make가 올바르게 쓰였고, '제안에'라는 의미를 나타내기 위해 전치사 to가 명사 the proposal(그 제안) 앞에 올바르게 쓰였다.

| 어휘 | • trust A with B A에게 B를 맡기다 • invoice 송장, 청구서
• objection 이의

12 ③ not occurs → not occur

| 해석 | 사전은 어휘를 학습하는 데 있어 가장 믿을 만한 자원이다. 그러나 그것을 사용하는 습관을 훈련할 필요가 있다. 물론 읽는 것을 멈추고 단어를 찾는 것이 성가신 방법이라고 느낄 수 있다. 당신은 아마도 계속 읽으면 결국 문맥을 통해 이것을 이해하게 될 것이라고 스스로 말하고 싶을 것이다. 실제로 독서 학습 안내서들은 종종 바로 그렇게 조언을 한다. 그러나 이해가 되지 않는다면 졸고 있는 당신을 곧 발견하게 될 것이다. 종종 발생하는 것은 잠에 대한 욕구가 아니라 점진적인 의식의 상실이다. 여기에서의 요령은 졸음이 오기 전에, 단어를 공부하기 위해 사전을 잡는 충분한 의지력을 발휘하는 것이 좀 더 쉬울 때, 단어가 혼동된다는 초기의 신호를 알아차리는 것이다. 비록 이런 특별한 노력이 필요할지라도, 일단 의미가 명확해진다면 지각할 수 있는 안도감이 그 노력을 가치 있게 만들어 준다.

| 해설 | ③ 이 문장은 가정법 미래 문장에서 강조를 위해서 if가 생략된 구문이다. 즉 if understanding should not occur에서 if가 생략된 것이다. 부정어 not의 위치는 조동사 뒤에 위치하므로 맞지만, 조동사 뒤에는 동사원형이 수반되어야 하므로 occurs를 occur로 고쳐야 한다.

| 오답 분석 |

① the habit이 주어이므로 동사 역시 단수를 사용하는 것이 맞고, need는 목적어로 to부정사를 수반하므로 바르게 쓰였다.

② '계속해서 ~하다'는 keep Ring로 표현할 수 있으므로 바르게 쓰였다.

④ to부정사가 be 동사 뒤 주격 보어 자리에 사용되는 경우 '~하는 것이다'라고 해석이 될 수 있으므로 바르게 사용되었다.

| 어휘 | • drowsy 졸리는 • reliable 믿을 만한
• cultivate 경작하다 • interruption 방해
• look up 찾아보다 • context 문맥
• consciousness 의식 • knack 기교, 요령
• take over 빼앗다, 인수하다 • clarify 명확히 하다
• perceptible 인지할 수 있는 • sense of relief 안도감

기출 종합 p110

01 ②

| 해석 | 정부는 새로운 세금 정산 제도로 인한 늘어나는 세금 부담에 대해 봉급 생활자들을 달래기 위한 방안을 모색하고 있다. 지난 월요일 대통령 보좌관과의 첫 만남에서, 대통령은 참석자들에게 국민들과 더 많은 소통 채널을 개설할 것을 <u>요청했다</u>.

① ~에 달려들었다 ② 요청했다
③ 골랐다 ④ 거절했다

| 해설 | 늘어난 세금에 대한 부담을 완화시키기 위해 대통령이 해결책을 강구하는 내용이므로, 빈칸에 들어갈 말로 가장 적절한 것은 ② called for(요청하다)이다. call for A to R은 'A에게 ~할 것을 요청하다'이다. 이 문제는 those 뒤에 나오는 present의 품사를 파악하는 것이 핵심이다. 만약 명사로 보았다면 '그러한 선물들'이라는 의미로 those 뒤이므로 복수명사가 되어야 하고 의미도 이상하게 된다. those (who were) present에서 who were가 생략된 것으로 형용사이다. 따라서 '참석한 사람들'이라는 의미이다.

| 어휘 | • soothe 달래다 • tax burden 세금부담
• tax settlement 세금 정산 • aide 보좌관
• present 참석한

02 ③

| 해석 | 많은 사람들은 그의 잘생긴 얼굴과 좋은 말솜씨에 <u>속아서</u>, 그들은 투자하기 위해 그에게 자신들의 모든 돈을 주었다.

① 기뻐했다
② 충격을 받았다
③ 속았다
④ 환멸을 느꼈다

| 해설 | take in(~를 속이다)의 수동형인 were taken in과 비슷한 의미를 가진 어휘를 묻고 있으므로, '속이다'라는 의미의 deceive의 수동형인 ③ were deceived가 정답이다.

| 어휘 | • take in ~를 속이다 • invest 투자하다
• deceive 속이다
• disillusion 환멸을 느끼게 하다

03 ④

| 해석 | M : Mary, 나가서 저녁 먹을래?
W : 오, 좋아. 어디로 갈까?
M : 시내에 있는 새로운 피자 가게는 어때?
W : 예약을 해야 할까?
M : 그럴 필요는 없을 것 같아.
W : 하지만 금요일 밤이라 우리는 줄을 서서 기다려야 할지도 몰라.
M : 네 말이 전적으로 옳아. 그렇다면, 내가 지금 바로 <u>자리를 예약할게</u>.
W : 좋아.
① 예약을 취소하다
② 너에게 계산서를 주다
③ 아침을 좀 먹다
④ 자리를 예약하다

| 해설 | 식당에 예약을 할 필요가 없을 것이라는 M의 말에 대해 W가 금요일 밤이라 줄을 서서 기다려야 할지도 모른다고 하고, 빈칸 앞에서 M이 You are absolutely right(네 말이 전적으로 옳아)라고 말하고 있으므로, 빈칸에는 '자리를 예약할게'라는 의미가 들어가야 자연스럽다. 따라서 ④ book a table이 정답이다.

| 어휘 | • reservation 예약 • wait in line 줄을 서서 기다리다
       • absolutely 전적으로 • check 계산서, 영수증

04 ②

| 해석 | M : 실례합니다. 서울역으로 가려면 어떻게 해야 하죠?
       W : 지하철을 타시면 돼요.
       M : 얼마나 걸리나요?
       W : 대략 한 시간 정도 걸려요.
       M : 지하철이 얼마나 자주 오나요?
       W : 거의 5분마다 와요.
       ① 걸어가기에는 너무 멀어요
       ② 거의 5분마다 와요
       ③ 줄을 서서 기다려야 해요
       ④ 약 30분 정도 걸려요

| 해설 | 빈칸 앞에서 M이 지하철이 얼마나 자주 오는지를 묻고 있으므로, 빈칸에는 '거의 5분마다 와요'라는 의미가 들어가야 자연스럽다. 따라서 ② Every five minutes or so가 정답이다.

| 어휘 | • subway 지하철 • approximately 대략, 대체로

05 ②

| 해석 | 그것은 사적인 것이었어요. 당신은 왜 간섭해야 했나요?
       ① 서두르다
       ② 간섭하다
       ③ 코를 훌쩍이다
       ④ 사직하다

| 해설 | stick your nose in(~에 간섭하다)과 비슷한 의미를 가진 어휘를 묻고 있으므로, '간섭하다'라는 의미의 ② interfere가 정답이다.

| 어휘 | • stick one's nose in ~에 간섭하다 • interfere 간섭하다
       • sniff 코를 훌쩍이다 • resign 사직하다, 물러나다

06 ③

| 해석 | 뉴턴은 수학, 광학, 그리고 기계 물리학에 전례 없는 기여를 했다.
       ① 평범한
       ② 암시하는
       ③ 타의 추종을 불허하는
       ④ 자극적인

| 해설 | unprecedented(전례 없는)와 비슷한 의미를 가진 어휘를 묻고 있으므로, '타의 추종을 불허하는'이라는 의미의 ③ unsurpassed가 정답이다.

| 어휘 | • unprecedented 전례 없는 • optics 광학
       • mediocre 평범한, 그저 그런 • suggestive 암시하는
       • unsurpassed 타의 추종을 불허하는, 탁월한
       • provocative 자극적인

07 ④

| 해석 | ① A : 마감 기한까지 이 프로젝트를 마칠 수 없을 것 같아요.
           B : 천천히 해요. 저는 당신이 할 수 있을 거라고 확신해요.
       ② A : 엄마, 어머니의 날에 무엇을 받고 싶으세요?
           B : 나는 필요한 게 없어. 너 같은 아들이 있는 것만으로 축복받은 느낌이란다.
       ③ A : 이 케이크에 뭔가 이상이 있는 것 같아요. 전혀 달지가 않아요!
           B : 맞아요. 그냥 소금 덩어리 같은 맛이 나요.
       ④ A : 저를 위해 이것을 옮겨 줄 수 있나요? 손이 모자라서요.
           B : 물론이죠, 지금 당장 당신에게 넘겨 드리겠습니다.

| 해설 | ④번에서 A는 물건을 옮겨 달라며 도움을 요청하고 있으므로, 무언가를 넘겨 주겠다고 응답하는 B의 대답 I'll hand it over to you right away(지금 당장 당신에게 넘겨 드리겠습니다)는 어울리지 않는다. 따라서 ④번이 정답이다.

| 어휘 | • blessed 축복받은 • chunk 덩어리

08 ⑤

| 해석 | 그는 그의 불운한 희생자를 붙잡기 위해 군중 속으로 뛰어들었다.
       ① 확인하다
       ② 피하다
       ③ 환기시키다
       ④ 이용하다
       ⑤ 붙잡다

| 해설 | grapple(붙잡다)과 비슷한 의미를 가진 어휘를 묻고 있으므로 '붙잡다'라는 의미의 ⑤ seize가 정답이다.

| 어휘 | • grapple 붙잡다, 쥐고 놓지 않다 • identify 확인하다
       • avoid 피하다 • evoke 환기시키다, 자아내다
       • exploit 이용하다, 착취하다 • seize 붙잡다, 움켜쥐다

09 ④

| 해석 | 사과 혹은 보상 제의와 같은 회유적인 행위들은 대립 후에 화를 줄이고 용서를 조성하는 것으로 보였다.
       ① 확실한
       ② 징벌의
       ③ 아첨하는
       ④ 달래는
       ⑤ 묵인하는

| 해설 | conciliatory(회유적인)와 비슷한 의미를 가진 어휘를 묻고 있으므로 '달래다'라는 의미의 appease의 현재분사형인 ④ appeasing이 정답이다.

| 어휘 | • conciliatory 회유적인
       • compensation 보상, 배상 • assured 확실한
       • punitive 징벌의 • flattering 아첨하는
       • appease 달래다 • acquiescing 묵인하는

10 ①

| 해석 | A : 너 오늘 식료품점에 가니?

B : 아니, 안 가. 나는 오늘 병원에 가야 해. 왜? 뭐 필요한 거 있어?

A : <u>오, 괜찮아.</u> 내가 내일 갈게.

B : 아니야 아니야, 내가 집에 오는 길에 식료품점에 들를 수 있어.

① 오, 괜찮아.

② 맞아, 나도 병원에 가야 해.

③ 아니, 나는 아무것도 필요하지 않아.

④ 나를 위해 계란을 좀 사올래?

⑤ 네가 계란을 좀 사오면 고맙겠어.

| 해설 | 오늘 식료품점에 갈 것인지를 묻는 A의 질문에 대해 B가 안 간다며 필요한 것이 있느냐고 묻고, 빈칸 뒤에서 A가 I'll go tomorrow라고 말하고 있으므로 빈칸에는 '오, 괜찮아'라는 의미가 들어가야 자연스럽다. 따라서 ① Oh, never mind가 정답이다.

| 어휘 | • market 식료품점
• never mind 괜찮아, 신경 쓰지 마

11 ③

| 해석 | 우리는 의사들이 건강을 향상시키고 생명을 지키기를 기대하기 때문에 죽음에 대한 의학의 저항은 전적으로 <u>칭찬할 만한</u> 것으로 보일 수도 있다.

① 흥미를 돋우는

② 용맹한

③ 칭찬할 만한

④ 대담한

⑤ 현명한

| 해설 | laudable(칭찬할 만한)과 비슷한 의미를 가진 어휘를 묻고 있으므로, '칭찬할 만한'이라는 의미의 ③ praiseworthy가 정답이다.

| 어휘 | • resistance 저항, 반항
• laudable 칭찬할 만한
• preserve 지키다, 보존하다 • compelling 흥미를 돋우는
• intrepid 용맹한 • praiseworthy 칭찬할 만한
• audacious 대담한, 뻔뻔스러운
• sagacious 현명한

12 ② in so formal mechanisms
→ in such formal mechanisms

| 해석 | 민주주의는 결국, 단지 관행들의 집합이 아니라 문화이다. 그것은 정당과 투표 제도와 같은 공식적인 절차뿐만 아니라 시민들의 직감과 기대 속에서도 산다. 일자리, 전쟁, 해외로부터의 경쟁인 객관적인 배경들이 그 정치적인 문화를 형성하지만, 지도자들의 말과 행동들도 그렇게 한다.

| 해설 | ② 문맥상 '정당과 투표 제도와 같은 공식적인 절차'라는 의미가 되어야 자연스러우므로, 전치사 as와 함께 'such + 명사 + as'(~와 같은 명사)의 형태로 쓰이는 형용사 such가 와야 한다. 따라서 부사 so를 형용사 such로 고쳐야 한다.

| 오답 분석 |

① 병치 구문 문맥상 '단지 관행들의 집합이 아니라 문화이다'라는 의

미가 되어야 자연스러운데 'A가 아니라 B'는 상관 접속사 not A but B를 사용하여 나타낼 수 있고, 접속사로 연결된 병치 구문에서는 같은 구조끼리 연결되어야 하므로 but 앞뒤에 명사구 a set of practices와 a culture가 올바르게 쓰였다.

③ 문맥상 '공식적인 절차뿐만 아니라 시민들의 직감과 기대 속에서도'라는 의미가 되어야 자연스러운데, 'A뿐만 아니라 B도'는 상관 접속사 not only A but also B를 사용하여 나타낼 수 있다. 접속사로 연결된 병치 구문에서는 같은 구조끼리 연결되어야 하는데, but 앞에 전치사구(in - ballot)가 왔으므로 but 뒤에도 전치사구 in the instincts and expectations of citizens가 올바르게 쓰였다.

④ 지시형용사 that은 가산단수명사와 불가산명사 앞에 쓰일 수 있으므로, 단수명사 political culture 앞에 지시형용사 that이 올바르게 쓰였다.

⑤ 부사 so가 '~도 마찬가지이다'라는 의미로 쓰여 문장 앞에 오면 주어와 동사가 도치되어 'so + (조)동사 + 주어'의 어순이 되어야 하고, 앞에 나온 일반동사(shape)가 반복되는 경우 이를 대신하여 do 동사를 쓸 수 있다. 이때 do동사는 주어(the words and deeds of leaders)와 수가 일치해야 하므로 복수동사 do가 올바르게 쓰였다.

| 어휘 | • democracy 민주주의 • party 정당 • ballot 투표 제도
• instinct 직감 • objective 객관적인 • circumstance 배경, 환경

13 ①

| 해석 | 사람들과 마찬가지로, 문화는 이동한다. 시드니에서 에든버러와 샌프란시스코까지의 도시들에는 중국식과 일본식 정원들이 있다. '월드 뮤직'은 대단히 인기가 있다. 최신 디스코 음악 스타일은 플라멩코를 재즈와 게일 전통 음악과 경쾌하게 결합시킨다. 아프리카와 남아메리카에서 온 무용 공연단은 해외에서 정기적으로 공연을 한다. 이탈리아판 서부 영화, 일본 무사 영화, 할리우드 액션 영화, 인도의 모험 영화, 그리고 홍콩 영화에서 영향의 요소를 구분하는 것은 불가능할 것이다. 현대 세계에서는, 아무리 '원시적'이고 동떨어져 있다고 할지라도 계속 고립된 채 있는 문화는 없다. 멕시코의 산촌에 사는 후이촐 인디언들은 일본과 체코슬로바키아에서 수입된 유리구슬을 사용해서 가면과 그릇을 만든다.

① 고립된

② 상호 연결된

③ 다문화의

④ 복잡한

| 해설 | 빈칸이 있는 문장을 통해 빈칸에 현대 세계에서는 문화가 어떤 상태로 있을 수 없는지에 대한 내용이 나와야 적절하다는 것을 알 수 있다. 지문 전반에 걸쳐 아시아식 정원이 있는 여러 해외 도시들, 다양한 종류의 음악을 결합한 '월드 뮤직', 해외에서 공연을 하는 무용 공연단, 여러 영화 속에 나타나는 문화의 영향, 그리고 수입된 유리구슬을 사용하는 멕시코의 인디언들을 언급하며 문화가 사람들과 마찬가지로 이동한다는 것을 설명하고 있으므로, 계속 '고립된' 채 있는 문화는 없다고 한 ①번이 정답이다.

| 어휘 | • enormously 대단히 • breezily 경쾌하게
• combine 결합시키다
• troupe 공연단 • routinely 정기적으로
• disentangle 구분하다, 찾아내다

- strand 요소, (새끼의) 가닥, 줄
- spaghetti western 이탈리아판 서부 영화
- flick 영화 • primitive 원시적인 • remote 동떨어진, 먼
- bead 구슬 • imported 수입된
- isolated 고립된
- interconnected 상호 연결된

14 ①

│해석│ 하원과 다르게, 상원의 대표제는 모든 주에서 동일하고 각 주에는 두 명의 상원의원이 있다. 상원의원들은 6년 임기로 일한다. 이 보장된 임기의 목적은 상원의원들을 여론으로부터 보호하고 그들이 자주적으로 행동하는 것을 할 수 있도록 하는 것이다. 선출과 관련해서, 상원의 공직자들은 그들이 대표하는 주의 입법 기관에 의해서 <u>임명되곤</u> 했다. 미국인들에게 그들의 상원위원을 직접 선출할 힘을 준 것은 1913년에 비준을 받은 미국 수정헌법 제 17조였다.

① 임명되다
② 박수를 받다
③ 진정되다
④ 호소되다

│해설│ 빈칸에는 예전에는 상원의 공직자들이 주로 입법기관에 의해서 어떻게 되곤 했는지에 대한 내용이 나와야 문맥상 흐름이 적절하다. 빈칸 뒤 문장에서 미국인들에게 상원의원을 직접 선출할 힘을 준 것은 1913년에 비준된 미국 수정 헌법 제17조라고 했으므로, 과거에는 상원의 공직자들이 주의 입법 기관에 의해 '임명되곤' 했다고 한 ①번이 정답이다.

│어휘│ • House of Representatives 하원
- representation 대표제 • senator 상원의원
- term 임기 • guaranteed 보장된, 확실한
- insulate from ~으로부터 보호하다, 격리하다
- in regard to ~과 관련하여
- public servant 공직자, 공무원 • legislature 입법 기관, 주 의회
- Amendment 미국 수정 헌법 • ratify 비준하다
- appoint 임명하다, 지정하다 • appease 진정시키다, 달래다
- appeal 호소하다, 간청하다

CHAPTER 06 수동태

p124~p132

기출 연습

p124

01 had been believed → had believed

| 해석 | 이전에는, 많은 과학자들은 상어의 아가미가 현대 물고기보다 이전에 있었던 고대의 시스템이었다고 믿었다.

| 해설 | believed라는 타동사의 목적어로 that절이 제시되어 있으므로 동사가 수동태가 아닌 능동태가 되어야 한다.

| 어휘 | •shark 상어 •gill 아가미 •predate 먼저 오다

02 has not approved → has not been approved

| 해석 | 대출 신청이 승인되지 않음을 알리게 되어서 유감입니다.

| 해설 | 대출 신청서가 승인하는 것이 아니라 승인되는 것이므로 동사의 형태가 수동태로 전환되어야 한다.

03 have not yet named → have not yet been named

| 해석 | 각 참가자들은 매주 다른 파트너와 함께 노래를 하게 될 것이고, 심사위원들은, 아직 지명되지 않았는데, 누가 다음 라운드에 진출할지 결정하는 동안 지도와 비평을 제공하게 될 것이다.

| 해설 | name은 타동사이고 뒤에 목적어가 없으므로 수동태가 되어야 한다. 그리고 의미상으로도 심사위원들이 임명하는 것이 아니고 아직 임명되지 않았으므로 수동태가 되어야 한다.

04 was repairing → was being repaired

| 해석 | 내 차가 정비소에서 수리를 받고 있는 동안 아무것도 할 수 없고, 어디에도 갈 수 없을 때, 나는 갑자기 내가 기계나 도구에 과도하게 의존하고 있다는 것을 깨닫게 되었다.

| 해설 | repair는 타동사이므로 뒤에 목적어가 수반되어야 한다. 목적어가 없는 경우는 목적어가 주어 자리로 이동해서 수동태로 전환된 경우이다.

05 ② guiding → being guided

| 해석 | 물리주의의 이상에 의해 이끌어지지만, 대부분의 철학자들이 정신의 독특한 측면들을 어떤 면에서 바꿀 수 없는 것으로 인식하게 된 것은 지적할 만한 가치가 있다.

| 해설 | ② 전치사 despite 뒤에 동명사가 목적어로 사용되는 것은 맞다. 그러나 동명사도 동사의 성격을 가지는데, guide는 타동사이므로 뒤에 목적어가 없으니 수동태로 전환해야 한다.

| 오답 분석 |

① be worth ~ing는 '~할 만한 가치가 있다'이다.

③ 주어가 복수명사이므로 동사 역시 복수형으로 수가 일치하고 있다.

④ recognize는 5형식 동사로 목적격 보어 자리에 형용사가 제대로 쓰였다.

06 ① is expected ② be produced

| 해석 | 원자력을 이용해서 가까운 미래에 엄청난 양의 전기가 생산될 것이 예상된다.

| 해설 | ① that절은 명사절 진주어이다. 그리고 that 이하가 기대되는 것이므로 동사의 형태가 수동태가 되어야 한다.

② 전기가 생산하는 것이 아니라 생산되는 것이므로 수동태가 되어야 한다.

07 ④ bored → boring

| 해설 | ④ 감정을 나타내는 동사(bore)의 경우 주어가 감정의 원인이면 능동태를, 감정을 느끼는 주체이면 수동태를 써야 하는데, 주어 The book이 지루함의 원인이므로 수동태 bored를 능동태 boring으로 고쳐야 한다.

| 오답 분석 |

① 과거 시제와 자주 함께 쓰이는 시간 표현인 '시간 표현 + ago'(two weeks ago)가 왔으므로 과거 시제 ordered가 올바르게 쓰였다.

② that절을 목적어로 취하는 동사(say)가 능동태 문장으로 쓰이면 They say that the store offers its old inventory at 50 percent off가 되는데, 이때 that절의 주어(the store)가 수동태 문장의 주어로 가면 '주어 + be p.p.(is said) + to부정사(to offer)'의 형태가 되어야 한다. 따라서 The store is said to offer가 올바르게 쓰였다.

③ '사는 것에 적응했다'는 동명사 관련 표현 'adjust to ~ing'(~에 적응하다)로 나타낼 수 있으므로 have adjusted to living이 올바르게 쓰였다.

08 ③ locates → is located

| 해석 | ① 그것의 완전한 원뿔 모양과 아름다운 Albay Gulf로의 근접 때문에 Tam산은 인기 있는 관광 명소이다.

② 그것의 기슭은 둘레가 80마일이고, 높이는 놀라운 8,077피트이다.

③ 이 화산은 Gulf 국립공원 중앙에 있는데, 많은 사람이 캠핑하고 등산하기 위해 이곳에 온다.

④ 당국은 이른 경고를 공표함으로써 심각한 파괴와 위험을 피하는 것을 돕기를 바란다.

| 해설 | ③ 동사 locates 뒤에 목적어가 없고, 주어(The volcano)와 동사가 '이 화산은 있다(위치가 정해졌다)'라는 의미의 수동 관계이므로 능동태 locates를 수동태 is located로 고쳐야 한다.

| 오답 분석 |

① 문맥상 '완전한 원뿔 모양과 ~때문에'라는 의미가 되어야 하므로 '때문에'라는 의미의 전치사 Because of가 올바르게 쓰였다.

② 숫자를 강조하기 위해 측정 단위 표현 앞에 형용사(dramatic)가 오는 경우, '수사 + 단위 표현'이 복수형(8,077 feet)이라고 해도 부정관사 a가 앞에 와 'a + 형용사(dramatic) + 수사(8,077) + 단위 표현(feet)'의 형태로 쓰일 수 있으므로, a dramatic 8,077 feet가 올바르

29

게 쓰였다.

④ 동사 help는 목적어로 원형 부정사와 to부정사를 취할 수 있으므로 원형 부정사 avoid가 올바르게 쓰였다.

09 ② prompting → prompted

| 해석 | 뇌가 아주 가까이에 있는 환경에서 위험을 감지할 때, 뇌는 신체에서 복잡한 일련의 일을 시작한다. 뇌는 화학 호르몬을 혈류로 내보내는 기관인 여러 분비샘에 전기 메시지를 보낸다. 혈액은 이러한 호르몬을 다양한 활동을 하도록 자극하는 다른 기관들로 빠르게 운반한다. 예를 들어, 신장 위에 있는 부신은 스트레스 호르몬인 아드레날린을 만들어 낸다. 아드레날린은 온몸을 돌아다니면서 위험 신호를 세심히 살피기 위해 동공을 확장시키고, 혈액과 여분의 호르몬을 계속 보내 주기 위해 심장을 더 빠르게 뛰게 하고, 골격근을 긴장시켜 위험에 반격하거나 위험으로부터 도망칠 준비를 하는 것과 같은 일을 한다.

| 해설 | ② prompt는 타동사이므로 뒤에 목적어가 수반되어야 한다. 이 문장의 경우 to부정사가 제시되고 있으므로 수동태로 전환되어야 한다.

| 오답 분석 |

① 주격 관계대명사 that의 선행사가 organs로 복수이므로 동사의 수가 복수로 일치하고 있다.

③ 분사구문의 분사 역시 동사의 성격을 가지는데, 뒤에 the heart라는 의미상의 목적어가 제시되어 있으므로 현재분사가 제대로 사용되었다.

④ so는 접속사로 앞에는 원인이나 이유가 나오고 뒤에는 결과가 제시된다.

| 어휘 | • perceive 인지하다 • initiate 착수시키다
• a string of 여러 개의, 일련의 • gland (분비)샘
• adrenal glands 부신
• be on the lookout for (위험 등을 피하거나 자신이 원하는 것을 찾기 위해 ~이 있는지) 세심히 살피다
• tense (사람 · 근육 · 신경 등을) 긴장시키다, 팽팽하게 하다
• skeletal muscle 골격근
• lash out at (~을) 마구 몰아세우다, 공격하다

10 ③ redeem → be redeemed

| 해석 | 현대적인 은행체계는 고대 영국에 그 기원이 있다. 그 시절에 그들의 금을 보호하기를 원했던 사람들은 2개의 선택권이 있었다. 즉, 그것을 매트리스 밑에 숨기거나 혹은 안전한 보관을 위해 누군가에게 맡기는 것이었다. 보관을 위해 의지할 만한 합리적인 사람들은 금 세공인이었는데 왜냐하면 그들이 가장 강력한 금고를 가지고 있었기 때문이었다. 금 세공인들은 보관을 위한 금을 받아들였고, 그 소유주에게 나중에 그 금을 되찾을 수 있는 것을 보장하는 영수증을 주었다. 만기가 되었을 때 그 소유주는 금 세공인에게 가서 금의 일부를 되찾고, 그것을 수취인에게 주었다. 결국 그 수취인은 돌고 돌아 안전한 보관을 위해 금 세공인에게 금을 다시 줄 가능성이 높았다. 점차적으로 물리적인 금 교환에 시간과 노력을 들이는 대신 사업가들은 금 세공인의 영수증을 지불 수단으로 교환하기 시작했다.

| 해설 | ③ 문장의 주어가 the gold이므로 금이 되찾는 것이 아니라 되찾음

을 당하는 것이다. 따라서 수동이 되어야 한다. 그리고 구조적으로도 redeem은 타동사이므로 뒤에 목적어가 있으면 능동형이고, 뒤에 목적어가 없으면 수동형이 되어야 한다. 이 문장의 경우 뒤에 전치사 at이 제시되어 있으므로 수동형인 be redeemed가 되어야 한다.

| 오답 분석 |

① people 뒤에서 분사가 꾸며 주는 구조인데, 사람들이 원하는 것이므로 현재분사가 바르게 쓰였다. 또한 want는 뒤에 목적어로 to부정사를 수반하므로 구조적으로도 목적어가 있으므로 현재분사가 적절하다.

② 콤마 뒤에 현재분사가 사용되는 구조이다. 주어인 the goldsmiths가 금의 주인에게 영수증을 주는 것이므로 현재분사가 적절하다. 구조적으로도 뒤에 the owner라는 간접 목적어와 a receipt이라는 직접 목적어가 수반되고 있으므로 현재분사가 바르게 쓰였다.

④ instead of는 전치사로 뒤에 목적어로 명사나 동명사를 데리고 다닐 수 있고 의미는 '~하는 대신에'이다. 바르게 사용되었다.

| 어휘 | • goldsmith 금 세공인 • vault 금고
• redeem 상환하다 • payee 수취인

p128

01 ④

| 해석 | 중국 서예를 공부할 때, 중국 언어의 기원과 그것이 어떻게 본래 쓰였는지를 배워야 한다. 하지만, 그 나라의 예술적 전통에서 자라난 사람들을 제외하고는, 그것의 미적 의미는 <u>파악하기가</u> 매우 어려워 보인다.
① 포함하다 ② 침입하다
③ 조사하다 ④ 이해하다
apprehend는 ap(위에) + prehend(잡다)로 구성되며 '체포하다, 이해하다, 염려하다'라는 의미를 가지는 다의어이다. 이 문장에서 apprehend의 목적어에 해당하는 것(its aesthetic significance)이 주어 자리에 간 형태이므로 '미적 의미를 이해하다, 파악하다'가 되어야 한다. 따라서 grasp(이해하다)가 정답이다.

| 어휘 | • calligraphy 서예 • bring up 기르다, 양육하다
• aesthetic 미적인 • significance 중요성, 의미

02 ④

| 해석 | ① 그녀는 어젯밤에 나에게 전화하기로 되어 있었지만, 하지 않았다.
② 나는 내가 7살이었을 때부터 Jose를 알아 왔다.
③ 너는 지금 가는 게 좋겠어, 아니면 너는 늦을 거야.
④ 만약 내가 Sarah의 파티에 참석하지 않는다면, 그녀는 기분이 상할 텐데.

| 해설 | ④ 가정법 과거 문맥상 '내가 Sarah의 파티에 참석하지 않는다면'이라는 의미로 현재 상황의 반대를 가정하고 있고, 주절에 가정법 과거 '주어 + would/should/could/might + 동사원형'의 형태인 Sarah would be offended가 왔으므로 if절에도 가정법 과거를 만드는 'If + 주어 + 과거 동사'의 형태인 if I didn't go to her party가 올바르게 쓰였다.

| 오답 분석 |
① suppose 뒤에 목적어가 없고, 주어(She)와 동사가 '그녀가 ~하기로 되어 있었다'라는 의미의 수동 관계이므로 능동태 동사 supposed를 수동태 동사 was supposed로 고쳐야 한다.
② 인지를 나타내는 동사 know(알다)는 진행시제로 쓸 수 없으므로 현재완료진행시제 have been knowing을 현재완료시제 have known으로 고쳐야 하고, 문맥상 '7살이었을 때부터'라는 의미가 되어야 하므로 '~까지'라는 의미의 접속사 until을 '~부터'라는 의미의 접속사 since로 고쳐야 한다.
③ 조동사처럼 쓰이는 표현 'had better'(~하는 게 좋겠다) 뒤에는 반드시 동사원형이 와야 하므로 to부정사 to go를 동사원형 go로 고쳐야 한다.

| 어휘 | • be supposed to ~하기로 되어 있다 • offend 기분을 상하게 하다

03 ③

| 해석 | 이 회사에서 우리는 그러한 행동을 <u>받아들이지</u> 않을 것이다.
① 변경하다
② 기록하다
③ 용인하다
④ 평가하다

| 해설 | put up with(받아들이다)과 비슷한 의미를 가진 어휘를 묻고 있으므로, '용인하다'라는 의미의 ③ tolerate가 정답이다.

| 어휘 | • put up with 받아들이다, 참다 • modify 변경하다
• tolerate 용인하다, 참다 • evaluate 평가하다

04 ④

| 해석 | 노련한 판매원들은 적극적인 것과 <u>지나치게 밀어붙이는 것</u> 사이에는 차이가 있다고 주장한다.
① 아주 흥분한
② 용감한
③ 소심한
④ 저돌적인

| 해설 | pushy(지나치게 밀어붙이는)와 비슷한 의미를 가진 어휘를 묻고 있으므로, '저돌적인'이라는 의미의 ④ aggressive가 정답이다.

05 ④ referring to as → referred to as

| 해석 | 형사소송에서, 입증 책임은 종종 판결을 내리는 사람(판사가 되었든 배심원이 되었든)에게 기소된 범죄의 모든 요소에 대한 합리적인 의심을 넘어서서 피고가 유죄라는 것을 납득시키는 검사에게 있다. 만약 검사가 이것을 증명하지 못하면, 유죄가 아니라는 판결이 내려진다. 이러한 증명 기준은 민사 소송과는 대조를 이루는데, 이는 청구인이 일반적으로 피고가 개연성의 균형(50% 이상 개연적인)에서 법적 책임이 있다는 것을 보여 줄 필요가 있다. 미국에서 이것은 증거의 우세라고 불린다.

| 해설 | ④ 동사 is referring to 뒤에 목적어가 없고, 주어(this)와 동사가 '이것은 불린다'라는 의미의 수동 관계이므로 능동태 is referring to를 수동태 is referred to로 고쳐야 한다. 참고로, 동사 refer to는 목적어 뒤에 as + 명사'를 취하는데 수동태 문장이 되면서 목적어 this가 주어 자리로 보내지고 'as + 명사'가 뒤에 남아 있는 형태이다.

| 오답 분석 |
① 동사 persuade는 'persuade + 간접 목적어(the trier) + 직접 목적어(that절/의문사절)'의 형태를 취하는 4형식 동사이므로 persuade the trier 뒤에 that절을 이끄는 that이 올바르게 쓰였다.
② 동사 is rendered 뒤에 목적어가 없고, 주어(a verdict of not guilty)와 동사가 '유죄가 아니라는 판결이 내려진다'라는 의미의 수동 관계이므로 수동태 is rendered가 올바르게 쓰였다.
③ 선행사(civil cases) 뒤에서 완전한 절(the claimant generally~of probabilities)을 이끌 수 있는 관계부사 where가 올바르게 쓰였다.

| 어휘 | • criminal case 형사 소송 • burden of proof 입증 책임
• prosecutor 검사 • persuade 납득시키다
• trier 판결을 내리는 사람 • judge 판사
• jury 배심원
• the accused 피고
• guilty 유죄의 • reasonable 합리적인
• doubt 의심 • charge 기소하다
• verdict 판결, 결정 • render (판결을) 내리다

- civil case 민사소송 • claimant 청구인
- defendant 피고 • liable 법적 책임이 있는
- probability 개연성 • preponderance 우세(함)
- evidence 증거

06 ⑤

| 해석 | 젊은 변호사는 그의 사무실 문에 그의 대학 졸업장을 <u>과시하듯이</u> 걸었다.

① 예외적으로

② 확신을 갖고

③ 시험적으로

④ 비이성적으로

⑤ 자랑하면서

| 해설 | ostentatiously(과시하듯이)와 비슷한 의미를 가진 어휘를 묻고 있으므로, '자랑하면서'라는 의미의 ⑤ boastfully가 정답이다.

| 어휘 | • ostentatiously 과시하듯이, 허세 부려서 • diploma 졸업장
- exceptionally 예외적으로 • confidently 확신을 갖고, 자신 있게
- tentatively 시험적으로, 망설이며 • irrationally 비이성적으로
- boastfully 자랑하면서, 뽐내며

07 ③

| 해석 | 두 여자 사이의 <u>언쟁</u>이 행인들의 관심을 끌었다.

① 주먹다짐

② 차이

③ 말다툼

④ 상호 동의

⑤ 시끄러운 대화

| 해설 | altercation(언쟁)과 비슷한 의미를 가진 어휘를 묻고 있으므로, '말다툼'이라는 의미의 ③ wordy quarrel이 정답이다.

| 어휘 | • altercation 언쟁, 말다툼 • attract 끌다
- passer-by 행인 • fist fight 주먹다짐
- discrepancy 차이, 불일치 • wordy 말의, 말로 하는
- quarrel 다툼, 언쟁 • consent 동의

08 ④

| 해석 | 시간은 말한다. 그것은 언어보다 더 분명하게 말한다. 그것이 전달하는 메시지는 단호하고 명확하게 다가온다. 그것은 덜 의식적으로 조작되기 때문에, 구어보다 덜 <u>왜곡될</u> 수 있다. 그것은 언어가 속이는 곳에서 진실을 외칠 수 있다.

① 널리 알려지다   ② 파악되다

③ 훼손되다   ④ 왜곡되다

⑤ 밝혀지다

| 해설 | 시간은 덜 의식적으로 조작되고 언어가 속이는 곳에서 진실을 외칠 수 있다고 했으므로, '구어보다 덜 _____ 수 있다'라는 문맥에서 it is subject to be less _____ than the spoken language의 빈칸에는 '왜곡되다'라는 의미가 들어가는 것이 자연스럽다. 따라서 distort의 과거분사형인 ④ distorted가 정답이다.

| 어휘 | • plainly 분명히, 명백히 • loud 단호한

- manipulate 조작하다, 조종하다 • consciously 의식적으로
- lie 속이다, 거짓말하다 • promulgate 널리 알리다
- apprehend 파악하다, 체포하다 • derogate 훼손하다
- distort 왜곡하다 • unveil 밝히다

09 ④ present → be present

| 해석 | 많은 파라오의 무덤은 아주 단단히 밀폐되어서 외부의 공기가 안으로 들어갈 수 없었다. 이러한 일이 일어나면 특정 박테리아들이 산소가 없는 환경에서 자라고, 그것들은 만약 흡입되면 매우 해로울 수 있다. 곰팡이와 균류 같은 다른 종류의 생물체들도 존재할 수 있는데, 그것들 중 일부는 심각한 건강 문제를 일으킬 수 있다. 이러한 이유들로 인해, 1920년대의 고고학자들과 달리 현대의 고고학자들은 처음으로 무덤에 들어갈 때 보호 필터 마스크와 장갑을 착용한다.

| 해설 | ④ 동사 자리에는 '동사'나 '조동사(could) + 동사원형'이 와야 하는데, present는 타동사와 형용사의 쓰임을 모두 가지는 단어이다. 타동사로 쓰일 경우 '주다, 나타내다' 등을 의미하고, 형용사로 사용될 경우 '있는, 존재하는' 등을 의미한다. 타동사로 사용될 경우 present 뒤에 목적어가 와야 하고, 형용사로 사용될 경우 present 앞에 be동사가 함께 와야 하는데, present 뒤에 목적어가 없고 문맥상 '다른 종류의 생물체들도 존재할 수 있다'가 되어야 자연스러우므로 present가 형용사로 사용되었다. 따라서 present를 be present로 고쳐야 한다.

| 오답 분석 |

① 주어 자리에 복수 취급하는 수량 표현 'many + 복수명사'(Many pharaohs' tombs)가 왔으므로 복수동사 were가 올바르게 쓰였다. 또한, 주어와 동사가 '많은 파라오의 무덤이 밀폐되다'라는 의미의 수동 관계이므로 수동태 동사 were sealed가 올바르게 쓰였다.

② 주어 자리에 복수명사 bacteria가 왔으므로, 동사 자리에 복수동사 grow가 올바르게 쓰였다.

③ 문맥상 '그것들은 만약 흡입되면 매우 해로울 수 있다'라는 의미가 되어야 자연스러우므로 조건을 나타내는 부사절 접속사 if가 쓰였다. 조건을 나타내는 부사절에서는 미래를 나타내기 위해 미래시제 대신 현재시제를 사용하는데, 주어(they)와 동사가 '그것들이 흡입되다'라는 수동 관계이므로, if they are inhaled가 와야 한다. 그런데 부사절의 동사가 be동사일 경우 부사절 접속사 뒤의 '주어 + 동사'를 생략할 수 있으므로 'they are'가 생략되어 if inhaled가 올바르게 쓰였다.

⑤ 주어 자리에 복수명사 modern archaeologists가 왔으므로, 동사 자리에 복수동사 wear가 올바르게 쓰였다. 주어와 동사 사이의 수식어 거품(unlike those in the 1920s)은 동사의 수 결정에 영향을 주지 않는다.

| 어휘 | • dpharaoh 파라오(고대 이집트의 왕) • tomb 무덤
- seal 밀폐하다 • inhale 흡입하다, 들이마시다
- mold 곰팡이
- fungi 균류, 곰팡이류(fungus의 복수형)
- archaeologist 고고학자
- protective 보호하는

10 ③ had enough money → had had enough money

| 해석 | ① 신병들이 훈련을 시작하자마자 그들은 전투에 보내졌다.

② 그 조약에 대한 의견 충돌이 아프리카 토착민들 사이에서 생겨났다.

③ 만약 내가 충분한 돈이 있다면, 멋진 요트를 살 텐데(가정법 과거). / 만약 내가 충분한 돈이 있었다면, 멋진 요트를 샀을 텐데(가정법 과거완료).

④ 내가 너와 함께 가기를 원하니, 아니면 혼자 가기를 원하니?

| 해설 | ③ 문맥상 '만약 내가 충분한 돈이 있다면, 멋진 요트를 살 텐데' 또는 '만약 내가 충분한 돈이 있었다면, 멋진 요트를 샀을 텐데' 모두 자연스러우므로 가정법 과거 또는 가정법 과거완료 문장으로 고쳐야 한다. 가정법 과거로 고치는 경우, if절에 가정법 과거를 만드는 'If + 주어 + 과거 동사' 형태인 If I had enough money가 왔으므로 주절에도 가정법 과거를 완성하는 '주어 + would/should/could/might + 동사원형'의 형태가 와야 한다. 따라서 would have bought를 would buy로 고쳐야 한다. 가정법 과거완료로 고치는 경우, 주절에 가정법 과거완료를 만드는 '주어 + would/should/could/might + have p.p.' 형태인 I would have bought이 왔으므로 if절에도 가정법 과거완료를 완성하는 'If + 주어 + had p.p.'의 형태가 와야 한다. 따라서 if I had를 If I had had로 고쳐야 한다.

| 오답 분석 |

① 부정을 나타내는 부사(Hardly)가 강조되어 절의 맨 앞에 나오면 주어와 조동사가 도치되어 '부사(Hardly) + 조동사(had) + 주어(the new recruits) + 동사'의 어순이 되어야 하는데, 주절에 hardly가 오고 종속절에 when이 오는 경우, 주절에는 과거완료시제를 사용하고 종속절에는 과거시제를 사용하므로 Hardly had the new recruits started가 올바르게 쓰였다.

② 명사 people은 '사람들'이라는 의미를 나타낼 때는 이미 복수형이므로 뒤에 -s를 붙이는 형태로 쓰이지 않지만, '민족'이라는 의미를 나타낼 때는 부정관사(a/an)와 함께 쓰이거나 복수형(peoples)으로 쓰일 수 있으므로 people(민족)의 복수형 peoples가 올바르게 쓰였다.

④ 동사 want는 5형식으로 쓰일 때 목적격 보어로 to부정사(to come)를 취하고 3형식으로 쓰일 때 목적어로 to부정사(to go)를 취하므로, want me to come과 want to go가 올바르게 쓰였다.

| 어휘 | • recruit 신병 • battle 전투

• disagreement 의견 충돌, 불일치

• treaty 조약 • indigenous people 토착민

• fancy 멋진

⏰ 기출 연습

p142

01 ① since ② was

| 해석 | 고속도로에 사고가 나서, 운전자는 우회하기로 결정했다.
| 해설 | ① '~이기 때문에'라는 이유의 의미를 가지는 접속사 since가 적절하다.
② 주절 시제가 decided로 과거이므로 종속절의 시제 역시 과거가 되어야 한다.

02 ②

| 해석 | 미국의 양봉가들은 2006년 처음으로 그들의 봉군이 하나씩 죽어가는 것을 알아챘다. 그때 이후로 과학자들은 무엇이 그 붕괴를 일으키는지를 밝혀내기 위해 필사적으로 노력하고 있다.
| 해설 | (A) in 2006이라는 명백한 과거 시간 부사구가 있으므로 동사의 시제는 과거가 되어야 한다.
(B) since then은 현재완료나 현재완료진행시제와 어울리는 시간 표현이다. 그리고 try to R에서 to R은 try의 목적어 역할을 하는 부정사의 명사절 용법이므로, 뒤에 목적어가 있는 것이다. 따라서 능동형인 trying이 정답이다.
| 어휘 | • beekeepers 양봉가 • bee colony 봉군
• die off 죽다 • figure out 이해하다 • collapse 붕괴하다

03 leads → will lead

| 해석 | 그들은 새로운 유전자가 태풍 및 몬순 계절에 발생되는 재정적 피해를 줄이고 수확을 가져오는 더욱 견실한 쌀 품종을 가져올 것을 기대한다.
| 해설 | 주절 동사로 hope가 사용되었으므로 that절은 '~할 것을 기대하다'라는 의미이다. 따라서 동사의 시제가 미래가 되어야 한다.
| 어휘 | • gene 유전자 • strain 변형
• incur 발생시키다 • bumper 엄청나게 큰

04 has been → had been

| 해석 | 게다가, 그들의 비교적 자유롭고 오픈된 화법은 이전의 프랑스 페인팅에서 중심이 되었던 그 꼼꼼하게 상세한 학구적인 방법으로부터의 그들의 자유를 강조했다.
| 해설 | 주절 동사가 underscored라는 과거이므로 that절 안의 동사는 시제 일치를 시키기 위해서, 과거나 과거완료시제가 되어야 한다. 문맥상 프랑스 페인팅에서 중심이 되었던 것은 과거보다 더 이전이므로 과거완료시제를 사용해야 한다.
| 어휘 | • brushwork 그림, 화풍 • underscore 강조하다
• meticulously 꼼꼼하게

05 ④ will begin → begins

| 해석 | ① 주방장은 지금 디저트를 준비하고 있다.
② 역기를 드는 것은 근력을 기르는 방법이다.
③ 그녀가 집을 떠났을 때 쯤에는, 이미 8시 5분이었다.
④ 그녀가 발표를 시작하기 전에, 제가 주제를 소개하고 싶습니다.
| 해설 | ④ 시간을 나타내는 부사절(Before she - presentation)에서는 미래를 나타내기 위해 미래시제 대신 현재시제를 사용하므로 미래시제 will begin을 현재시제 begins로 고쳐야 한다.
| 오답 분석 |
① 현재 시점을 나타내는 시간 표현 now(지금)가 왔고 문맥상 '지금 디저트를 준비하고 있다'라는 의미로 현재 진행되고 있는 일을 표현하고 있으므로 현재진행시제 is preparing이 올바르게 쓰였다.
② 동명사구 주어(Lifting weights)는 단수 취급하므로 단수동사 is가 올바르게 쓰였다.
③ 과거시제와 자주 함께 쓰이는 시간 표현 'by the time + 주어 + 과거 동사'(by the time she left home)가 왔고, 문맥상 '이미 8시 5분이었다'라는 의미로 이미 끝난 과거의 상태를 표현하고 있으므로 과거시제 was가 올바르게 쓰였다.

06 ① shoplift → shoplifted

| 해석 | 1952년 Shanton에 있는 울워스 상점에서 소매치기를 했던 한 남자가 최근에 그 상점에 익명의 사죄 편지를 보냈다. 그 편지에는, 그는 "나는 요즘 내내 죄책감에 쌓여 있었습니다"라고 말했다. 그가 훔친 물건은 2달러짜리 장난감이었다. 그는 이자와 함께 2달러를 갚을 수 있는 우편환을 동봉했다.
| 해설 | ① 시간 부사가 in 1952로 명백한 과거시간을 나타내므로 동사의 시제는 과거가 되어야 한다.
| 오답 분석 |
② 죄책감에 시달려 온 것은 과거부터 현재까지의 기간이므로 현재완료가 바르게 쓰였다.
③ 그가 훔쳤으니 능동이 맞고, 시제 역시 과거가 제대로 쓰였다.
④ to부정사의 부사적 용법으로 in order to R이 바르게 쓰였다.
| 어휘 | • shoplift 소매치기하다 • anonymous 익명의
• enclose 동봉하다 • money order 우편환

07 ④ increased → have increased

| 해설 | ④ '판매량을 증가시켜 왔다'라는 과거에 시작된 일이 현재까지 계속되는 것을 표현하고 있으므로, 과거시제 increased를 현재완료시제 have increased로 고쳐야 한다.
| 오답 분석 |
① '이제까지 쓴 것'이라는 과거에 시작된 일이 현재에 완료된 경우를 표현하고 있으므로 현재완료시제 have written이 올바르게 쓰였다.
② 'by the time + 주어 + 현재 동사'(by the time my novel is

published)가 왔고 '이미 다음 소설 작업을 시작했을 것이다'라는 현재나 과거에 발생한 동작이 미래의 어떤 시점까지 완료될 것임을 표현하고 있으므로 미래완료시제 will have started가 올바르게 쓰였다.

③ 주절의 시제가 과거(came)이고, 종속절에서 '남편이 스튜를 요리해 놓았다'는 것은 주절의 '그녀가 집에 와서 안 것'보다 더 이전 시점에 일어난 일이므로 과거완료시제 had cooked가 올바르게 쓰였다.

08 ① was haunted → has been haunted

| 해석 | 고대 그리스 비극 시대 이래로, 서양 문화는 복수자의 형상에 시달려왔다. 그 혹은 그녀는 문명과 야만 사이, 양심에 대한 개인의 책임과 법치주의에 대한 공동체의 요구 사이, 정의와 자비의 상반되는 요구 사이 같은 완전한 일련의 경계선에 서 있다. 우리는 우리가 사랑하는 사람을 파괴한 사람에 대해 복수를 할 권리가 있을까? 혹은 복수를 법이나 신에게로 넘겨야 할까? 그리고 만일 우리가 직접 행동을 취한다면, 우리는 스스로를 원래 살인을 저질렀던 가해자와 똑같은 도덕 수준으로 전락시키는 것은 아닌가?

| 해설 | ① 시간 부사 ever since가 제시되어 있으므로 동사의 시제는 현재완료가 되어야 한다.

| 오답 분석 |
② '~사이에서'라는 의미의 전치사로는 between과 among이 있는데, 둘 사이에서는 between을 사용한다.

③ '~하기 위한 권리'라는 의미로 to부정사의 형용사적 용법이다. 명사 a right 뒤에는 부정사가 수반된다.

④ 주격 관계대명사 who의 수식을 받아서 '~하는 사람들'을 표시할 때에는 지시대명사 those를 사용한다.

| 어휘 | • haunt 뇌리에서 떠나지 않다, 계속 떠오르다 • borderline 경계선
• barbarity 야만적 행위 • exact (남에게 나쁜 일을) 가하다
• vengeance 복수, 앙갚음 • moral level 도덕적 수준
• perpetrator 가해자, 범인 • murderous 사람을 죽이려 드는
• deed 행위 • redemption 구원, 구함
• depraved 타락한 • atrocity 잔학한 행위
• depravity 타락 • accountability 책임

09 ③ has been inspired → has inspired

| 해석 | 그렇다, 두브로브니크 시는 크루즈 관광을 억제하는 데 있어 적극적으로 노력해 왔지만 어떤 것도 끊임없이 계속되는 관광객 무리로부터 Old Town을 구할 수 없을 것이다. 설상가상으로 여분의 돈을 벌게 하는 유혹은 Old Town의 많은 집주인들이 그들의 장소를 에어비앤비(숙박업소)로 바꾸도록 자극했고, 마을의 벽으로 둘러 쳐진 부분을 거대한 하나의 호텔이 되게 했다. 지역 주민처럼 '진정한' 두브로브니크를 경험하기를 원하는가? 당신은 이곳에서 그것을 발견하지는 못할 것이다. 영원히 말이다.

| 해설 | ③ 주어가 lure로 단수이므로 has는 바르게 사용되었다. 그리고 집주인들에게 고무시켜 왔던 것이므로 현재완료도 바르게 사용되었다. 태를 살펴봐야 하는데, 동사 뒤에 many homeowners라는 목적어가 제시되어 있으므로 능동태로 바꾸어야 한다.

| 오답 분석 |
① '~하는 것을 노력하다'라는 의미로는 try to R이 제대로 사용되었다.

② '~으로부터 ~을 구하다'는 save A from B'가 제대로 쓰였다.

④ 분사구문의 분사를 결정하는 것인데, 뒤에 the walled portion of town이 의미상 목적어로 제시되어 있으므로 현재분사가 바르게 사용되었다.

| 어휘 | • proactive 사전 대책을 강구하는 • curb 억제하다, 제한하다
• perpetual 끊임없이 계속되는, 영원한
• swarm (사람 , 동물의) 무리, 떼
• to make matters worse 설상가상으로 • lure 유혹
• turn over (권리 , 책임 등을) 넘기다
• authentic 진정한, 진짜의

10 ④ have found → had found

| 해석 | 50년 전 밝은 봄날 아침에 벨 연구소의 두 명의 젊은 천문학자들은 20피트 높이의 뿔 모양 안테나를 뉴저지 상공 하늘로 향하게 하여 조정하고 있었다. 그들의 목표는 지구의 고향인 은하수를 측정하는 것이었다. 로버트 우드로 윌슨과 아노 펜지어스는 사방에서 그리고 은하수 건너에서 들려오는, 지속적인 잡음의 전파 신호를 듣고 놀랐다. 그것은 우주 극초단파 배경 방사능, 즉 약 138억 년 전 갑작스럽게 우주를 탄생시킨 태고의 에너지와 질량 폭발의 잔여물이었다. 그 과학자들은 1931년 조르주 르메트르가 처음 제시한 빅뱅이론을 확정 짓는 증거를 찾아냈다.

| 해설 | ④ '그 과학자들은 1931년에 조르주 르메트르가 처음 제시한 빅뱅이론을 확정 짓는 증거를 찾아냈다'라는 문맥이 자연스럽다. 확정 짓는 시점이 과거이고 증거를 찾는 것은 그보다 이전 시점이므로 현재완료가 아닌 과거완료시제를 사용해야 한다. 따라서 have found를 had found로 고쳐야 한다.

| 오답 분석 |
① 50 years ago라는 과거 시간 부사구가 제시되어 있으므로 과거시제가 바르게 쓰였다.

② be동사 뒤에 to부정사가 주격 보어로 사용되어서 '~하기 위한 것이다'라는 목적을 나타낼 수 있으므로 바르게 쓰였다.

③ It was~that 강조 구문이므로 that이 바르게 사용되었다.

| 어휘 | • astronomer 천문학자
• confirm 확인하다
• cosmic microwave background 우주 극초단파 배경 방사능
• explosion 폭발
• give rise to ~의 원인이 되다
• hiss "쉿" 소리
• horn-shaped 뿔 모양의
• insistent 계속적인
• Milky Way galaxy 은하계
• primordial 원초적
• puzzlement 당황, 놀람
• radio signal 무선 신호
• residue 잔여물
• rule out 배제하다
• steady state 정지 상태
• tune 조정하다

기출 종합

p146

01 ①

| **해석** | A : 주말 잘 보냈어?
B : 응, 꽤 괜찮았어. 우리 영화 보러 갔었어.
A : 오! 뭘 봤는데?
B : 〈인터스텔라〉. 정말 좋았어.
A : 정말? 어떤 점이 가장 좋았어?
B : 특수 효과야. 정말 환상적이었어. 다시 봐도 괜찮을 것 같아.
① 어떤 점이 가장 좋았어?
② 네가 가장 좋아하는 영화 장르가 뭐야?
③ 그 영화가 국제적으로 홍보되었어?
④ 그 영화가 매우 비쌌어?

| **해설** | B가 주말에 본 영화에 관해 대화하는 상황이다. B가 빈칸 앞에서 영화가 정말 좋았다고 하고 빈칸 뒤에서는 그 영화의 특수 효과가 환상적이었다고 하는 것을 보아, 빈칸에서 A가 영화에서 좋았던 점을 구체적으로 물어봤음을 알 수 있다. 따라서 빈칸에 들어갈 말로 가장 적절한 것은 ①'어떤 점이 가장 좋았어?'이다.

02 ②

| **해석** | 수업 중에 볼펜을 딸깍거리는 학생들은 나를 매우 화나게 한다.
① 내 정신을 매우 산만하게 하다
② 나를 몹시 짜증나게 하다
③ 내게 종종 아부하다
④ 내 마음의 큰 짐을 덜어 주다

| **해설** | drive me up the wall(나를 매우 화나게 하다)과 비슷한 의미를 가진 표현을 묻고 있으므로, '나를 몹시 짜증나게 하다'라는 의미의 ② annoy me greatly가 정답이다.

| **어휘** | • drive somebody up the wall ~를 매우 화나게 하다
• distract 산만하게 하다 • play up to somebody ~에게 아부하다
• take a load off somebody's mind ~의 마음의 짐을 덜어 주다

03 ①

| **해석** | 만약 당신이 내성적인 사람이라면, 당신은 당신의 감정을 숨기는 경향이 있고 다른 사람들에게 당신이 진짜로 생각하는 것이 무엇인지 보여 주는 것을 좋아하지 않는다.
① 내성적인
② 말이 많은
③ 감정을 드러내는
④ 자신감 있는

| **해설** | 감정을 숨기는 경향이 있고 다른 사람들에게 자신이 진짜로 생각하는 것이 무엇인지 보여 주는 것을 좋아하지 않는다고 했으므로, '만약 당신이 _____ 사람이라면'이라는 문맥에서 If you are someone who is _____ 의 빈칸에는 '내성적인'이라는 의미가 들어가야 자연스럽다. 따라서 ① reserved가 정답이다.

| **어휘** | • reserved 내성적인, 속마음을 드러내지 않는
• loquacious 말이 많은
• eloquent 감정을 드러내는, 유창한

04 ④

| **해석** | 당신은 어떻게 온라인상에서 화장품을 팔기 시작하게 되었나요?
① 돌아다니다
② 돌아가다
③ 쓰러지다
④ ~하기 시작하다

| **해설** | 빈칸 뒤에 온라인상에서 화장품을 판다는 내용이 있으므로, '당신은 어떻게 온라인상에서 화장품을 팔게 되었나요?'라는 문맥에서 How did you _____ selling cosmetics의 빈칸에는 '~하기 시작하다'라는 의미가 들어가야 자연스럽다. 따라서 ④ go into가 정답이다.

| **어휘** | • go around 돌아다니다 • go back 돌아가다
• go down 쓰러지다, 넘어지다 • go into ~하기 시작하다, 들어가다

05 ③

| **해석** | 햄버거와 감자튀김은 패스트푸드 체인점들의 홍보 활동 덕분에, 1950년대에 전형적인 미국식 식사가 되었다.
① 가장 건강한
② 가격이 알맞은
③ 전형적인
④ 격식에 얽매이지 않는

| **해설** | quintessential(전형적인)과 비슷한 의미를 가진 어휘를 묻고 있으므로, '전형적인'이라는 의미의 ③ typical이 정답이다.

| **어휘** | • quintessential 전형적인 • promotional 홍보의
• affordable 가격이 알맞은 • typical 전형적인, 대표적인
• informal 격식에 얽매이지 않는, 편안한

06 ④

| **해석** | • 그녀는 그들의 최종 결정에 대해 실망했지만, 그녀는 결국에 그것을 극복할 것이다.
• 내가 그녀의 죽음으로 인한 충격을 극복하는 데에는 매우 긴 시간이 걸렸다.
① 떠나다
② 내려가다
③ 출세하다
④ 극복하다

| **해설** | '그것을 극복하다'라는 의미의 get over it, '충격을 극복하다'라는 의미의 get over the shock에 공통으로 들어가는 표현은 'get over'이다. 따라서 ④ get over가 정답이다.

| **어휘** | • get away 떠나다, 벗어나다 • get down 내려가다
• get ahead 출세하다 • get over 극복하다

07 ②

| **해석** | A : 우리 이제 잠시 휴식을 취하는 게 어때요?
B : 좋은 생각이에요.
A : 좋아요! 5분 뒤에 로비에서 만나요.
① 좋아요, 계속 일합시다.
② 좋은 생각이에요.
③ 전 벌써 빈털터리예요.
④ 한 시간이 걸릴 거예요.

36

| **해설** | 잠시 휴식을 취하는 것이 어떤지를 묻는 A의 질문에 대한 B의 대답 후, 빈칸 뒤에서 다시 A가 Great! I'll meet you in the lobby in five minutes(좋아요! 5분 뒤에 로비에서 만나요)라고 말하고 있으므로, 빈칸에는 상대방의 의견에 동의하는 표현인 '좋은 생각이에요'라는 의미가 들어가야 자연스럽다. 따라서 ② That sounds good이 정답이다.

| **어휘** | • take a break 잠시 휴식을 취하다 • broke 빈털터리의, 무일푼의

08 ④

| **해석** | ① 당신이 요청한 문서 파일은 첨부되었습니다.
② 나의 삶에서 나는 결코 그렇게 아름다운 여성을 본 적이 없다.
③ 혹시라도 추가 정보가 필요하다면, 저에게 연락해 주세요.
④ 지금보다 상황이 더 심각했던 적은 거의 없었다.
⑤ 지금이 네가 항상 상상해 왔던 삶을 살기 시작할 시간이다.

| **해설** | ④ 부정을 나타내는 부사구(Hardly)가 강조되기 위해서 문두에 나오면 주어와 조동사가 도치되어 '조동사(has) + 주어(the situation) + 동사'의 어순으로 쓰여야 한다. 문맥상 '더 심각했던 적은 거의 없었다'라는 의미가 되어야 자연스러우므로 동사 자리에 현재완료시제를 만드는 been을 써서 Hardly has the situation been으로 고쳐야 한다.

| **오답 분석** |
① 분사 보어(Attached)가 강조되어 문장 맨 앞에 나오면 주어와 동사가 도치되어 '동사(is) + 주어(the document file)'의 어순이 되어야 하므로 Attached is the document file이 올바르게 쓰였다. 또한, 주어 자리에 단수명사 the document file이 왔으므로 단수동사 is가 올바르게 쓰였다.

② 부정을 나타내는 부사구(Never in~life)가 강조되어 문장 맨 앞에 나오면 주어와 조동사가 도치되어 '조동사(have) + 주어(I) + 동사(seen)'의 어순이 되어야 하므로, Never in my life have I seen이 올바르게 쓰였다. 또한, '그렇게 아름다운 여성'은 'such + a/an + 형용사(beautiful) + 명사(woman)'로 나타낼 수 있으므로 such a beautiful woman이 올바르게 쓰였다.

③ 문맥상 '혹시라도~필요하다면'이라는 의미로 가능성의 희박한 미래를 가정하고 있으므로 'If + 주어 + should + 동사원형'의 형태인 가정법 미래가 쓰여야 하는데, 가정법 문장에서 If가 생략되면 주어와 should가 도치되어 'Should + 주어(you) + 동사원형(need)'의 어순이 되므로, Should you need가 올바르게 쓰였다.

⑤ '삶을 살기 시작할 시간'은 형용사처럼 명사를 수식할 수 있는 to부정사를 사용하여 나타낼 수 있으므로 time to start living이 올바르게 쓰였다. 참고로, 주어 자리에 쓰인 Now는 '지금'이라는 뜻의 명사이다.

09 ⑤

| **해석** | 무력증은 당신이 당신의 삶에서 있고 싶은 곳이 아니다. 나는 이것을 극도의 열의를 가지고 말하는데, 이는 당신이 스스로를 기력이 없는 채로 있게 한다면, 내가 생각하기에, 당신은 당신의 목표들을 포기하는 것이기 때문이다.
① 마음이 산란한
② 깨지기 쉬운
③ 매혹된
④ 무책임한

⑤ 무기력한

| **해설** | inert(기력이 없는)와 비슷한 의미를 가진 어휘를 묻고 있으므로, '무기력한'이라는 의미의 ⑤ listless가 정답이다.

| **어휘** | • inertia 무력증 • extreme 극도의, 극심한
• fervor 열의, 열정 • inert 기력이 없는
• distracted 마음이 산란한 • fragile 깨지기 쉬운
• allure 매혹하다 • irresponsible 무책임한
• listless 무기력한

10 ③

| **해석** | 사회다원주의라고 불리는 철학적인 운동은 부유한 기업가들이 소수에 의한 부의 축적을 '자연의 이치'라고 생각하도록 도왔다. 영국의 철학자인 허버트 스펜서는 미국 기업가들이 그들의 부의 추구에 대한 철학적인 정당화를 위해 의지했던 사람이었다.
① ~에 항복했다
② ~을 한쪽으로 치웠다
③ ~에 의지했다
④ ~을 따로 떼어 놓았다
⑤ ~으로 바꾸었다

| **해설** | 사회다원주의는 부유한 기업가들이 소수에 의한 부의 축적을 '자연의 이치'라고 생각하도록 도왔다고 했으므로 '미국 기업가들이 그들의 부의 추구에 대한 철학적인 정당화를 위해 _____ 사람이었다'라는 문맥에서 was the person whom US industrialists _____ for the philosophical justification of their pursuit of wealth의 빈칸에는 '~에 의지했다'라는 의미가 들어가는 것이 자연스럽다. 따라서 turn to(~에 의지하다)의 과거형인 ③ turned to가 정답이다.

| **어휘** | • movement 운동, 움직임
• social Darwinism 사회다원주의
• industrialist 기업가 • accumulation 축적
• justification 정당화 • pursuit 추구
• give in ~에 항복하다
• put aside ~을 한쪽으로 치우다, 저축하다
• turn to ~에 의지하다
• lay away ~을 따로 떼어 놓다, 저축하다
• change into ~으로 바꾸다

11 ③

| **해석** | 그는 그의 상사가 제안한 것은 무엇이든지 사색적인 사고 없이 수락했기 때문에 우리 회사에서 가장 아첨하는 사람으로 여겨졌다.
① 아주 다루기 힘든   ② 의혹을 갖는
③ 아부하는   ④ 연속적인
⑤ 비범한

| **해설** | flattering(아첨하는)과 비슷한 의미를 가진 어휘를 묻고 있으므로, '아부하는'이라는 의미의 ③ obsequious가 정답이다.

| **어휘** | • flattering 아첨하는 • superior 상사
• reflective 사색적인, 반성적인 • intractable 아주 다루기 힘든
• suspicious 의혹을 갖는 • obsequious 아부하는
• consecutive 연속적인 • extraordinary 비범한

12 ①

| 해석 | 몇몇 연구원들은 모두는 아닐지라도 거의 모든 화석들이 현대에 구 덩이에 묻혔고, 이것들 중 몇 개는 심지어 누군가에 의해 조작되었 다고 주장했다.

① 조작되다
② 대체되다
③ 심어지다
④ 복제되다
⑤ 근절되다

| 해설 | fabricate(조작하다)의 과거분사형인 fabricated와 비슷한 의미를 가 진 어휘를 묻고 있으므로, '조작하다'라는 의미의 falsify의 과거분사 형인 ① falsified가 정답이다.

| 어휘 | • fossil 화석
• plant 묻다, 심다
• pit 구덩이
• fabricate 조작하다, 꾸며내다
• falsify 조작하다, 위조하다
• replace 대체하다
• implant 심다
• duplicate 복제하다
• eradicate 근절하다

13 ⑤

| 해석 | 비록 그녀의 친구들이 그녀에게 소개한 몇몇의 (A) 흥미로운 활동들 이 그녀의 관심을 끄는 데 성공했지만, 그녀는 결국 그녀의 결혼 생 활의 파탄에 대한 (B) 절망을 극복할 수 없었다.

	(A)	(B)
①	흥미로운	기뻐하다
②	난처한	증오
③	재미있는	고요함
④	좌절감을 일으키는	낙담
⑤	흥미로운	절망

| 해설 | A) '비록 그녀에게 소개한 몇몇의 _____ 활동들이 그 녀의 관심을 끄는 데 성공했지만'이라는 문맥에서 Although some _____ activities that her friends introduced to her succeeded in attracting her attention의 빈칸에는 '흥미로운'이라 는 의미가 들어가는 것이 자연스럽다. (B) '그녀의 결혼생활의 파탄 에 대한 _____을 극복할 수 없었다'라는 문맥에서 unable to overcome the _____ over the breakup of her marriage의 빈칸에는 '절망'이라는 의미가 들어가는 것이 자연스럽다. 따라서 ⑤ (A) intriguing(흥미로운)-(B) despondence(절망)가 정답이다.

| 어휘 | • introduce 소개하다, 도입하다
• attract 끌다
• overcome 극복하다
• breakup 파탄, 불화
• rejoice 기뻐하다
• embarrassing 난처한, 당혹스러운
• animosity 증오, 적대감
• serenity 고요함
• frustrating 좌절감을 일으키는
• dejection 낙담, 실의
• intriguing 흥미로운, 흥미를 돋우는
• despondence 절망

14 ②

| 해설 | ② '기다렸다가 밤을 새우는 데 익숙해 있다'는 동명사 관련 표현 be used to -ing(~하는 데 익숙하다)로 나타낼 수 있으므로 I'm used to waiting이 올바르게 쓰였다.

| 오답 분석 |
① '적응하는 데는 시간이 좀 걸린다'는 가주어 it을 사용하여 'it takes time + to 부정사(~는 데 시간이 걸리다)의 형태로 나타내야 하고, '좀'은 수량 표현 a little(조금 있는)을 사용해서 나타낼 수 있으므 로 little(거의 없는)이 아닌 a little을 사용해서 나타내야 한다. 따라서 Time always takes little을 It always takes a little time으로 고쳐야 한다.

③ 'too + 형용사/부사 + to 부정사'(너무나 ~해서 ~할 수 없다) 표 현에서 주어(The math question)가 to부정사(to answer)의 의미상 목 적어일 때 의미상 목적어를 반복해서 쓰지 않는다. 따라서 to answer it을 to answer로 고쳐야 한다.

④ '나는 힘든 일로 정말 지쳤다'는 '힘든 일이 나를 지치게 했다'로 표현할 수 있는데, tire(지치게 하다)는 타동사이므로 전치사 없이 바 로 목적어를 취한다. 따라서 tired of me를 tired me로 고쳐야 한다.

| 어휘 | • stay up all night 밤을 새우다
• tough 어려운, 힘든

기출 연습   p158

01 ④ wait → to wait

| 해석 | 당신이 TV에서 광고된 놀이공원에 왜 갈 수 없는지를 당신의 여섯 살된 딸에게 설명하려고 시도하면서 당신의 혀가 꼬이는 것을 발견하면, 그때 당신은 왜 우리가 기다리는 것을 힘들어하는지를 이해하게될 것이다.

| 해설 | ④ find는 5형식 동사이고 뒤에 가목적어 it이 제시되어 있으므로, 진목적어로 to부정사가 필요하다.

| 오답 분석 |

① find는 분사를 목적격 보어로 취할 수 있는 5형식 동사이다. 목적어와 목적격 보어와의 관계를 살펴야 하는데, 혀가 꼬이는 것으로 수동 관계이므로 과거분사가 제대로 사용되었다.

② six-year-old가 뒤에 나오는 daughter라는 명사를 수식하는 형용사 기능을 하므로 단수형이 제대로 사용되었다.

③ that의 선행사가 the amusement park로 단수이고, that절의 동사는 has로, 주어와 동사가 수가 일치하고 있다.

02 ① it difficult ② to agree ③ having

| 해석 | 이번에 나는 그룹에 있는 모든 사람들이 동일한 프로젝트에 대해 일치하고자 하는 당신의 계획에 동의하는 것이 어렵다고 생각한다.

| 해설 | ① find는 5형식 동사로 바로 뒤에 가목적어가 오고, 그 뒤로 목적격 보어가 온다.
② 진목적어 자리이므로 to부정사가 정답이다.
③ 전치사 of의 목적어로 to부정사는 사용될 수 없다. 반면 동명사는 전치사의 목적어로 사용이 가능하다.

03 ② found quite → found it quite

| 해석 | 소크라테스 주변에 모여들었던 명문가의 아테네 젊은이들은 그들의 영웅이 그토록 지적이고, 용감하며, 고결하고, 매력적이지만 너무 못생겼다는 것이 매우 역설적이라고 생각했다.

| 해설 | ② find는 5형식 동사이고, 뒤에 나오는 that절이 진목적어이므로 바로 뒤에 가목적어 it이 필요하다.

| 오답 분석 |

① 선행사가 사람이므로 주격 관계대명사가 제대로 쓰였다.

③ 진목적어 자리에 that이 제대로 쓰였다.

④ ugly는 was라는 불완전 자동사의 보어로, 형용사형이 바르게 사용되었다.

04 ② made clear → made it clear

| 해석 | 미국 우주비행사들에게 행해진 한 실험은 튼튼하고 건강한 뼈를 유지하는 데 있어 신체 활동이 얼마나 중요한지를 명확하게 만들었다.

| 해설 | ② make는 5형식 동사이고, 뒤에 how 이하가 명사절로 진목적어이다. 따라서 made 뒤에 가목적어 it이 필요하다.

| 오답 분석 |

① 분사 자리이고 실험은 '행해진' 것이므로 과거분사가 바르게 사용되었다.

③ 진목적어 자리에 의문부사 how가 바르게 사용되었다. 그리고 how 뒤에는 형용사가 수반되어서 '얼마나 ~한'이라는 의미를 지닌다.

④ 전치사 in의 목적어 자리에 동명사가 바르게 사용되었다.

05 ③ found hard → found it hard

| 해석 | 그러나, 1980년 대쯤 명백해진 것은 준비가 500주년 기념제를 위해 이루어졌으므로, 많은 미국인들은 불가능한 것이 아닐지라도, 그 기념일을 '축제'로 여기는 것이 힘들다는 것을 알게 되었다는 것이다.

| 해설 | ③ found는 5형식 동사이고 뒤에 to see라는 진목적어가 있으므로 동사 뒤에 가목적어 it이 들어가야 한다.

| 오답 분석 |

① become은 불완전 자동사이므로 그 뒤는 보어 자리이다. 따라서 형용사가 제대로 사용되었다.

② 주어가 preparations로 복수명사이므로 동사 역시 복수로 수가 일치하고 있고, 준비가 이루어진 것이므로 태 역시 수동태가 바르게 사용되었다.

④ (if not)이 없다고 보면, found라는 5형식 동사의 목적격 보어 자리이므로 형용사가 바르게 사용되었다.

06 ③

| 해설 | 제시된 문장의 '범인이 탈출한 것'은 명사절 접속사 that을 사용한 명사절로 나타낼 수 있는데, 문장에 that절과 같이 긴 주어가 오면 가주어 it이 진주어인 that절을 대신하여 주어 자리에 쓰이므로, 가주어 it과 that절이 쓰인 ③, ④번이 정답 후보이다. 주어진 우리말에서 '범인이 탈출한 것'과 '여겨지나'가 수동 관계이므로 영어 문장에서도 주어(that the perpetrator~went off)와 동사가 '범인이 탈출한 것으로 여겨진다'라는 수동태로 쓰여야 한다. 따라서 능동태 It believes가 쓰인 ④번이 아닌 수동태 It is believed that~으로 나타낸 ③번이 정답이다. ①번과 ②번은 '범인이 믿었다'라는 의미이므로 정답이 될 수 없다.

| 어휘 | • perpetrator 범인, 가해자 • go off (경보기 등이) 울리다

07 ③ giving off → given off

| 해석 | 유기체가 살아있을 때, 그것은 주변의 공기로부터 이산화탄소를 흡수한다. 이산화탄소의 대부분은 탄소-12로 이루어져 있지만, 아주 소량은 탄소-14로 구성된다. 그래서 살아있는 유기체는 언제나 매우 적은양의 방사성 탄소인 탄소-14를 포함하고 있다. 살아있는 유기체 옆의측정기는 유기체에서 탄소-14에 의해 방출된 방사선을 기록한다. 유기

체가 죽으면 그 유기체는 더 이상 이산화탄소를 흡수하지 않는다. 새로운 탄소-14가 더해지지 않으며, 오래된 탄소-14는 서서히 질소로 자연 붕괴된다. 탄소-14의 양은 시간이 지남에 따라 서서히 감소한다.

| 해설 | ③ 방사선이 유기체 내에 있는 이산화탄소에 의해서 방출이 되는 것이므로 현재분사형이 아닌 과거분사형으로 바꾸어야 한다.

| 오답 분석 |

① 이산화탄소가 탄소 12로 구성이 되는 것이므로 과거분사형이 바르게 사용되었다.

② 주어가 a tiny portion으로 단수이므로 동사에 s가 붙었고, consist는 자동사로 뒤에 전치사 of를 수반하므로 바르게 사용되었다.

④ 주어가 the amount로 단수이므로 동사 역시 단수이고, decrease는 자동사이므로 능동형이 바르게 사용되었다.

| 어휘 | • organism 유기체, (극도로 작은) 생물체 • take in 흡수하다, 섭취하다
• consist of ~로 구성되다 • radioactive 방사성의
• detector 탐지기, 측정기 • give off 방출하다
• decay 붕괴하다, 부패하다 • nitrogen 질소
• as time goes on 시간이 지남에 따라

08 ① extinctly → extinct

| 해석 | 과거와 현재의 모든 생물들은 이미 사라졌거나 혹은 앞으로 멸종하게 될 것이다. 그러나 각 종들이 지난 38억 년의 지구상 생명체의 역사에서 사라짐에 따라 새로운 종들이 이들을 대신하거나 혹은 새로이 생겨난 자원을 이용하기 위해 필연적으로 등장했다. 몇몇 아주 단순한 유기체로부터 아주 많은 수의 복잡하고 다세포적 형태들이 이 오랜 시기에 걸쳐 진화했다. 19세기 영국의 동물 연구가인 찰스 다윈이 한때 '불가사의 중에 불가사의'라고 일컬었던 새로운 종의 기원은 인간이 행성을 공유하는 이 놀라운 생물들의 다양성을 만드는 데 담당했던 종 형성의 자연스러운 과정이다.

| 해설 | ① go는 완전 자동사로 사용되면 '가다'라는 의미이고, 불완전 자동사로 사용되면 '~되다'라는 의미이다. 이때 뒤는 주격 보어 자리이므로 형용사가 와야 한다.

| 오답 분석 |

② appear는 불완전 자동사이고, 뒤에는 to부정사를 주격 보어로 수반한다.

③ refer to A as B(A를 B라고 부르다)에서 A에 해당하는 목적어가 관계대명사 which이므로 referred to as가 바르게 사용되었다.

④ 목적격 관계대명사 앞에 전치사가 붙은 형태로 원래는 share A with B에서 문장 끝에 오는 전치사가 관계대명사 앞으로 이동한 형태이다.

| 어휘 | • extinct 멸종된 • vanish 사라지다
• inevitably 필연적으로, 불가피하게 • exploit 이용하다, 착취하다
• multicellular 다세포의 • evolve 진화하다, 발달하다
• refer to A as B A를 B라고 언급하다 • speciation 종 형성, 종 분화

09 ④ which → whether

| 해석 | 전기 자동차는 항상 환경 친화적이고, 소음이 적고 깨끗하지만 확실히 매력적이지는 않다. 세스타 스피드킹이 그 모든 것을 바꾸었다. 120,000달러에 팔리고 최고 속도가 시속 125마일(시속 200km)인 배터

리 구동 스포츠카 스피드킹은 처음 발표된 이후로 친환경 기술을 이용하는 대중들을 흥분시켰다. 몇몇 할리우드 유명 인사들 역시 스피드킹을 기다리는 긴 대기자 명단에 이름을 올렸다. 와이어드(Wired)와 같은 매거진들도 군침을 삼켰다. 다년간의 실패와 대대적인 개혁 후, 첫번째 세스타 스피드킹은 올해 고객들에게 제공되었다. 평가는 열광적이었지만 세스타 모터스는 재정 위기로 인해 심한 타격을 받았다. 알맞은 가격의 전기 세단을 개발하려던 계획은 보류되었고, 세스타는 직원들을 해고하고 있다. 하지만 비록 스피드킹이 하나뿐인 히트작으로 판명되더라도 이것은 흥분하게 하는 전기 자동차였다. 또 다른 히트작을 거머쥘지는 두고 봐야 한다.

| 해설 | ④ 앞에 선행사가 없으므로 관계대명사 which를 사용할 수 없다. 이 문장은 가주어 it으로 시작하므로 진주어가 필요하다. 그리고 '~인지, 아닌지'라는 의미를 가지는 명사절 접속사 whether가 들어가야 한다. 그리고 'It remains to be seen whether + 주어 + 동사'(~할지 안할지는 두고 봐야 한다)라는 구문은 많이 쓰는 표현이므로 암기해 두자!

| 오답 분석 |

① friendly가 형용사이므로 형용사를 수식하는 부사가 제대로 쓰였다. 문맥상으로도 '환경적으로 친화적인'이 적절하다.

② 뒤에 'since + 과거 시점'이 이어지고 있으므로 현재완료시제가 적절하게 사용되었다.

③ 여기서 hard는 부사로 사용되었고, '큰 타격을 받은 것'이므로 수동태가 바르게 사용되었다.

| 어휘 | • definitely 명확히 • clean-tech 친환경 기술적인
• drool over 군침을 삼키다 • setback 실패, 좌절
• shake-up 대대적인 개혁 • ecstatic 열광적인, 황홀한
• be hit hard 심한 타격을 받다 • affordable 알맞은, 입수 가능한
• put ~ on hold ~을 보류하다, 연기하다 • lay off 해고하다
• one-hit wonder 히트곡이 하나뿐인 가수
• suspend 보류하다, 연기하다
• clench 거머쥐다 • smash hit 엄청난 히트

10 ③ enjoying → to enjoy

| 해석 | 몇몇 사람들은 인생은 단순히 해결해야 할 일련의 문제들이라고 확신한다. 그들이 직면한 그 문제를 더 빠르게 해결하면 할수록 그들은 더 빨리 행복해질 것이다. 그러나 사실은 이 문제를 성공적으로 해결한 후에도 또 다른 문제에 직면할 것이다. 게다가 그 장애물을 극복한 후에는 극복해야 할 또 다른 장애물이 있을 것이며 올라야 할 또 다른 산이 항상 있다. 그러나 진실은 이 문제를 성공적으로 해결하고 나서, 직면해야 하는 또 다른 문제가 있다는 것이다. 그래서 그것이 목적지뿐만 아니라 여행을 즐기는 것이 중요한 이유이다. 이 세상에서 우리는 모든 것이 완벽하거나 더 이상의 도전이 없는 장소에 절대 도달하지 못할 것이다. 비록 목표를 세우고 그것에 도달하는 것이 훌륭할지라도 목표를 이루는 데 너무 집중하여 당신이 현재 있는 곳을 즐기지 못하는 실수를 해서는 안 된다.

| 해설 | ③ 주어 자리에 가주어 It이 제시되어 있으므로 진주어 자리에는 to부정사나 명사절을 사용해야 한다. 진주어 자리에 동명사는 사용될 수 없다. 따라서 enjoying을 to enjoy로 고쳐야 한다.

① convince는 'convince + 사람 + that'의 구조로 사용되는데 목적어 자리에 있는 사람이 주어 자리에 가서 수동태로 전환이 되면 '사람 + be convinced that'의 구조가 된다. 의미는 '확신하다'이다. 따라서 바르게 사용되었다.

② 'the 비교급~, the 비교급~' 구문이다. 앞에 the sooner가 제시되어 있으므로 대칭 관계를 이루는 the sooner가 바르게 쓰였다.

④ 'As admirable as setting goals and reaching them may be'는 'as + 형용사/부사 + as + 주어 + 동사'가 문두로 가는 경우 양보 구문으로 '비록 ~일지라도'로 해석이 된다. 이때 문장 맨 앞에 있는 as가 생략이 되어서 '형용사/부사/무관사명사 + as + 주어 + 동사'와 같이 사용되기도 한다.

기출 종합

p162

01 ④

| 해석 | 전기 자동차는 또한 수입 석유와 가스에 대한 충족시킬 수 없는 갈망을 억제하려는 중국의 노력의 주요한 부분인데, 공산주의 지도자들은 이것을 전략상의 결점으로 본다.
① 틀림없는　　② 심미적인
③ 미숙한　　④ 만족시킬 수 없는

| 해설 | unquenchable(충족시킬 수 없는)과 비슷한 의미를 가진 어휘를 묻고 있으므로 '만족시킬 수 없는'이라는 의미의 ④ insatiable이 정답이다.

| 어휘 | • curb 억제하다 • unquenchable 충족시킬 수 없는, 막을 수 없는
• appetite 갈망, 욕구 • imported 수입된
• communist 공산주의자 • strategic 전략상의
• infallible 틀림없는 • aesthetic 심미적인
• adolescent 청소년의 • insatiable 만족시킬 수 없는

02 ③

| 해석 | John은 그 회사에서 막 일하기 시작했었고, 아직 경험이 없었다. 우리는 그를 너그럽게 봐 줬어야 했다.
① 그의 상사의 말을 듣지 않았다
② 어떻게 해야 하는지를 알았다
③ 경험이 없었다
④ 조심성이 없었다

| 해설 | not dry behind the ears(경험이 없는)라는 표현이 쓰인 was not dry behind the ears와 비슷한 의미를 가진 표현을 묻고 있으므로 '경험이 없었다'라는 의미의 ③ was not experienced가 정답이다.

| 어휘 | • not dry behind the ears 경험이 없는, 풋내기의
• give somebody a break ~를 너그럽게 봐 주다
• know one's way around 어떻게 해야 하는지를 알다

03 ③

| 해석 | ① A : 오늘 내가 해야 하는 이 연설 때문에 너무 떨려.
B : 가장 중요한 건 침착하는 거야.
② A : 그거 알아? 민수랑 유진이 결혼할 거야!
B : 잘됐네! 걔네 언제 결혼하는데?

③ A : 두 달간의 방학이 그냥 일주일처럼 지나가 버렸어. 새 학기는 코앞으로 다가왔고.
B : 내 말이. 방학이 몇 주째 계속되고 있어.
④ A : '물'을 프랑스어로 뭐라고 하니?
B : 기억이 날 듯 말 듯 하는데, 기억이 안 나네.

| 해설 | A가 방학이 너무 빨리 지나가 버렸다고 한탄하는 것에 대한 대응으로, 그 말이 옳다고 동의하며 방학이 몇 주간 질질 끌려오고 있다고 하는 B의 말은 반대되므로 적절하지 않다. 따라서 두 사람의 대화 중 가장 어색한 것은 ③번이다.

| 어휘 | • tie the knot 결혼하다 • taround the corner 임박한
• drag on 질질 끌다, 계속되다
• ton the tip of one's tongue 혀끝에서 맴도는, 기억이 날 듯 안 나는

04 ④

| 해석 | A : 안녕, Gus. 네가 좋아진 걸 보니 정말 기뻐.
B : 고마워. 지난달에 그 트럭이 내 차를 들이받은 후에, 나는 내가 끝났다고 생각했어. 내가 살아 있다니 정말 운이 좋지.
A : 맞아. 너한텐 틀림없이 아주 충격이 큰 경험이었을 거야. 네 차는 벌써 수리되었니?
B : 응, 수리되었어. 하지만 나는 더 이상 그 차를 운전하지 않을 거야. 난 다시 치이는 위험을 감수하지 않을래.
A : 에이, 그러지 마. 불행한 사고 한 번이 네가 운전을 다시 못하게 둘 수는 없어. 번개는 같은 자리에 두 번 치지 않아.
B : 사람들은 그렇게 말하지만, 나는 당분간 대중교통을 이용할 거야.
① 삐걱거리는 바퀴가 기름칠을 받아(우는 아이 떡 하나 더 준다).
② 나중에 후회하는 것보다 조심하는 것이 나아.
③ 울타리 저편의 잔디가 언제나 더 푸른 법이야(남의 떡이 더 커 보인다).
④ 번개는 같은 자리에 두 번 치지 않아.

| 해설 | 사고 난 차를 수리했지만 더 이상 그 차를 운전하지 않을 거라는 B의 말에 대해, 빈칸 앞에서 A가 You can't let one unfortunate incident keep you from ever driving again(불행한 사고 한 번이 네가 운전을 다시 못하게 둘 수는 없어)이라고 말하고 있으므로, 빈칸에는 '번개는 같은 자리에 두 번 치지 않아'라는 의미가 들어가야 자연스럽다. 따라서 ④ Lightning never strikes twice in the same place가 정답이다.

| 어휘 | • up and about 좋아지다, 호전되다
• plow 들이받다, 충돌하다 • traumatic 충격이 큰
• take chance 위험을 감수하다 • unfortunate 불행한
• squeaky 삐걱거리는

05 ③

| 해석 | 인류는 새로운 생각을 억압하려 한 권력자들과 변화를 어리석은 행위라고 선언한 오랫동안 확립된 견해들의 권위에 계속해서 반항해 왔다.
① 표현하다　② 주장하다
③ 억압하다　④ 퍼뜨리다

| 해설 | muzzle(억압하다)과 비슷한 의미를 가진 어휘를 묻고 있으므로, '억압하다'라는 의미의 ③ suppress가 정답이다.

| 어휘 | • disobedient 반항하는, 복종하지 않는
• authority 권력자, 권위 • muzzle 억압하다, 입막음하다
• declare 선언하다 • nonsense 어리석은 행위
• assert 주장하다 • suppress 억압하다, 진압하다

06 ①

해석 | 거만하게 굴지 마라. 당신은 당신의 글이 너무 비격식적이고 구어적이기를 원하지 않지만, 당신은 또한 당신이 아닌 누군가, 예를 들어 당신의 교수나 상사, 또는 로즈 장학생 조교 같은 인상을 주기를 원하지 않는다.
① 주제넘은   ② 격의 없는
③ 형식적인   ④ 진실한

해설 | pompous(거만한)와 비슷한 의미를 가진 어휘를 묻고 있으므로, '주제넘은'이라는 의미의 ① presumptuous가 정답이다.

어휘 | • pompous 거만한, 과시하는
• colloquial 구어의   • presumptuous 주제넘은, 건방진
• casual 격의 없는, 무관심한   • genuine 진실한

07 ③

해석 | A : 오늘 학교에서 어땠어, Ben?
B : 더 바랄 나위가 없어. 실은, 심리학 수업에서 약물 남용에 대한 발표를 했는데, 교수님께서 나를 칭찬하셨어.
A : 그가 정확히 뭐라고 하셨는데?
B : 내 발표가 다른 것들보다 훨씬 뛰어나다고 하셨어.
A : 정말 멋진데!
① 약간의 진전이 있었다
② 큰 인기를 끌었다
③ 나를 칭찬했다
④ 잘못된 판단을 내렸다

해설 | 심리학 수업에서 발표를 한 B에게 교수님이 뭐라고 하셨냐고 A가 묻자, B가 He said my presentation~the others(내 발표가 다른 것들보다 훨씬 뛰어나다고 하셨어)라고 했으므로, 빈칸에는 교수님께서 '나를 칭찬하셨어'라는 의미가 들어가야 자연스럽다. 따라서 ③ paid me a compliment가 정답이다.

어휘 | • head and shoulders above ~보다 훨씬 뛰어난
• Way to go! 정말 멋진데!   • headway 진전, 진행
• make a splash 큰 인기를 끌다   • pay a compliment 칭찬하다
• pass judgment 판단을 내리다

08 ①

해석 | A : 실례합니다. 남부 버스 터미널을 찾고 있는데요.
B : 아, 바로 저기에 있어요.
A : 어디요? 조금 더 구체적으로 말씀해 주시겠어요?
B : 네. 길을 따라 걸어가신 다음에, 첫 번째 교차로에서 우회전을 하세요. 터미널은 당신의 오른쪽에 있어요. 찾기 쉬워요.
① 조금 더 구체적으로 말씀해 주시겠어요?
② 제가 시간을 잘 지킨다고 생각하시나요?
③ 바로 그것을 마주하실 건가요?
④ 여기에서 차로 얼마나 걸릴까요?

해설 | 버스 터미널의 위치를 알려 준 B에게 A가 Where?(어디요?)라고 되묻자, 빈칸 뒤에서 다시 B가 Okay(네)라고 한 뒤 터미널의 위치를 좀 더 구체적으로 설명하고 있으므로, 빈칸에는 '조금 더 구체적으로 말씀해 주시겠어요?'라는 의미가 들어가야 자연스럽다. 따라서 ① Could you be more specific?이 정답이다.

어휘 | • intersection 교차로   • specific 구체적인, 상세한
• punctual 시간을 잘 지키는   • run into 마주하다, ~을 만나다

09 ② comparing → compared

해석 | ① 그를 이전에 만난 적이 없어서 나는 그를 모른다.
② 그의 여동생과 비교될 때, 그녀는 그렇게 예쁘지 않다.
③ 이것은 함께 걸어가는 커플의 사진이다.
④ 나의 아파트로 돌아왔을 때, 나는 나의 시계가 없어진 것을 발견했다.
⑤ 그 노인은 그렇게 하도록 허락되어서야 그의 아들을 볼 수 있었다.

해설 | ② 주절의 주어 she와 분사구문이 '그녀가 그의 여동생과 비교되다'라는 의미의 수동 관계이므로 현재분사 Comparing을 과거분사 Compared로 고쳐야 한다.

오답 분석 |

① 이전에 만나지 않은 시점이 그를 모르는 시점보다 이전이므로, 분사구문의 완료형 having met가 올바르게 쓰였다.

③ 수식받는 명사(a couple)와 분사가 '커플이 걸어가다'라는 의미의 능동 관계이므로 현재분사 walking이 올바르게 쓰였다.

④ 분사구문의 주어가 주절의 주어(I)와 같으므로 생략되었고, 문맥상 분사구문의 주어와 분사가 '내가 돌아오다'라는 의미의 능동 관계이므로 현재분사 Returnig이 올바르게 쓰였다.

⑤ 문맥상 '그 노인은 허락되고 나서야 비로소 그의 아들을 볼 수 있었다'라는 의미가 되어야 자연스러운데, '~하고 나서야 비로소 ~하다'는 부사절 접속사 until이 쓰인 not A until B 구문의 형태를 써서 나타낼 수 있으므로 could not see his son until allowed가 올바르게 쓰였다.

10 ①

해석 | A : NA 서비스 센터에 오신 것을 환영합니다. 무엇을 도와드릴까요?
B : 저는 당신의 회사로부터 이 휴대폰을 구매했는데요, 이것에 문제가 있어요.
A : 조금 더 구체적으로 말씀해 주시겠어요?
B : 제 생각엔 배터리가 고장 난 것 같아요. 이것은 겨우 두 시간 정도만 지속돼요.
A : 그렇군요. 수리원들 중 한 명에게 그것을 검사해 달라고 요청하겠습니다.
① 조금 더 구체적으로 말씀해 주시겠어요?
② 어디서 이 문제를 발견하셨나요?
③ 그것에 대한 이유를 저에게 말씀해 주시겠어요?
④ 그 전화기가 마음에 드신다니 기쁩니다.
⑤ 이 전화기가 정비되기를 원하시나요?

해설 | A의 회사로부터 휴대폰을 구매하였으나 문제가 있다는 B의 말에 대한 A의 대답 후, 빈칸 뒤에서 다시 B가 I think the battery is out of order(제 생각엔 배터리가 고장 난 것 같아요)라고 말하고 있다. 따라서 빈칸에는 '조금 더 구체적으로 말씀해 주시겠어요?'라는 의미가 들어가야 자연스럽다. ① Could you be more specific?이 정답이다.

어휘 | • out of order 고장 난   • last 지속되다
• service person 수리원, 정비공
• examine 검사하다   • specific 구체적인   • refurbish 정비하다

11 ①

| 해석 | 창의적인 사고는 당신이 아이디어를 탐색하도록 하고 당신의 지식과 경험을 다루도록 하는 태도를 필요로 한다. 이러한 관점을 가지고 당신은 첫 번째 것에 이어 또 다른 다양한 접근법을 시도하는데, 보통은 아무런 성과를 거두지 못한다. 당신은 말도 안 되고, 어리석고, 그리고 비현실적인 아이디어를 실현 가능한 새로운 아이디어로 가기 위한 발판으로 사용한다. 당신은 가끔씩 규칙을 <u>어기고</u> 색다른 외부 공간에서 아이디어를 찾는다. 간단히 말해, 창의적인 관점을 취함으로써 당신은 새로운 가능성과 변화 모두에 자신을 열어 둔다.

① 어기다
② 분석하다
③ 관찰하다
④ 정리하다
⑤ 평가하다

| 해설 | 빈칸이 있는 문장을 통해 빈칸에 가끔씩 규칙을 어떻게 함으로써 아이디어를 찾는지에 대한 내용이 나와야 적절하다는 것을 알 수 있다. 빈칸 앞 문장에서 말도 안 되고, 어리석고, 비현실적인 아이디어를 실현 가능한 새로운 아이디어로 가기 위한 발판으로 사용한다고 했으므로, 가끔씩 규칙을 '어긴다'고 한 ①번이 정답이다.

| 어휘 |
- creative 창의적인
- require 필요로 하다
- manipulate 다루다, 조작하다
- outlook 관점
- approach 접근법
- get anywhere 성과를 거두다, 성공하다
- foolish 어리석은
- impractical 비현실적인
- stepping stone 발판, 디딤돌
- practical 실현 가능한
- unusual 색다른, 특이한
- adopt 취하다, 채택하다
- break 어기다
- analyze 분석하다
- observe 관찰하다
- arrange 정리하다, 배열하다
- estimate 평가하다

12 ④

| 해석 | ④ '사과는 말할 것도 없고'는 비교급 관련 표현 still less(more)(~는 말할 것도 없다)를 사용하여 나타낼 수 있는데, 부정문과 함께 쓰일 때는 still less를, 긍정문과 함께 쓰일 때는 still more를 사용하므로 부정문(No explanation was offered) 뒤의 still more를 still less로 고쳐야 한다.

| 오답 분석 |

① '많은 사람들이 아파서'는 이유를 나타내는 with + 목적어(many people) + 분사(being ill)의 형태로 나타낼 수 있다. 'being + 보어'로 이루어진 분사구문에서 being은 생략할 수 있으므로 With many people ill이 올바르게 쓰였다.

② so가 명사, 형용사와 함께 올 때 'so + 형용사(straightforward) + a/an + 명사(problem)'의 어순이 되어야 하므로 so straightforward a problem이 올바르게 쓰였다.

③ 의문부사 how 뒤에는 형용사, 부사와 함께 수식을 받는 대상이 올 수 있는데, '의문사(how) + 형용사(many) + 명사(bags) + 조동사(are) + 주어(the students) + 동사(carrying)'의 어순이 되어야 하므로, How many bags are the students carrying이 올바르게 쓰였다.

| 어휘 |
- straightforward 간단한, 쉬운
- on board 탑승한 • apology 사과

13 ① had been emerged → had emerged

| 해석 | 1955년까지 니키타 흐루쇼프는 소비에트 사회주의 공화국 연방에서 스탈린의 후계자로 부상했고, 그는 (그 정책에 의해) 동서양이 경쟁은 계속하되, 덜 대립적인 방식으로 경쟁할 '평화 공존' 정책에 착수했다.

| 해설 | ① emerge는 자동사이다. 자동사는 원래 목적어를 수반하지 않는 동사이므로 수동태가 될 수 없다. 따라서 had been emerged를 had emerged로 고쳐야 한다.

| 오답 분석 |

② 특정 과거 시점을 나타내는 표현(By 1955)이 왔으므로 이미 끝난 과거의 일을 나타내는 과거시제동사 embarked가 올바르게 쓰였고, 동사 embark는 전치사 on과 함께 embark on(~에 착수하다)의 형태로 쓰이므로 전치사 on이 올바르게 쓰였다.

③ 관계사 뒤에 완전한 절(East and West ~competition)이 왔고, '~에 의한(by which)'의 의미로 관계절을 연결하는 관계부사 whereby가 올바르게 쓰였다.

④ 접속사 and로 연결된 주어(East and West)는 복수 취급하므로 복수동사 were가 올바르게 쓰였고, 대명사가 지시하는 명사(East and West)가 복수이므로 복수 소유격 대명사 their도 올바르게 쓰였다.

| 어휘 |
- emerge 부상하다, 나타나다 • successor 후계자
- embark on ~에 착수하다 • coexistence 공존
- competition 경쟁 • confrontational 대립적인

14 ③ contains → contain

| 해석 | 오징어, 문어, 그리고 갑오징어는 모두 두족류 동물의 종류이다. 이 동물들 각각은 피부 아래에 색깔이 있는 액체인 색소가 들어 있는 특별한 세포들을 가지고 있다. 두족류 동물은 이 세포들을 피부 쪽으로 또는 피부로부터 멀어지게 이동시킬 수 있다. 이것은 그것이 외관의 무늬와 색을 바꿀 수 있도록 해 준다.

| 해설 | ③ 관계절의 동사의 수는 선행사(special cells)에 수를 일치시켜야 하는데, 선행사 special cells가 복수명사이므로 단수동사 contains를 복수동사 contain으로 고쳐야 한다.

| 오답 분석 |

① 가산명사 type이 복수형 types로 올바르게 쓰였다.

② 문맥상 '이 동물들 각각'이라는 의미로 두족류 동물의 각 개체를 지칭하고 있고, 동사 자리에 단수동사 has가 왔으므로 단수 취급하는 수량 표현 Each(각각)가 올바르게 쓰였다.

④ 동사 allow는 to부정사를 목적격 보어로 취하는 5형식 동사이므로 to부정사 to change가 올바르게 쓰였다.

| 어휘 |
- squid 오징어 • octopus 문어
- cuttlefish 갑오징어 • cephalopod 두족류 동물
- cell 세포 • contain 들어 있다, 포함하다
- pigment 색소

 **기출 연습**

p178

01 ① the ② fictionalized

| 해석 | 우리는 부유하고 유명한 사람들의 가족 문제에 대해 읽고 텔레비전으로 허구로 만들어진 갈등을 보지만 결코 그 메시지를 이해하지 못한다.

| 해설 | ① the + 형용사가 복수가산명사를 나타내므로 정관사 the가 사용되어야 한다. the rich는 rich people과 같은 의미이다.
② fictionalize는 '허구화하다, 소설(영하)화하다'라는 뜻으로 갈등은 허구화되는 것이므로 과거분사가 사용되어야 한다.

02 ① giving → given

| 해석 | 석면은 섬유질 다발이 가능고, 튼튼한 실로 분리될 때, 환경에서 자연스럽게 발생하는 광물질 집단에 주어진 이름이다.

| 해설 | ① 명사 뒤의 분사는 분사 자체의 목적어 유무에 따라서 현재분사와 과거분사를 구분할 수 있는데, 이 문장의 경우 뒤에 목적어 없이 전치사 to가 수반되므로 과거분사가 되어야 한다. 의미 역시 이름이 주어지는 것이므로 수동 관계가 성립한다.

| 오답 분석 |
② occur는 자동사이므로 수동태가 될 수 없다. 이 문장에서는 능동형으로 바르게 사용되었다.
③ 섬유질 실로 분리되는 것이므로 수동태가 바르게 사용되었다. 구조적으로도 뒤에 into라는 전치사가 수반되므로 수동태가 맞다.
④ 명사 앞에 형용사가 맞고 '오래 가는, 내구력 있는, 튼튼한'이라는 의미도 적절하다.

| 어휘 | • asbestos 석면 • mineral 광물, 광석
• environment 환경 • bundles of 꾸러미
• fiber 섬유
• durable 내구성이 있는, 오래 가는
• thread 바느질 실, 선

03 ② increasing → increased

| 해석 | 공황 발작의 신체적 증상은 늘어난 심박수, 떨림, 아드레날린의 급속한 증가를 포함한다.

| 해설 | ② heart rate는 증가된 것이므로 수동의 과거분사 increased가 수식해야 한다.

| 오답 분석 |
① 주어가 symptoms라는 복수명사이므로 동사의 수 역시 복수로 수가 일치하고 있다.
③ trembling은 동명사로 콤마와 and로 연결되는 것들이 명사 또는 동명사로 병치되고 있다.
④ 콤마(,)와 and 앞과 뒤로 명사와 동명사가 병치되고 있으며, rush는 가산명사이므로 복수형인 rushes가 바르게 사용되었다.

| 어휘 | • symptom 증상, 징후, 조짐 • panic attack 패닉(공황) 발작
• involve 수반(포함)하다, 관련(연루)시키다 • tremble 떨다, 떨리다

04 ① that ② living ③ were

| 해석 | 오늘 날 천문학자들은 수천 년 전에 살았던 사람들이 하늘의 천체 운동을 연구했다고 확신한다.

| 해설 | ① 명사절 접속사로 that과 what을 사용할 수 있는데, 뒤에 제시된 문장이 완전하므로 that이 정답이다.
② 뒷문장에 동사가 다시 나오므로 people을 수식하는 분사가 와야 하고, live는 자동사이므로 과거분사는 사용될 수 없다.
③ people은 단수 형태이지만 '사람들'이라는 의미를 가지는 복수명사이므로 동사의 수 역시 복수가 되어야 한다.

| 어휘 | • astronomer 천문학자
• convinced 확신하는

05 ③

| 해석 | 해외 시장에 대한 한국인 투자자들의 소극적인 투자는 특히 세계 경기 확장이 더 후퇴할 듯함에 따라, 하반기에도 계속될 것으로 예상된다.

| 해설 | 빈칸은 동시 상황 또는 이유를 나타내는 'with + 목적어(global economic expansion) + 분사' 구문의 분사 자리이다. 따라서 동사(is)가 쓰인 ①, ②번은 정답이 될 수 없다. 보기에 형용사 likely가 왔으므로 분사 자리에는 형용사를 보어로 갖는 be동사의 현재분사 being이 와야 하는데, 'being + 보어'로 이루어진 분사구문에서 being은 생략될 수 있으므로 likely가 쓰인 ③, ④번이 정답 후보이다. to부정사의 to 뒤에 동사 2개(be, retreat)는 올 수 없으므로 ③ likely to further retreat이 정답이다.

| 어휘 | • passive 소극적인, 수동적인 • investor 투자자
• expansion 확장 • retreat 후퇴하다, 멀어지다

06 ③ carrying out → carried out

| 해석 | 알고리즘은 실행된다면, 정확하게 문제를 해결하는 일련의 단계적인 명령이다.

| 해설 | 접속사 뒤에는 대명사 주어 + be동사가 생략되어서 분사가 올 수 있다. 이때 생략된 주어가 instructions이고, 이는 컴퓨터에 의해 수행되는 대상이므로 수동으로 쓰는 것이 옳다.

| 오답 분석 |
① sep-by-setp은 '단계적인'이라는 의미로 형용사 역할을 할 수 있고, set이 단수명사이므로 부정관사 a가 바르게 쓰였다.
② 선행사가 instructions이고 뒤의 동사가 solves이므로 주격 관계대명사 that이 바르게 쓰였다.
④ 이 문장의 주어는 instructions가 아니라 set이라는 단수명사이므로 동사의 수 역시 단수로 일치하고 있다.

| 어휘 | • algorithm 연산(법), 알고리즘

44

- step-by-step 단계적인, 점진적인
- instruction 설명 • carry out ~을 수행(이행)하다

07 ① Drawn ② are ③ rising

| 해석 | 고성장과 높은 금리로 인해 폴란드에 이끌렸지만, 성장이 불안정하고 부채가 늘어나 투자자들은 지금 도망가고 있는 중이다.

| 해설 | ① 주어는 investors로 투자가들이 높은 성장과 이자율에 의해서 이끌어진 것이므로, 수동적인 관계가 된다. 따라서 과거분사가 이끄는 분사구문이 맞다.
② 문장에 시간 부사 now가 들어가므로 현재시제를 써야 한다.
③ 동사의 뒤에 목적어가 없으므로 자동사에서 파생한 현재분사 rising이 와야 한다. raise는 타동사이므로 뒤에 목적어가 수반되어야 한다.

| 어휘 | • draw 당기다 • interest rate 금리
• investor 투자자 • flee 달아나다, 도망가다
• falter 불안정해지다, 흔들리다 • debt 빚, 부채

08 ① Founded ② to gain ③ of

| 해석 | 석유 가격에 대한 더 큰 통제권을 얻기 위해 1960년에 설립된 석유수출국기구(OPEC)는 주요 아랍 산유국들로 구성된다.

| 해설 | ① found는 '설립하다'라는 뜻이며, 분사구문의 생략된 주어가 OPEC이므로 설립하는 것이 아니라 설립되는 것이다. 따라서 과거분사를 써야 한다.
② '~하기 위해서'라는 목적을 뜻하는 to부정사의 부사적 용법이다.
③ consist of는 '~로 구성되어 있다'라는 뜻이다.

| 어휘 | • found 설립하다, 세우다 • gain 얻다, 도달하다
• consist of ~으로 이루어지다

09 ① Having been selected ② to represent

| 해석 | 연례 총회에서 한국 무용수 협회를 대표하도록 선출된 후, 그녀는 간략한 수락 연설을 했다.

| 해설 | ① 그녀가 선출된 것은 수락 연설을 하기 전이므로 완료분사구문을 쓰는데 그녀는 선출한 것이 아니라 선출된 것이므로 수동태가 되어야 한다.
② 한국 무용수 협회를 '대표하도록' 선출된 것이므로 to부정사의 부사적 용법을 쓴다.

| 어휘 | • represent 나타내다, 대표하다
• association 협회
• annual 해마다의, 연간의
• convention 집회
• acceptance speech 수락(수상) 연설

10 ③ considered → considering

| 해석 | 지속 가능성은 어렵고 복잡한 문제이며, 규정하기 힘든 문제이다. 그것은 다름 아닌 인류가 이 행성에서 생존할 가능성과 관계가 있기 때문에 엄청나게 중요하다. 인류가 부족하고 한정된 자원들을 사용하는 속도로는, 만약 아직 시간이 남아 있어 조치가 당장 취해지지 않는 한, 적어도 현재 우리가 알고 있는 문명이라는 것의 미래는 불확실해 보인다고 해도 전혀 과장이 아니다. 특히 지속 가능성은 목표가 아니라 과정이라는 것을 고려하면, 그런 복잡한 문제는 간단하고 쉬운 치료법이 없다는 결론이 나온다. 그것은 현 세대의 더 나은 삶과, 다가올 세대의 생존으로 이어지며, 그들이 물려 받을 세상에 대비하는 그들의 능력을 향상시킨다.

| 해설 | ③ 분사구문의 주어가 주절의 주어(It)와 다르더라도 일반적인 사람을 가리키는 경우 생략할 수 있고, 주로 관용적 표현으로 사용된다. 'considering that'은 '~을 고려하면'을 뜻하는 관용적 표현으로, 분사 뒤에 목적어(that절)가 있으며, 문맥상 분사구문의 주어와 분사가 '(사람들이) 지속 가능성은 목표가 아니라 과정이라는 것을 고려하다'라는 의미의 능동 관계이므로 과거분사 considered를 현재분사 considering으로 바꾸어야 한다.

| 오답 분석 |
① 문맥상 '그것은 다름 아닌 인류가 이 행성에서 생존할 가능성과 관계가 있기 때문에 엄청나게 중요하다'라는 의미가 되어야 자연스러우므로 부사절 접속사 since(~이기 때문에)가 올바르게 쓰였다.
② 주어 자리에 단수명사 the future of civilization이 왔으므로 단수동사 is가 올바르게 쓰였다.
④ 주절의 주어(It)와 분사구문이 '그것은 그들의 능력을 향상시킨다'라는 의미의 능동 관계이므로 현재분사 enhancing이 올바르게 쓰였다.

| 어휘 | • sustainability 지속 가능성 • elusive 규정하기 힘든
• enormously 엄청나게
• nothing less than 다름 아닌, 그야말로
• scarce 부족한 • measures 조치
• to say the least 조금도 과장하지 않고
• straightforward 쉬운
• enhance 향상시키다
• cope with 대비하다, 대응하다
• inherit 물려받다

01 ③

| 해석 | 자신의 저서에서 마르코 폴로는 중국인들에 의해 처음으로 소개되었던 중요한 종이의 발명을 언급하지 않았다. 중국의 종이 제조업자로부터 가르침을 받은 무어인들은 유럽으로 종이를 가져왔다. 12세기경에는 스페인, 그 다음으로 프랑스가 무어인 침략자들 덕분에 제지 기술을 알게 되었다. 하지만 종이가 매우 손상되기 쉽다고 여겨졌기 때문에 그 시기에 대부분의 유럽 인쇄술은 계속해서 양피지 위에 행해졌다.

① 편리한　　　　② 내구성이 있는
③ 손상되기 쉬운　④ 열렬한

| 해설 | 지문 중간에서 12세기경에 스페인에 이어 프랑스까지 제지 기술을 알게 되었다고 하고, 지문 마지막에서 하지만 그 시기에 대부분의 유럽 인쇄술은 계속해서 양피지 위에 행해졌다고 했다. 따라서 '종이가 매우_____ 하다고 여겨졌기 때문이다'라는 문맥에서 since the paper was considered too _____ 의 빈칸에는 종이의 단점을 설명하는 '손상되기 쉬운'이라는 의미가 들어가야 자연스럽다. 그러므로 ③ fragile이 정답이다.

| 어휘 | • mention 언급하다 • invention 발명
• invader 침략자 • parchment 양피지
• durable 내구성이 있는 • fragile 손상되기 쉬운
• fervent 열렬한

02 ①

| 해석 | 책임감 있는 방식으로 처리되지 않으면, 건전지는 환경과 인간에게 해롭다. 이는 건전지가 간혹 중금속을 포함하기 때문인데, 만약 삼켜지면 정말로 생물의 몸 밖으로 나가지 않는다.

① 삼켜지다　　　② 혐오감이 유발되다
③ 암시되다　　　④ 배설되다

| 해설 | 빈칸 앞 문장에서 건전지는 인간에게 해롭고, 간혹 중금속을 포함한다고 했으므로 '만약 _____ 되면 정말로 생물의 몸 밖으로 나가지 않는다'라는 문맥에서 if _____, don't really leave the organism's body의 빈칸에는 '삼켜지면'이라는 의미가 들어가야 자연스럽다. 따라서 동사 ingest(삼키다)의 과거분사형 ① ingested가 정답이다.

| 어휘 | • dispose of ~을 처리하다 • detrimental to ~에 해로운
• heavy metals 중금속 • organism 생물, 유기체
• ingest 삼키다 • disgust 혐오감을 유발하다
• evacuate 배설하다, 대피하다

03 ①

| 해석 | 검사는 황열병의 원인으로 먼지와 열악한 위생 시설을 배제했고, 모기가 의심받는 매개체였다.

① 의심받는　　　② 미개한
③ 발랄한　　　　④ 자원한

| 해설 | 검사는 황열병의 원인으로 먼지와 열악한 위생시설을 배제했다고 했으므로, '모기가 _____ 매개체였다'라는 문맥에서 a mosquito was the _____ carrier의 빈칸에는 '의심받는'이라는

의미가 들어가야 자연스럽다. 따라서 ① suspected가 정답이다.

| 어휘 | • rule out 배제하다 • dirt 먼지
• sanitation 위생 시설, 공중 위생 • yellow fever 황열병
• mosquito 모기 • carrier 매개체, 보균자
• suspected 의심받는 • uncivilized 미개한, 야만적인
• cheerful 발랄한

04 ②

| 해석 | 일반적으로 말하면, 2018년에 사는 사람들은 현대 시대를 인류 역사의 전체 규모와 비교했을 때 꽤 운이 좋다. 기대 수명은 72세 정도를 맴돌며, 한 세기 전만 해도 널리 퍼져 있었고 치명적이었던 천연두와 디프테리아 같은 질병들은 예방 가능하거나 치료할 수 있거나 완전히 근절된다.

① 삭감하다　　② 맴돌다
③ 시작하다　　④ 악화시키다

| 해설 | 한 세기 전에는 치명적이던 질병들이 예방 및 치료가 가능하거나 근절된다고 했으므로 '기대 수명은 72세 정도를 _____'라는 문맥에서 Life expectancy _____ at around 72 years의 빈칸에는 '맴돌다'라는 의미가 들어가야 자연스럽다. 따라서 hover(맴돌다)의 3인칭 단수형인 ② hovers가 정답이다.

| 어휘 | • generally speaking 일반적으로 말하면 • fortunate 운이 좋은
• life expectancy 기대 수명 • smallpox 천연두
• widespread 널리 퍼진 • deadly 치명적인
• preventable 예방 가능한 • curable 치료할 수 있는
• altogether 완전히 • eradicate 근절하다
• curtail 삭감하다 • hover 맴돌다, 배회하다
• initiate 시작하다 • aggravate 악화시키다

05 ②

| 해석 | 우리의 삶과 결정에 본보기를 제공할 수 있는 과거의 사건들에 구체적인 패턴이 있다고 상상하는 것은 달성할 수 없는 확실성에 대한 희망을 역사에 투영하는 것이다.

① 환영　　　② 본보기
③ 조사　　　④ 소동

| 해설 | 과거의 사건들에 구체적인 패턴이 있다고 상상한다고 했으므로, '우리의 삶과 결정에 _____ 을 제공할 수 있는 과거의 사건들'이라는 문맥에서 past events, which can provide for_____ our lives and decisions의 빈칸에는 '본보기'라는 의미가 들어가야 자연스럽다. 따라서 ② templates가 정답이다.

| 어휘 | • concrete 구체적인 • project 투영하다, 투사하다
• certainty 확실성 • fulfill 이행하다
• hallucination 환영 • template 본보기, 원형
• inquiry 조사 • commotion 소동, 소란

06 ④

| 해석 | ① A : 토요일에 본 영화는 어땠어요?
　　　　B : 좋았어요. 저는 정말 재미있게 봤어요.
② A : 안녕하세요. 셔츠 몇 벌이 다림질되었으면 좋겠는데요.
　　　　B : 네, 언제까지 이것들이 필요하신가요?
③ A : 싱글룸으로 하시겠습니까, 더블룸으로 하시겠습니까?

B : 아. 저만을 위한 거라서 싱글룸이 좋겠네요.

④ A : 보스턴행 다음 비행기는 몇 시인가요?

B : 보스턴에 도착하는 데 약 45분 정도 걸릴 거예요.

| 해설 | ④번에서 A는 보스턴행 다음 비행기의 출발 시각을 묻고 있으므로, 소요 시간을 알려 주는 B의 대답 It will take about 45 minutes to get to Boston(보스턴에 도착하는 데 45분 정도 걸릴 거예요)은 어울리지 않는다. 따라서 ④번이 정답이다.

| 어휘 | • press 다림질하다 • get to ~에 도착하다

07 ③ requiring → required

| 해석 | 신생 기업이 법인이 되자마자, 그것은 은행 계좌가 필요할 것이며, 임금대장 계좌의 필요성이 곧 뒤따를 것이다. 은행은 급여를 지불하고 관련 세금 회계 장부를 기록하는 서비스에서 매우 경쟁적이며, 심지어 가장 규모가 작은 기업들을 상대로 (서비스를) 시작한다. 이러한 것들은 한 기업이 그들이 받을 수 있는 최상의 서비스와 대부분 '무료인' 회계 관련 지원을 원하는 분야이다. 변화하는 지불 급여세 법률은, 특히 50개의 주 중 여러 곳에서 영업 인력이 운영될 예정일 경우, 뒤떨어지지 않도록 따라 가야 하는 골칫거리이다. 그리고 요구되는 보고서들은 회사의 사무직의 부담이 된다. 그러한 서비스들은 대개 은행 지원에 의해 가장 잘 제공된다. 이 분야에 있는 은행들의 참고 자료는 ADP와 같은 급여 지불 대체 서비스와 비교되어야 하지만, 결정을 내릴 때는 장래의 그리고 장기적인 관계를 명심해야 한다.

| 해설 | ③ 수식받는 명사 reports와 분사가 '요구되는 보고서들'이라는 의미의 수동 관계이므로 현재분사 requiring을 과거분사 required로 고쳐야 한다.

| 오답 분석 |

① 주절의 주어(The banks)와 분사구문이 '은행이 시작한다'라는 의미의 능동 관계이므로 현재분사 starting이 올바르게 쓰였다.

② 선행사 areas가 장소를 나타내고, 관계사 뒤에 완전한 절(a business~get)이 왔으므로 장소를 나타내는 선행사와 함께 쓰이는 관계부사 where가 올바르게 쓰였다.

④ 주어 a decision과 동사가 '결정이 내려지다'라는 의미의 수동 관계이므로 수동태가 와야 하고, 수동태의 진행형은 'be being + p.p.'의 형태를 취하므로 과거분사 made 앞에 being이 올바르게 쓰였다.

| 어휘 | •start-up 신생 기업

• incorporate 법인으로 만들다, 설립하다

• payroll 임금대장

• competitive 경쟁적인

• legislation 법률, 법률 제정

• keep up with 뒤떨어지지 않도록 따라가다

• administrative 사무의, 행정의

• reference 참고 자료

• alternative 대체의, 대체 가능한

• keep in mind 명심하다, 잊지 않고 있다

08 ① depressed → depressing

| 해석 | 많은 사람들은 그것(동물보호소를 방문하는 것)이 너무 슬프거나 우울하게 하기 때문에 동물 보호소를 방문하려고 하지 않는다. 너무나 많은 운이 좋은 동물들이 교통사고, 그리고 다른 동물이나 인간의 공격을 받을 위험이 있으며 악천후의 영향을 받기 쉬운 길거리에서의

위험한 생활에서 구조되었기 때문에 그들은 그렇게 낙담하지 않아야 한다. 마찬가지로 많은 실종된 반려동물들도 그들이 동물보호소로 이동되었다는 이유만으로 마음이 심란해진 주인들에게 발견되고 되찾아진다. 가장 중요한 것은, 입양할 수 있는 반려동물들은 집을 찾으며, 아프고 위험에 처한 동물들은 인도적으로 고통을 덜게 된다.

| 해설 | ① 감정을 나타내는 동사(depress)의 경우 주어가 감정의 원인이 되면 현재분사를, 감정을 느끼는 주체가 되면 과거분사를 사용한다. 문맥상 '그것(동물보호소를 방문하는 것)이 우울하게 하다'라는 의미로 의미상 주어(it)가 '우울한' 감정의 원인이므로 과거분사 depressed를 현재분사 depressing으로 고쳐야 한다.

| 오답 분석 |

② 선행사 streets가 장소를 나타내고, 관계사 뒤에 완전한 절(they're ~ the elements)이 왔으므로 장소를 나타내는 선행사와 함께 쓰이는 관계부사 where가 올바르게 쓰였다.

③ 동사 are found 뒤에 목적어가 없고, 주어(Many lost pets)와 동사가 '많은 실종된 반려동물들은 발견된다'라는 의미의 수동 관계이므로 수동태 are found가 올바르게 쓰였다.

④ 문맥상 '입양할 수 있는 반려동물'이라는 의미가 되어야 자연스러우므로 명사를 수식할 수 있는 형용사 adoptable이 명사(pets) 앞에 올바르게 쓰였다.

| 어휘 | • refuse ~하려고 하지 않다 • shelter 보호소, 피난처

• at risk 위험이 있는 • subject to ~의 영향을 받기 쉬운

• elements 악천후 • likewise 마찬가지로

• reclaim 되찾다, 매립하다 • distraught (근심 따위로) 마음이 심란해진

• relieve ~을 덜게 하다, 편안하게 하다 • suffering 고통, 괴로움

09 ④ having bred → having been bred

| 해석 | 벼 줄기는 익으면 고개를 숙이고, 옥수수 낱알은 익을 때도 새싹의 상태로 남아 있다. 이것은 이상하게 보이지 않을 수도 있지만, 실제로는 이런 종류의 쌀과 옥수수는 자연에서 살아남으면 안 된다. 보통, 그들이 익을 때, 씨앗은 발아하기 위해 땅으로 떨어져야 한다. 그러나, 쌀과 옥수수는 돌연변이인데, 그들은 편리하고 효율적인 수확을 목적으로 씨앗이 계속 부착되어 있도록 변형되었다. 인간들은 이러한 현상이 발생할 수 있도록 재배 기술을 통해 지속적으로 그러한 돌연변이를 고르고 재배했다. 이러한 돌연변이 씨앗은 의도적으로 퍼져 나갔고, 이것은 그 식물들이 그것들의 씨앗을 온전하게 유지하기 위해 재배되면서 자연에서 발견되지 않는 인공적인 종들이 되었다는 것을 의미한다. 이러한 품종을 키움으로써, 가장 선호되는 씨앗이 생산된다.

| 해설 | ④ 주절의 주어(the plants)와 분사구문이 '식물이 재배된다'라는 의미의 수동 관계이고 '식물이 재배된 것'이 '인공적인 종들이 된 것'보다 이전 시점에 일어났으므로 분사구문의 완료형을 써야 한다. 따라서 having bred를 having been bred로 고쳐야 한다.

| 오답 분석 |

① 동사 keep은 '~을 (어떤 상태로) 두다'라는 의미를 나타낼 때 목적어와 목적격 보어를 취하는 동사이다. 보어 자리에는 명사나 형용사 역할을 하는 것이 올 수 있는데, 목적어(their seeds)와 분사가 '씨앗이 부착되어 있다'라는 의미의 수동 관계이므로 과거분사 attached가 올바르게 쓰였다.

② to부정사가 목적을 나타낼 때는 to 대신 in order to를 쓸 수 있는데, 문장의 주어(Humans)와 to부정사의 행위 주체(these phenomena)가 달라서 to부정사의 의미상 주어가 필요할 경우 'for +

명사(these phenomena)가 to부정사(to occur) 앞에 써야 하므로 for these phenomena가 올바르게 쓰였다.

③ 관계절이 콤마(,) 뒤에서 계속적 용법으로 쓰여 앞에 나온 선행사 (These mutant seeds have been spread intentionally)에 대한 부가 설명을 하고, 관계절 내에서 동사(means)의 주어 역할을 하고 있으므로 계속적 용법으로 쓰일 수 있는 주격 관계대명사 which가 올바르게 쓰였다.

| 어휘 | • stalk (식물의) 줄기 • kernel (작은) 낱알

• shoot 싹 • ripe 익은

• mutant 돌연변이 • modify 변형하다

• breed 재배하다 • intact 온전한

• nurture 키우다

10 ② connected → connecting

| 해석 | 1960년대에 맨해튼과 브루클린의 인구가 급격히 증가했으며, 그들 사이의 통근자의 수도 마찬가지였다(증가했다). 수천 명의 사람들이 매일 이스트강을 가로질러 보트와 페리를 탔지만, 이러한 운송 수단의 형태는 불안정했고 나쁜 날씨로 인해 자주 중단되었다. 많은 뉴욕 시민들은 맨해튼과 브루클린을 직접 연결하는 다리를 갖고 싶어 했는데, 이는 그것이 그들의 통근을 더 빠르고 더 안전하게 만들 것이기 때문이었다. 불행하게도, 이스트강의 넓은 폭과 거친 조류 때문에 그 위에 어떤 것이든 짓는 것은 어려웠다. 또한 그것은 그 당시 매우 분주한 강이었는데, 수백 척의 배가 끊임없이 그 위를 항해 중이었다.

| 해설 | ② 수식을 받는 명사 a bridge와 분사가 '연결하는 다리'라는 의미의 능동 관계이므로, 과거분사 connected를 현재분사 connecting으로 고쳐야 한다.

| 오답 분석 |

① 부사 so가 '~도 마찬가지이다'라는 의미로 쓰여 문장 앞에 오면 주어와 동사가 도치되어 so + 동사(was) + 주어(the number of the commuters)'의 어순이 되어야 하므로 주어 앞에 so was가 올바르게 쓰였다.

③ to부정사구(to build anything on it)와 같이 긴 주어가 오면 진주어 (to부정사구)를 문장 맨 뒤로 보내고 가주어 it이 주어 자리에 대신해서 쓰이므로 it이 올바르게 쓰였다.

④ 동시에 일어나는 상황은 with + 목적어(hundreds of ships) + 분사'의 형태로 나타낼 수 있는데 목적어 hundreds of ships와 분사가 '수백 척의 배가 항해하다'라는 의미의 능동 관계이므로 현재분사 sailing이 올바르게 쓰였다.

| 어휘 | • population 인구 • rapidly 신속히

• commuter 통근자 • transport 운송수단

• unstable 불안정한 • width 폭, 너비

• rough 거친 • tide 조수 • sail 항해하다

11 ③ enabled → enabling

| 해석 | 최근에 P2P 대출이 대체 금융산업의 전형적인 것이 되어 왔다. 2015년 보고서에서 Morgan Stanley는 그러한 시장 대출이 2020년까지 전 세계적으로 1,500억 달러에서 4,900억 달러를 장악할 것이라고 예측했다. P2P 대출은 대출해 주는 사람들, 즉 투자자들을 대출자들과 직접적으로 연결시키는 온라인 서비스를 통해 돈을 개인 혹은 사업체에게 빌려 주는 관행이며, 이는 양측 모두가 은행과 같은 전통적인 공급자들을 그냥 지나칠 수 있게 한다. 대출 기관은 전형적으로 더 좋은 수익률을 가지는 반면 대출받는 사람들, 즉 개인들이나 SME(중소기업들)는 유동적이고 경쟁적으로 값이 매겨진 대출에 접근한다. 투자자들에게 수익은 매력적이다. 차용자와 연결되는 것은 며칠에서 몇 시간 어디든 걸릴 수 있다. 그리고 은행이 개인 대출로는 전형적으로 2% 미만의 수익을 얻는 곳에서, P2P 수익은 그것의 3배 이상일 수 있다.

| 해설 | ③ 분사 뒤에 목적어(both parties)가 있으며, 문맥상 분사구문의 생략된 주어(P2P lending)와 분사가 'P2P 대출이 ~할 수 있게 하다'라는 의미의 능동 관계가 되어야 자연스러우므로 과거분사 enabled를 현재분사 enabling으로 고쳐야 한다.

| 오답 분석 |

① 문맥상 '대체 금융 산업의 전형적인 것이 되어 왔다'라는 의미가 되어야 자연스러우므로 과거에 발생한 일이 현재까지 계속되는 것을 표현하는 현재완료시제 has become이 올바르게 쓰였다.

② 주절의 시제가 과거(predicted)이므로 종속절에는 과거 또는 과거완료시제가 쓰여야 한다. 따라서 과거시제 조동사 would가 올바르게 쓰였다.

④ 동명사의 의미상 주어 investors와 동명사가 '투자자가 연결되다'라는 의미의 수동 관계이므로 동명사의 수동형 Being matched가 올바르게 쓰였다.

| 어휘 | • lending 대출 • poster child 전형적인 것(인물)

• alternative 대체 가능한 • finance 금융, 재정

• predict 예측하다 • command 장악하다

• globally 전 세계적으로 • practice 관행

• match 연결시키다 • party 당사자

• go around (그냥) 지나치다 • rate of return 수익률

• get access 접근하다 • flexible 유동적인, 유연한

• competitively 경쟁적으로 • price 값을 매기다

• loan 대출 • typically 전형적으로 • earn 얻다, 벌다

12 ④

| 해석 | 싱가포르에서 언론의 자유는 정부에 의해 어느 정도 통제되지만, 싱가포르에서 운영하는 비정부 기구에 의해 설립된 Think Center라고 불리는 한 인터넷 사이트는 사형에 관한 의견에 대해 싱가포르 사람들의 여론 조사를 했다.

| 해설 | (A) 수식받는 명사(a non-governmental organization)와 분사가 '비정부 기구가 운영하다'라는 의미의 능동 관계이므로 현재분사 operating이 나와야 적절하다.

(B) 주절의 주어 one Internet site와 분사구문이 '한 인터넷 사이트가 불리다'라는 의미의 수동 관계이므로 과거분사 called가 나와야 적절하다. 따라서 ④ (A) operating - (B) called가 정답이다.

| 어휘 | • establish 설립하다 • poll 여론 조사를 하다

• death penalty 사형 • operate 운영하다

기출 연습

p200

01 nearly

| 해석 | 만약 당신이 직장에 매일 출퇴근한다면, 그 운전은 당신이 처음 그 길을 택했을 때만큼 당신을 자극시키지는 않는다.

| 해설 | 'as + 원급 + as' 구문을 수식하는 부사는 nearly나 almost이다.

02 be examined

| 해석 | 어떠한 광고 캠페인에서도 언어는 조심스럽게 검토되어야 한다.

| 해설 | necessary는 '중요성'의 형용사이므로 '~해야 한다'는 의미가 내포되어 있다. 따라서 주절 동사는 '(should) + R'의 형태가 되어야 한다.

03 ③ deadly → dead

| 해석 | IBM이나 AT&T와 같은 기존의 거대 회사들은 수천 명의 직원들을 해고하며 좀 더 효율적이고 경쟁력을 가질 수 있도록 규모를 줄여 가고 있다. 많은 사람들에 의해 이미 끝났다고 선언되기 직전이었던 자동차 회사들은 활기를 되찾고 번영해 나가고 있다.

| 해설 | pronounce는 '~을 ~로 선언하다'라는 5형식 동사로 사용이 가능하다. deadly는 형용사로 보어 자리에 사용이 가능하지만 의미가 적절하지 않다. deadly는 '치명적'이라는 의미이므로 문맥상 '죽은'이 적절하므로 dead로 바꾸어야 한다.

04 essentially → essential

| 해석 | 컴퓨터로 만들어진 지도 수정은 대기 오염, 해양 파도, 그리고 산불과 같은 빠르게 변화하는 현상을 업데이트하는 데 중요하다.

| 해설 | is는 불완전 자동사이므로 뒤에는 보어로 부사가 아닌 형용사가 필요하다. 따라서 essentially를 essential로 바꾸어야 한다.

05 ②

| 해석 | ① 그들은 어떤 성급한 판단도 내리지 않도록 주의해야 한다.
② 비서는 선반 맨 위에 있는 파일에 손이 닿을 정도로 키가 큰 사람을 찾았다.
③ 우리는 이 백과사전의 신판도 조금 보유하고 있다.
④ 그 건물의 주차 공간 부족은 세입자들에게 걱정거리일지 모른다.

| 해설 | ② –body나 –thing, –one으로 끝나는 명사(somebody)는 형용사(tall)가 뒤에서 수식하므로 somebody tall이 올바르게 쓰였다.

| 오답 분석 |
① be동사(be)는 주격 보어를 취하는 동사이다. 보어 자리에는 명사나 형용사 역할을 하는 것이 와야 하므로 부사 carefully를 형용사 careful로 고쳐야 한다.
③ 부사(newly)는 명사(editions)를 수식할 수 없으므로 부사 newly를 형용사 new로 고쳐야 한다.

④ be동사(be)는 주격 보어를 취하는 동사이다. 'of + 추상명사(concern)'는 형용사 역할을 하여 주격 보어 자리에 올 수 있으므로 과거분사 concerned를 추상명사 concern으로 고쳐야 한다.

| 어휘 | • hasty 성급한 • judgement 판단
• secretary 비서 • edition 판
• encyclopedia 백과사전 • lack 부족, 결핍
• concern 걱정시키다 • tenant 세입자

06 ④

| 해석 | ① 그녀는 그보다 더 낫지는 않아도 그만큼 수영을 잘한다고 생각했다.
② 이 현상은 너무 자주 묘사되어서 주제에 대한 추가적인 어떤 상투적인 표현들이 필요 없다.
③ 우리를 가장 놀라게 한 것은 그가 직장에 늦게 도착한 적이 결코 없다고 말했다는 사실이었다.
④ Key 씨가 다른 회사로 전근을 발표하기 전에 그 관리자는 우리가 새로운 회계사 채용 광고를 내기 시작해야 한다고 주장했다.

| 해설 | ④ insisted는 '주장하다'라는 동사이므로 that절의 동사로는 원형이 사용되어야 하는데, begin이 바르게 쓰였다.

| 오답 분석 |
① 원급 비교의 경우 'as + 형용사/부사 + as'의 어순을 취해야 한다. 따라서 as가 good 앞에 위치해야 한다. 그리고 as가 사용되면 어순은 'as + 형용사 + a + 명사'가 되어야 하므로 good swimmer as를 as good a swimmer로 바꾸어야 한다.
② described는 뒤에 목적어가 없는 것으로 봐서 수동태임을 알 수 있다. 따라서 has been described로 바꾸어야 한다.
③ 부정 부사는 2개가 중복해서 이중 부정으로는 사용될 수 없다. hardly 자체가 부정의 부사이므로 never와는 같이 사용될 수 없다. never를 삭제하거나 ever로 바꾸어야 한다.

07 ③ such → so

| 해석 | ① 늦게 도착하는 직원들의 수가 최근에 줄어들었다.
② Jason은 중간고사 시험을 위해 열심히 공부하고 있다.
③ 그 공연은 정말로 훌륭해서 긍정적인 평가들만 받았다.
④ 내 삶은 그러한 기기들로 인해서 매우 편리해졌다.

| 해설 | ③ 형용사(great)를 수식하는 것은 부사이므로 형용사 such를 부사 so로 고쳐야 한다.

| 오답 분석 |
① 문맥상 '늦게 도착하는 직원들의 수가 최근에 줄어들었다'라는 의미가 되어야 자연스러우므로 '늦게 도착하다'라는 의미를 나타내기 위해 부사 late(늦게)가 올바르게 쓰였고, '최근에'라는 의미를 나타내기 위해 부사 lately(최근에)가 올바르게 쓰였다.
② 문맥상 'Jason은 열심히 공부하고 있다'라는 의미가 되어야 자연스러우므로 부사 hard(열심히)가 올바르게 쓰였다.
④ 형용사(convenient) 앞에 부사 so가 올바르게 쓰였고, 명사(devices) 앞에 형용사 such가 올바르게 쓰였다.

| 어휘 | • decline 줄어들다, 감소하다 • convenient 편리한

08 ④

| 해석 | Tampa만 주변의 플로리다에 있는 최초의 자몽나무들은 1823년에 프랑스인 Odette Phillipe 백작이 심은 것이다. 오늘날 플로리다는 나머지 전 세계를 합한 것보다 더 많은 자몽을 생산한다. 최초의 고층 건물은 세인트 루이스에 있는 10층짜리 Wainwright 빌딩인데, 1891년 Louis Henry Sullivan이 디자인한 것이다.

| 해설 | ① 주어가 trees로 복수이므로 동사 역시 복수인 were가 정답이다.

② 나머지 전 세계가 합치는 것이 아니라 합쳐지는 것이므로 수동 관계가 성립한다. 따라서 과거분사 combined가 사용되어야 한다.

③ 명사 2개가 하이픈(-)으로 연결되어 building을 수식하는 형용사로 쓰일 경우 단위명사는 단수형으로 쓰인다.

09 ③ 200-years-old → 200-year-old

| 해석 | ① 그 영화는 혹평을 거의 받지 않았고 대체로 칭찬을 받았다.

② 나무 한 그루가 제멋대로 자라서 손질될 필요가 있었다.

③ 2백 년이나 된 그 양피지 문서는 여전히 쉽게 읽힐 수 있다.

④ 어느 경로든 20분 가까이 걸릴 것이다.

| 해설 | ③ '수사 + 하이픈(-) + 단위 표현'이 형용사로 사용되는 경우 단위 표현은 반드시 단수형이 되어야 하므로 200-years-old를 200-year-old로 고쳐야 한다.

| 오답 분석 |

① 복수명사(criticisms)를 수식할 수 있는 수량 표현 few가 criticisms 앞에 올바르게 쓰였고, 부사(generally)가 수동형 동사(was praised)를 수식할 때, 부사는 '조동사(was) + p.p.(praised)' 사이나 그 뒤에 와야 하므로 was generally praised가 올바르게 쓰였다.

② be동사(was)의 주격 보어 자리에는 명사나 형용사 역할을 하는 것이 올 수 있으므로 형용사 overgrown이 올바르게 쓰였고, to부정사(to be trimmed) 뒤에 목적어가 없고, 주어(One tree)와 to부정사가 '나무가 손질되어지다'라는 의미의 수동 관계이므로 to부정사의 수동형 to be trimmed가 올바르게 쓰였다.

④ 단수명사(route)를 수식할 수 있는 수량 표현 either(어느 한쪽의)가 route 앞에 올바르게 쓰였다.

| 어휘 | • criticism 혹평, 비난 • praise 칭찬하다
• overgrown 제멋대로 자란 • trim 손질하다
• parchment 양피지 • approximately 거의

10 ④

| 해설 | ④ 비교급 cheaper를 강조하는 강조 부사 much가 올바르게 쓰였다.

| 오답 분석 |

① 강조 부사 enough는 형용사(tall)를 뒤에서 강조하므로 enough tall을 tall enough로 고쳐야 한다.

② 강조 부사 quite는 'a(n) + 형용사(few) + 명사(people)'를 앞에서 강조하므로 a quite few people을 quite a few people로 고쳐야 한다.

③ '심지어 페인트 한 양동이까지도'는 강조 부사 even(심지어 ~까지도)을 써서 나타낼 수 있으므로 only를 even으로 고쳐야 한다.

| 어휘 | • stepladder 발판 사다리 • shelf 선반
• bucket 양동이, 버킷

11 ③

| 해석 | 동물들이 나쁜 날씨가 끝나기를 기다리는 과정을 월동이라고 한다. 겨울잠을 자는 것과 이주하는 것이 그것이 나뉘어지는 2가지 주요한 종류이고, 2가지 방법 모두 포유류와 조류들이 혹독한 환경에서 생존할 수 있도록 해 준다. 흥미롭게도, 인류학자들은 많은 우리 조상들 또한 선사 시대에 월동을 했을 수도 있다는 것에 주목한다. 그러나, 문명이 점점 근대화되고 인간이 악천후로부터 자신들을 보호할 수 있게 되자, 그것은 더 이상 생존을 위해 절대적으로 필수적인 것이 아니게 되었다.

| 해설 | (A) 주어 자리에 단수명사 The process가 왔으므로 복수동사 are가 아닌 단수동사 is를 써야 한다. 주어와 동사 사이의 수식어 거품(by which~bad conditions)은 동사의 영향을 주지 않는다.

(B) 동사 enable은 목적격 보어로 to부정사를 취하는 동사이므로 원형 부정사 survive가 아닌 to부정사 to survive를 써야 한다.

(C) 형용사 necessary를 수식하는 것은 부사이므로 형용사 strict가 아닌 부사 strictly를 써야 한다.

따라서 (A) is-(B) to survive-(C) strictly의 순서로 쓰인 ③번이 정답이다.

| 어휘 | • wait out 끝나기를 기다리다 • overwintering 월동
• hibernate 겨울잠을 자다 • migrate 이주하다
• method 방법 • mammal 포유류
• anthropologist 인류학자 • ancestor 조상
• prehistoric 선사 시대의 • civilization 문명
• the elements 악천후, 비바람 • strictly 절대적으로

12 ④ alike → likely

| 해석 | 적극적 행동에는 자신의 권리를 옹호하고 타인의 권리를 침해하지 않는 직접적이고 적절한 방식으로 자신의 생각과 감정을 표현하는 것이 포함된다. 그것은 상대방이 당신의 관점을 이해하도록 설득하는 문제이다. 적극적 행동 능력을 보이는 사람들은 원만한 대인관계를 유지하면서 대립 상황을 쉽고 확실하게 처리할 수 있다. 그에 반해서, 공격적인 행동은 다른 사람들의 권리를 공공연히 침해하는 방식으로 자신의 생각과 감정을 표현하고 자신의 권리를 보호하는 것을 포함한다. 공격적인 행동을 보이는 사람들은 다른 사람들의 권리가 그들의 권리보다 부차적이라고 믿는 것 같다. 따라서 그들은 원만한 대인 관계를 유지하는 데 어려움을 겪는다. 그들은 통제를 유지하기 위해 방해하고, 빠르게 말하고, 다른 사람들을 무시하며, 빈정대거나 다른 형태의 언어 폭력을 사용할 가능성이 있다.

| 해설 | alike는 'A and B alike'와 같이 명사를 뒤에서 수식하는 형용사이다. 이 경우에는 'be likely to R'을 사용해서 '~할 것 같은'을 표현해야 한다. 이때 likely는 형용사이다.

| 오답 분석 |

① get은 준사역동사이다. 따라서 목적격 보어 자리에 to R이 제대로 사용되었다.

② 뒤에는 exhibiting이라는 분사가 꾸며서 '~하는 사람들'을 나타내

고 있으므로 지시대명사 those가 바르게 사용되었다.

③ '~하는 데 어려움이 있다'는 have a difficult time (in) Ring로 표현할 수 있으므로 제대로 쓰였다.

| 어휘 | • assertive 적극적인, 확신에 찬
• stand up for ~을 옹호하다
• viewpoint (어떤 주제에 대한) 관점, 시각
• assurance 확신, 확실성, 확언
• defend 방어하다, 지키다
• subservient 부차적인, 덜 중요한, 복종하는
• sarcasm 빈정댐, 비꼼

13 ① very → too

| 해석 | 새로운 것을 발견하는 데 있어서 잘 알려진 1가지 난제는 인지 심리학자인 데이비드 퍼킨스에 의해 '오아시스 덫'이라고 명명되었다. 지식은 풍부한 발견의 '오아시스'에 집중되고 여전히 생산적이고 물이 풍부한 지역을 떠나는 것은 너무 위험하고 비용이 많이 든다. 그래서 사람들은 그들이 알고 있는 것을 고수한다. 이는 중국에서 수세기에 걸쳐 어느 정도 일어났던 일이다. 중국에서 지식의 중심들 사이의 엄청난 물리적 거리와 그 먼 중심들이 서로 거의 다르지 않다고 밝혀진 사실이 탐구를 좌절시켰다.

| 해설 | ① very는 형용사의 원급을 수식할 수 있지만, 뒤에 나오는 to R과 이어질 수 없다. 이 문장은 '지나치게 ~해서 ~하지 못하다'라는 문맥이 되어야 하므로 'too ~ to R' 구문을 이용해서 표현해야 한다. 따라서 very를 too로 고쳐야 한다.

| 오답 분석 |

② 전치사 to의 목적어 자리에 명사절 접속사가 사용되었다. 그리고 이어지는 문장의 동사는 know인데, 이 타동사의 목적어가 없으니 불완전한 구조이다. 따라서 what이 바르게 쓰였다.

③ 전치사 to의 목적어로 명사 extent가 바르게 쓰였다. 'to a certain extent'는 '어느 정도까지는'이라는 의미이다.

④ turn이나 prove와 같이 '판명되다'라는 의미를 가지는 동사는 2형식 불완전 자동사이고 보어 자리에 to부정사를 수반할 수 있으므로 turned out to be가 바르게 표현되었다.

| 어휘 | • cognitive psychologist 인지 심리학자 • term 칭하다, 일컫다
• centered 중심에 있는 • risky 위험한
• stick ~을 고수하다, 계속하다 • to a certain extent 어느 정도까지
• discourage 낙담시키다 • exploration 탐구, 연구

 기출 종합   p204

01 ④

| 해석 | 적어도 고등학교 때 그녀는 마침내 그녀의 부모님과 의견이 일치한 1가지 결정을 내렸다.
① 언쟁을 벌였다
② 반박했다
③ 헤어졌다
④ 동의했다

| 해설 | see eye to eye(의견이 일치하다)의 과거형인 saw eye to eye와 비슷한 의미를 가진 어휘를 묻고 있으므로, '동의하다'라는 의미의 agree의 과거형인 ④ agreed가 정답이다.

| 어휘 | • at least 적어도 • decision 결정
• see eye to eye 의견이 일치하다 • quarrel 언쟁을 벌이다
• dispute 반박하다 • part 헤어지다 • agree 동의하다

02 ①

| 해석 | 정당화는 누군가 문제의 행동에 대한 책임은 인정하지만 그것과 관련된 경멸적인 속성은 부인하는 말이다.
① 경멸적인
② 외향적인
③ 의무적인
④ 불필요한

| 해설 | pejorative(경멸적인)와 비슷한 의미를 가진 어휘를 묻고 있으므로, '경멸적인'이라는 의미의 ① derogatory가 정답이다.

| 어휘 | • justification 정당화 • account 말, 설명
• accept 인정하다 • responsibility 책임
• in question 문제의, 논의가 되고 있는
• deny 부인하다
• pejorative 경멸적인 • quality 속성, 본질
• associated 관련된 • derogatory 경멸적인
• extrovert 외향적인
• mandatory 의무적인 • redundant 불필요한, 여분의

03 ②

| 해석 | 무역 박람회의 출품자들은 관심을 불러일으키기 위해 무료 견본품을 배부한다.
① 회복하다
② 배부하다
③ 제쳐 두다
④ 대금을 치르다

| 해설 | 무역 박람회의 출품자들이 관심을 불러일으키려 한다고 했으므로 '무료 견본품을 _____'라는 문맥에서 _____ free samples의 빈칸에는 '배부하다'라는 의미가 들어가야 자연스럽다. 따라서 ② pass out이 정답이다.

| 어휘 | • exhibitor 출품자 • trade fair 무역 박람회
• stimulate (관심을) 불러일으키다 • pull through 회복하다
• pass out 배부하다, 기절하다 • put aside 제쳐 두다
• pay for 대금을 치르다

04 ③

| 해석 | 나의 어머니는 스포츠를 좋아하지 않는다. 그것이 나의 아버지가 스포츠 화제를 꺼낼 때마다 그녀가 방에서 나가는 이유이다.
① 거절하다
② 곤란하게 만들다
③ (화제를) 꺼내다
④ 대처하다

| 해설 | 어머니가 스포츠를 좋아하지 않는다고 했으므로, '그것이 나의 아버지가 스포츠 _____ 할 때마다 그녀가 방에서 나가는 이유이다'라는 문맥에서 That's why she~whenever my father _____sports의 빈칸에는 '(화제를) 꺼내다'라는 의미가 들어가야 자연스럽다. 따라서 동사 bring up의 3인칭 단수형인 ③ brings up이 정답이다.

| 어휘 | • whenever ～할 때마다 • turn down 거절하다
• catch out 곤란하게 만들다 • bring up (화제를) 꺼내다
• cope with 대처하다

05 ③

| 해석 | A : 내가 너에게 비밀을 알려 줄게.
B : 그게 뭔데?
A : 너의 상사가 곧 해고될 거라는 걸 들었어.
B : 그럴 리가 없어. 어떻게 그런 일이 일어나?
A : 사실이야. 이건 절대적으로 우리만의 비밀이야. 알았지?
B : 알겠어. 비밀로 간직할게.
① 내가 철자를 알려 줄게.
② 너와 그것을 공유할 수 없어.
③ 비밀로 간직할게.
④ 나는 그것을 소문으로 들었어.

| 해설 | 그의 상사가 해고될 것이라고 말하며 비밀을 지킬 것을 당부하는 A의 말에 대해, 빈칸 앞에서 B가 All right(알겠어)이라고 대답하고 있으므로, 빈칸에는 비밀을 지키겠다고 약속하는 표현이 들어가야 자연스럽다. 따라서 ③ I'll keep it to myself가 정답이다.

| 어휘 | • let into a secret 비밀을 알리다 • fire 해고하다
• keep to oneself 비밀로 간직하다
• hear through the grapevine 소문으로 듣다

06 ①

| 해석 | A : 이 안은 너무 덥다! 네 아파트에 에어컨 있니?
B : 저기 있는 에어컨 보여? 그런데 문제는 그게 충분히 세지 않다는 거야.
A : 그렇구나.
B : 하지만 나는 신경 쓰지 않아. 어쨌든 난 곧 이사를 갈 거니까.
A : 너는 한참 전에 이사 갔어야 했어.
B : 음, 나는 임대 계약이 만료될 때까지 기다려야 했어.
① 너는 한참 전에 이사 갔어야 했어.
② 너는 그것을 켰어야 했어.
③ 너는 다른 것을 샀어야 했어.
④ 너는 주인에게 하나 사달라고 요청했어야 했어.

| 해설 | 에어컨이 충분히 세지 않지만 곧 이사를 갈 것이기 때문에 신경을 쓰지 않는다는 B의 말에 대한 A의 대답 후, 빈칸 뒤에서 다시 B가

I had to wait until the lease expired(나는 임대 계약이 만료될 때까지 기다려야 했어)라고 이사를 하지 않은 이유에 대해 말하고 있으므로, 빈칸에는 '너는 한참 전에 이사 갔어야 했어'라는 의미가 들어가야 자연스럽다. 따라서 ① You should've moved out a long time ago가 정답이다.

| 어휘 | • air-conditioning 에어컨 (장치) • move out 이사를 가다
• lease 임대 계약 • expire 만료되다
• landlord 주인

07 ①

| 해석 | 나는 독일의 기차에서 바닥에 앉아 당신에게 편지를 쓰고 있다. 기차는 붐비고, 좌석은 다 찼다. 그러나, 이미 앉아 있는 사람들이 그들의 자리를 내주도록 하는 '안심 고객'이라는 특별한 등급이 있다.

| 해설 | ① 빈칸은 동사 make의 목적격 보어 자리이다. 문맥상 '이미 앉아 있는 사람들이 자리를 내주도록 한다'라는 의미가 되어야 자연스러우므로 '(자리를) 차지하다'를 의미하는 take가 쓰인 ②, ④번은 정답이 될 수 없다. 동사 make는 목적격 보어로 원형 부정사를 취하는 사역동사이므로 ① give up이 정답이다.

| 어휘 | • crowded 붐비는
• give up ～을 내주다, 넘겨주다

08 ①

| 해석 | 그는 단어의 간결한 사용에 특별히 능숙한 것이 아닌, (글이) 두서 없는 작가로 일반적으로 여겨진다.
① 두서 없는
② 공상적인
③ 과묵한
④ 격분하는
⑤ 불안정한

| 해설 | discursive(두서 없는)와 비슷한 의미를 가진 어휘를 묻고 있으므로, '두서 없는'이라는 의미의 ① meandering이 정답이다.

| 어휘 | • discursive (글이나 이야기 등이) 두서 없는, 산만한
• adept 능숙한, 숙련자 • economical 간결한, 경제적인
• meandering (이야기 따위가) 두서 없는, 굽이쳐 흐르는
• quixotic 공상적인, 비현실적인 • reticent 과묵한, 입이 무거운
• rail 격분하다 • brittle 불안정한, 부서지기 쉬운

09 ②

| 해석 | 불법행위법은 대부분의 민사소송에 적용되는 법의 종류이다. 일반적으로, 민사 재판소에서 발생하는 모든 청구는, 계약상의 분쟁을 제외하고 불법행위법의 범위에 해당된다. 이 분야의 법의 개념은 한 사람이 당한 불법행위를 바로잡고 대개 보상으로 금전적 손해 배상금을 지급함으로써, 다른 사람들의 부당행위로부터 구제하는 것이다. 불법행위(법)의 본래 목적은 입증된 피해에 대한 완전한 보상을 제공하는 것이다.
① 제시하다
② 바로잡다
③ 중재하다
④ 배회하다
⑤ 비난하다

| 해설 | 보상으로 금전적 손해배상금을 지급함으로써, 다른 사람들의 부당행위로부터 구제한다고 했으므로 '한 사람이 당한 불법행위를 _____'라는 문맥에서 The concept of this area of law is to _____ a wrong done to a person의 빈칸에는 '바로잡다'가 들어가야 자연스럽다. 따라서 ② redress가 정답이다.

| 어휘 |
- tort law 불법행위법 • cover 적용되다, 다루다
- suit 소송 • claim 청구, 주장
- contractual 계약상의 • dispute 분쟁
- fall under ~범위에 해당되다 • wrong 불법행위, 범죄
- wrongful 부당한, 불법의 • compensation 보상, 배상
- intent 목적, 의도 • adduce 제시하다
- redress 바로잡다, 시정하다
- mediate 중재하다, 조정하다
- excurse 배회하다, 소풍을 가다
- condemn 비난하다, 유죄 판결을 내리다

10 ⑤

| 해석 | ① 신문은 수명이 짧은 문서이다. 즉, 그것들은 뉴스를 전하는 그날만을 위해 기획된다.
② 경영진과 이사진들의 급속히 이루어진 임금 협상의 결과로 현재 직원들의 3분의 1은 평균 임금보다 적게 벌고 있다.
③ 바닥에 세워 놓는 스탠드는 어떻게 보면 가구와 예술이 필적할 수 없는 방식으로 한 공간에 흥미와 극적인 효과를 가져다주는 멋진 디자인 요소가 되었다.
④ 국회와 입법부 모두 그러한 시스템의 개발을 승인하지 않았으며, 점점 더 많은 수의 국회의원들도 그 기술을 위험한 도구라고 비판하고 있다.
⑤ 교육은 사회적 지위 상승의 가장 중요한 수단 중 하나로 여겨져 왔으며, 자녀들이 반드시 좋은 교육을 받도록 하는 것에 모든 것을 희생해 온 부모님들에 대한 않은 이야기를 들어 왔다.

| 해설 | ⑤ 문맥상 '부모님들에 대한 많은 이야기를 들었다'라는 의미가 되어야 자연스러운데, 해당 문장을 능동태로 고쳤을 때, has told many a tale parents~로 '많은 이야기들에게 부모님을 말했다'라는 의미가 되어 적절하지 않다. '~에 대한 많은 이야기'는 전치사 of나 about을 사용하여 나타낼 수 있으므로 has told many a tale of parents로 써야 하며, 이를 수동태로 바꾸면 many a tale has been told of parents가 된다. 따라서 has been told parents를 has been told of parents 또는 has been told about parents로 고쳐야 한다.

| 오답 분석 |
① '즉, 말하자면'이라는 의미의 접속부사 that is는 앞뒤 절의 의미를 연결하며 세미콜론(;), 콤마 등과 함께 나타낼 수 있으므로 Newspapers~texts; that is, they are가 올바르게 쓰였다.
② 부분을 나타내는 표현(One-third of)을 포함한 주어는 of 뒤 명사에 동사를 수 일치시켜야 하는데, of 뒤에 복수명사 the workers가 왔으므로 복수동사 are가 올바르게 쓰였다.
③ 주격 관계절(that~a space)의 동사는 선행사에 수 일치시켜야 하는데, 선행사 element가 단수명사이므로 단수동사 brings가 올바르게 쓰였다.
④ 상관접속사 'Neither A nor B'(A나 B 중 어느 것도 아닌)로 연결된 주어는 B에 동사를 수 일치시키는데, B 자리에 복수명사 state legislatures가 왔으므로 복수동사 have가 올바르게 쓰였다.

| 어휘 |
- ephemeral 수명이 짧은, 단명하는
- soaraway 급속히 이뤄지는, 엄청난 • executive 경영진
- congress 국회, 의회 • legislature 입법부, 입법 기관
- authorize 승인하다, 권한을 부여하다
- lawmaker 국회의원, 입법자 • ensure 반드시 ~하게 하다

11 ②

| 해석 | 비록 과학자들은 수 세기동안 오컴의 면도날 법칙을 잘 알고 있었지만, 1997년에 영화 「콘택트」가 개봉한 후에 그것은 일반 대중에게 더욱 널리 알려지게 되었다. 칼 세이건이 쓴 소설을 기반으로 하고 조디 포스터가 SETI(외계 지적 생명체 탐사) 과학자 닥터 Ellie Arroway 역으로 주연을 맡은 그 영화는, 외계의 지적 존재에게 받은 최초로 확인된 통신 내용을 포함한다. 행성 간의 공간 이동을 향한 첫 단계에서, 그 통신은 수송기를 만들기 위한 설계도라는 것이 결국 밝혀지는데, 이것은 Ellie는 그 이동(행성 간의 공간 이동)을 가능하게 한 외계인 중 한 명과 만나기 위해 연이은 웜홀을 통해 이동하는 데 사용한다. Ellie가 돌아올 때, 그녀는 자신이 18시간 정도 떠나 있었다고 추정하지만, 지구의 시간으로는 그녀가 전혀 떠난 적이 없었던 것처럼 보였다는 것을 알게 된다. 그녀의 이야기는 특히 그녀의 기록장치가 아무것도 기록하지 않았고 그저 정지 상태였다는 것이 밝혀졌을 때 의심받았다. Ellie가 실제로 시간을 건너 여행했다고 다른 사람들을 설득하려고 노력할 때, 그녀는 가장 쉬운 설명이 옳은 것이 되는 경향이 있다는 오컴의 면도날 법칙을 떠올리게 된다. 즉, 아마 그녀는 결코 떠나지 않았을 것이다.

| 해설 | ② 수식받는 명사(the movie)와 분사가 '조디 포스터가 주연을 맡은 영화'라는 의미의 능동 관계이므로 과거분사 starred를 현재분사 starring으로 고쳐야 한다.

| 오답 분석 |
① 동사 become(became)은 주격 보어를 취하는 동사인데, 보어 자리에는 명사나 형용사 역할을 하는 것이 올 수 있으므로 형용사 역할을 하는 과거분사 known이 올바르게 쓰였고, known은 '~에게 알려진'이라는 의미로 쓰일 경우 전치사 to를 취하므로 known to가 올바르게 쓰였다.
③ 선행사 aliens가 사람이고 관계절 내 동사의 주어 역할을 하므로 주격 관계대명사 who가 올바르게 쓰였다. 동사 make는 5형식 동사로 쓰일 때 'make(made) + 목적어(the transport) + 목적격 보어(possible)' 형태를 취하며, '~가 ~하게 만들다'라는 의미를 나타내므로 made the transport possible이 올바르게 쓰였다.
④ be동사(was)는 주격 보어를 취하는 동사인데, 보어 자리에는 명사나 형용사 역할을 하는 것이 올 수 있으므로 형용사 gone이 올바르게 쓰였다. 또한, 문맥상 '약 18시간'이라는 의미가 되어야 자연스러우므로, 시간 앞에 와서 '대략'이라는 의미를 나타내는 전치사 about이 올바르게 쓰였다.
⑤ 수식받는 명사 device와 분사가 '기록하는 장치'라는 의미의 능동 관계이므로 현재분사 recording이 올바르게 쓰였다. 해당 지문의 recorded는 동사로 '기록하다'라는 의미로 쓰였다.

| 어휘 |
- familiar ~을 잘 아는, 친숙한 • principle 법칙, 원리
- star 주연을 맡다 • confirmed 확인된, 확고한
- extraterrestrial 외계의, 지구 밖의 • intelligence 지적 존재
- diagram 설계도, 도표 • alien 외계인, 우주인, 외국의
- transport 이동, 수송, 수송하다 • interstellar 행성 간의

• estimate 추정하다, 평가하다 • static 정지 상태의, 고정된

12 ④

| **해석** | 고양이들은 완전한 어둠 속에서 볼 수 없지만, 그들의 눈은 인간의 눈보다 빛에 훨씬 더 민감하다.

| **해설** | ④ 첫 번째 빈칸은 절(cats ~ darkness)과 절(their eyes - human eyes)을 연결하는 것의 자리이다. 2개의 절을 연결하는 것은 접속사이므로 부사절 접속사(Though, while)가 쓰인 ②, ④번이 정답 후보이다. 두 번째 빈칸은 형용사(sensitive)와 함께 쓰이는 전치사의 자리이다. 형용사 sensitive는 전치사 to와 함께 쓰여 sensitive to의 형태로 쓰이므로 전치사 to가 와야 한다. 따라서 ④ While, to가 정답이다.

| **어휘** | • complete 완전한 • sensitive 민감한

13 ③

| **해석** | 이러한 경제 마비의 원인은 두 나라에서 약간 다르다. 일본에서는, 고도로 억압적인 사회 유형, 합의에 기반을 둔 의사결정, 그리고 경직된 정치 과정의 결합이 새로운 사상들을 억누르고 국가를 변화에 저항하도록 만들었다. 미국에서는 새로운 견해, 토론과 격분이 부족하지 않다. 마비는 문제가 어떻게 다루어져야 하는지에 대한 합의의 부족으로 인해 야기된다. 미국과 같은 부유한 나라에서는 문제가 해결될 시간이 항상 더 있다고 생각하도록 속기 쉽다. 일본에서도 그래 왔다. 일본인들은 오랜 기간의 위축된 성장으로부터 과도하게 피해를 입지 않을 만큼 충분히 부유하다.
① 수
② 다양성
③ 부족
④ 배경

| **해설** | 빈칸에 미국에서는 무엇으로 인해 경제 마비가 일어나는지에 대한 내용이 제시되어야 한다. 지문 처음에서 일본과 미국에서 경제 마비의 원인이 다르다고 하고, 이어서 합의에 기반을 둔 의사결정이 일본 경제 마비의 원인 중 하나라고 언급했으므로, 미국에서의 경제 마비는 문제가 어떻게 다루어져야 하는지에 대한 합의의 '부족'으로 인해 야기된다고 한 ③번이 정답이다.

| **어휘** | • source 원인 • paralysis 마비
• consensus 합의 • ossified 경직된
• suppress 억누르다 • resistant 저항하는
• outrage 격분 • tackle 다루다, 맞붙다
• stunted 위축

14 ④

| **해석** | 20세기 말 미국, 아마도 서양 전체에서, 인간은 기본 구성 단위라는 점에서 자주적이고, 자유로우며, 스스로 결정하는 개체로 이해된다. 이는 직접성과 완전함의 인식을 통해 알려지고 무엇보다도 자각 의식과 실행 의지로 구성된 내적 본질인 완전한 자아를 가지고 있는 것으로 이해되는 존재이다.
① 공동의
② 연결된
③ 분리된
④ 완전한

| **해설** | 문맥상 인간이 어떤 자아를 가지고 있는 것으로 이해되는 존재인지에 대한 내용이 나와야 한다. 빈칸 뒤에 이 자아가 직접성과 완전함의 인

식을 가지고 있으며 자각 의식과 실행 의지로 구성된 내적 본질이라고 설명하는 내용이 있으므로, 인간은 '완전한' 자아를 가지고 있는 것으로 이해되는 존재라고 한 ④번이 정답이다.

| **어휘** | • conceive 이해하다, 생각하다 • autonomous 자주적인
• self-determining 스스로 결정하는 • selfhood 자아
• entity 본질, 실체 • immediacy 직접성
• plenitude 완전함, 풍부 • constitute 구성하다
• self-aware 자각하는 • consciousness 의식
• executive 실행의, 집행의 • will 의지
• communal 공동의 • dividual 분리된
• undivided 완전한

기출 연습
p222

01 ① exaggerate ② much

│ **해석** │ 당신은 원하는 어떤 것이든 시각화할 수 있고 당신의 이미지를 실컷 장식하고 과장할 수 있다.

│ **해설** │ ① you can이 embellish와 exaggerate 모두 받는 병치 구조이므로 동사원형을 쓴다.

② 동등 비교 as much as you want는 '당신이 원하는 만큼 많이'라는 표현이다.

│ **어휘** │ • visualize 시각화하다 • embellish 장식하다

• exaggerate 과장하다 • imagery 형상화

02 ① that ② likely ③ talk

│ **해석** │ 다른 연구들은 흑인 미국 소녀들이 남자아이들만큼 경쟁하고 대화에서 그들의 권리에 대해 말할 것이라는 것을 발견했다.

│ **해설** │ ① have found의 목적어 자리에 명사절 접속사가 와야 한다. that과 what의 구분은 뒤에 완전한 문장이 수반되면 that을, 뒤에 불완전한 문장이 수반되면 what을 사용한다. 이 문장의 경우 문장 성분을 모두 갖추고 있으므로 that을 사용해야 한다.

② be likely to는 '~할 가능성이 있다'라는 뜻이다. like는 형용사로 사용될 수 없고, 동사일 때는 '~을 좋아하다', 전치사일 때는 '~와 같은'이라는 의미를 가진다.

③ be likely to 구문의 compete와 병치 구조이므로 talk가 와야 한다.

│ **어휘** │ • likely ~할 것 같은

• compete 겨루다

• conversation 대화

03 ③

│ **해설** │ ③ 원래 최상급 앞에는 정관사 the를 붙여야 하지만, 동일 인물이나 동일문의 상태를 비교하는 경우에는 정관사를 사용하지 않는다. 따라서 맞는 문장이다.

│ **오답 분석** │

① superior 자체가 라틴어 비교이다. 따라서 앞에 more를 사용하면 안 된다. 삭제해야 맞다.

② demand는 '요/제/명/주'의 범주에 속하는 동사이므로 that절 안의 동사는 (should) + R의 형태가 되어야 한다. 따라서 was not closed를 (should) not be closed로 바꾸어야 한다.

④ whose는 소유격 관계대명사로 뒤에 나오는 명사를 수식하는 기능을 한다. 이 문장에는 뒤에 명사가 없고, 또한 respect라는 타동사의 목적어가 없으므로 목적격 관계대명사 whom으로 고쳐야 한다.

04 ① In ② have farted ③ less

│ **해석** │ 사실, 내가 이곳에 온 이후로, 자그마치 20번씩이나 방구를 꼈다.

│ **해설** │ ① in fact는 부사로 사용되었고 '사실은'이라는 의미를 가지고, 뒤에 문장을 강조하거나 부연 설명한다.

② 종속절에 전치사 since가 왔으므로 '여기 온 이후 지금까지 계속 그랬다'는 의미로 완료시제를 쓴다.

③ than이 이어지므로 비교급 less가 와야 하며, no less than은 '~보다 적지 않은'이므로 '자그마치'로 해석하고, no more than은 '~보다 많지 않은'이므로 '기껏해야'로 해석하면 된다.

│ **어휘** │ • in fact 사실 • fart 방귀를 뀌다

• no less than 자그마치

05 ④ you → yours

│ **해설** │ ④ 영어에서는 비교 대상이 일치해야 하는데, 이 문장의 경우 당신이 아니라 당신 아들의 머리가 비교되는 것이므로 뒤에 나오는 비교 대상 역시 당신이 아니라 당신의 머리 즉, your hair를 대신하는 소유대명사 yours가 되어야 한다.

│ **오답 분석** │

① as _____ as 사이에는 형용사나 부사의 원급이 와야 한다. 이때 앞에 제시된 동사를 보고 결정하면 된다. 이 문장의 경우 동사가 is로 불완전 자동사이므로 보어 자리에 사용되는 형용사가 바르게 사용되었다.

② 가주어와 진주어가 바르게 사용되었고, than 뒤에 to부정사가 병치를 이루고 있다.

③ than I (have money)에서 동일한 부분이 생략된 구문이므로 주격이 바르게 쓰였다.

06 ① Colder → The colder

│ **해석** │ 날이 더 추워질수록, 도시는 다채로운 전등과 장식들로 더 화려해진다.

│ **해설** │ '~하면 할수록, 더 ~하다'는 'the + 비교급 ~, the + 비교급'으로 표시할 수 있으므로 colder 앞에 정관사 the를 넣어야 한다.

│ **어휘** │ • colorful 다채로운, 화려한 • decoration 장식

07 ③

│ **해석** │ ① 내 아버지는 6주 동안 입원해 계셨다.

② 그 가족 전부가 독감으로 고생한(했)다.

③ 그녀는 그것에 대해 언급조차도 하지 않았다.

④ 그녀는 경제적으로 독립하고 싶어 한다.

│ **해설** │ ③ 문맥상 '언급조차도 하지 않았다'가 되어야 자연스러운데, '~조차도 하지 않다'는 not(never) so much as를 사용하여 나타낼 수 있으므로 never so much as mentioned가 올바르게 쓰였다. 또한 mention은 타동사이므로 뒤에 전치사 없이 목적어 it이 올바르게 쓰였다.

│ **오답 분석** │

① '~동안'이라는 의미로 사용되는 전치사에는 for와 during이 있는

데, 시간 표현(six weeks) 앞에 와서 '얼마나 오래 지속되는가'를 나타내는 전치사로는 for가 사용되어야 한다. during은 뒤에 기간 명사가 온다. 따라서 during을 for로 고쳐야 한다.

② suffer form은 자동사이므로 수동태를 사용하지 않는다. 따라서 is suffered를 suffers나 suffered로 바꾸어야 한다.

④ 형용사를 앞에서 수식할 수 있는 것은 부사이므로 형용사 independent 앞의 형용사 financial을 부사 financially로 고쳐야 한다.

| 어휘 | • suffer from ~로 고생하다 • independent 독립한

08 ① the ② than ③ ocean

| 해석 | 태평양은 가장 깊은 대양인데, 다른 어떤 대양보다 더 심오한 깊이의 해저 면적이 있다.

| 해설 | ① 최상급은 앞에는 정관사 the나 소유격을 사용해야 한다.

② 앞에 more이 온 비교급 표현이므로 than을 쓴다. as는 앞에 as가 제시되어 '~만큼 ~하다'라는 의미일 때 사용한다.

③ more ~ than any other + 단수명사'는 비교급의 형태로 최상급을 표현한 것이다.

| 어휘 | • bottom 맨 아래, 바닥 • profound 깊은, 공손한
• depth 깊이

09 ③ men → man

| 해석 | ① 영양사들은 모든 사람들이 하루에 3~5그릇의 채소를 먹을 것을 추천했다.

② 그 나라에서 다른 학대가 발생하는 가운데, 인권의 기록은 최악으로 남아 있었다.

③ 그는 다른 어떤 사람보다 더 새로운 아이디어에 수용적인 것으로 널리 알려져 왔다.

④ 그는 음악가들이 무료로 연습할 수 있는 장소를 만들 것을 제안했다.

| 해설 | ③ '비교급 + any other 단수명사'의 형태로 최상급을 의미할 수 있다. 이때 any other 뒤에는 단수명사가 와야 하므로 men을 man으로 고쳐야 한다.

| 오답 분석 |

① 주절 동사로 recommended(추천하다)가 있으므로 that절 안의 동사는 (should) + eat이 바르게 사용되었다.

② 부대상황을 나타내는 with는 5형식 구조로 사용되어서 뒤에는 목적어, 그 뒤에는 목적격 보어로 분사가 올 수 있다. take place는 자동사이므로 현재분사 taking place가 바르게 사용되었다.

④ propose는 뒤에 목적어로 동명사인 creating을 바르게 수반하고 관계부사 where 뒤에 완전한 문장이 이어지고 있으므로 올바른 문장이다.

10 ① tallest → the tallest

| 해석 | ① 에베레스트 산은 세계에서 가장 높은 산이다.

② 그녀는 야근을 하기 때문에 매주 목요일에 가장 피곤하다.

③ 이것은 잠버릇에 관한 단연코 가장 종합적인 연구이다.

④ 아몬드는 건강에 가장 좋은 간식용 음식 중 하나이다.

| 해설 | ① '최상급(tallest) + 명사(mountain)' 앞에는 반드시 정관사 the나 소

유격이 와야 하므로 tallest mountain을 the tallest mountain으로 고쳐야 한다.

| 오답 분석 |

② 동일인이나 동일문의 성격이나 성질에 대한 최상급 표현의 경우 최상급 앞에 the가 생략될 수 있다. 하나의 사람(She)이 언제 가장 피곤한지 나타내고 있으므로 정관사 the 없이 weariest가 올바르게 쓰였다.

③ by far는 최상급을 강조하기 위해 최상급 표현(the most comprehensive) 앞에 올 수 있으므로 by far the most comprehensive가 올바르게 쓰였다.

④ 문맥상 '건강에 가장 좋은 간식용 음식 중 하나'라는 의미가 되어야 자연스러운데, '가장 ~한 ~중 하나'는 최상급 표현 'one of the + 최상급'의 형태로 나타낼 수 있으므로 one of the healthiest snack foods가 바르게 쓰였다.

| 어휘 | • weary 피곤한 • comprehensive 종합적인, 포괄적인

11 ③

| 해석 | ① 그녀는 그녀의 마지막 질문에 그가 얼마나 분노하여 대답했는지에 의해 눈에 띄게 기분이 상했다.

② 분명히, 이 사태는 그것에 대해 호의적이지 않게 대응하는 대사들에게 알려져 있다.

③ 나는 마을로 이어진 길에 도착할 때까지 열기가 허락하는 만큼 힘차게 계속 걸었다.

④ 비록 두 후보들의 공약에는 몇 가지 유사점이 있지만, 그것들 사이의 차이점은 아주 크다.

| 해설 | ③ 원급 표현은 'as + 형용사/부사의 원급 + as'의 형태로 나타낼 수 있는데, as~as 사이가 형용사 자리인지 부사 자리인지는 바로 앞에 부사 as가 없다고 본 다음에 그 앞에 사용되는 동사에 의해 결정한다. 앞에 be동사가 제시되면 형용사, 앞에 일반동사가 제시되면 부사가 온다. 이 문장의 경우 동사 walked on을 수식할 수 있는 것은 부사이므로 부사 briskly가 올바르게 쓰였다.

| 오답 분석 |

① 동사(responded)를 수식할 수 있는 것은 형용사가 아닌 부사이므로, 형용사 indignant를 부사 indignantly로 고쳐야 한다.

② 주격 관계절(who~it)의 동사는 선행사(ambassadors)에 수 일치시켜야 하는데, 선행사 ambassadors(대사들)는 복수명사이므로 단수동사 reacts를 복수동사 react로 고쳐야 한다.

④ 문맥상 '그것들(두 후보들의 공약) 사이의 차이점'이라는 의미가 되어야 하므로 '셋 이상의' 그룹 '사이'를 의미하는 전치사 among을 '둘 사이'를 의미하는 전치사 between으로 고쳐야 한다.

| 어휘 | • noticeably 눈에 띄게, 현저하게
• upset 화난
• indignant 분노한, 화가 난
• state of affairs 사태, 상황
• ambassador 대사
• unfavorably 호의적이지 않게
• briskly 힘차게 • lead to ~로 이어지다
• platform 공약 • candidate 후보

12 ④ Another → Other

| 해석 | 태블릿 컴퓨터에서 이용 가능한 전자책 앱은 터치스크린 기술을 이용한다. 일부 터치스크린은 마주보는 2개의 전자로 충전이 되는 금속판을 덮는 유리 패널을 특징으로 한다. 화면을 터치하면 두 금속판은 압력을 감지하고 전류를 연결한다. 이 압력은 컴퓨터에 전기 신호를 보내서 터치를 명령으로 전환시킨다. 이 버전의 터치스크린은 화면이 손가락의 압력에 반응하기 때문에 감압식 스크린으로 알려져 있다. 다른 태블릿 컴퓨터는 유리 패널 아래에 단 하나의 전기가 통하는 금속층을 특징으로 한다. 사용자가 화면을 터치하면 전류 일부가 유리를 통과해 사용자의 손가락으로 전해진다. 전하가 넘어갈 때 컴퓨터는 전력의 손실을 명령으로 해석하고 사용자가 바라는 기능을 수행한다. 이러한 유형의 스크린은 정전식 스크린이라고 알려져 있다.

| 해설 | ④ another가 형용사로 사용되는 경우에는 '또 다른 하나'라는 의미이므로 뒤에는 가산단수명사가 와야 한다. 이 문장의 경우 뒤의 computers가 복수이므로 Another를 Other로 고쳐야 한다.

| 오답 분석 |
① 명사 뒤에 나오는 분사의 결정은, 그 분사 자체가 목적어를 가지고 있으면 현재분사를, 목적어가 없으면 과거분사를 사용한다. 뒤에 the two metallic surfaces라는 명사구가 목적어로 제시되어 있으므로 현재분사가 맞게 사용되었다.
② 콤마(,) 뒤에 관계대명사로 which가 적절하게 사용되었다. 이 문장의 경우 뒤에 동사가 나오므로 주격 관계대명사이다.
③ 문장의 주어가 최종적으로 수식받는 명사인 this version이므로 동사 역시 단수동사로 수가 일치하고 있다.

| 어휘 | • employ 이용하다 • feature 특징으로 삼다
• face-to-face 마주보는 • make contact (전류를) 연결하다
• resistive 저항성의, 저항력이 있는 • electrify 전기를 통하게 하다
• current 전류 • charge 전하
• interpret 해석(이해)하다 • capacitive 전기 용량의

13 ① incredibly → incredible

| 해석 | 믿을 수 없는 것처럼 들리지만 둥지를 지키기 위해 스스로를 희생하는 몇몇 곤충들이 있다. 침입자와 직면할 때 보르네오의 Camponotus cylindricus 개미는 침입자에 달라붙어 자기의 몸이 터질 때까지 무리하게 들어간다. 개미의 배가 파열되어 방어자와 공격자 모두에게 치명적인 끈적이는 노란색 물질을 내뿜고 이로 인해 공격자와 방어자가 함께 달라붙어 공격자가 개미의 집에 들어가지 못하도록 막는다.

| 해설 | ① 'as + 형용사/부사 + as + 주어 + 동사'가 문두로 가면 양보의 의미를 지니는 부사구문이 되어서 '비록 ~일지라도'라고 해석이 된다. 이때 as와 as 사이에 형용사를 사용할지 부사를 사용할지는 그 뒤에 나오는 문장의 구조를 보고 결정한다. 뒤에 나오는 문장의 동사가 be동사와 같이 불완전 자동사이면 보어로 형용사가 필요하니 형용사를 사용하고, 뒤에 나오는 동사가 일반동사이면, 일반동사를 수식하는 부사를 사용한다. 이 문장의 경우 as incredibly as it may sounds에서 sounds는 대표적인 감각동사로 2형식 동사이다. 따라서 뒤에는 보어가 수반되어야 하므로 부사인 incredibly를 형용사인 incredible로 고쳐야 한다.

| 오답 분석 |
② 주격 관계대명사 that의 선행사가 some species of insects이고 sacrifice의 목적어가 자기 자신이므로 재귀대명사 themselves가 바르게 쓰였다.

③ 접속사 뒤에 분사를 고르는 경우, 타동사에서 파생된 분사는 뒤의 목적어 유무를 보고 결정할 수 있다. 뒤에 목적어가 있으면 현재분사를, 뒤에 목적어가 없으면 과거분사를 사용하면 된다. 이 문장의 경우 when 뒤에 분사가 수반되고, 그 뒤로 목적어가 없이 전치사로 연결되므로 과거분사 faced가 바르게 쓰였다. When (they are) faced with에서 '대명사 주어 + be동사'인 (they are)가 생략된 것으로 이해하면 된다.
④ prevent는 'prevent A from Ring'(A가 ~하는 것을 막다)의 구조로 사용되므로 바르게 쓰였다.

| 어휘 | • intruder 침입자 • invader 침략자
• explode 폭발하다 • abdomen 복부
• rupture 파열, 손상 • lethal 치명적인
• prevent + 목적어 + from Ring ~가 Ring하는 것을 막다

 **기출 종합** p226

01 ①

| 해석 | A : 부탁 하나 드려도 될까요?
B : 네, 무엇인가요?
A : 제가 출장 때문에 공항에 가야 하는데. 제 차가 시동이 걸리지 않아요. 저를 태워다 주실 수 있나요?
B : 물론이죠. 당신은 거기에 언제까지 가야 하나요?
A : 저는 그곳에 늦어도 6시까지는 가야 해요.
B : 지금이 4시 30분이에요. <u>시간이 촉박하네요.</u> 우리 당장 출발해야 겠어요.
① 시간이 촉박하네요.
② 중요한 것에서 눈을 뗐어요.
③ 빛나는 것이 모두 금은 아니에요.
④ 지나간 일이에요.

| 해설 | 공항에 언제까지 가야 하는지 묻는 B의 질문에 A가 6시까지는 가야 한다고 답하고, 빈칸 뒤에서 다시 B가 Well have to leave right away(우리 당장 출발해야겠어요)라고 말하고 있으므로, 빈칸에는 '시간이 촉박하네요'라는 의미가 들어가야 자연스럽다. 따라서 ① That's cutting it close가 정답이다.

| 어휘 | • cut it close 시간이 촉박하다, 아슬아슬하다
• take one's eye off the ball 중요한 것에서 눈을 떼다
• all that glitters is not gold 빛나는 것이 모두 금은 아니다
• water under the bridge 지나간 일

02 ①

| 해석 | 전설적인 기록 영화 제작자 로버트 플라어티는 <u>토착</u> 민족이 어떻게 식량을 모았는지를 보여 주려고 했다.
① 토착의
② 탐욕스러운
③ 빈곤한
④ 떠돌아다니는

| 해설 | indigenous(토착의)와 비슷한 의미를 가진 어휘를 묻고 있으므로, '토착의'라는 의미의 ① native가 정답이다.

| 어휘 | • legendary 전설적인

- indigenous 토착의, 지역 고유
- native 토착의, 원주민의 • ravenous 탐욕스러운, 몹시 굶주린
- impoverished 빈곤한 • itinerant 떠돌아다니는

03 ③

| 해석 | 오늘날, 할로윈은 이교도와 가톨릭 교회의 축제에서 유래한 그것의 기원으로부터 대단히 멀어졌으며, 우리가 <u>달래는</u> 영혼은 더 이상 고인의 것(영혼)이 아니다: 애정에 굶주린 유령은 선물을 요구하는 복장을 한 아이들로 대체되었다.
① 할당하다
② 이해하다
③ 달래다
④ 유발하다

| 해설 | appease(달래다)와 비슷한 의미를 가진 어휘를 묻고 있으므로, '달래다'라는 의미의 ③ pacify가 정답이다.

| 어휘 | • drift 멀어지다 • root 기원
- pagan 이교도의 • appease 달래다
- needy 애정에 굶주린 • costumed 복장을 한
- treat 선물, 대접 • assignt 할당하다
- apprehend 이해하다, 체포하다 • pacify 달래다, 진정시키다
- provoke 유발하다

04 ②

| 해석 | 나는 보통 내 문제들을 <u>가볍게 여기고</u>, 그것은 내 기분을 나아지게 한다.
① 어떤 일을 심각하게 여기다
② 어떤 일을 중요하지 않게 여기다
③ 문제를 해결하려고 노력하다
④ 만족스러운 해결책을 찾다

| 해설 | make light of(~을 가볍게 여기다)와 비슷한 의미를 가진 표현을 묻고 있으므로, '어떤 일을 중요하지 않게 여기다'라는 의미의 ② treat something as unimportant가 정답이다.

| 어휘 | • make light of ~을 가볍게 여기다 • make an effort 노력하다
- acceptable 만족스러운

05 ②

| 해석 | ① 진정시키다
② 먼저 오다
③ 추정하다
④ 도발하다

| 해설 | 제시된 문장의 '고요한 시기(A quiet spell)가 먼저 온다'는 동사 precede(먼저 오다)로 나타낼 수 있으므로, 동사 precede의 3인칭 단수형인 ② precedes가 정답이다.

| 어휘 | • spell ~한 시기 • pacify 진정시키다
- precede 먼저 오다, 먼저 일어나다 • presume 추정하다
- provoke 도발하다

06 ②

| 해석 | 외과의들은 그 작업에 알맞은 도구들을 찾을 수 없었기 때문에 (일을) <u>그만 끝낼</u> 수밖에 없었다.
① 시작하다
② 끝내다
③ 기다리다
④ 취소하다

| 해설 | call it a day(그만 끝내다)와 비슷한 의미를 가진 어휘를 묻고 있으므로, '끝내다'라는 의미의 ② finish가 정답이다.

| 어휘 | • surgeon 외과의
- call it a day (일 등을) 그만 끝내다
- initiate 시작하다

07 ③

| 해석 | ① A : 저는 내일로 예약하고 싶습니다.
　　B : 알겠습니다. 몇 시로 하시겠어요?
② A : 주문하시겠어요?
　　B : 네, 수프 주세요.
③ A : 당신의 리조또는 어떤가요?
　　B : 네, 저희는 버섯과 치즈가 들어간 리조또가 있습니다.
④ A : 디저트 드시겠어요?
　　B : 저는 됐어요, 고마워요.

| 해설 | ③번에서 A는 B의 리조또가 어떤지를 묻고 있으므로, 리조또 메뉴를 소개하는 B의 대답 Yes, we have risotto with mushroom and cheese(네, 저희는 버섯과 치즈가 들어간 리조또가 있습니다)는 어울리지 않는다. 따라서 ③번이 정답이다.

| 어휘 | • make a reservation 예약하다

08 ④

| 해석 | Mr. Johns은 그 계획에 반대했는데 그것이 <u>잘못된</u> 원칙에 입각해서 만들어졌고 또한 가끔 <u>불편했기</u> 때문이었다.
① 잘못된 – 바람직한
② 필수적인 – 합리적인
③ 순응하는 – 한탄스러운 상태가 되게 했다.
④ 잘못된 – 불편한

| 해설 | Mr. Johnson은 그 계획에 반대했다고 했으므로, '그것이 _____ 원칙에 입각해서 만들어졌고 또한 가끔 _____ 때문이었다'라는 문맥에서 because it was founded on a _____ principle and also was _____ at times의 빈칸에는 각각 '잘못된'과 '불편한'이라는 의미가 들어가야 자연스럽다. 따라서 ④ wrong – inconvenient가 정답이다.

| 어휘 | • object 반대하다 • proposal 계획
- found ~에 입각해서 만들다
- principle 원칙
- at times 가끔 • faulty 잘못된, 결함이 있는
- desirable 바람직한
- imperative 필수적인, 중요한
- reasonable 도리에 맞는
- conform 순응하다
- deplorable 한탄스러운 • inconvenient 불편한

09 ⑤

| 해석 | 노벨 경제학상 수상자인 Jim Heckman과 그의 협력자들은 유아기에 형성된 강한 기초 능력이 사회 경제적 성공에 결정적이라는 것을 보여 주었다. 이러한 기초 능력은 배우려는 자기 강화적인 동기 부여로 이어져, '능력이 능력을 ① 낳는다'. 이것은 보수가 더 좋은 직업, 더 건강한 생활방식을 선택할 기회, 더 많은 사회 참여, 그리고 더 생산적인 사회로 이어진다. 더 많은 연구는 또한 이러한 이로운 점들이 인지 능력과 사회 정서적 능력의 초기 기반이 인간의 일생에 걸쳐 건강한 두뇌 발달에 작용하는 중요한 역할과 연관되어 있다는 것을 보여 준다. 뇌의 복잡성, 즉, 신경 회로와 신경망의 다양성과 복잡성은 어린 시절에 ② 형성되며 인간의 인지 능력과 사회 정서적 능력의 발달에 지속적인 영향을 미친다. 어린 시절의 인지 능력은 성인의 인지 기능에 토대를 제공한다. 이것은 성공적인 두뇌 발달이 아이들이 기본적인 인지 능력을 발달시키는 것을 ③ 보장한다는 것을 의미한다. 고도의 인지 과정의 ④ 기초가 되는 (기억, 추론, 사고의 속도, 문제 해결 능력과 같은) 이른바 '유동적 능력'은 새로운 지식을 습득하고 새로운 문제를 ⑤ 악화시키는 데 이용된다.

| 해설 | 지문의 마지막 부분에서 '유동적 능력'은 고도의 인지 과정의 기초가 되고 새로운 지식을 습득하는 데 이용된다고 했으므로, 이것이 새로운 문제를 악화시키는(aggravate) 데 이용된다는 것은 문맥상 적절하지 않다. 따라서 ⑤ aggravate가 정답이다. aggravate를 대신할 수 있는 어휘로는 '(문제 등을) 다루다'라는 의미의 tackle 등이 있다.

| 어휘 | • collaborator 협력자 • self-reinforcing 자기 강화적인
• beget 낳다, 생기게 하다 • foundation 기반, 토대
• cognitive 인지의, 인식의 • lifespan 일생
• complexity 복잡성 • diversity 다양성
• neural pathway 신경 회로 • mold 형성하다
• fluid 유동적인 • reasoning 추론
• underlie ~의 기초가 되다 • acquire 습득하다
• aggravate 악화시키다 • novel 새로운

10 ③ simply → simple

| 해석 | 행복한 뇌는 단기적인 것에 집중하는 경향이 있다. 그것이 사실이라면, 결국 장기적인 목표를 성취할 수 있게끔 하는, 우리가 성취할 수 있는 단기적 목표들을 숙고하는 것은 좋은 생각이다. 예를 들어, 만일 당신이 6개월 동안 30파운드를 감량하고 싶다면, 그 목표에 이르게 할 더 작은 무게를 빼는 것과 같은 단기적 목표를 연관시킬 수 있겠는가? 그것은 당신이 매주 2파운드를 감량할 때마다 스스로에게 상을 주는 것과 같은 간단한 어떤 것일 수 있다. 이와 같은 사고는 업무 성과를 향상시키는 것과 같은 많은 목표들에 적용될 수 있다. 전체 목표를 더 작게, 더 단기적인 부분들로 쪼갬으로써, 우리는 우리의 분야에서 목표의 거대함에 압도되는 대신에 점진적인 성취에 집중할 수 있다.

| 해설 | ③ 원급 비교인 as _____ as 사이에는 형용사나 부사의 원급이 들어가서 '~만큼 ~한(하게)'으로 해석이 된다. 이 문장의 경우 앞의 명사 something을 꾸며 주는 형용사가 필요하다. -ing로 끝나는 명사는 형용사가 뒤에서 수식한다. 따라서 simply를 simple로 고쳐야 한다.

| 오답 분석 |
① tend는 뒤에 목적어로 to부정사를 수반하는 동사이므로 to focus가 맞고, focus는 자동사로 전치사 on을 수반하므로 to focus on이 바르게 사용되었다.
② 앞에 가주어 it이 제시되어 있으므로 진주어 to R이 올바르게 사

용되었다.
④ instead of는 전치사이므로 뒤에 명사 성격을 가지는 동명사가 사용될 수 있고, 압도되는 것이므로 동명사의 수동형인 being overwhelmed가 올바르게 쓰였다.

| 어휘 | • any number of 많은 • that being the case 사실이 그렇다면
• get there 달성하다 • increment 증가
• incremental 증대하는, 증가의 • overwhelm 압도하다
• enormity 거대함 • profession 직업, 업무, 전문직

11 ① High → Highly

| 해석 | "매우 성실한 직원들은 우리보다 일련의 일을 더 잘합니다"라고 성실성을 연구하는 일리노이 대학교의 심리학자 브렌트 로버츠는 말한다. 로버츠는 그들의 성공이 "위생" 요인 덕분이라고 여긴다. 성실한 사람들은 자신의 삶을 잘 정리하는 경향이 있다. 체계적이지 못하고, 성실하지 않은 사람들은 파일을 뒤져 올바른 문서를 찾는 데 20~30분을 소비할 수도 있는데, 이는 성실한 사람들이 모면하게 되는 비효율적인 경험이다. 기본적으로, 성실하게 됨으로써 사람들은 그들이 그렇지 않았을 때 스스로 만들게 되는 스트레스를 피한다.

| 해설 | ① 뒤에 나오는 conscious라는 형용사를 꾸며서 정도를 나타내는 것은 형용사가 아니라 부사이다. 따라서 High를 Highly로 고쳐야 한다.

| 오답 분석 |
② series는 조심해야 하는 단어이다. 뒤에 s가 붙지만, 이 자체가 단수명사이므로 앞에 나오는 정관사 a와 같이 사용된다. a series of는 '일련의~'로 해석이 된다.
③ 주격 관계대명사 뒤에 나오는 동사의 수는 선행사에 따라 결정이 된다. 선행사가 Brent Robert로 단수이므로 동사의 수 역시 단수로 studies가 바르게 사용되었다.
④ 이 문장에서 otherwise는 부사로 사용되어서 '그렇지 않았다면'이라는 의미를 가진다.

| 어휘 | • conscientious 양심적인, 성실한
• conscientiousness 양심, 성실성 • disorganized 체계적이지 못한
• root (무엇을) 찾기 위해 파헤치다 • folk (일반적인) 사람들
• setback 차질 • thorough 철저한, 전체의

59

기출 연습

p242

01 of

| 해석 | 청소년들과 성인 모두 간접 흡연의 위험에 대해서 알고 있어야 한다.

| 해설 | 전치사 어휘 문제로 형용사 cognizant 뒤에는 of가 수반된다. be cognizant(aware, conscious) of는 '~을 알고 있는'이라는 뜻이다.

| 어휘 | • adolescent 청소년 • cognizant 알고 있는
• secondhand smoking 간접 흡연

02 ① she and her husband → her and her husband

| 해석 | 그녀와 그녀의 남편 사이에는 논쟁밖에 없었다; 그것은 대부분의 현대 결혼 생활에 놀랄 만하게 전형적인 상황이다.

| 해설 | ① 전치사 뒤에는 목적격이 와야 하므로 she를 her로 바꾸어야 한다.

| 오답 분석 |
② 지시대명사 this는 앞 문장 전체를 받을 수 있으므로 바르게 사용되었다.
③ 선행사가 a situation이고 뒤에 is라는 동사가 제시되고 있으므로 주격 관계대명사 which가 바르게 사용되었다.
④ is 뒤의 보어 자리에 형용사가 바르게 쓰였다.

03 to provide → to providing

| 해석 | 미국이 기업들을 위해 무역의 기회를 증대시키는 것부터 관리 감독을 제공하는 것까지, 당신은 공무원이라는 직업에서 당신의 능력을 활용할 수 있다.

| 해설 | from A to B(A에서부터 B까지)에서 to는 전치사이므로 뒤에는 동사가 아닌 명사나 동명사가 와야 한다.

04 ① to → on

| 해석 | 세계의 눈이 미국 선거 체계의 결함에 집중된 반면, 더 큰 헌법적 문제들이 아시아의 신생 민주주의 국가들 중 몇몇을 직면하고 있다.

| 해설 | ① focus는 자동사와 타동사 둘 다 가능한데, 둘 다 뒤에 전치사 on을 수반한다.

| 오답 분석 |
② 문맥상 '더 큰'이라는 의미이므로 비교급 bigger가 제대로 쓰였다.
③ be 동사 뒤에 Ring나 p.p형이 수반되는데, 그 뒤에 목적어가 제시되어 있으므로 Ring형이 제대로 쓰였다.
④ documents는 가산복수명사이므로 그 앞에는 수량 한정사 a few가 바르게 수식하고 있다.

05 ③ beyond imagine → beyond imagination

| 해석 | 우리는 셰익스피어에 대해서 거의 알지 못하는데, 왜냐하면 그 시대에는 역사와 관련된 이야기들이 왕들의 삶에만 기울여졌기 때문

이다. 한 평범한 배우가 미래에 관심을 갖는다는 것은 상상할 수 없는 것이다.

| 해설 | ③ beyond는 전치사이고 전치사 뒤에는 동사는 올 수 없고 명사나 동명사가 수반되어야 한다. 따라서 명사형인 imagination으로 고쳐야 한다.

| 오답 분석 |
① a little은 긍정의 의미로 '약간 ~하다'이고 little은 부정의 의미로 '거의 ~않다'라는 의미이다. 이 문장은 문맥상 '거의 ~않다'라는 부정의 의미이므로 little이 바르게 사용되었다.
② '~에 전념하다'라는 표현으로 be devoted to에서 to는 전치사이므로 뒤에는 명사나 동명사가 와야 한다. 뒤에 the lives라는 명사가 있으므로 바르게 사용되었다.
④ 'of + 추상명사 = 형용사'와 같다. 따라서 of interest는 interesting과 같다.

06 ② beside → besides

| 해석 | 세계에서 가장 큰 건물이 다음 달에 중국에서 개장할 것이다. 그 건물은 14개의 상영관과 규정 크기의 스케이트장을 수용하는 것 이외에도, 수천 개의 상점들 한가운데에 2개의 5성급 호텔과 실내 해변 또한 가지고 있다.

| 해설 | ② 전치사 beside와 besides를 혼동해서는 안 된다. beside는 '~옆에'라는 의미이고, besides는 '~이외도'라는 완전히 다른 의미이다. 문맥상 '14개의 상영관과 ~수용하는 것 이외에도'라는 의미가 되어야 자연스러우므로 전치사 Beside를 전치사 Besides로 고쳐야 한다.

| 오답 분석 |
① 마을, 도시, 국가 등과 같이 '(상대적 큰 공간) 내의 장소'를 나타내는 전치사 in이 China 앞에 올바르게 쓰였다.
③ 대명사가 지시하는 명사(The largest building)가 단수이므로 단수 대명사 it이 올바르게 쓰였다.
④ '수사 + 하이픈 + 단위 표현'에서 단위 표현이 형용사로 사용되는 경우 단위 표현은 반드시 단수형이 되어야 하므로 five-star가 올바르게 쓰였다.

| 어휘 | • house 수용하다 • indoor 실내의
• amidst 한가운데에

07 ① important → importance

| 해석 | ① 비가 와서 매끈하고, 얼어붙고, 구부러진 도로를 운전할 때, 훌륭한 마찰력이 가장 중요하다. 그러므로 당신의 타이어가 최상의 상태에 있는지를 항상 확인하라.
② 폭설이 점점 더 심해지고 있고 그의 아내는 여전히 직장에서 돌아오지 않고 있기 때문에, Jeff는 점차 마음이 심란해졌다.
③ Teddy는 감기에 걸리는 것을 매우 싫어한다. 그가 있을 때 누군가 재채기나 기침을 할 때면, 그는 감기균을 쫓아 버리기 위해 창문을 열고 공중에 부채질을 한다.
④ 지난해 그 마을은 그곳의 몹시 추운 겨울과 정반대였던 매우 뜨거

운 여름을 겪었다.

| 해설 | ① 앞에 전치사 of가 있으므로 뒤에는 형용사가 아닌 명사형 importance가 되어야 한다.

| 오답 분석 |

② become은 불완전 자동사이므로 뒤에 형용사형인 distraught가 바르게 쓰였다.

③ 등위접속사 앞뒤는 병치되어야 한다. 두 동사 opens와 fans가 등위접속사 and로 연결되고 있고 주어가 3인칭이므로 동사형에 s가 붙어서 바르게 사용되었다.

④ 선행사가 a sizzling summer로 사물이고, 뒤에 동사가 따라오고 있으므로 주격 관계대명사 that이 바르게 사용되었다.

08 ①

| 해석 | ① 나는 오늘 아침 창문을 닫지 않은 채로 내 아파트를 나왔다.

② 그 소설은 그녀에게 생각할 많은 새로운 아이디어를 주었다.

③ 지구 열대 우림의 삼림 벌채가 걱정스러운 속도로 일어나고 있다.

④ 그는 자주 직장에 지각을 해서 관리자와 마찰을 빚고 있다.

| 해설 | ① 전치사(without)는 뒤에 목적어 역할을 할 수 있는 명사나 동명사가 와야 하는데 closing이 바르게 사용되었다.

| 오답 분석 |

② 동사 think는 전치사 없이 목적어를 취할 수 없는 자동사인데, to부정사가 되어 명사를 수식할 때도 전치사가 필요하다. 문맥상 수식 받는 명사 new ideas와 to부정사가 '새로운 아이디어에 대해 생각하다'라는 의미가 되어야 하므로 to think를 to think about으로 고쳐야 한다.

③ a worrying pace at은 명사구이므로 앞문장과는 직접적으로 연결될 수 없다. 명사구를 부사로 바꿀 때 필요한 것이 전치사이다. 그리고 속도를 나타내는 전치사는 at이므로 a worrying pace at을 at a worrying pace로 고쳐야 한다.

④ 전치사(for)는 명사 역할을 하는 것 앞에 와야 하므로 동사 be를 동명사 being으로 고쳐야 한다.

| 어휘 | • deforestation 삼림 벌채 • tropical rainforest 열대 우림
• occur 일어나다 • worrying 걱정스러운
• constantly 자주, 끊임없이

09 ④ across → across from

| 해석 | 루이 14세는 자신의 위대함에 걸맞는 궁전이 필요했고, 그래서 베르사유에 거대한 새 집을 짓기로 결정했는데, 그곳에는 아주 작은 사냥꾼 오두막 한 채가 있었다. 거의 50년에 걸친 공사 후에 이 작은 사냥꾼 오두막은 4분의 1 마일 길이의 웅장한 궁전으로 탈바꿈했다. 운하를 파서 강에서 물을 끌어오고 습지대를 배수했다. 베르사유는 공들여 장식한 방들로 가득했는데, 유명한 '거울의 방'이 그것이다. 그곳에는 17개의 거대한 거울이 17개의 커다란 창문 맞은편에 배열되어 있었다.

| 해설 | ④ across는 '~을 건너서'라는 표현이다. 문맥상 '~ 맞은편에'가 맞으므로 across from(= oppsite)이 되어야 한다.

| 오답 분석 |

① a palace 뒤에 (which is)가 생략된 구문이다. 그리고 be worthy of(~의 가치가 있는)가 맞으므로 전치사 of가 바르게 쓰였다.

② 장소를 나타내는 전치사로는 at과 in이 있는데, 건물이나 지점과 같이 비교적 좁은 장소를 나타낼 때 at을 사용한다. 궁전은 하나의 건물로 볼 수 있으므로 at이 바르게 사용되었다.

③ 변형을 나타내는 전치사는 into이다. transform A into B가 수동태로 전환된 것이므로 into가 바르게 쓰였다.

| 어휘 | • lodge 오두막 • transform 변형시키다
• canal 운하 • drain 배수하다, 배수 시설을 하다
• marshland 습지대 • elaborate 정성을 들인, 정교한
• solid 순~, 순수한 • throne 왕좌
• humble 변변찮은, 겸손한

10 ④ After → Since

| 해석 | 환경 문제를 처리할 수 있는 2가지 주요 기술은 바로 보존과 복구이다. 보존은 현존하는 자연 서식지를 보호하는 것을 수반한다. 복구는 훼손된 서식지를 청소하고 복구하는 것을 수반한다. 환경 문제를 다룰 가장 최상의 방법은 이들이 일어나는 것을 방지하는 것이다. 서식지 보존은 생태계 붕괴로부터 야기되는 환경 문제들을 예방한다. 예를 들어, 공원과 보호 구역은 많은 종들이 사는 넓은 지역을 보호한다. 복구는 생태계의 훼손을 뒤바꿔 놓는다. 보스턴 항구가 성공적인 복구 사례의 하나이다. 식민지 시대 이후로, 도시는 항구에 오물을 바로 버렸다. 쓰레기의 축적은 질병의 발생을 야기했다. 해변은 폐쇄되었다. 대부분의 해양 생물은 사라지게 됐고, 그 결과 갑각류 산업은 문을 닫았다. 이 문제를 해결하기 위해, 도시는 하수 처리 단지를 세웠다. 그 후, 항구의 물은 깨끗해지게 되었다. 식물과 어류들이 다시 돌아왔고 해변은 다시 문을 열었다.

| 해설 | ④ '~후에'와 '~이래로'는 우리말로 비슷해서 혼동하기 쉽다. 하지만 뒤에 주절의 동사로 현재완료가 사용되고 since 뒤에 과거 시점이 제시되면 '~이래로'라는 의미의 since를 사용해야 한다. 이때 since는 전치사가 될 수도 있고, 접속사가 될 수도 있다. 따라서 뒤에는 명사 구조가 올 수도 있고, 주어 + 동사의 문장이 올 수도 있다. 문장이 오는 경우 동사의 시제는 반드시 과거가 되어야 한다. 따라서 After를 Since로 고쳐야 한다.

| 오답 분석 |

① 등위접속사 앞과 뒤는 문법적으로 동일한 구조가 연결되는 병치가 이루어진다. 이 문장의 겨우 앞의 동사 involves는 동명사를 목적어로 취하는 동사이므로 cleaning up과 restoring이 병치되어 사용되고 있다.

② '전치사 + 관계대명사' 뒤에는 완전한 문장이 수반되는지를 확인해야 한다. 이 문장의 경우 live는 자동사이므로 완전한 구조가 맞다. 그리고 전치사 in은 앞의 선행사가 a large area이므로 넓은 장소를 나타낼 때 사용하는 전치사 in이 바르게 쓰였다.

③ dump A into B(A를 B에 버리다)에서 '~안으로'라는 의미로 전치사 into가 올바르게 쓰였다.

| 어휘 | • restoration 복구, 복원 • natural habitat 자연 서식지
• ecosystem 생태계 • disruption 붕괴, 분열
• sewage-treatment 하수 처리 • harbor 항구
• reserve 보호 구역 • reverse 뒤바꾸다
• colonial period 식민지 시대 • sewage 하수, 오물
• buildup 증가, 축적 • outbreak 발생, 발발
• shellfish industry 갑각류 산업

01 ④

해석 | Mary : 안녕하세요, James. 잘 지내셨어요?

James : 안녕하세요, Mary. 오늘은 무엇을 도와드릴까요?

Mary : 이 소포가 배달되게 하려면 어떻게 처리해야 하나요?

James : 고객 서비스부에 있는 Bob에게 말해 보는 게 어떠세요?

Mary : <u>그의 번호로 전화해 봤는데, 아무도 받지 않아서요.</u>

① 물론이죠. 당신을 위해 이 소포를 배달할게요.

② 좋아요. 제가 Bob의 고객들을 맡을 게요.

③ 세관에서 뵐게요.

④ 그의 번호로 전화해 봤는데, 아무도 받지 않아서요.

해설 | 빈칸 앞에서 James가 소포를 배달하는 것에 대해 Bob에게 말해 보는 게 어떤지 묻고 있으므로, 빈칸에는 '그의 번호로 전화해 봤는데, 아무도 받지 않아서요'라는 의미가 들어가야 자연스럽다. 따라서 ④ I tried calling his number, but no one is answering이 정답이다.

어휘 | • arrange (일을) 처리하다, 조처하다 • package 소포

• Customs office 세관

02 ②

해석 | A : 우와! 저 긴 줄을 봐. 내 생각에 틀림없이 우리는 최소한 30분은 기다려야 할 거야.

B : 네 말이 맞아. <u>다른 놀이기구를 찾아보자.</u>

A : 좋은 생각이야. 나는 롤러코스터를 타고 싶어.

B : 그건 내가 좋아하는 것이 아니야.

A : 그렇다면 플룸라이드는 어때? 그거 재미있고 줄도 그렇게 길지 않아.

B : 좋은 생각이야! 가자!

① 마술 쇼 자리를 찾아보자.

② 다른 놀이기구를 찾아보자.

③ 퍼레이드를 위한 의상을 사자.

④ 분실물 보관소에 가 보자.

해설 | 줄이 너무 길어서 최소한 30분은 기다려야 할 거라는 A의 말에 대해 B가 빈칸 앞에서 동의를 표현하고, 빈칸 뒤에서 A가 다시 That's a good idea. I want to ride the roller coaster(좋은 생각이야. 나는 롤러코스터를 타고 싶어)라고 말하고 있으므로, 빈칸에는 '다른 놀이기구를 찾아보자'라는 의미가 들어가야 자연스럽다. 따라서 ② Let's look for another ride가 정답이다.

어휘 | • one's cup of tea 좋아하는 것, 기호에 맞는 것, 취미

• ride 놀이기구

• costume 의상, 복장 • lost and found 분실물 보관소

03 ②

해석 | 음악을 듣는 것은 록스타가 되는 것과는 <u>전혀 다르다.</u> 누구나 음악을 들을 수는 있지만, 음악가가 되는 데는 재능이 필요하다.

① ~와 동등한

② ~와는 전혀 다른

③ ~여하에 달린

④ ~의 서막

해설 | 누구나 음악을 들을 수는 있지만 음악가가 되는 데는 재능이 필요하다고 했으므로, '음악을 듣는 것은 록스타가 되는 것 _____ 다'라는 문맥에서 Listening to music is ____ being a rock star의 빈칸에는 '~와는 전혀 다른'이라는 의미가 들어가야 자연스럽다. 따라서 ② a far cry from이 정답이다.

어휘 | • on a par with ~와 동등한 • a far cry from ~는 전혀 다른

• contingent upon ~여하에 달린 • a prelude to ~의 서막

04 ②

해석 | A : 너 운전하는 법 알아?

B : 당연하지. 난 훌륭한 운전자야.

A : 내게 운전하는 법을 가르쳐 줄 수 있어?

B : 너 임시 운전 면허증은 있어?

A : 응, 지난주에 막 땄어.

B : 운전해 본 적은 있고?

A : 아니, 하지만 <u>해</u> 보고 싶어서 못 견디겠어.

① 다음을 기약하다

② (처음) 해 보다

③ 엔진 오일을 교체하다

④ 펑크 난 타이어를 갈다

해설 | 지난주에 임시 운전 면허증을 땄다는 A에게 B가 운전해 본 적은 있는지 묻자, 빈칸 앞에서 A가 No, but I can't wait to(아니, 하지만 ~고 싶어서 못 견디겠어)라고 말하고 있으므로, 빈칸에는 '해 보다'라는 의미가 들어가야 자연스럽다. 따라서 ② get my feet wet이 정답이다.

어휘 | • learner's permit 임시 운전 면허증

• behind the steering wheel (자동차를) 운전하다, (배를) 조종하다

• take a rain check 다음을 기약하다

• get one's feet wet (처음) 해 보다, 시작하다

• flat tire 펑크 난 타이어

05 ①

해석 | 회의가 시작되기 전에 그 문제를 <u>해결할</u> 방법을 찾는 것이 중요하다.

① 해결하다

② 재개하다

③ 회수하다

④ 폐지하다

해설 | settle(해결하다)과 비슷한 의미를 가진 어휘를 묻고 있으므로, '해결하다'라는 의미의 ① resolve가 정답이다.

어휘 | • settle 해결하다, 합의를 보다 • resolve 해결하다

• resume 재개하다 • retrieve 회수하다

• revoke 폐지하다, 취소하다

06 ④

해석 | Robert는 <u>먹고 살 만큼 벌 수 없었기</u> 때문에 그의 부모님에게 그의 집세와 공과금을 내달라고 부탁해야 했다.

① 잠자리에 들다

② 게으름을 피우다

③ 용기를 잃지 않다

④ 먹고 살 만큼 벌다

| 해설 | Robert는 부모님에게 집세와 공과금을 내달라고 부탁해야 했다고 했으므로, 'Robert는 _____ 수 없었기 때문에'라는 문맥에서 Robert wasn't able to _____ 의 빈칸에는 '먹고 살 만큼 벌다'라는 의미가 들어가야 자연스럽다. 따라서 ④ make ends meet이 정답이다.

| 어휘 | • hit the sack 잠자리에 들다 • slack off 게으름을 피우다
• keep one*s chin up 용기를 잃지 않다
• make ends meet 먹고 살 만큼 벌다

07 ①

| 해석 | 리더십과 강인함은 밀접하게 관련되어 있다. 우리는 강인한 사람을 지도자로서 기대하는데, 왜냐하면 그들은 우리 집단을 향한 위협으로부터 우리를 보호할 수 있기 때문이다.
① 불가분하게   ② 활기가 없이
③ 헛되게   ④ 경솔하게

| 해설 | inextricably(밀접하게)와 비슷한 의미를 가진 어휘를 묻고 있으므로, '불가분하게'라는 의미의 ① inseparably가 정답이다.

| 어휘 | • inextricably 밀접하게, 불가분하게 • bind together 관련 짓다
• look to 기대하다 • inseparably 불가분하게, 밀접하게
• inanimately 활기가 없이 • ineffectively 헛되게, 무능하게
• inconsiderately 경솔하게

08 ②

| 해석 | 신중함은 오랫동안 확립된 정부가 사소하고 일시적인 대의명분을 위해 바뀌어서는 안 된다고 확실히 지시할 것이다.
① 투명한
② 일시적인
③ 기억에 남는
④ 중대한

| 해설 | transient(일시적인)와 비슷한 의미를 가진 어휘를 묻고 있으므로, '일시적인'이라는 의미의 ② momentary가 정답이다.

| 어휘 | • prudence 신중함 • indeed 확실히, 정말
• dictate 지시하다 • established 확립된
• transient 일시적인 • transparent 투명한
• momentary 일시적인 • significant 중대한

09 ③

| 해석 | A : 당신은 저희가 대출을 받을 수 있다고 생각하시나요?
B : 글쎄요, 그건 상황에 따라 다릅니다. 다른 부동산을 소유하고 계신가요? 주식이나 채권은요?
A : 아니요.
B : 그렇군요. 그렇다면 담보물이 아무것도 없으시네요. 아마도 당신을 위해 대출에 서명해 줄 보증인을 구하실 수는 있을 것 같은데요.
① 조사
② 동물
③ 담보물
④ 영감

| 해설 | 부동산, 주식, 또는 채권을 소유하고 있는지 묻는 B의 말에 대해 빈칸 앞에서 A가 No(아니요)라고 대답하고 있으므로, 빈칸에는

그렇다면 '담보물'이 아무것도 없으시네요라고 말하는 내용이 들어가야 자연스럽다. 따라서 ③ collateral이 정답이다.

| 어휘 | • loan 대출 • property 부동산
• stock 주식 • bond 채권
• guarantor 보증인 • investigation 조사
• collateral 담보물 • inspiration 영감

10 ②

| 해석 | 우리는 계속해서 한 때는 좋은 의미로 쓰였으나 현재는 부정적인 의미로 사용되는 단어들을 우연히 발견한다. 18세기 후반까지 이 단어는 '남을 돕기 좋아하는, 호의적인, 아주 공손한', 그리고 '친절한'을 의미하는 데 사용되었다. 그러나 오늘날 참견하기 좋아하는 사람은 자신의 것이 아닌 일에 참견 잘하는 주제 넘게 나서는 오지랖 넓은 사람을 의미한다.
① 굽실거리는
② 참견하기 좋아하는
③ 사교적인
④ 아부하는

| 해설 | 오늘날 이러한 사람은 자신의 것이 아닌 일에 참견 잘하는 주제 넘게 나서는 오지랖 넓은 사람을 의미한다고 했으므로 '사람'이라는 문맥에서 'a(n) _____ person'의 빈칸에는 '참견하기 좋아하는'이라는 의미가 들어가야 자연스럽다. 따라서 ② officious가 정답이다.

| 어휘 | • light on ~을 우연히 발견하다
• unfavorable 부정적인, 비판적인 • sense 의미, 뜻
• serviceable 남을 돕기 좋아하는, 쓸모 있는
• friendly 호의적인 • courteous 공손한, 정중한
• obliging 친절한, 도와주는 • uninvited 주제 넘게 나서는
• meddler 오지랖 넓은 사람 • servile 굽실거리는, 비굴한
• officious 참견하기 좋아하는
• gregarious 사교적인, 떼 지어 사는
• obsequious 아부하는, 아첨하는

11 ②

| 해석 | 암모니아 또는 식초의 희미한 냄새는 생후 일주일 된 아기들이 얼굴을 찡그리고 고개를 돌리게 만든다.
① 이용하다   ② 돌리다
③ 감싸다   ④ 일으키다

| 해설 | 암모니아 또는 식초의 희미한 냄새는 생후 일주일 된 아기들이 얼굴을 찡그리게 만든다고 했으므로, '생후 일주일 된 아기들이 얼굴을 찡그리고 고개를 _____ 만든다'라는 문맥에서 makes one-week-old infants grimace and _____ and their heads의 빈칸에는 '돌리다'라는 의미가 들어가야 자연스럽다. 따라서 ② avert가 정답이다.

| 어휘 | • faint 희미한 • odor 냄새
• vinegar 식초 • infant 아기, 유아
• grimace 얼굴을 찡그리다 • harness 이용하다
• avert (고개를) 돌리다, 피하다
• muffle 감싸다, 덮다, (소리를) 죽이다
• evoke 일으키다, 자아내다

12 ④

| 해석 | A : 오늘은 제가 당신에게 점심을 대접하게 해 주는 게 어때요, Mr. Kim?

B : 그럴 수 있으면 좋겠지만, 저는 오늘 다른 약속이 있어요.

① 아뇨, 전 아니에요. 그건 제게 좋은 시간이 될 거예요.

② 좋아요. 잊어버리지 않도록 제 달력에 표시해 놓을게요.

③ 네, 월요일에 당신과 의논할게요.

④ 그럴 수 있으면 좋겠지만, 저는 오늘 다른 약속이 있어요.

| 해설 | 빈칸 앞에서 A가 Why don't you let me treat you to lunch today, Mr. Kirn?(오늘은 제가 당신에게 점심을 대접하게 해 주는 게 어때요, Mr. Kim?)이라고 말하고 있으므로, 빈칸에는 '그럴 수 있으면 좋겠지만, 저는 오늘 다른 약속이 있어요'라는 의미가 들어가야 자연스럽다. 따라서 ④ Wish I could but I have another commitment today가 정답이다.

| 어휘 | • treat 대접하다, 한턱 내다 • check with ~와 의논하다
• commitment 약속

13 ②

| 해석 | 축구선수들은 일반적으로 팬을 멀리하지 않으려 해서 충성의 표시와 국기로 그들을 두르는 것은 부분적으로는 정체성의 표현으로 보일 수 있을 뿐만 아니라, 팬의 기대에 대한 현명한 응답이며 불충에 대한 비난을 피하기 위한 수단으로 보일 수 있다.

① 변경

② 충성

③ 완화

④ 두운

⑤ 탄약

| 해설 | 이것(국기로 그들을 두르는 것)은 또한 팬의 기대에 대한 현명한 응답이며 불충에 대한 비난을 피하기 위한 수단으로 보일 수 있다고 했으므로 '_____ 의 표시와 국기로 그들을 두르는 것은 부분적으로는 정체성의 표현으로 보일 수 있을 뿐만 아니라'라는 문맥에서 displays of _____ and wrapping themselves in the national flag might be seen partly as expressions of identity의 빈칸에는 '충성'이라는 의미가 들어가야 자연스럽다. 따라서 ② allegiance가 정답이다.

| 어휘 | • avoid ~하지 않으려 하다 • alienate ~을 멀리하다
• identity 정체성 • sensible 현명한
• accusation 비난 • disloyalty 불충, 불성실
• alteration 변경 • allegiance 충성
• alleviation 완화 • alliteration 두운
• ammunition 탄약

14 ④ dwelling → to dwell

| 해석 | 손실에 대한 두려움은 사람됨의 기본적인 부분이다. 뇌에게 있어서, 손실은 위협이고 우리는 당연하게 그것을 피할 방법을 찾는다. 하지만 우리는 그것을 영원히 피할 수 없다. 손실에 직면하는 하나의 방법은 주식 중개인의 관점을 가지는 것이다. 중개인들은 손실 가능성을 게임의 결과가 아닌 게임의 일부로 받아들인다. 이러한 사고를 이끄는 것은 포트폴리오 접근법이다. 이익과 손실은 모두 발생할 것이지만, 결과들의 전체적인 포트폴리오가 가장 중요하다는 것이다. 당신이 포트폴리오 접근법을 받아들일 때, 당신은 개인적인 손실을 깊이 생각하려는 경향이 적다. 왜냐하면, 그것들이 훨씬 더 큰 그림의 작은 일부에 지나지 않는다는 것을 알기 때문이다.

| 해설 | ④ be inclined to R은 '~하는 경향이 있다'라는 표현이다. 따라서 동명사를 to부정사로 고쳐야 한다. be + p.p의 수동태 뒤에는 동명사는 안 나온다고 보면 된다.

| 오답 분석 |

① avoid라는 타동사를 꾸미는 부사가 바르게 사용되었다. 부사가 타동사를 꾸밀 때에는 '타동사 + 목적어 + 부사'의 어순이 일반적인 부사의 위치이다.

② 주어 자리에 명사절 접속사가 사용되었다. 명사절 자체에서 주어 없이 바로 guides라는 동사가 제시되어 있으므로 불완전한 구조이다. 따라서 what이 올바르게 사용되었다.

③ 일반적으로 most는 최상급 표현으로 정관사나 소유격이 앞에 붙는다. 다만 최상급이라도 동사를 수식하는 경우에는 정관사 없이 사용된다. matters라는 동사를 꾸며 주고 있으므로 정관사 없이 most가 바르게 사용되었다.

| 어휘 | • fear 두려움 • naturally 자연스럽게
• measure 조치, 방법 • indefinitely 무기한으로
• face 직면하다 • perspective 관점
• stock trader 주식 중개인 • end 결과, 끝
• approach 접근법 • matter 중요하다, 문제되다
• embrace 껴안다, 수락하다
• dwell on ~을 깊이 생각하다, 심사숙고하다
• averse (to) ~을 싫어하는 • fluctuation 변화

기출 연습 p260

01 ②

| 해석 | ① 나의 다정한 딸이 갑자기 예측불허로 변했다.
② 그녀는 새로운 방법을 시도했고, 말할 것도 없이 다양한 결과가 나왔다.
③ 도착하자마자, 그는 새로운 환경을 충분히 활용했다.
④ 그는 자신이 하고 싶은 일에 대해 나에게 말할 수 있을 만큼 편안함을 느꼈다.

| 해설 | ② She attempted a new method라는 3형식 문장이 and를 통해 had different results라는 또 다른 3형식 문장으로 병렬되었다. needless to say는 '~는 말할 것도 없이'라는 부사로 없다고 보면 된다.

| 오답 분석 |

① become은 불완전 자동사이므로 뒤에는 형용사 보어가 와야 한다. 따라서 부사 unpredictably를 형용사 unpredictable로 고쳐야 한다.
③ upon은 전치사이므로 뒤에는 명사나 동명사가 목적어로 와야 한다. 따라서 arrived를 arriving이나 arrival로 고쳐야 한다.
④ enough가 부사로 사용되는 경우, 수식하는 형용사 혹은 부사를 뒤에서 수식한다. 따라서 enough comfortable을 comfortable enough로 고쳐야 한다.

| 어휘 | • sweet-natured 다정한, 상냥한
• take advantage of ~을 이용하다 • comfortable 편안한

02 ① different ② well ③ but

| 해석 | 차와 약은 전혀 다른데, 생과 사, 낮과 밤처럼 다르다. 약 사용의 폐해는 잘 알려져 있지만 사람들이 거의 알지 못하는 것은 차가 기운 나게 할 뿐만 아니라 치료도 한다는 것이다.

| 해설 | ① as와 as 사이에는 형용사나 부사의 원급을 사용하는데, 이 문장의 경우 life and death를 수식할 수 있는 형용사가 필요하다.
② 과거분사는 동사에 형용사 성격을 부여한 것이다. 따라서 과거분사를 수식하는 것은 형용사가 아닌 부사이다. known을 수식하고 있으므로 부사인 well이 와야 한다.
③ '기운을 차리게 할 뿐만 아니라 치료까지 한다'의 의미이므로 not only A but (also) B의 구조가 와야 한다.

| 어휘 | • poles apart 전혀 다른, 정반대인 • evil 사악한
• seldom 좀처럼 ~않는 • appreciate 높이 평가하다
• not only A but also B A뿐만 아니라
• A as well as B B뿐만 아니라 A도

03 ⓛ affect → affects

| 해석 | 각각의 색은 그것과 관련된 다양한 특성이 있다. 그리고 우리의 감정과 느낌에 영향을 미친다. 색들의 어떤 조합은 서로 잘 어울리는 반면에, 다른 것들은 조화되지 않는 느낌을 줄 수 있다. 방 안에 너무 많은 색을 가져오지 않도록 주의해라. 왜냐하면 이것이 에너지를 혼란시키고 결국에 지나친 자극으로 끝날 수 있기 때문이다.

| 해설 | ⓒ 등위접속사 and 뒤에 나오는 동사 affect의 주어는 each color로 단수명사이다. 따라서 동사의 수 역시 단수로 일치시켜야 한다.

| 오답 분석 |

㉠ 명사 뒤의 분사는 분사 자체의 목적어 유무로 현재분사와 과거분사를 판단할 수 있는데, 뒤에 전치사 with가 수반되고 있으므로 과거분사가 제대로 표현되었다. 의미 역시 '관련된'이라는 수동 의미이다.
ⓒ 앞에 몇 개를 언급하고, '다른 일부'는 others로 표현할 수 있다.
ⓔ to부정사를 부정할 때 부정어 not이나 never는 to 앞에 위치하므로 바르게 쓰였다.

04 ③ courageously → courageous

| 해석 | 감탄하는 비평가들이 그를 때때로 남자답거나 용감하다고 말하지만, 그는 거의 희극적일 정도로 소심하다. 즉, 무모한 자의 반대 유형이다.

| 해설 | ③ speak of A as B(A를 B라고 말하다)에서 as 이하에는 명사나 형용사가 올 수 있다. 이 문장에서는 him을 설명해 주는 형용사가 와야 하는데, manly는 '명사 + ly'의 구조로 부사 모양이지만 형용사이다. 반면 courageously는 '형용사 + 부사'의 구조로 부사이므로 형용사형인 courageous로 교체해야 한다.

| 오답 분석 |

① 비평가들이 '감탄하는'이라는 의미이므로 능동 관계가 성립한다. 따라서 현재분사가 바르게 쓰였다.
② manly는 부사 모양이지만 명사에 ly가 붙은 것으로 형용사이다.
④ Tom은 수식하는 형용사가 바르게 사용되었다.

| 어휘 | • critic 비평가 • speak of A as B A를 B라고 말하다
• manly 남자다운, 남성적인 • courageously 용감하게
• timid 겁 많은, 소심한 • burlesque 풍자적 희극
• foolhardy 무모한

05 ③ as well → as well as

| 해석 | 다른 사람의 생각을 듣는 것은 당신 자신과 그 안에 있는 당신의 위치에 대해서뿐만 아니라 당신이 세상에 대해 믿는 이야기가 온전하게 남아 있는지 아는 1가지 방법이다.

| 해설 | ③ as well은 부사로 문장 마지막에 사용되어서 '~역시'라는 의미를 가진다. too와 같은 의미이다. 문장 중간에 사용이 되어서 '~일 뿐만 아니라 ~역시'라는 의미로 사용되기 위해서는 as well as의 구조가 되어야 한다.

| 오답 분석 |

① 동명사는 문장의 주어 자리에 사용될 수 있다. '~하는 것'으로 해석하면 된다.
② 타동사 know의 목적어 자리에 명사절 접속사 whether가 바르게 사용되었다. '~인지, 아닌지'라고 해석이 된다.
④ 문장의 주어가 the world이므로 동사는 단수가 맞고, remain은 불완전 자동사이므로 뒤에 형용사 보어가 와서 제대로 쓰였다.

어휘 | • intact 손상되지 않은, 온전한

06 ④

해설 | ④ not A nor B but C(A도 아니고, B도 아니고, C이다) 구문이다. 기본적으로 not A but C에서 중간에 'B도 역시 아니라'로 nor B가 들어간 것으로 보면 된다. 따라서 or를 but으로 고쳐야 한다.

오답 분석 |

① 동사 remember는 동명사와 to부정사 모두 목적어로 취할 수 있는 동사인데 '~한 것을 기억하다'라는 과거의 의미를 나타낼 때는 동명사를 목적어로 취한다. 따라서 동사 remember의 목적어 자리에 동명사 meeting이 올바르게 쓰였다.

② '(~만큼의 시간/노력 등이) 걸리다'라는 의미로 쓰일 때, take(took) + 사람(me) + 시간(40 years)'의 형태로 쓰이므로 took me 40 years가 올바르게 쓰였다.

③ '걸어오고 있을 때'는 시간을 나타내는 부사절 접속사 as를 사용하여 나타낼 수 있으므로 as가 올바르게 쓰였고, '학교에서 집으로 걸어오고 있었다'라는 특정 과거 시점에서 진행되고 있었던 일을 표현하기 위해 과거진행시제 was walking이 올바르게 쓰였다.

어휘 | • species 종 • responsive to ~에 반응하는
• survive 생존하다

07 ③ and → but

해석 | 비범한 창의적 활동은 확립된 것에 정면으로 도전하며 용인되는 것이 아니라 용인될 것을 창조해 내며, 획기적이라고 특징지어져 왔다. 이러한 정리에 따르면, 고도의 창의적 활동은 기존 형식의 한계를 초월하고 새로운 구성 원리를 확립한다. 그러나, 비범한 창의력이 확립된 한계를 초월한다는 생각이 과학에서는 유효할 수 있을지라도 예술에 적용되면 오해의 소지가 있다. 고도의 창의적 예술과 고도의 창의적 과학의 차이는 부분적으로 그것들의 목적의 차이에서 기인한다.

해설 | ③ 문맥상 '용인되는 것이 아니라 용인될 것을 창조해 낸다'라는 의미가 되어야 하므로, 상관접속사 not A but B를 이용해서 표현할 수 있다. 즉, 'not A(what is acceptable) but B(what will become accepted)'를 사용하여 나타낼 수 있으므로, 접속사 and를 but으로 고쳐야 한다.

오답 분석 |

① '~로 특징짓다'라는 의미는 'characterize as'를 사용하여 나타낼 수 있는데, 주어 Extraordinary creative activity와 동사가 '비범한 창의적 활동은 특징지어져 왔다'라는 의미의 수동 관계이므로 has와 함께 현재완료 수동태를 완성하는 been characterized as revolutionary가 올바르게 쓰였다.

② 전치사 of 뒤에는 목적어 자리에 사용될 수 있는 명사절(what is established)이 올바르게 쓰였다.

④ 접속사(and)로 연결된 병치 구문에서는 같은 구조끼리 연결되어야 하는데, and 앞에 단수동사 transcends가 왔으므로 and 뒤에도 단수동사가 와야 한다.

⑤ '~에서 기인하다'는 arise from(~에 기인하다)으로 나타낼 수 있는데, 주어 자리에 복수명사 Differences가 왔으므로 복수동사를 사용하여 arise in part from이 올바르게 쓰였다.

어휘 | • extraordinary 비범한, 훌륭한

• fly in the face of 정면으로 도전하다 • establish 확립하다
• formulation 정리, 공식 • transcend 초월하다, 능가하다
• misleading 오해의 소지가 있는 • valid 유효한
• arise 기인하다

08 ③ so → or

해석 | 우리 모두는 무언가를 물려받는다. 어떤 경우에는 그것은 돈이나 재산이 될 수도 있고, 또는 할머니의 웨딩드레스나 아버지의 공구 세트와 같은 집안의 가보가 될 만한 물건일 수도 있다. 하지만 그 외에도 우리 모두는 다른 것, 훨씬 덜 구체적이고 유형적이지 못한 것, 심지어 우리가 완전히 인식할 수도 없는 것도 물려받는다. 그것은 일상적인 일을 하는 방식일 수도 있고, 특정한 문제를 해결하거나 스스로 도덕적 문제에 대해 결심을 내리는 방식일 수도 있다. 그것은 휴일을 지키거나 특정한 날에 소풍을 가는 전통을 지키는 특별한 방식일 수도 있다. 그것은 우리 사고에 중요하거나 중심이 되는 것이거나, 혹은 우리가 아주 오랫동안 무심코 받아들인 사소한 것일 수도 있다.

해설 | ③ so는 등위접속사로 사용되는 경우 뒤에 '주어 + 동사'의 완전한 문장이 수반되어야 하고, 생략도 될 수 없다. 따라서 뒤에 주어가 생략이 되고 동사만 나올 수 있는 and, but, or 중에 하나로 바꾸어야 한다. 문맥상 '또는'이 적절하므로 or로 바꾸어야 한다.

오답 분석 |

① 등위접속사 or 앞과 뒤로 명사구가 병치되고 있고, 의미 역시 맞으므로 바르게 쓰였다.

② 이 문장에서 But은 앞과 뒤를 대등하게 연결시켜 주는 등위접속사라기 보다는 앞문장의 내용에 대한 반전이나 역접의 의미를 가지는 접속부사이다.

④ –thing, –one, –body 등의 명사는 형용사가 뒤에서 후치 수식하므로 바르게 사용되었다.

어휘 | • inherit 상속받다, 물려받다 • property 재산, 소유물, 부동산
• heirloom 가보 • casually 무심코, 문득, 우연히, 아무 생각 없이
• unrelated 관계없는 • of value 가치 있는 • monetary 금전상의

09 ④ style → stylish

해석 | 다수의 영국 사람들은 유행에 따르기보다는 보수적으로 옷을 입는다. 예를 들어, 법정 변호사, 외교관, 육군 장교, 그리고 보수 하원의원과 같은 소수의 상위 중산층과 전문직종의 상위 중산층들은 지난 50년에 걸쳐 잘 다듬어진 스타일의 옷을 입고 다닌다. 많은 사람들이 아직도 특별히 맞춰진 정장을 입고 다니고, 따라서 사회의 상위 계층에 소속돼 있다는 것을 즉각적으로 알아차릴 수 있다. 그러나 그들이 옷을 입는 방식은 아직 일반적으로 사회의 전체적인 대변이 되지 못한다. 대다수의 사람들은 시내 중심가의 상점, 가장 유명한 것이 분명한 영국의 주요 다국적 소매상인 막스 앤 스펜서에서 옷을 구매한다. 그들은 그럭저럭 괜찮은, 하지만 대부분의 유럽에서의 옷차림만큼 세련되지 못한, 영국 중산층의 옷들을 입는다. 확실히, 영국인들은 아직도 유럽에서 가장 옷을 못 입는 사람들이라는 평판을 갖고 있으며, 그들은 전혀 신경 쓰지 않는다.

해설 | ④ 등위접속사 but의 앞과 뒤는 문법적으로 동일한 구조가 병치를 이루어야 한다. 이 문장은 콤마(,) 뒤에 (which are)라는 '주격 관계대명사 + be동사'가 생략된 구문이다. 따라서 생략된 be동사의 주격

보어로 형용사가 병치되어야 한다. style을 형용사형인 stylish로 고쳐야 한다.

| 오답 분석 |

① the majority of는 부분 명사이므로 뒤에 이어지는 명사에 따라서 동사의 수가 결정된다. 뒤에 British people이라는 복수명사가 이어지고 있으므로 동사의 수 역시 복수인 dress가 바르게 쓰였다.

② rather than도 등위접속사와 같은 성격이 있어서 앞과 뒤가 같은 구조가 제시되어야 한다. dress라는 동사를 수식하는 부사 conservatively와 fashionably가 바르게 사용되었다.

③ 앞에 have라는 사역동사가 제시되어 있고, 양복이 특별하게 재단되는 것이므로 수동 관계가 성립한다. 따라서 목적격 보어 자리에 과거분사 tailored가 바르게 쓰였다.

| 어휘 | • conservatively 보수적으로
• upper middle class 상위 중산 계층 • barrister 법정 변호사
• diplomat 외교관 • MP(member of parliament) 하원 의원
• tailored 잘(딱) 맞도록 만든 • echelon 계층, 계급, 지위
• unrepresentative 대표(전형)적인 것이 못 되는
• high-street 시내 중심가
• multinational 다국적 • passable 그런대로 괜찮은
• dress standard 옷차림, 옷 입는 기준
• worst dressed 가장 옷을 못 입는

10 ② to provide → providing

| 해석 | 가르치는 것에서 오는 보상은 정말 많다. 그중 하나는 당신이 학생들과 맺는 정서적 연결이다. 당신은 그들이 최선을 다해 고군분투하도록 영감을 주고, 문제를 맞닥뜨렸을 때 지지를 해 주면서 개인적으로 그들과 끊임없이 관계를 맺는다. 경험으로부터 그들이 성장하는 것을 지켜보고 궁극적으로 그들이 당신의 교습과 지도를 통해 성공하는 모습을 보는 것은 그 무엇과도 비교할 수 없는 느낌이다. 가르치는 것은 또한 당신을 둘러싸고 있는 세상에 중요하고도 긍정적인 강력한 영향을 준다고 말할 수 있는 몇 안 되는 직업 중 하나이다. 다른 직업들이 좀 더 선명한 흔적을 남길지는 모르지만, 자신들의 경력에 걸쳐 셀 수 없이 많은 어린 사람들이 그들의 가능성을 실현하고 오늘날의 성인이 되도록 도왔다고 말할 수 있는 사람은 거의 없을 것이다.

| 해설 | ② 등위접속사 뒤에 줄이 있으면 항상 앞에 있는 어떤 부분과 병치되는가를 살펴야 한다. 이 문장의 경우 앞에 inspiring이라는 분사구문이 사용되고 있으므로 and 뒤에도 병치가 이루어져 providing이 와야 한다.

| 오답 분석 |

① 문장의 주어가 the rewards라는 복수명사이므로 동사 역시 복수인 are가 바르게 쓰였다. 주어와 동사 사이의 관계절은 괄호로 묶어서 없다고 봐야 한다.

③ see가 지각 동사이므로 목적어 뒤에 나오는 목적격 보어 자리에 동사원형이나 현재분사가 사용될 수 있으므로 succeed가 바르게 쓰였다.

④ 앞에 나온 동사 help는 준사역동사이다. 목적격 보어 자리에 동사원형이나 to부정사를 사용할 수 있으므로 fulfill이 바르게 쓰였다.

| 어휘 | • emotional connection 정서적 연결
• engage with ~와 관계를 맺다 • on a personal level 개인적으로

• strive to 분투하다 • run into ~을 맞닥뜨리다
• tuition 수업, 교습 • without comparison 비교가 안 될 만큼
• over the course of ~동안 • fulfill 이행하다, 준수하다
• potential 가능성

 **기출 종합**

p264

01 ②

| 해석 | 나는 밤 늦게까지 깨어 있는다는 생각을 극도로 몹시 싫어했다.
① 방어했다
② 몹시 싫어했다
③ 확인했다
④ 버렸다

| 해설 | detest(몹시 싫어하다)의 과거형인 detested와 비슷한 의미를 가진 어휘를 묻고 있으므로, '몹시 싫어하다'라는 의미의 abhor의 과거형인 ② abhorred가 정답이다.

| 어휘 | • detest 몹시 싫어하다 • stay up 깨어 있다
• defend 방어하다 • abhor 몹시 싫어하다, 혐오하다
• confirm 확인하다, 승인하다 • abandon 버리다, 포기하다

02 ①

| 해석 | 나는 이 장면을 이전에 어디선가 본 적이 있는 것 같은 이상한 기분이 들었다.
① 이상한　　　　② 계속 진행 중인
③ 명백한　　　　④ 불쾌한

| 해설 | uncanny(이상한)와 비슷한 의미를 가진 어휘를 묻고 있으므로, '이상한'이라는 의미의 ① odd가 정답이다.

| 어휘 | • uncanny 이상한 • odd 이상한, 기묘한
• ongoing 계속 진행 중인 • obvious 명백한
• offensive 불쾌한, 모욕적인

03 ①

| 해석 | A : 어제 여기서 샀던 이 식탁보를 환불하고 싶어요.
B : 식탁보에 무슨 문제가 있나요?
A : 저희 식탁에 어울리지 않아서 환불하고 싶어요. 여기 제 영수증이 있어요.
B : 죄송하지만, 이 식탁보는 최종 세일 품목이어서 환불이 되지 않습니다.
A : 아무도 저에게 그것을 말해 주지 않았어요.
B : 영수증 아래에 써 있습니다.
① 아무도 저에게 그것을 말해 주지 않았어요.
② 가격표가 어디에 있나요?
③ 그것에 무슨 문제가 있나요?
④ 저는 그것을 좋은 조건으로 샀어요.

| 해설 | 식탁보가 최종 세일 품목이어서 환불이 안 된다는 B의 말에 대한 A의 대답 후, 빈칸 뒤에서 다시 B가 It's written at the bottom of the receipt(영수증 아래에 써 있습니다)라고 말하고 있으므로, 빈칸에는 '아무도 저에게 그것을 말해 주지 않았어요'라는 의미가 들

어가야 자연스럽다. 따라서 ① Nobody mentioned that to me가 정답이다.

04 ①

| 해석 | A : 여보세요? 안녕, Stephanie. 저는 사무실로 가는 중이에요. 필요한 것이 있나요?

B : 안녕, Luke. 프린터에 쓸 종이를 추가로 가져다줄 수 있어요?

A : 뭐라고 했어요? 프린터용 잉크를 가져다 달라고 했나요? 미안해요, 여기서 제 전화의 수신 상태가 정말 좋지 않네요.

B : 이제 제 말이 들리나요? 프린터기에 쓸 종이가 더 필요하다고 했어요.

A : 다시 말해 줄 수 있어요?

B : 됐어요. 제가 문자를 보낼게요.

A : 네, 고마워요, Stephanie. 이따 봐요.

① 여기서 제 전화의 수신 상태가 정말 좋지 않네요.

② 더 많은 종이를 가져올 수 없었어요.

③ 전화를 잘못 건 것 같아요.

④ 이번에는 각각의 품목을 따로따로 살게요.

| 해설 | 프린터기에 쓸 종이를 가져다 달라고 요청하는 B의 말에 대해 빈칸 앞에서 A가 반문하며 사과를 하고, 빈칸 뒤에 B가 다시 Can you hear me now?(이제 제 말이 들리나요?)라고 말하고 있으므로, 빈칸에는 '여기서 제 전화의 수신 상태가 정말 좋지 않네요'라는 의미가 들어가야 자연스럽다. 따라서 ① My phone has really bad reception here가 정답이다.

| 어휘 | • text 문자를 보내다 • reception (전화 등의) 수신 상태

• separately 따로따로, 별도로

05 ①

| 해석 | 아이들을 위한 선물을 가져오는 것은 그들과 충분한 시간을 보내지 못한 것에 대해 그가 느낀 죄책감의 일부를 완화시켰다.

① 덜어 주었다   ② 축적했다

③ 유발했다   ④ 가속화했다

| 해설 | alleviate(완화시키다)의 과거형인 alleviated와 비슷한 의미를 가진 어휘를 묻고 있으므로, '덜어 주다'라는 의미의 relieve의 과거형인 ① relieved가 정답이다.

| 어휘 | • alleviate 완화시키다, 덜다 • guilt 죄책감

• relieve 덜어 주다, 완화하다 • accumulate 축적하다, 모으다

• provoke 유발하다 • accelerate 가속화하다

06 ③

| 해석 | 알잖아, 나는 돈이 엄청나게 많지 않아!

① 궁핍한   ② 절약하는

③ 부유한   ④ 인색한

| 해설 | made of money(돈이 엄청나게 많은)와 비슷한 의미를 가진 어휘를 묻고 있으므로, '부유한'이라는 의미의 ③ wealthy가 정답이다.

| 어휘 | • made of money 돈이 엄청나게 많은

• needy 궁핍한, 어려운 • thrifty 절약하는, 검소한

• stingy 인색한, 너무 아끼는

07 ③

| 해석 | 부모들은 반항적으로 행동하거나 사회적으로 서툴러 보이는 아이들을 포기해서는 안 된다. 이것은 대부분의 청소년들이 겪으면서 결국에는 성장하여 벗어나는 정상적인 단계이다.

① 수동적인   ② 정신 착란의

③ 반항하는   ④ 산발적인

| 해설 | rebellious(반항적인)와 비슷한 의미를 가진 어휘를 묻고 있으므로, '반항하는'이라는 의미의 ③ disobedient가 정답이다.

| 어휘 | • give up on ~을 포기하다, 단념하다

• rebellious 반항적인, 고집이 센 • awkward 서툰, 어색한

• youngster 청소년, 아이 • go through 겪다, 경험하다

• outgrow 성장하여 (습관 등을) 벗어나다

• passive 수동적인, 순종적인 • delirious 정신 착란의, 기뻐 날뛰는

• disobedient 반항하는, 거역하는 • sporadic 산발적인

08 ④

| 해석 | 그는 1800년대에 뉴욕의 한 부유한 가정에서 태어났다. 이러한 환경은 그가 삶의 대부분을 사치스러운 생활을 하도록 만들었다.

① 위증죄   ② 불안정한

③ 유해한   ④ 사치스러운

| 해설 | prodigal(사치스러운)과 비슷한 의미를 가진 어휘를 묻고 있으므로, '사치스러운'이라는 의미의 ④ lavish가 정답이다.

| 어휘 | • prodigal 사치스러운, 낭비하는 • existence 생활, 존재

• perjury 위증죄 • unstable 불안정한

• pernicious 유해한, 치명적인 • lavish 사치스러운, 풍부한

09 ①

| 해석 | 아마도 미국 고등 교육의 현대 전망에서 가장 긍정적인 부분은 학생들을 캠퍼스를 넘어선 시민 생활에 끌어들이는 것에 대한 관심의 부활이다.

① 복귀   ② 소멸

③ 동기   ④ 결핍

| 해설 | resurgence(부활)와 비슷한 의미를 가진 어휘를 묻고 있으므로, '복귀'라는 의미의 ① comeback이 정답이다.

| 어휘 | • bright 긍정적인, 희망적인 • contemporary 현대의, 동시대의

• landscape 전망, 풍경 • resurgence 부활, 재기

• engage 끌어들이다 • civic 시민의, 도시의

• paucity 결핍, 소량, 부족

10 ③

| 해석 | Ann : 네 머리 멋져 보이네.

Tori : 구내 식당 옆에 있는 새로운 미용실의 키가 큰 미용사에게 머리를 잘랐어.

Ann : 드라이기에 내 머리가 달라붙었던 그 곳은 아니겠지?

Tori : 틀림없이 거기일 거야. 그래, 그곳이야.

Ann : 흠, 아직도 그들이 영업하게 됐구나.

| 해설 | ③ get(got)은 to부정사를 목적격 보어로 취하지만, 목적어와 목적격 보어가 수동 관계일 때에는 목적격 보어로 과거분사를 취한다. 목적어 my head와 목적격 보어가 '내 머리가 달라붙어지다'라는 의미의 수동 관계이므로 to부정사 to stick을 과거분사 stuck으로 고쳐야 한다.

| 오답 분석 |

① 주격 보어를 취하는 동사 look의 보어 자리에는 명사나 형용사 역할을 하는 것이 와야 하므로 형용사 nice가 올바르게 쓰였다.

② 사역동사 have(had)는 목적격 보어로 동사원형이나 과거분사를 취하는데, 목적어와 목적격 보어가 능동 관계일 때 동사원형이, 수동 관계일 때 과거분사가 와야 한다. 목적어 it(my hair)과 목적격 보어가 '내 머리가 잘라지다'라는 의미의 수동 관계이므로 have의 목적격 보어 자리에 과거분사 cut이 올바르게 쓰였다.

④ 문맥상 '틀림없이 거기일 거야'라는 의미이므로 강한 확신을 나타내는 조동사 must가 올바르게 쓰였다.

| 어휘 | • stick 달라붙다

11 ①

| 해석 | 창의력은 문제에 대해 독창적이고 실용적이며 의미가 있는 해결책을 이끌어 내거나 예술적 표현에 대한 새로운 생각이나 형태를 만들어 내는 방식으로 생각하는 것이다.

| 해설 | ① 접속사(or)로 연결된 병치 구문에서는 같은 구조끼리 연결되어야 하는데, or 앞에 관계절(that lead~to problems)이 왔으므로, or 뒤에도 관계절이 와야 한다. 따라서 ① that generate가 정답이다.

| 어휘 | • creativity 창의력 • original 독창적인, 최초의

12 ②

| 해석 | 보통 몇몇 스컹크들은 함께 산다. 그러나, 다 자란 줄무늬 수컷 스컹크들은 여름 동안에 혼자 생활한다.

① 밤의   ② 혼자 생활하는   ③ 포식성의   ④ 잠자는

| 해설 | 보통 스컹크들은 함께 산다고 했으므로 '그러나, 다 자란 줄무늬 수컷 스컹크들은 여름 동안에 _____'라는 문맥에서 adult male striped skunks are _____의 빈칸에는 '혼자 생활하는'이라는 의미가 들어가야 자연스럽다. 따라서 ② solitary가 정답이다.

| 어휘 | • nocturnal 밤의, 야행성의 • solitary 혼자 생활하는, 고독한
• predatory 포식성의, 약탈하는 • dormant 잠자는, 휴식 상태에 있는

13 ①

| 해석 | 언어와 철자는 변한다. 영어에 대해 가장 다작한 작가 중 한 명인 Crystal은 그 사실을 대중화하는 데 도움이 되었다. 인터넷 이용이 시사하듯이, 만약 사람들이 현재 'rhubarb'를 'rubarb'로 쓰기 시작하고 있다면, 그것은 언젠가 허용되는 대안이 될지도 모른다고 그는 말한다.

① 대안   ② 의무
③ 위험   ④ 순서

| 해설 | 빈칸이 있는 문장을 통해 빈칸에 사람들이 'rhubarb'를 'rubarb'로 쓰기 시작하고 있다면, 그것이 언젠가 허용되는 무엇이 될지도 모르는지에 대한 내용이 나와야 적절하다는 것을 알 수 있다. 빈칸 앞 문장에서 Crystal이라는 작가가 언어와 철자가 변한다는 사실을 대중화하는 데 도움이 되었다고 했으므로, 만약 사람들이 현재 'rhubarb'를 'rubarb'로 쓰기 시작하고 있다면, 그것은 언젠가 허용되는 '대안'이 될지도 모른다고 한 ①번이 정답이다.

| 어휘 | • prolific 다작의, 풍부한
• popularize 대중화하다, 많은 사람들에게 알리다
• alternative 대안 • obligation 의무

14 ③

| 해석 | 1930년에, 영국의 경제학자 존 메이너드 케인즈는 제1・2차 세계대전 사이의 경제 문제에 대해 글을 쓰는 것을 잠시 쉬고, ① 미래학에 약간 빠져들었다. 그는 '후손들의 경제적 가능성'이라는 제목의 에세이에서, 2030년까지 자본 투자와 기술의 진보는 생활 수준을 8배까지 끌어올려서, 그 결과 매우 풍요로워서 사람들이 일주일에 15시간 정도만 일하는 사회를 만들며, 그들은 나머지 시간을 여가와 다른 '비경제적 용도'에 전념할 것이라고 ② 추측했다. 더 큰 부를 얻기 위해 노력하는 것이 ③ 매우 중대하게 생각됨에 따라, 그는 "소유물로서의 돈에 대한 사랑은… 약간은 역겨운 ④ 병적인 상태, 바로 그렇게 인식될 것이다"라고 예측했다. 이러한 변화는 아직 일어나지 않았고, 대부분의 경제 정책 입안 담당자들은 여전히 경제 성장률을 ⑤ 극대화하는 데 전념하고 있다.

| 해설 | 지문 중간에서 케인즈는 그의 에세이에서 미래에 사회가 매우 풍요로워져서 사람들은 일주일에 15시간 정도만 일하고, 나머지 시간은 여가와 다른 '비경제적 용도'에 전념하게 될 것이고, 소유물로서의 돈에 대한 사랑은 약간은 역겨운 병적인 상태로 인식될 것이라고 예측했다고 했다. 그러므로 더 큰 부를 얻기 위한 노력이 매우 중대하게 생각되었다(loomed)는 것은 문맥상 적절하지 않다. 따라서 ③ loomed가 정답이다. loomed을 대신할 수 있는 어휘로는 '서서히 사라졌다'라는 의미의 faded가 있다.

| 어휘 | • interwar 세계 1・2차 대전 사이의 • indulge ~에 빠져들다
• futurology 미래학 • speculate 추측하다
• strive for ~을 얻기 위해 노력하다 • affluence 부, 풍요
• loom 매우 중대하게 생각되다, 불안하게 다가오다
• morbidity 병적인 상태

15 ① acutely → acute

| 해석 | 불면증은 일시적 급성, 혹은 만성적인 것으로 분류될 수 있다. 일시적인 불면증은 일주일 이내로 지속된다. 그것은 다른 질병, 수면 환경의 변화, 취침 시간, 심각한 우울증, 혹은 스트레스에 의해서 야기될 수 있다. 예를 들어 졸음, 정신 운동 기능의 손상과 같은 결과들은 수면 결핍의 결과와 비슷하다. 급성 불면증은 한 달 이내의 기간 동안 계속해서 수면을 잘 취할 수 없다. 급성 불면증은 수면을 시작하거나 지속하는 것에 문제가 있을 때, 혹은 잠을 자더라도 상쾌하지 않을 때 발생한다. 이러한 문제들은 적절한 수면 기회나 환경에도 불구하고 발생하며 주간 활동에 손상을 줄 수도 있다.

| 해설 | ① classify A as B에서 목적어에 해당하는 A가 주어 자리로 가서 수동태로 전환된 문장이다. 이때 as 뒤에 나오는 B 자리에는 명사나 형용사가 나올 수 있다. 이 문장의 경우 transient, acute or chronic이 형용사로 병치되고 있는 것이므로 부사형인 acutely를 형용사형인 acute로 고쳐야 한다.

| 오답 분석 |

② less than은 부사로 숫자 앞에 나와서 '이하'라는 의미로 제대로 쓰였다.

③ such as는 '~와 같은'이라는 의미를 가지는 전치사로 뒤에 명사가 열거된다.

④ 어려움이라는 명사인 difficulty 다음에는 전치사 (in)이 생략되고 동명사가 수반된다. 따라서 initiating이 바르게 쓰였다.

| 어휘 | • insomnia 불면증 • classify 분류하다 • transient 일시적인
• acute 급성의 • chronic 만성의 • disorder 장애, 무질서
• depression 불경기

69

01 ①

| 해설 | ① 접속사 as로 양보를 표시하는 경우 도치가 발생해서 '형용사/부사 + as + 주어 + 동사'의 어순이 된다. Hot as the night was가 바르게 표시되었다. 또한 was가 불완전 자동사이므로 형용사가 정확하게 사용되었다.

| 오답 분석 |
② 명백한 과거를 나타내는 시간부사구와 완료시제는 함께 사용될 수 없다. last night가 명백한 과거를 나타내므로 have said를 said로 고쳐야 한다.

③ turn은 불완전 자동사이므로 뒤에 형용사가 수반된다. 이때 주의해야 할 점은 turn은 자동사이므로 수동태로 사용될 수 없다는 것이다. 따라서 were turned green은 turned green으로 고쳐야 한다.

④ 이 문장을 원래대로 고치면, Because there is no evidence against him, he was released이다. 분사구문을 만들 때 주절의 주어와 분사구문의 주어가 다를 경우에는 반드시 분사구문의 주어를 그대로 남겨 두어야 한다. 따라서 There being no evidence against him이 되어야 한다.

02 whereas is → whereas it is

| 해석 | 소음에 대해 누적되는 노출을 감독하기란 극도로 어려운 반면 우리는 대기로 유입되는 화학물질의 양을 측정할 수 있다.

| 해설 | whereas는 '반면'이라는 의미를 가지는 양보의 부사절 접속사이다. 따라서 뒤에는 '주어 + 동사' 형태의 완전한 문장이 수반되어야 한다. 부사절 뒤에 to monitor라는 진주어가 있으므로 주어 자리에 가주어인 it을 넣어야 한다.

03 ② combining → combined

| 해석 | 단일 소음은 그저 가끔씩 의미가 있다: 대부분 다양한 말소리는 다른 색의 아이스크림이 녹아서 서로 섞이는 것처럼, 혼합되어 겹치는 사슬이 될 때에만 논리적인 메시지를 전달한다.

| 해설 | ② 접속사 뒤에 주어와 동사가 생략되는 경우, 분사가 나와서 분사구문을 만들 수 있다. 이때 주어와 관계를 따져서 능동이면 현재분사를, 수동이면 과거분사를 사용한다. 또한 분사는 동사의 성격이 있으므로 분사 자체가 목적어를 수반하면 현재분사를, 목적어가 없이 나오면 과거분사를 사용한다. 소리가 결합되는 것이므로 과거분사가 사용되어야 한다. 따라서 combining을 combined로 고쳐야 한다.

| 오답 분석 |
① 부사 only는 부사절을 수식할 수 있으므로 접속사 when 앞에 사용이 가능하다.

③ like는 동사일 때는 '~을 좋아하다'이지만, 전치사로 사용되는 경

우에는 '~처럼'이라는 의미를 가진다. 따라서 바르게 사용되었다.

④ 여기서 melt는 자동사이므로 현재부사가 바르게 사용되었다.

| 어휘 | • convey 전달하다 • coherent 논리적인, 일관성 있는
• combine 결합시키다 • overlap 겹치다
• melt 녹다

04 ①

| 해설 | ① 'for fear~should'는 'lest~should'와 같은 구문으로 둘 다 '~하지 않도록'이라는 부정의 의미가 내포되어 있기 때문에 not을 쓰지 않아야 한다. 따라서 should not be overheard를 should be overhead로 고쳐야 한다.

| 오답 분석 |
② 'the last 명사~'는 '결코 ~하지 않을 명사'라는 뜻이다. 따라서 정확하게 표현되었다.

③ '~할 자격이 되다'는 be entitled to로 정확하게 표현되었다. 이때 to는 전치사이므로 뒤에 목적어로 명사가 수반되고 있다.

④ 'A와 B는 별개이다'를 'A is one thing, and B is another'로 바르게 표현했다.

05 ③ such → so

| 해석 | 많은 인간의 언어들이 방언을 가지고 있는 것처럼 몇몇 새 종들도 그렇다: 캘리포니아에서는 흰관참새가 지역마다 너무 다른 노랫소리를 가지고 있어서 캘리포니아 사람들은 이 참새의 소리를 들어보면 그들이 그 주위 어디에 있는지 알 수 있을 것이다.

| 해설 | ③ '매우 ~해서 ~하다'라는 의미는 so~that 구문으로 표현할 수 있다. 뒤에 different라는 형용사가 제시되어 있으므로 such 대신에 so를 사용해야 한다. such는 뒤에 명사가 따라 나와야 하며 'such + a + 형용사 + 명사 + that'의 구조로 사용된다.

| 오답 분석 |
① '~와 마찬가지로'라는 의미로 접속사 as가 바르게 사용되었다.
② '~역시 ~하다'라는 표현으로 긍정의 동의를 나타낼 때 'so + 동사 + 주어' 구문을 이용한다.
④ tell이라는 타동사의 목적어 자리에 의문사가 있으므로 명사절 접속사이다. 이때 명사절 접속사(간접 의문문)는 '의문사 + 주어 + 동사'의 어순으로 도치되지 않고 사용되는데 where they are가 바르게 쓰였다.

| 어휘 | • dialectt 방언, 사투리 • supposedly 아마

06 ① so that → so

| 해석 | 한 국가의 부는 교육에서 중심적인 역할을 하기 때문에, 국가로부터 나오는 자금과 자원의 부족은 시스템을 약화시킬 수 있다. 사하라 사막 이남의 아프리카는 전 세계 공공자원의 2.4%만을 교육에 사용하지만, 학령 인구 중 15%만이 그곳에 거주한다. 반면에, 미국은 전 세계에

서 지출되는 모든 돈의 28%를 교육에 쓰고 있지만, 학령 인구의 4%만이 거주하고 있다.

| 해설 | ① so that은 목적을 나타내는 부사절 접속사로 '~하기 위해서'라고 해석이 된다. 이 문장은 앞에서 원인이 제시되고, 뒤에 결과가 나오므로 '따라서'라는 의미의 등위접속사 so가 사용되어야 한다.

| 오답 분석 |
② 'spend + 돈 + on + 명사'의 구조이다. '~만큼의 돈을 ~에 사용하다'라는 의미이다. 전치사 on이 바르게 사용되었다.
③ 앞에 마침표가 있고, 뒤에 콤마로 다른 문장이 연결되고 있으므로 접속부사가 사용되어야 한다. 문맥상 '반대로' 또는 '그와 달리'라는 역접의 의미가 들어가야 하므로 Conversely가 올바르게 사용되었다.
④ spent는 앞에 나오는 명사를 꾸며 주는데, 돈은 '사용되는' 것이므로 수동 관계가 맞고, 구조적으로 뒤에 전치사가 수반되고 있으므로 과거분사가 올바르게 쓰였다.

| 어휘 | • play a central role in ~에 중심적인 역할을 수행하다
• school-age population 학령 인구

07 ④

| 해석 | 1903년 12월 17일의 라이트 형제의 최초의 비행은 겨우 12초 동안 지속되었고 – 당신이 그보다 더 멀리 공을 던질 수도 있었던 –120피트를 이동했지만, 이는 세계에 하늘 그 자체를 정복할 수 있다는 가능성을 보여 주었다. 이 비행은 이미 육군을 통해 Samuel P. Langley의 지휘 아래 유사한 프로그램에 종자돈을 지불한 미국 정부에게 매우 당황스러운 것으로 드러났다.

| 해설 | (A) '~에도 불구하고'라는 양보의 의미를 가지는 연결어로는 despite와 although가 대표적이다. 이때 despite는 전치사이므로 뒤에 명사(구)가 수반되고, although는 접속사이므로 뒤에는 주어 + 문장이 수반된다. 이 문장의 경우 voyage가 주어이고 lasted가 동사이다. 따라서 Although가 사용되어야 한다.
(B) proved는 불완전 자동사이므로 뒤에는 형용사 기능을 할 수 있는 분사가 올 수 있다. embarrass는 감정 동사인데, 주어인 the flight가 '당혹하게 만드는' 것이므로 현재분사가 사용되어야 한다.

08 ① speaking ② unless

| 해석 | 슬픈 소식은 그들 중 대다수가 그들이 어렸을 때 영어권 국가에서 성장해 상당한 시간을 보내지 않는다면 우수한 영어를 말할 수 없다는 것이다.

| 해설 | ① 명사 성격이 강한 동명사가 사용될 수 있으므로 speaking이 정답이다.
② 문맥상 '만약 ~하지 않는다면'이 자연스러우므로 unless가 사용되어야 한다. if는 '만약 ~라면'이라는 의미로 조건을 나타내는 접속사이다.

| 어휘 | • the majority of 대다수의   • succeed in Ring ~에 성공하다
• substantial 상당한

09 ①

| 해석 | ① 일어났을 때, 나는 내가 알람 시계를 맞추는 것을 잊었음을 깨달았다.
② 초안이 준비되기 전에 최소한 일주일이 더 걸릴 것이다.
③ 그녀는 고전 음악을 즐기는 반면에, 팝송은 좋아하지 않는다.
④ 너의 경력이 너를 어디로 이끌든지 상관없이, 나는 네가 즐기는 일을 하게 될 거라고 확신한다.

| 해설 | ① 분사구문에서 문맥의 의미를 명확하게 하기 위해서 접속사를 생략하지 않을 수 있다. 따라서 waking up 앞에 시간접속사 when이 바르게 사용되었다.

| 오답 분석 |
② prior to는 전치사이므로 뒤에는 문장이 올 수 없고 명사(구)가 수반되어야 한다. 따라서 접속사 역할을 할 수 있는 before로 바꾸어야 한다.
③ 부사절(whereas~pop songs)은 '부사절 접속사 + 주어 + 동사'의 형태가 되어야 하므로 동사 doesn't like 앞에 주어 she가 와야 한다. 따라서 whereas she doesn't like로 고쳐야 한다.
④ 부사절 접속사 뒤에는 주어 + 동사의 완전한 문장이 와야 한다. 따라서 동사 자리에 준동사(to take)는 올 수 없으므로 to부정사 to take를 동사 takes로 고쳐야 한다.

| 어휘 | • realize 깨닫다 • at least 최소한
• draft 초안 • whereas 반면에

10 ② Because of → Because

| 해석 | 대부분의 사람은 말하기를 좋아하지만, 몇몇 사람은 듣는 것을 좋아한다. 하지만 경청하는 것은 모두가 소중히 여겨야 하는 드문 재능이다. 좋은 청자는 더 많이 듣기 때문에, 대부분의 사람들보다 그들 주변에서 일어나는 일들을 더 많이 알고 세심한 경향이 있다. 게다가, 좋은 청자는 판단하고 비판하기보다는 받아들이고 묵인하는 경향이 있다. 그러므로 그들은 대부분의 사람보다 더 적은 적을 가진다. 사실, 그들은 아마도 가장 사랑받는 사람들이다. 그러나 일반화에 예외가 있다. 예를 들어, 존 스테인벡은 훌륭한 청자라는 소리를 듣지만, 그런데도 그는 그가 글을 쓴 대상인 몇몇 사람들에게는 미움을 받는다. 의심할 여지없이 그의 듣는 능력은 그가 글을 쓰는 능력에 영향을 끼친다. 그런데도, 그가 경청한 결과가 그를 인기 있게 만들지는 않는다.

| 해설 | ② Because of는 전치사이므로 뒤에 명사(구)가 제시되어야 한다. 이 문장의 경우 they hear라는 주어 + 동사의 문장이 수반되고 있으므로 접속사인 Because로 고쳐야 한다.

| 오답 분석 |
① rare는 형용사로 뒤에 명사를 수식하고 있고, '드문, 희귀한'이라는 의미로 문맥상 바르게 쓰였다.
③ fewer가 뒤에 나오는 가산명사 enemies를 수식하고 있으므로 바르게 사용되었다.
④ 유도부사 there 뒤에는 '동사 + 주어'가 도치되어 나오는데, 이때 동사는 뒤에 나오는 주어에 의해 수가 일치되어야 한다. exceptions가 복수명사이므로 동사 are와 수가 일치하고 있다.

| 어휘 | • treasure 간직하다, 소중히 여기다, 보물 • sensitive 민감한, 세심한
• be inclined to do ~하는 경향이 있다 • tolerate 참다, 허용하다
• beloved 사랑받는 • generality 일반화
• contribute to ~에 공헌하다, ~에 기여하다 • capacity (수용) 능력

11 ④ such → so

| 해석 | 언어는 "사건은 물체이고, 시간은 공간이다"와 같은 내포된 은유로 가득 차 있다. 게다가, 공간은 시간을 위한 개념뿐만 아니라 많은 종류의 상태와 상황에 대한 개념적인 수단이다. 마치 회의가 3시에서 4시로 옮겨질 수 있는 것처럼, 교통신호가 녹색에서 빨간색으로 바뀔 수 있고, 햄버거 패티를 뒤집던 사람이 기업을 운영하게 될 수 있고, 경제는 더 나빠지게 될 수 있는 것처럼 말이다. 은유는 언어에서 너무 광범위해서 은유적이지 않은 추상적인 생각을 표현한 것을 찾는 것은 어렵다. 그것은 희미한 개념들일지라도 우리의 정신 세계 주변에서 움직이는 물질 덩어리로 정신 속에서 표현되는 것을 의미하는가? 그것은 세상에 대한 대립되는 주장이 절대 옳거나 틀리지 않으며, 단지 상황을 다른 방법들로 표현하는 대안적인 은유만이 될 수 있다고 말하는 것인가? 삶에서 변수와 변수들 안에서의 변화의 인과관계라는 측면에서 나타내지 못하는 것은 거의 없다.

| 해설 | ④ '매우 ~해서 ~하다'는 'so(such)~that 주어 + 동사' 구문을 이용해서 표현할 수 있다. 이때 중간에 형용사나 부사가 오는 경우 so를 사용하고, 명사가 오는 경우 such를 사용한다. 이 문장의 경우 widespread는 '널리 퍼진'이라는 의미의 형용사이므로 such를 so로 고쳐야 한다.

| 오답 분석 |

① 이 문장에서 like는 동사가 아니라 전치사이다. '~와 같은'이라는 의미를 가진다. 뒤에 명사절이 목적어로 이어지고 있으므로 올바르게 쓰였다.

② 상관접속사로 연결되는 구문이다. 'not (just) for A but for B'의 구조이다. 원래 not A but B(A가 아니라 B이다)에서 A와 B 자리에 'for + 명사'의 전명구가 사용된 형태이다.

③ from A to B에서 A와 B가 전치사의 목적어로 동명사가 사용된 구조이다. 바르게 사용되었다.

| 어휘 | • be saturated with ~로 가득 차 있다 • implicit 암시된, 내포된
• turn out 모습을 드러내다 • conceptual 개념의, 구상의
• metaphor 은유 • imply 넌지시 나타내다
• wispy 몇 가닥으로 된, 희미한 • hunk (큰 것에서 잘라낸) 덩이(조각)
• abstract 관념적인, 추출하다 • variable 변수
• irreversible 되돌릴 수 없는

 **기출 종합** p284

01 ④

| 해석 | 대중들의 이해와 완전한 협력이 있지 않는 한, 환경 오염을 없애기 위한 운동은 소용없을 것이다.
① 유혹적인   ② 강화한
③ 풍부한   ④ 소용없는

| 해설 | 대중들의 이해와 완전한 협력이 없는 경우를 가정하고 있으므로, '환경 오염을 없애기 위한 운동은 _____ 것이다'라는 문맥에서 The campaign to eliminate pollution will prove _____의 빈칸에는 '소용없는'이라는 의미가 들어가야 자연스럽다. 따라서 ④ futile이 정답이다.

| 어휘 | • eliminate 없애다, 제거하다 • cooperation 협력, 협조

• enticing 유혹적인 • enhanced 강화한
• fertile 풍부한, 비옥한 • futile 소용없는

02 ①

| 해석 | 오늘날까지, 신문 기사들은 이 엄청나게 복잡한 문제를 단지 <u>피상적으로</u> 다루었다.
① 피상적으로 다루었다   ② 정곡을 찔렀다
③ 붙잡았다   ④ 긍정적으로 끝까지 했다

| 해설 | scratch the surface of(~을 피상적으로 다루다)의 과거형인 scratched the surface of와 비슷한 의미를 가진 표현을 묻고 있으므로, '피상적으로 다루다'라는 의미의 superficially deal with의 과거형인 ① superficially dealt with이 정답이다.

| 어휘 | • scratch the surface of ~을 피상적으로 다루다
• tremendously 엄청나게 • superficially 피상적으로
• hit the nail on the head of ~의 정곡을 찌르다
• seize hold of ~을 붙잡다 • follow up on ~을 끝까지 하다

03 ①

| 해석 | A : 무엇을 도와드릴까요?
B : 제가 이틀 전에 이 드레스를 샀는데, 이게 저한테 약간 커요.
A : <u>죄송하지만, 더 작은 사이즈는 없습니다.</u>
B : 그렇다면 저는 환불을 받고 싶어요.
A : 영수증을 좀 볼 수 있을까요?
B : 여기 있어요.
① 죄송하지만, 더 작은 사이즈는 없습니다.
② 하지만 제 생각에 그것은 당신에게 완벽히 꼭 맞습니다.
③ 그 드레스는 우리 가게에서 정말 잘 팔립니다.
④ 죄송하지만, 이 구매품은 환불이 되지 않습니다.

| 해설 | 구입한 드레스가 자신에게 약간 크다는 B의 말에 대한 A의 대답 후, 빈칸 뒤에서 다시 B가 Then I'd like to get a refund(그렇다면 저는 환불을 받고 싶어요)라고 말하고 있으므로, 빈칸에는 '죄송하지만, 더 작은 사이즈는 없습니다'라는 의미가 들어가야 자연스럽다. 따라서 ① I'm sorry, but there's no smaller size가 정답이다.

| 어휘 | • get a refund 환불받다 • fit (의복 등이) 꼭 맞다
• purchase 구매품, 구매, 구매하다

04 ②

| 해석 | A : 저는 이 가정용 혈압계를 사용할 때마다, 다른 측정값을 얻어요. 제 생각에는 제가 이걸 잘못하고 있는 것 같아요. 이것을 올바르게 사용하는 방법을 제게 보여 주시겠어요?
B : 네, 물론이죠. 먼저, 당신의 팔에 끈을 둘러야 해요.
A : 이렇게요? 제가 이걸 제대로 하고 있나요?
B : 그건 좀 너무 조여 보이는데요.
A : 아, 지금은 어때요?
B : 지금은 좀 너무 느슨해 보여요. 만약에 너무 조이거나 느슨하면, 부정확한 측정값을 얻게 될 거예요.
A : <u>아, 그렇군요. 그 다음엔 뭘 하죠?</u>
B : 이제 버튼을 누르세요. 움직이거나 말을 해선 안 됩니다.
A : 알겠어요.
B : 곧 화면에서 당신의 혈압을 볼 수 있을 거예요.

① 오늘 아무것도 보지 못했어요.

② 아, 그렇군요. 그 다음엔 뭘 하죠?

③ 맞아요, 저는 책을 읽어야 해요.

④ 그들의 웹사이트를 확인해 봐야 할까요?

| 해설 | 가정용 혈압계를 올바르게 사용하는 방법을 보여 달라는 A의 요청에 대해 B가 팔에 적절하게 끈을 두르는 법을 알려 준 후, 빈칸 뒤에서 다시 B가 Press the button now(이제 버튼을 누르세요)라고 말하고 있으므로, 빈칸에는 '아, 그렇군요. 그 다음엔 뭘 하죠?'라는 의미가 들어가야 자연스럽다. 따라서 ② Oh, okay. What do I do next?가 정답이다.

| 어휘 | • blood pressure monitor 혈압계 • reading 측정값 • strap 끈

05 ②

| 해석 | 내 여동생의 팔꿈치가 나았을 때, 다시는 테니스를 칠 수 없을 것이라는 그녀의 두려움이 누그러졌다.

① 고조되었다　　　② 진정되었다

③ 고통을 받았다　　④ 확대되었다

| 해설 | assuage(누그러뜨리다)의 과거분사형인 assuaged와 비슷한 의미를 가진 어휘를 묻고 있으므로, '진정시키다'라는 의미의 soothe의 과거분사형인 ② soothed가 정답이다.

| 어휘 | • heal 낫다, 회복되다 • assuage 누그러뜨리다, 진정시키다
• soothe 진정시키다 • torment 고통을 주다 • escalate 확대시키다

06 ①

| 해석 | 어떤 것에 대해 속상하게 되는 많은 기회들이 있지만, 우리는 그것들을 신경 쓰지 않고 평온을 유지할 선택의 여지가 있다.

① 많은　　　　　② 중요한

③ 임시의　　　　④ 결정적인

| 해설 | multiple(많은)과 비슷한 의미를 가진 어휘를 묻고 있으므로, '많은'이라는 의미의 ① various가 정답이다.

| 어휘 | • multiple 많은 • upset 속상한 • let go 신경 쓰지 않다
• occasional 임시의, 때때로의 • decisive 결정적인

07 ③

| 해석 | 한국의 외교통상부는 해외 무역 거래에서 수백 건의 번역 오류를 범한 것으로 비난을 받았다.

① 웃음 거리가 되었다　② 악명 높아졌다

③ 비난을 받았다　　　④ 조사받았다

| 해설 | come under fire(비난을 받다)의 과거형인 came under fire와 비슷한 의미를 가진 표현을 묻고 있으므로 '비난을 받다'라는 의미의 catch flak의 과거형인 ③ caught flak이 정답이다.

| 어휘 | • come under fire 비난을 받다 • translation 번역
• deal 거래, 협정 • mockery 웃음거리, 조롱 • notorious 악명 높은
• catch flak 비난을 받다 • investigate 조사하다

08 ①

| 해석 | 네바다, 뉴멕시코, 텍사스 그리고 유타의 국회의원들은 그 주들이 일광 절약 시간법을 피할 수 있게 해 줄 법안을 통과시키기 위해 노력하고 있다.

① 막다　　　　　② 유지하다

③ 성문화하다　　④ 재건하다

| 해설 | circumvent(피하다)와 비슷한 의미를 가진 어휘를 묻고 있으므로 '막다'라는 의미의 ① cramp가 정답이다.

| 어휘 | • lawmaker 국회의원, 입법자 • bill 법안
• circumvent 피하다, 면하다 • daylight saving time 일광 절약 시간
• cramp 막다, 방해하다 • codify 성문화하다 • reestablish 재건하다

09 ①

| 해석 | 작년 모스크바의 크림반도 합병과 동우크라이나 분쟁에 대한 간섭은 NATO를 자극했고 공격받기 쉬운 발트해 연안 국가들에 각별한 주의를 집중시켰다.

① 자극했다　② 폄하했다　③ 달랬다　④ 정당화했다

| 해설 | galvanize(자극하다)의 과거분사형인 galvanized와 비슷한 의미를 가진 어휘를 묻고 있으므로 '자극하다'라는 의미의 spur의 과거분사형인 ① spurred가 정답이다.

| 어휘 | • annexation 합병 • meddling 간섭, 참견 • galvanize 자극하다
• vulnerable 공격받기 쉬운 • spur 자극하다 • disparage 폄하하다
• appease 달래다 • justify 정당화하다

10 ②

| 해석 | 신체적인 처벌의 빈도와 심각성은 매우 다양하다. 간혹 자신의 아이들을 때리는 부모들은 다른 긍정적인 방법과 징계적인 방법도 사용한다.

① 전형적인　　　② 신체적인

③ 생리적인　　　④ 심리적인

| 해설 | corporal(신체적인)과 비슷한 의미를 가진 어휘를 묻고 있으므로 '신체적인'이라는 의미의 ② physical이 정답이다.

| 어휘 | • severity 심각성, 엄격 • corporal 신체적인
• vary 다양하다, 바꾸다 • smack (손바닥으로) 때리다
• punitive 징계적인 • typical 전형적인 • physical 신체적인
• physiological 생리적인 • psychological 심리적인

11 ②

| 해석 | A : 빈 객실이 있나요?

B : 죄송합니다. 예약이 완전히 완료되었습니다.

A : 예약을 했어야 했네요.

B : 그랬으면 도움이 되었을 겁니다.

① 일행이 몇 분이나 되십니까?

② 예약이 완전히 완료되었습니다.

③ 객실이 많이 있습니다.

④ 어떤 종류의 객실을 원하십니까?

| 해설 | 빈 객실이 있는지를 묻는 A의 질문에 대해 B가 죄송하다고 대답한 뒤, A가 I should have made a reservation(예약을 했어야 했네요)이라고 말하고 있으므로, 빈칸에는 '예약이 완전히 완료되었습니다'라는 의미가 들어가야 자연스럽다. 따라서 ② We're completely booked가 정답이다.

| 어휘 | • vacancy 빈 객실, 빈 방 • reservation 예약 • company 일행

12 ④

| 해석 | A : 저는 이 공항에 처음 와 봐요. 제 짐은 어디에서 찾을 수 있나요?

B : 2번 ① 수하물 컨베이어 벨트를 확인해 주세요. 짐에 특별한 것이 있나요?

A : ② 회전대가 있는 500W짜리 전자레인지가 있어요.

B : 그것을 가지고 올 필요는 없었습니다. 대부분의 호텔에는 전자레인지가 있어요. 그나저나, 시애틀 여행에서 가장 먼저 무엇을 할 계획인가요?

A : 저는 Miners' Landing에서 ③ 회전목마를 타고 싶어요. 음, 여기에서는 이 계절에 어떤 옷이 좋을까요? 날씨가 너무 쌀쌀하네요.

B : 그렇다면 저는 ④ carousel을 입는 것을 추천할게요.

| 해설 | 대화에서 carousel이 잘못 쓰인 것을 묻고 있다. ①번은 '수하물 컨베이어 벨트', ② 번은 '회전대', ③번은 '회전목마'라는 의미로 carousel 올바르게 쓰였지만 ④번 자리에는 의상과 관련된 의미가 나와야 자연스러우므로, carousel은 문맥상 의미가 적절하지 않다. 따라서 ④번이 정답이다.

| 어휘 | • baggage 짐, 수하물 • microwave 전자레인지 • clothing 옷, 의복

13 ② Utilizing → Utilized

| 해석 | 길들여진 가축들은 인간들이 이용할 수 있는 가장 초기의 그리고 가장 효율적인 '기계'이다. 그들은 사람의 허리와 팔에서 부담을 덜어 준다. 다른 기술들과 함께 활용되어, 가축들은 (고기와 우유에 있는 단백질 같은) 추가 식량으로서 그리고 또 짐들을 옮기고, 물을 들어 올리고, 곡물을 가는 기계로서 인간의 생활 수준을 정말로 상당히 향상시킬 수 있다. 그들이 너무 명백하게 대단히 도움이 되기 때문에, 우리는 수 세기 동안 인간들이 그들이 기르는 가축들의 수와 품질을 증대시켰다는 것을 발견하기를 기대할지도 모른다. 놀랍게도, 이것은 실제로 대개 그렇지 않았다.

| 해설 | ② 주절의 주어 animals와 분사구문이 '가축들이 다른 기술들과 함께 활용되다'라는 의미의 수동 관계이므로 현재분사 Utilizing을 과거분사 Utilized로 고쳐야 한다.

| 오답 분석 |

① '이용할 수 있는 기계'라는 의미가 되어야 자연스러우므로 명사 machines를 뒤에서 수식할 수 있는 형용사 available이 올바르게 쓰였다.

③ '옮기는 기계'라는 의미를 표현하기 위해 형용사처럼 명사(machines)를 수식하는 to부정사 to carry가 올바르게 쓰였다

④ be동사(are)는 주격 보어를 취하는 동사인데, 보어 자리에는 명사나 형용사 역할을 하는 것이 올 수 있으므로 형용사 역할을 하는 of + 추상명사(benefit)'의 of가 올바르게 쓰였다.

| 어휘 | • domesticate 길들이다 • take off 덜다 • strain 부담, 긴장
• utilize 활용하다, 이용하다 • considerably 상당히
• supplementary 보충의 • foodstuff 식량
• grind 갈다 • obviously 명백하게

14 ④ refer to as → be referred to as

| 해석 | 신화는 한 문화의 종교적, 철학적, 도덕적, 그리고 정치적 가치를 담은, 그리고 어떤 경우에는 (그것들을) 설명하는 것을 돕는 이야기이다. 신들과 초자연적인 존재들의 이야기들을 통해, 신화는 자연 세계에서 발생하는 것들을 이해하려고 노력한다. 대중적인 (단어의) 용법과는 반대로, 신화는 '거짓말'을 의미하지 않는다. 가장 넓은 의미에서, 신화는 거짓인 것뿐만 아니라 사실일 수 있거나 부분적으로 사실일 수 있는 이야기들인, 통상적으로는 이야기의 전체 묶음이다. 하지만, 그것들의

정확도와는 상관없이, 신화는 종종 한 문화의 가장 뿌리 깊은 신념을 표현한다. 이러한 정의에 따르면, '일리아드'와 '오디세이', 코란과 구약 및 신약 성경은 모두 신화라고 지칭될 수 있다.

| 해설 | ④ refer to는 '자동사 + 전치사' 구조인 이 전체가 하나의 타동사 역할을 한다. 따라서 뒤에는 목적어가 와야 하며 바로 전치사 as를 다시 수반할 수 없다. 원래 refer to A as B의 능동형에서 목적어에 해당하는 A가 주어 자리에 가서 수동태로 전환된 구조이다. 따라서 be referred to as로 고쳐야 한다.

| 오답 분석 |

① help는 3형식 동사로 쓰일 때 to부정사와 원형 부정사를 모두 목적어로 취할 수 있으므로 to부정사를 목적어로 취한 helps to explain이 올바르게 쓰였다.

② 타동사의 쓰임 문맥상 '이해하려고 노력한다'라는 의미가 되어야 자연스러운데, '~하려고 노력하다'는 'try + to부정사'를 사용하여 나타낼 수 있으므로 try to make가 올바르게 쓰였다.

③ 선행사(stories)가 사물이고, 뒤에 동사가 있으므로 주격 관계대명사 that이 올바르게 쓰였다.

| 어휘 | • myth 신화 • narrative 이야기 • embody 담다, 포함하다
• supernatural 초자연적인 • occurrence 발생하는 것
• usage (단어의) 용법, 사용 • falsehood 거짓말 • accuracy 정확도
• frequently 종종 • definition 정의
• refer to ~ as ~을 ~라고 지칭하다

15 ② are → is

| 해석 | 개인이 자동적, 혹은 비자발적 신체 기능에 대해서 전자적 수치를 관찰함으로써 어떤 자발적인 통제를 하게 하는 기술은 생체자기제어로 알려져 있다. 전자 센서들을 신체의 다양한 부분에 부착하여 심박 수, 혈압, 피부 온도 같은 변화들을 측정한다. 그러한 변화가(예를 들어, 혈압 저하) 원하는 방향으로 이동하면, 그것은 시각적 혹은 청각적인 신호 – TV 수신기, 측정기, 혹은 전등과 같은 장치에서 보이는 피드백 —을 발생시킨다. 생체자기제어 훈련은 신호를 발생시킨 사고 패턴 또는 행동을 재생산함으로써 원하는 반응을 일으키도록 지도한다.

| 해설 | ①②동사에 줄이 있으면 항상 제일 먼저 확인해야 하는 것이 수의 일치이다. 주어와 동사의 수의 일치 문제는 주어와 동사 사이에 있는 수식어구를 괄호로 묶을 수 있는 것이 핵심이다. 이 문장의 경우 주어는 A technique이고 (that~functions)까지는 관계절이므로 묶을 수 있어야 한다. 그러면 주어가 단수이므로 동사의 수는 are가 아니라 is가 되어야 한다.

| 오답 분석 |

① enable은 'enable + 목적어 + to R'와 같이 목적격 보어 자리에 to부정사를 수반하는 동사이다. 따라서 to gain이 바르게 쓰였다.

③ such A as B는 'B와 같은 A'라는 표현으로 바르게 쓰였다.

④ 명사 앞에 분사가 올 수 있는데, 문맥상 '희망되는' 반응이므로 수동 관계이다. 따라서 과거분사 desired가 바르게 쓰였다.

| 어휘 | • voluntary 자발적인 • involuntary 강요된, 무의식적인
• measurement 측정(치), 수치
• biofeedback 생체자기제어, 바이오 피드백 • variable 변수
• trigger 촉발하다, 일으키다 • gauge 계측 장치
• attach 부착하다, 첨부하다 • equipment 기계, 장비, 부품
• desired 희망하는, 바라는 • reproduce 번식하다, 복제하다, 재현하다

CHAPTER 15 명사절 접속사

기출 연습

p298

01 that → what

해석 | 사람들은 그 시장의 연설이 그 도시의 시민으로서 그들의 미래에 어떤 의도를 가지는지를 서서히 깨닫기 시작함으로써 놀라서 침묵하게 되었다.

해설 | realize라는 타동사의 목적어 자리에 명사절이 사용되었다. that 뒤에는 완전한 문장이 이어져야 하는데, the mayor's statement가 주어이고 meant가 타동사로, 이 타동사의 목적어가 없으므로 불완전한 구조의 문장이다. 따라서 that을 what으로 고쳐야 한다.

어휘 | • stun 깜짝 놀라게 하다 • silence 침묵
• statement 연설 • citizen 시민

02 ③ that → what

해석 | 항해용 나침반은 역사 시대에서 가장 중요한 발명품 중 하나였다. 이것은 거대한 탐험의 시대를 유발했으며, 다음으로 그 시대는 유럽에 막대한 부를 가져다주었다. 이 부가 이후의 계몽운동과 산업혁명과 같은 사건에 기름을 부었다. 이것은 그것이 세상에 도입된 이래 전 세계 사람들의 삶을 지속적으로 단순화시켜 오고 있다.

해설 | ③ 앞에 was라는 be동사의 보어 자리에 명사절이 사용되었다. 명사절에는 that과 what이 있는데, 뒤의 문장이 완전하면 that, 불완전하면 what을 사용한다. 이 문장은 뒤에 동사 fueled의 주어가 없는 불완전한 문장이므로 what으로 고쳐야 한다.

오답 분석 |
① 최상급은 정관사 the나 소유격과 함께 사용되어야 하는데, 바르게 쓰였다.
② 선행사가 사물이고 뒤에 동사가 제시되어 있으므로 주격 관계대명사 which가 바르게 쓰였다.
④ 주절 동사의 시제가 has been continually simplifying이라는 현재완료진행시제가 사용되었다. 현재완료시제는 전치사 since(~이래로)와 어울리므로 바르게 쓰였다.

어휘 | • navigation 항해 • spark 유발하다
• age of exploration 항해시대 • in turn 다음으로
• Enlightenment 계몽시대

03 ③ what → that

해석 | 많은 사람들은 또한 영화사와 연계하여 제작사를 설립했는데, 이는 그들이 어떤 종류의 영화를 만들었는지에 대해 발언권을 가지고 있다는 것을 의미했다. 그러한 시절은 이미 오래전에 지났다.

해설 | ③ meant라는 타동사의 목적어 자리에 명사절이 사용되고 있다. what 뒤에는 불완전한 문장이 수반되어야 하는데, they had a say는 완전한 문장이다. 여기서 a say는 명사로 '발언권'이다. 따라서 what을 that으로 고쳐야 한다.

오답 분석 |
① Many가 주어이고 formed가 동사이다. 과거 사실을 설명하고 있으므로 과거시제가 적절하게 사용되었다.
② in association with(~와 협력하여, ~와 협업하여)이 바르게 쓰였다.
④ 전치사 in의 목적어로 명사절이 수반되는 구조이다. what은 의문형용사로 뒤에 나오는 명사를 수식하는 기능을 한다.

어휘 | • in association with ~와 공동으로 • those days 그때, 그 시절
• be gone 사라지다

04 ① How ② why

해석 | 우리가 어떻게 확증 편향으로부터 결정을 보호할지는 심리적으로 왜 확증 편향이 발생하는지에 대해 인식하는 데 달려 있다. 2가지 가능한 이유가 있다.

해설 | ① 뒤에 we can protect our decisions라는 '주어 + 동사 + 목적어'의 완전한 절이 수반되고 있으므로 주어 자리에 사용되는 명사절을 이끌 수 있는 의문부사 How가 적절하다.
② 전치사 of의 목적어 자리에는 명사절이 필요하다. which는 관계대명사이므로 뒤에는 불완전한 문장이 수반되어야 하고, why는 의문부사이므로 뒤에는 완전한 문장이 수반되어야 한다. 뒤에 나오는 동사 happens는 완전 자동사이므로 목적어가 필요 없는 동사이다. 따라서 완전한 구조이므로 why가 정답이 된다.

어휘 | • confirmation bias 확증 편향 • awareness 인식, 의식

05 ④ that → whether

해설 | ④ '네가 여기에 오나 내가 거기에 가나'는 명사절 접속사 Whether(~인지 아닌지)를 사용하여 나타낼 수 있으므로 명사절 접속사 that을 명사절 접속사 whether로 고쳐야 한다.

오답 분석 |
① '~할 수 있도록'이라는 목적의 의미를 가지는 부사절 접속사 so that이 바르게 쓰였다. 그리고 so that 뒤에는 동사가 보통 can이나 may를 포함하는데 이것 역시 바르게 쓰였다.
② '~하는 경우에 대비해서'를 부사절 접속사 In case로 나타낼 수 있다. 또한 조건을 나타내는 부사절에서는 미래를 나타내기 위해 미래시제 대신 현재시제(am)를 사용한다.
③ '선거에 대해서 말하자면'은 분사구문의 관용적 표현인 speaking of(~에 대해 말하자면)를 사용하여 나타낼 수 있으므로 Speaking of the election이 올바르게 쓰였다.

어휘 | • chart 도표 • election 선거 • vote 투표하다

06 ② however → how

해석 | 슈미트를 놀라게 했던 것은 어떻게 사람들의 요구가 충족될 수 있는가가 아니라 참가자들이 그들의 사회적인 접촉의 측면으로 얼마

나 많은 혜택을 받는가였다. 이 경험은 슈미트뿐만 아니라 다른 사람들에게 깊은 감동을 주었다.

| 해설 | ② however는 바로 뒤에 형용사나 부사를 수반해서 부사절을 만드는 접속사이다. 의미 역시 '~와는 관계없이'라는 뜻이므로 여기서는 적절하지 않다. was의 보어로 사용되는 명사절이 사용되어야 하고, 뒤에 완전한 구조가 수반되고 있으므로 의문부사 how로 고쳐야 한다.

| 오답 분석 | ① 주어 자리이므로 명사절 접속사가 바르게 사용되었다. 또한 뒤에 주어가 없이 바로 amazed가 나오므로 불완전한 구조이다. 따라서 What이 바르게 쓰였다.
③ 의문부사 how는 뒤에 형용사나 부사를 데리고 다니면서 정도를 나타낼 수 있다. 따라서 how much가 '얼마나'라는 의미를 가지므로 적절하게 사용되었다.
④ 'not only A but (also) B' 구문에서 also는 생략되고 but만 사용이 가능하므로 바르게 쓰였다.

| 어휘 | • benefit from ~로부터 혜택을 받다 • aspect 측면

07 ③ ashed → ashing

| 해석 | ① 나의 상사는 나에게 일찍 출근할 것을 부탁하는 문자를 보냈다.
② 그 길 아래로 자전거를 타면서 나는 많은 흥미로운 것을 봤다.
③ 반심리학은 사람이 실제로 원하는 것은 무엇이든 그 반대를 요구하는 것으로 이루어진다.
④ 연구원들은 그 연구의 참가자들의 행동을 관찰하고 기록할 것이다.

| 해설 | ③ 전치사 of의 목적어 자리에 명사절 접속사가 사용되고 있다. '~하는 것은 무엇이든지'는 복합 관계대명사 whatever를 사용해서 표현할 수 있으므로 바르게 쓰였다.

| 오답 분석 | ① 수식받는 명사(message)와 분사가 '부탁하는 문자'라는 의미의 능동 관계이므로 과거분사 asked를 현재분사 asking으로 고쳐야 한다.
② 주절의 주어와 분사구문의 분사가 '내가 자전거를 타다'라는 의미의 능동 관계이므로 과거분사 Ridden을 현재분사 Ridding으로 고쳐야 한다.
④ 접속사(and)로 연결된 병치 구문에서는 같은 품사끼리 연결되어야 하는데, and 앞에 동사 observe가 왔으므로 and 뒤에도 동사가 와야 한다. 따라서 명사 documentation을 동사 document로 고쳐야 한다.

| 어휘 | • reverse psychology 반심리학 • document 기록하다

08 ④

| 해석 | ① 그는 다른 나라에서 사는 것이 어떤 것일지 상상했다.
② 스키를 타러 갈지, 스노보드를 타러 갈지는 너에게 달려 있다.
③ 나는 네가 어떤 손님에 관해서 이야기하고 있는지 알 것 같다.
④ 그는 여동생 생일 선물로 무엇을 살지 결정하지 못했다.

| 해설 | ④ decided라는 타동사의 목적어 자리에 명사절 접속사가 사용되었다. '의문사 + 주어 + 동사'의 구조에서 주어와 동사가 생략되고 to부

정사가 사용될 수 있으므로 what to buy가 올바르게 사용되었다.

| 오답 분석 | ① 의문부사 how는 전치사(like)의 목적어가 없는 불완전한 절(it~country)을 이끌 수 없으므로 how를 불완전한 절을 이끌 수 있는 명사절 접속사 what으로 고쳐야 한다.
② if가 명사절 접속사로 사용되는 경우, 주어 자리에는 사용될 수 없으므로 If를 Whether로 고쳐야 한다.
③ 명사절로 의문사가 사용될 수 있는데, who 뒤에는 동사가 수반되어야 한다. 이 문장의 경우 customer라는 명사를 수식할 수 있는 기능을 할 수 있는 것이 필요하다. 이럴 때 사용하는 것이 의문형용사이다. 의문형용사 which(어떤), what(무슨)은 뒤에 나오는 명사를 수식하는 기능을 할 수 있다. 따라서 who를 which로 바꾸어야 자연스럽다.

| 어휘 | • be up to ~에 달려 있다 • customer 손님, 고객

09 ②

| 해석 | 모든 미스터리에는 무엇이 발생했는지를 알아내려고 애쓰는 누군가가 있다. 과학자들, 탐정들, 그리고 평범한 사람들이 진실을 밝히는 것을 도울 증거를 찾는다. 그들은 고대의 사람들이 어떻게 그리고 왜 피라미드를 건조했는지 혹은 불가사의한 예술품을 창조했는지를 이해하려고 애쓰며 선사 시대의 유적을 조사한다. 그들은 오래 전 멸종된 동물들의 유해를 연구하고 그들이 살아있었을 때 어떻게 보였을지에 대해 추측한다. 설명되지 않은 무엇이든지 미스터리를 좋아하는 사람들에게는 대단히 흥미롭다.

| 해설 | (A) figure out은 '자동사 + 전치사'의 구조이다. '자동사 + 전치사'는 타동사와 같아서 뒤에 목적어로 명사절을 수반할 수 있다. 그리고 뒤에 수반되는 명사절은 주어 없이 바로 happened라는 동사가 제시되어 있으므로 불완전한 구조이다. 따라서 what이 정답이다.
(B) 전치사(about)의 목적어 자리에 명사절이 사용되었다. what은 의문대명사이므로 뒤에는 불완전한 문장이 수반되어야 하고, how는 의문부사이므로 뒤에 완전한 문장이 수반되어야 한다. 이 문장의 경우 look은 자동사이므로 완전한 구조이다. 따라서 how가 사용되어야 한다.
(C) 선행사 Anything이 사물이고 관계절 내에서 동사 is의 주어 역할을 하므로 명사절 접속사 what이 아닌 사물을 가리키는 주격 관계대명사 that 또는 which를 써야 한다. 따라서 ② (A) what—(B) how—(C) that이 정답이다.

| 어휘 | • figure out ~을 알아내다, 이해하다 • search for ~을 찾다
• reveal 밝히다, 드러내다 • prehistoric 선사 시대의
• construct 건조하다, 건설하다 • remains 유해
• speculate 추측하다

10 ② what → that

| 해석 | 17세기 초반 수십 년 동안 지구와 하늘에 대한 이해의 급격한 성장이 목격되었고, 이 과정은 주로 과학 혁명이라 일컬어졌다. 아리스토텔레스 철학에 대한 오래된 의존성은 대학에서 빠르게 쇠퇴하였다. 자연 철학에 대한 아리스토텔레스의 체계에서, 천체의 움직임은 '간편하게' 그들이 소유하고 있던 4가지 원소(땅, 물, 공기, 불)라는 용어로 설명되었고, 그 원소들은 그들을 구성하고 있는 요소의 우세함에 따라 '원

래' 위치를 향해 위로 올라가거나 아래로 내려왔다. 자연 철학은 항상 '혼합된 수학' 과목들과 대비되었는데, 이런 과목들은 광학, 정수 역학 그리고 화성학이며, 이 과목들에서는 숫자가 길이나 기간과 같은 외적인 수치에 적용될 수 있었다.

| 해설 | ② 빈칸 앞에 선행사 the four elements(earth, water, air, fire)가 제시되어 있으므로, 명사절 접속사가 아닌 관계대명사가 사용되어야 한다. 그리고 뒤의 문장의 동사 possessed의 목적어가 없으므로 사물일 때 목적격 관계대명사로 사용이 가능한 that으로 고쳐야 한다. that은 명사절 접속사로도 사용이 되고, 관계대명사로도 사용이 가능한데, 앞에 명사가 있으면 관계대명사이고, 앞에 명사가 없으면 명사절 접속사로 보면 된다.

| 오답 분석 |

① refer to A as B가 수동태로 전환이 되어서 be referred to as로 바뀐 형태이다. a process (which is) usually referred to as에서 '주격 관계대명사 + be동사'가 생략된 것으로 보면 된다.

③ '전치사 + 관계대명사' 뒤로 완전한 문장이 수반되므로 바르게 사용되었다. 또한 전치사 of는 원래 was composed of에서 전치사가 관계대명사 앞으로 이동한 것이므로 바르게 쓰였다.

④ 여기서 where는 의문부사가 아니라 관계부사이다. 앞에 명사가 있으면 관계부사이고 앞에 명사가 없으면 의문부사로 보면 된다. where 뒤로 완전한 문장이 이어지고 있으므로 바르게 쓰였다.

| 어휘 | • witness 보다, 목격자 • exponential 급격한
• heaven 천국, 하늘 • refer to A as B A를 B라고 말하다
• reliance 신뢰 • wane 약해지다
• casually 무심코, 태연하게 • in terms of ~의 관점에서
• preponderance 우세, 우위
• routinely 일상적으로, 언제나, 정기적으로
• optics 광학 • hydrostatics 유체 정역학, 정수 역학
• harmonics 화성학

11 ③ whether → that

| 해석 | 많은 시간을 실내에서 보내는 사람들 사이에서 일반적인 증상인 비타민 D 결핍에 대해 점점 더 많은 사람들이 치료를 찾고 있다. 비타민 D 결핍이라고 잘 알려져 있는 이것은 사람의 근육, 뼈 그리고 면역 체계에 영향을 줄 수 있으며, 심지어 암과도 관련이 되어 있다. 비타민 D는 피부가 햇빛에 노출되면 이에 반응하며 체내에서 생성된다. 하지만 많은 여성들은 그들이 외출하기 전에 자외선 차단제를 바르고 이것이 종종 그들의 몸이 비타민 D를 생성하는 것을 더 어렵게 만든다. 자외선 차단제는 비타민 D를 생성하는 자외선을 막기 때문이다.

| 해설 | ③ 가주어로 It이 사용되었으므로 진주어 자리에 명사절 접속사를 사용할 수 있다. whether는 '~인지 아닌지'라는 의미로 의심이나 불확실을 나타낼 때 사용하는 접속사이다. 이 문장의 경우 '~라는 것'의 의미로 사실을 나타내는 것이므로 명사절 접속사 that이 사용되어야 한다. 따라서 whether를 that으로 고쳐야 한다.

| 오답 분석 |

① 주어가 people이므로 동사의 수는 복수가 맞고, 사람들이 현재 찾고 있는 것이므로 진행시제도 바르게 사용되었다.

② 주격 관계대명사 뒤에 나오는 동사의 수는 선행사에 따라 결정한

다. 이 문장의 경우 선행사가 those로 '~하는 사람들'이라는 복수이므로 동사 역시 복수인 spend가 올바르게 쓰였다.

④ 주어 자리에 가주어 It이 있고, 바로 앞에 의미상의 주어 for their body가 있으므로 진주어 to produce가 올바르게 쓰였다.

| 어휘 | • medical attention 의학적 주의(치료) • deficiency 결핍
• immunity 면역력 • be associated with ~와 관련되다
• in response to ~에 반응하여 • be exposed to ~에 노출되다
• ultraviolet rays 자외선 • professionally 전문가에 의해, 전문적으로
• prescribe 처방을 내리다

기출 종합
p302

01 ②

| 해석 | 그 젊은 기사는 겁쟁이라고 불린 것에 몹시 격분하여 그의 검을 손에 들고 앞으로 돌진했다.
① 냉담한 ② 격분한 ③ 공정한 ④ 암전한

| 해설 | 그 젊은 기사가 그의 검을 손에 들고 앞으로 돌진했다고 했으므로, '겁쟁이라고 불린 것에 몹시'라는 문맥에서 The young knight was so _____ at being called a coward의 빈칸에는 '격분한'이라는 의미가 들어가는 것이 자연스럽다. 따라서 ② incensed가 정답이다.

| 어휘 | • coward 겁쟁이 • charge 돌진하다, 달려가다
• sword 검, 칼 • aloof 냉담한, 무관심한
• incensed 격분한, 분개한 • unbiased 공정한, 편견 없는
• unpretentious 암전한, 겸손한

02 ④

| 해석 | 1970년대 중반에, John Holland라는 미국의 컴퓨터 과학자는 과학계에서 어렵기로 악명 높은 문제들을 풀기 위해 진화론을 활용하는 방안을 생각해 냈다.
① ~을 떠맡았다 ② ~에 탔다
③ ~를 속였다 ④ ~을 생각해 냈다

| 해설 | John Holland가 과학계에서 어렵기로 악명 높은 문제들을 풀려 했다고 했으므로, '진화론을 활용하는 방안 _____'이라는 문맥에서 John Holland _____ the idea of using the theory of evolution의 빈칸에는 '~을 생각해 냈다'라는 의미가 들어가는 것이 자연스럽다. 따라서 hit upon(~을 생각해 내다)의 과거형인 hit upon이 정답이다.

| 어휘 | • theory of evolution 진화론 • notoriously 악명 높게
• take on ~을 떠맡다
• put upon ~를 속이다, 학대하다

03 ①

| 해석 | 요하네스 케플러는 언젠가 우주의 '광대함을 두려워하지 않는' 탐험가들로 가득 찬, 하늘을 향하는 '천국의 바람에 적합한 돛을 가진 천체의 배'가 있을 것이라고 믿었다. 그리고 오늘날 그러한 인간과 로봇 탐험가들은 우주의 광대함을 지나는 그들의 항해에서 케플러가 개인적 고뇌와 황홀한 발견의 일생 동안 밝혀 낸 행성 운동의 3가지 법칙을 정확한 지표로 사용한다.

① 결점이 없는　　② 믿을 수 없는
③ 배짱이 없는　　④ 비과학적인

| 해설 | unerring(정확한)과 비슷한 의미를 가진 어휘를 묻고 있으므로, '결점이 없는'이라는 의미의 ① faultless가 정답이다.

| 어휘 | • celestial 천체의　• sail 돛　• adapted to ~에 적합한
• vastness 광대함　• employ 사용하다
• unerring 정확한, 틀림이 없는　• voyage 항해
• planetary 행성의　• uncover 발견하다
• travail 고뇌　• ecstatic 황홀한
• faultless 결점이 없는, 흠잡을 데 없는
• unreliable 믿을 수 없는　• gutless 배짱이 없는

04　①

| 해석 | A : 어제 신문에서 너희 부모님의 25주년 기념일 소식을 봤어. 정말 근사하더라. 너는 너희 부모님이 어떻게 만나셨는지 알아?
B : 응. 정말 굉장했지, 실은 매우 낭만적이었어. 그들은 대학에서 만났는데, 서로 잘 맞는다는 것을 알고 데이트를 하기 시작했어. 그들의 교제는 대학 내내 계속됐어.
A : 정말! 진짜 아름다워. 나는 수업에서 내가 사랑에 빠질 수 있는 사람을 본 적이 없어!
B : <u>나도 그런 적이 없어.</u> 오, 글쎄, 어쩌면 다음 학기에는!
① 나도 그런 적이 없어.
② 너는 나를 탓하지 말아야 해.
③ 그건 너희 부모님께 달렸어.
④ 너는 그녀와 시간을 보내는 것이 좋겠어.

| 해설 | B의 부모님의 아름다운 만남에 감탄하며 자신은 수업에서 사랑에 빠질 수 있는 사람을 본 적이 없다는 A의 말에 대해, 빈칸 뒤에서 Oh, well, maybe next semester!(오, 글쎄, 어쩌면 다음 학기에는!)라고 말하고 있으므로, 빈칸에는 상대방의 의견에 동의하는 표현인 '나도 그런 적이 없어'가 들어가야 자연스럽다. 따라서 ① Me neither가 정답이다.

| 어휘 | • announcement 소식, 발표　• anniversary 기념일
• neat 근사한　• incredible 굉장한, 믿기 힘든
• compatible 잘 맞는, 양립할 수 있는　• courtship 교제
• last 계속되다　• notice 보다, 인지하다
• blame 탓하다, 비난하다　• hang about with ~와 시간을 보내다

05　④

| 해석 | John : 실례합니다. 남대문 시장이 어딘지 알려 줄 수 있나요?
Mira : 물론이죠. 똑바로 가서 저기에 있는 택시 정류장에서 우회전하세요.
John : 아, 알겠습니다. 그곳이 시장이 있는 곳인가요?
Mira : <u>정확히 그렇지는 않아요. 두 블록 더 내려 가셔야 해요.</u>
① 맞아요. 거기에서 시장으로 가는 버스를 타야 해요.
② 전통시장에서는 보통 물건을 싸게 살 수 있어요.
③ 저는 정말 모르겠어요. 택시 기사에게 물어 보세요.
④ 정확히 그렇지는 않아요. 두 블록 더 내려 가셔야 해요.

| 해설 | 남대문 시장이 어딘지를 묻는 John의 질문에 대해 Mira가 택시 정류장에서 우회전하라고 대답하자, 빈칸 앞에서 다시 John이 is that where the market is?(그곳이 시장이 있는 곳인가요?)라고 말하며 시장의 위치를 묻고 있으므로, 빈칸에는 '정확히 그렇지는

않아요, 두 블록 더 내려 가셔야 해요'라는 의미가 오는 것이 자연스럽다. 따라서 ④ Not exactly. You need to go down two more blocks가 정답이다.

06　④

| 해석 | ① A : 이번 주에 저와 저녁 식사를 함께 하실래요?
　　　　B : 좋아요. 하지만 무슨 일 있어요?
② A : 언제 농구 경기를 보러 가지 않을래요?
　　　　B : 물론이죠. 언제인지만 알려 줘요.
③ A : 여가 시간에 무엇을 하시나요?
　　　　B : 저는 그냥 집에서 쉬어요. 가끔은 TV를 봐요.
④ A : 제가 도와드릴 것이 있나요?
　　　　B : 네, 저는 그러고 싶습니다. 그게 좋겠네요.

| 해설 | ④번에서 A는 도와줄 것이 있는지를 묻고 있으므로, 제안에 동의하는 B의 대답 Yes, I would like to. That would be nice(네, 저는 그러고 싶습니다. 그게 좋겠네요)는 어울리지 않는다. 따라서 ④번이 정답이다.

| 어휘 | • spare time 여가 시간

07　①

| 해석 | 코끼리들에 관한 일화들은 그들의 충성심과 집단 단결력의 예시들로 풍부하다. 이런 종류의 연대감을 유지하는 것은 좋은 의사소통 체계를 필요로 한다. 우리는 이제서야 이 체계가 얼마나 복잡하고 광범위한지를 이해하기 시작했다. 연구원 Katharine Payne은 포틀랜드의 워싱턴 파크 동물원을 방문한 후에 처음으로 코끼리 의사소통을 철저하게 조사하기 시작했다. 코끼리 우리에 서 있으면서 그녀는 공기 중에 고동치는 진동들을 느끼기 시작했고, 잠시 후에 그것들이 코끼리들에게서 나오고 있었다는 것을 깨달았다. Katharine이 느끼고 나중에 나아가 연구한 것은 초저주파 음파라고 불리는 소리의 저주파 형태이다.

| 해설 | (A) 빈칸은 문장의 동사 자리이다. 동사 abound(풍부하다)는 목적어를 갖지 않는 자동사이므로 수동태로 쓸 수 없다. 따라서 능동태 동사 abound가 들어가야 적절하다.
(B) 뒤에 불완전한 절(complex~this system is)이 왔으므로, 빈칸은 의문문이 다른 문장 안에 포함된 간접 의문문 '의문사 + 주어(this system) + 동사(is)'의 형태를 이루는 의문사의 자리이다. 따라서 의문사 how가 들어가야 적절하다.
(C) 문장에 이미 동사(began)가 있으므로 빈칸은 명사 vibrations를 수식하는 분사의 자리이다. 문맥상 수식받는 명사 vibrations와 분사가 '진동이 고동치다(고동치는 진동)'라는 의미의 능동 관계가 되어야 자연스러우므로 현재분사 throbbing이 들어가야 적절하다. 따라서 ① (A) abound-(B) how-(C) throbbing이 정답이다.

| 어휘 | • anecdote 일화
• abound 풍부하다
• loyalty 충성심
• cohesion 단결력, 결합
• togetherness 연대감
• call for ~을 필요로 하다, 요구하다
• appreciate 이해하다　• far-reaching 광범위한
• delve into ~을 철저하게 조사하다　• throb 고동치다, 울리다

08 ④

| 해석 | 만약 당신이 어딘가에 가거나 무언가를 하는 것에 어려움을 겪고 있다면 포기하지 말아라. 당신은 그저 아직 최고의 해결책을 찾거나 맞는 사람을 만나지 못했다. 그것이 될 수 없다고 말하는 사람들에게 귀를 기울이지 말아라. <u>인내</u>는 성과를 올린다. 나는 당신에게 내가 원하는 것이 불가능하다는 말을 내가 몇 번이나 들어 왔는지를 말할 수 없지만, 내가 포기하지 않고 계속 노력했을 때 결국 나중에 그것이 틀렸음을 증명했다.
① 불안 ② 협조
③ 성찰 ④ 인내
⑤ 관습

| 해설 | 빈칸이 있는 문장을 통해 빈칸에 무엇이 성과를 올리는지에 대한 내용이 나와야 적절하다는 것을 알 수 있다. 지문 처음에 당신이 무언가에 어려움을 겪고 있다면 아직 최고의 해결책이나 사람을 만나지 못한 것이니 포기하지 말라고 하고, 지문 마지막에 화자가 포기하지 않고 계속 노력하여 원하는 것이 불가능하다는 말이 결국 틀렸음을 증명했다는 내용이 있으므로, '인내'는 성과를 올린다고 한 ④번이 정답이다.

| 어휘 | • pay off 성과를 올리다, 성공하다 • anxiety 불안
• cooperation 협조 • speculation 성찰, 심사숙고
• perseverance 인내 • convention 관습

09 ⑤

| 해석 | 검은색도 흰색도 아니고 이러한 두 정반대인 것들의 조합인 회색은 모호하고 애매한 색이다. 그것은 형태와 색을 흐릿하게 만드는 환경들인 안개, 아지랑이, 연기 그리고 땅거미를 연상시킨다. 전부 회색인 의상은 수수하고 내성적인 사람, 주목받지 않는 것을 선호하는 사람, 또는 버지니아 울프의 '등대로'의 Lily Briscoe처럼 그들이 원하든 원하지 않든 그들의 배경으로 녹아 드는 사람을 시사할 수 있다. 서술자는 더 생기 넘치고, 더 예쁜 소녀가 방에 들어오면 Lily Briscoe가 '그녀의 작은 회색 드레스를 입고 이전보다 <u>더 눈에 띄지 않게</u> 됐다'고 말한다.
① 더 낭랑한 ② 더 두드러진
③ 더 시무룩한 ④ 더 세련된
⑤ 더 눈에 띄지 않는

| 해설 | 빈칸이 있는 문장을 통해 빈칸에 Lily Briscoe가 그녀의 작은 회색 드레스를 입고 이전보다 어떻게 됐는지에 대한 내용이 들어가야 적절하다는 것을 알 수 있다. 빈칸 앞 문장에 전부 회색인 의상은 Uy Briscoe처럼 그들이 원하든 원하지 않든 그들의 배경으로 녹아 드는 사람을 시사한다는 내용이 있으므로, 이전보다 '더 눈에 띄지 않'게 됐다고 한 ⑤번이 정답이다.

| 어휘 | • ambiguous 모호한 • indefinite 애매한, 막연한
• blur 흐릿하게 만들다 • modest 수수한
• retiring 내성적인 • merge 녹아들다, 어우러지다
• resonant 낭랑한, 깊이 울리는 • distinguished 두드러진, 현저한
• sullen 시무룩한 • sophisticated 세련된
• inconspicuous 눈에 띄지 않는

10 ②

| 해석 | A : 안녕, John. 시간 정말 빠르다. 겨울 방학이 코앞이네.

B : 응, 맞아. 그걸 기대하고 있어.

A : 무슨 특별한 계획이 있니?

B : 오, 그럼! 해외에서 봉사를 하며 방학을 보낼까 생각 중이야.

A : 또? 너 지난 여름에는 베트남에서 봉사했다고 알고 있는데. 네 돈을 써야 하지 않니?

B : 맞아. 그렇지만 <u>그럴 가치가 있다고 생각해</u>. 그 경험을 통해 많은 것을 배웠어.

A : 오, 그렇구나.

① 일에 파묻혀 있어.
② 그럴 가치가 있다고 생각해.
③ 점심은 내가 낼게.
④ 나 너무 딴 데 정신이 팔려 있어.

| 해설 | 해외에 봉사를 갈 것이라는 B에게 자신의 돈을 써야 하지 않느냐고 묻는 A의 말에 빈칸 뒤에서 B가 I've learned a lot through the experience(그 경험을 통해 많은 것을 배웠어)라고 말하고 있으므로, 빈칸에는 '그럴 가치가 있다고 생각해'라는 의미가 들어가야 자연스럽다. 따라서 ② I think ifs worth it이 정답이다.

| 어휘 | • around the corner (일정이) 코앞인, 다가오는
• look forward to ~을 기대하다 • bury 파묻다
• worth ~의 가치가 있는
• absent-minded 딴 데 정신이 팔린, 자주 까먹는

11 ①

| 해설 | ① '전화해서 ~알렸어야 했다'를 나타내기 위해 to부정사 관련 표현 'be supposed + to부정사(~ 해야 한다)의 과거형 were supposed to가 올바르게 쓰였다. 접속사(and)로 연결된 병치 구문에서는 같은 구조끼리 연결되어야 하는데 and 앞에 to부정사(to phone)가 왔으므로, and 뒤에도 to부정사가 와야 한다. 병치 구문에서 나온 두 번째 to는 생략할 수 있으므로, 동사원형 let이 올바르게 쓰였다.

| 오답 분석 |

② '내가 축구 경기를 시청하는 것'과 '남편이 다른 TV로 영화를 보는 것'은 모두 과거의 한 시점에 동시에 일어나는 사건이므로 주절과 종속절에 모두 과거시제가 쓰여야 한다. 따라서 주절에 쓰인 현재완료시제 has watched를 과거시제 watched로 고쳐야 한다.

③ '그녀의 감정을 상하게 하지 않으려고'를 나타내기 위해 to부정사가 '~하기 위해'라는 목적의 의미로 쓰일 때는 to 대신 so as to를 쓸 수 있고, to부정사(to hurt)의 부정형을 만들기 위해서는 to 앞에 not이 와야 하므로, so as not hurting을 so as not to hurt로 고쳐야 한다.

④ '절대 이 프로젝트를 일주일에 끝낼 수 없다'는 숙어 표현 there is no way(~할 방법이 없다)를 사용하여 나타낼 수 있는데, there is no way 뒤에 부정어(not)가 오는 경우, 이중 부정으로 주어진 우리말과 반대의 의미(이 프로젝트를 일주일에 끝낼 수 없는 방법은 없다)가 되기 때문에 can't를 can으로 고쳐야 한다.

12 ② Ones → One

| 해석 | Princeton 대학교는 학생들이 미국 밖에서 봉사 프로젝트를 하는 것을 선택할 수 있는 등록금이 없는 9개월간의 "Bridge Year"를 제공한다. Chapel Hill에 위치한 North Carolina 대학과 Tufts 대학은 비슷한 프로그램들을 가지고 있는 반면, 뉴욕시에 위치한 the New School에

서 운영되는 프로그램은 참가자에게 최대 1년에 해당하는 학점을 제공한다. 하지만, 지난 5년 동안, 이 아이디어는 미국에서 더욱 호응을 얻고 있는데, 특히나 까다로운 대학들로부터 입학을 허가받은 미국인들 사이에서 호응을 얻고 있다.

| 해설 | ② 문맥상 'the New School에서 운영되는 프로그램'이라는 의미가 되어야 자연스럽고, while이 이끄는 부사절(while~participants)의 동사(offers)가 단수이므로 복수대명사 ones를 단수대명사 one으로 고쳐야 한다.

| 오답 분석 |

① '학생들이 봉사 프로젝트를 하는 것을 선택한다'라는 문맥에서 elect는 '~하기로 선택하다'의 의미로 쓰일 때 to부정사를 목적어로 취할 수 있으므로, elect의 목적어 자리에 to부정사 to do가 올바르게 쓰였다.

③ 문맥상 '지난 5년 동안 이 아이디어는 호응을 얻고 있다'라는 의미로 과거에 시작된 일이 현재까지 계속되고 있음을 표현하고 있고, 주어(the idea)와 동사가 '이 아이디어가 호응을 얻다'라는 의미의 능동 관계이므로, has been과 함께 현재완료진행 능동태를 완성하는 gaining이 올바르게 쓰였다.

④ 수식받는 명사(Americans)와 분사가 '미국인들이 입학이 허가되다'라는 의미의 수동 관계이므로 과거분사 admitted가 올바르게 쓰였다.

| 어휘 | • tuition 등록금 • elect 선택하다, 선출하다
• run 운영하다 • participant 참가자
• gain traction 호응을 얻다, 받아들여지다
• admit 입학을 허가하다, 인정하다 • selective 까다로운

13 ②

| 해석 | 오늘날 시중에 나와 있는 보충제들은 천연 허브 또는 합성 성분을 사용하는 것들을 포함한다. 전문가들은 멀티비타민 중에서 선택할 때, 천연 허브를 포함하는 것들이 반드시 합성 성분을 포함하는 것보다 좋지는 않을 수 있다고 지적한다. 신체는 비타민이 합성 원료나 천연 원료로부터 생산되었는지에 상관없이 분자량과 그들의 기능을 위한 각 비타민과 미네랄의 구조를 인식한다.

| 해설 | ㉠ 주어 자리에 복수명사 Supplements가 왔으므로 복수동사 include를 써야 한다. 주어와 동사 사이의 수식어 거품(on the market today)은 동사의 수 결정에 영향을 주지 않는다.
㉡ 수식받는 명사 those와 분사가 '천연 허브를 포함하는 것들'이라는 의미의 능동 관계이므로 현재분사 containing을 써야 하다.
㉢ 전치사(of)의 목적어 자리에는 명사 역할을 하는 것이 와야 하고, 명사절 접속사 if는 전치사의 목적어 자리에 올 수 없으므로 명사절 접속사 whether를 써야 한다. 따라서 ② ㉠ include-㉡ containing-㉢ whether가 정답이다.

| 어휘 | • synthetic 합성의 • ingredient 성분, 재료
• molecular weight 분자량

14 ② weak → the weak

| 해석 | 고대의 올림픽은 마치 오늘날의 경기들처럼 운동선수들에게 그들의 건강함과 우월함을 입증할 기회를 제공하였다. 고대 올림픽 경기는 약자를 탈락시키고 강자를 찬미하기 위해 고안되었다. 승자는 극한의 상황으로 내몰렸다. 마치 현대와 같이 사람들은 익스트림 스포

츠를 즐겼다. 인기 있는 경기 중 하나가 33회 올림픽에 추가되었다. 이것은 판크라티온, 즉 레슬링과 권투의 극한 조합이다. 그리스어로 pankration은 "온전한 힘"을 의미한다. 선수는 금속 징이 박힌 가죽끈을 입는데, 이것은 상대방을 엉망으로 만들 수 있다. 이 위험한 형태의 레슬링은 시간이나 무게 제한이 없다. 경기에서는 오직 2가지 규칙만 적용된다. 첫 번째, 선수들은 엄지손가락으로 눈을 찌르는 것은 허용되지 않는다. 두 번째, 깨물면 안 된다. 그 외의 것들은 정정당당한 방법이라고 여겨진다. 경기는 권투 경기와 동일한 방식으로 결정되었다. 경쟁자들은 둘 중 하나가 쓰러질 때까지 계속되었다. 만약 둘 중 누구도 항복하지 않는다면, 두 사람은 누군가 하나가 녹다운될 때까지 주먹다짐해야 했다.

| 해설 | ② weak은 형용사인데, 문맥상 '약한 사람들, 약자'를 나타내기 위해서는 앞에 정관사 the가 필요하다. 'the + 형용사'는 복수보통명사를 나타낼 수 있다. 따라서 weak를 the weak로 고쳐야 한다. 뒤에도 마찬가지로 the strong은 '강한 사람들, 강자'를 의미하는 것이다.

| 오답 분석 |

① opportunity 뒤에는 to부정사가 형용사적 용법으로 사용되었는데, opportunity는 수식을 받을 수 있는 명사이다. 따라서 to부정사가 바르게 사용되었다.

③ 'one of the + 복수명사'가 주어 자리에 사용되는 경우, 최종적인 주어는 수식을 받는 one이다. 따라서 뒤에 나오는 동사는 단수가 되어야 한다. was가 바르게 쓰였다.

④ until은 '~까지'라는 의미를 가지고, 전치사와 접속사 둘 다 사용이 가능하다. 뒤에 명사(구)가 오면 전치사이고, 뒤에 주어 + 동사의 문장이 오면 접속사이다. 이 문장의 경우 뒤에 주어 + 동사의 절이 수반되므로 until은 접속사로 바르게 쓰였다.

| 어휘 | • surrender 항복하다 • blow (손, 무기 등으로) 세게 때림, 강타
• knock out 때려눕히다 • fitness 신체 단련
• superiority 우월성, 우세 • glorify 미화하다
• brink (벼랑, 강가 등의) 끝 • stud 못(징), 작은 금속 단추
• mess (지저분하고) 엉망인 상태 • opponent 상대, 반대자
• gouge (난폭하게) 찌르다, 박다 • contender 도전자, 경쟁자
• collapse (의식을 잃고) 쓰러지다

p318~p328

기출 연습

p318

01 ③ whom → who

| **해석** | 우리와 함께 근무하는 교사들에 따르면, 읽기 교육에 대한 이 대본이 있는 고도의 접근 방식은 단어를 발음하는 방법을 아는 많은 학생들을 양산해 왔다.

| **해설** | ③ 관계대명사의 격은 관계절의 구조를 보고 결정한다. 주어가 빠져 있으면 주격, 목적어가 빠져 있으면 목적격을 사용한다. whom은 목적격으로 뒤에 타동사나 전치사가 제시되어야 한다. 이 문장은 주어가 없는 불완전한 문장이므로 who로 고쳐야 한다.

| **오답 분석** |

① teachers (whom) we work with에서 목적격 관계대명사가 생략된 구문이다. work는 자동사이므로 목적어를 수반하기 위해서 전치사 with이 필요하다.

② this highly scripted approach가 단수명사이므로 동사의 수 역시 단수가 일치하고 있다.

④ know라는 타동사의 목적어로 명사절이 사용되고 있다. 의문사 뒤에 주어 + 동사가 생략되는 경우 to부정사를 사용할 수 있으므로 how to sound가 바르게 쓰였다.

| **어휘** | • according to ~에 따르면 • scripted 대본이 있는
• approach 접근 • sound out 두드려서 소리로 밀어내다

02 ② which → in which

| **해석** | 우리는 민주주의 시대에 살고 있다. 지난 세기 내내 세계는 다른 모든 경향보다 1가지 경향에 의해 형성되어 왔다. – 민주주의의 부상이다. 1900년대에는 단 하나의 국가도 우리가 오늘날 민주주의라고 여겨지는 것을 가지고 있지 않았다: 모든 성인 국민들이 투표할 수 있는 선거에 의해 만들어진 정부를 말이다. 오늘날 이것은 전 세계 모든 국가의 60퍼센트 이상에 의해 행해지고 있다. 한때 북대서양 주변의 소수의 국가들에 의한 특이한 관행이었던 것이 인류를 위한 표준적인 관행이 되어 왔다.

| **해설** | ② 관계대명사는 그 자체가 대명사의 성격을 가지고 있어서 관계절의 주어와 목적어 역할을 한다. 따라서 관계절에는 주어와 목적어가 빠져 있는 불완전한 문장이 와야 한다. 이 문장의 경우 every adult citizen이 주어이고 could vote가 동사이다. vote는 여기서 자동사로 사용되고 있으므로 완전한 문장이다. 따라서 which를 '전치사 + 관계대명사'인 in which로 바꾸거나 관계부사인 where로 고쳐야 한다.

| **오답 분석** |

① had라는 타동사의 목적어 자리에 명사절 접속사가 사용되었다. 그리고 뒤에 나오는 동사 consider의 목적어가 없으므로 불완전한 문장이다. 따라서 제대로 사용되었다.

③ every 뒤에는 가산단수명사가 나와야 하므로 citizen이 바르게 쓰였다.

④ 주어 자리이므로 명사절이 맞고, 뒤가 주어가 없는 불완전한 문

장이므로 what이 제대로 사용되었다.

⑤ what이 이끄는 명사절이 주어로 사용되므로 동사의 수는 단수가 맞고, 의미상 과거에서 현재까지 되어 왔으므로 현재완료시제 역시 맞게 사용되었다

03 where

| **해석** | 기업의 수익에 대한 권리(주식)가 거래되는 주식 시장은 미국에서 가장 활발한 금융 시장이다.

| **해설** | 선행사가 the stock market으로 장소를 나타내는 경우에는, 그 장소를 사물로 봐서 관계대명사 which가 나올 수 있고, 장소를 선행사로 취하는 관계부사 where가 나올 수 있다. 둘의 차이는 뒤의 문장의 구조를 살펴야 한다. 뒤에 완전한 문장이 수반되면 관계부사 where를 사용하고, 뒤에 불완전한 문장이 수반되면 관계대명사 which를 사용해야 한다. 이 문장은 claims가 주어이고 are traded가 동사인데, 수동태는 완전한 문장 구조이므로 관계부사 where가 정답이다.

04 ① to eat ② to have ③ everything

| **해석** | 18세기에 가정들은 홀로 식사를 하기 시작했는데, 하인들이 그들이 말하는 모든 것을 들어야만 하는 것보다 스스로 챙겨 먹는 것을 선호했다.

| **해설** | ① begin은 목적어로 to부정사나 동명사를 사용할 수 있다. begin이 동사인데 바로 뒤에 본동사가 다시 나올 수는 없다.

② prefer는 'prefer A rather than B'의 구조를 사용되는데, 이때 A에는 to R이 오고, B 자리에는 (to) R이 와서 둘이 병치를 이루어야 한다.

③ everything (that) they have to say에서 목적격 관계대명사 that이 생략된 구문이므로 everything 뒤에 중복으로 which를 사용하지 않는다.

| **어휘** | • prefer 선호하다 • serve oneself 각자 갖다 먹다
• servant 하인

05 ① what ② was ③ in which

| **해석** | 시인들과 철학자들이 그들 앞의 무의식을 발견했기 때문에, 프로이드가 발견한 것은 그것을 통해 무의식이 연구될 수 있는 과학적인 발견이었다.

| **해설** | ① 주어 자리에 명사절이 사용되고 있고, discovered라는 타동사의 목적어가 없으므로 what이 정답이다.

② 명사절이 주어로 사용되는 경우, 단수 취급해야 하므로 was가 정답이다.

③ 선행사가 method이고 방법을 나타낼 때 사용되는 전치사는 in이므로 in which가 정답이다.

06 ① whose ② who ③ whose

| 해석 | 그녀는 등장인물들이 그녀 자신의 경험에 대한 이해를 도와줄 이야기들을 보았는데, 그들은 매일의 어수선함 속에서 사랑과 의미를 찾아다녔고, 그들의 운명은 가능하다면 적당하게 행복한 것으로 드러날 수 있는 것들이다.

| 해설 | ① 선행사가 stories이고 뒤에 characters라는 명사가 수반되고 있으므로 소유격 관계대명사 whose를 사용해야 한다. 해석은 '그 이야기들의 등장인물들이'라고 하면 된다.
② 선행사가 characters이고 뒤에 searched for라는 동사가 나오므로, 주격 관계대명사 who가 정답이다.
③ 선행사가 마찬가지로 characters이며, 뒤에 fate라는 명사가 나오므로 '등장인물들의 운명'이라고 해석하는 것이 자연스럽다. 따라서 소유격 관계대명사 whose가 적절하다.

| 어휘 | • character 등장인물 • shed light on 비추다, 밝히다, 해명하다
• amidst 한가운데 • clutter 잡동사니
• fate 운명 • moderately 적절하게

07 ③ which → whose

| 해석 | ① 지금부터 두 시간 후에, 홀이 빌 것이다. 그 콘서트는 끝났을 것이다.
② 실험실 검사는 그렇지 않으면 간과되었을 문제들을 밝히는 것을 돕는다.
③ 경찰은 그것의 날짜가 닳아서 알아볼 수 없게 된 오래된 동전을 발견했다.
④ Tom은 매우 굳은 결심을 해서 그를 설득하려고 노력하는 것은 소용이 없었다.

| 해설 | ③ 선행사 an old coin이 사물이고, 관계대명사의 이어지는 문장을 보고 결정해야 한다. 뒤에 date라는 명사가 제시되어 있으므로 which를 whose로 고쳐야 한다. 선행사가 사람, 사물인 것과 관계없이 소유격 관계대명사로는 whose를 사용한다.

| 오답 분석 |
① 이전에 시작된 일이 특정 미래 시점(Two hours from now)에 완료될 것을 표현하고 있으므로 미래완료시제 will have ended가 올바르게 쓰였다.
② 동사 help는 준사역동사로 원형 부정사와 to부정사를 모두 목적어로 취할 수 있으므로 목적어로 원형 부정사 identify가 올바르게 쓰였다. 또한, 원형 부정사 identify의 목적어인 선행사 problems가 사물이고, 관계절 내에서 동사 might~go의 주어 역할을 하므로 주격 관계대명사 that이 올바르게 쓰였다.
④ '매우 ~해서 ~하다'라는 표현은 so~that으로 표현할 수 있다. 이때 so와 that 사이에 명사가 오는 경우 어순은 'so + 형용사 + a + 명사'가 되어야 한다. so firm a decision that이 바르게 사용되었다.

| 어휘 | • identify 밝히다, 확인하다 • otherwise 그렇지 않으면
• unnoticed 간과되다 • worn 닳은, 해진
• illegible 알아볼 수 없는 • firm 굳은

08 ④ which → in which(where)

| 해석 | ① 내가 처음으로 차를 운전한 해는 2010년이었다.

② 아즈텍 제국은 스페인 사람들에 의해 정복되었던 1521년에 붕괴되었다.
③ 그는 특급 소포를 배달하는 남자이다.
④ 그 영화는 선발된 극장들이 위치한 모든 도시에서 4월 12일에 개봉될 것이다.

| 해설 | ④ 선행사가 장소인 경우, 그 뒤를 연결해 주는 관계사로는 관계대명사와 관계부사 둘 다 사용이 가능하다. 관계절의 문장 구조를 파악해서 완전한 문장이 수반되면 관계부사, 불완전한 문장이 수반되면 관계대명사를 사용한다. 이 문장의 경우 selected theaters are located는 완전한 구조이다. 따라서 관계대명사를 관계부사인 where로 고치거나 아니면 in which로 고쳐야 한다.

| 오답 분석 |
① 선행사 The year가 시간을 나타내고, 관계사 뒤에 완전한 절(I first drove a car)이 왔으므로 시간을 나타내는 관계부사 when이 올바르게 쓰였다.
② 선행사 1521이 시간을 나타내고, 관계사 뒤에 완전한 절(it was conquered by the Spanish)이 왔으므로 시간을 나타내는 관계부사 when이 올바르게 쓰였다.
③ 선행사 the man이 사람이고, 관계대명사 뒤에 주어 없이 바로 동사 delivers가 나오므로 사람일 때 주격 관계대명사 who가 바르게 사용되었다.

| 어휘 | • collapse 붕괴되다 • conquer 정복하다
• deliver 배달하다 • release 개봉하다 • selected 선발된

09 ① which → in which(where)

| 해석 | 두바이 뉴스 보도들에 의하면, 아랍에미리트의 관광객이 오하이오에서 체포된 사건에 대응하여, 일요일에 아랍에미리트의 관료들은 아랍 국가들의 여행자들은 서양을 방문하는 동안 '그들의 안전을 보장하기 위해' 공공장소에서 '민족 의상을 입는 것을 자제'해야 한다고 경고했고, 여성들은 유럽 국가들에서 얼굴 베일에 대한 금지령을 따라야 한다고 말했다.

| 해설 | ① 관계사 뒤에 완전한 절(an Emirati tourist~Ohio)이 왔으므로 관계대명사 which를 사용할 수 없다. which는 주격이면 뒤에 주어가 없고, 목적격이면 뒤에 목적어가 없는 불완전한 구조의 문장을 연결해야 한다. 따라서 완전한 절을 이끄는 관계부사 where 또는 '전치사 + 관계대명사' 형태인 in which로 고쳐야 한다.

| 오답 분석 |
② 전치사 from 뒤에 동명사 wearing이 올바르게 쓰였다.
③ 문맥상 '서양을 방문하는 동안'이라는 의미가 되어야 하므로 부사절 접속사 while(~하는 동안)이 올바르게 쓰였다.
④ 명사 ban은 전치사 on과 함께 쓰여 '~에 대한 금지'라는 의미를 나타낼 수 있으므로 전치사 on이 올바르게 쓰였다.

| 어휘 | • incident 사건, 일 • caution 경고하다
• ensure 보장하다 • abide by 따르다, 준수하다
• ban 금지(령)

10 ① that → which

| 해석 | 수천 년 동안 산호와 다른 암초 유기체들이 분해된 뒤 쌓인 탄산염 모

래는 산호초 뼈대를 만드는 재료이다. 하지만 이 모래는 바닷물의 화학적 구성에 쉽게 영향을 받는다. 바다는 이산화탄소를 흡수하면서 산화된다. 그러나 어느 시점에 탄산염 모래가 용해되기 시작한다. 전 세계 바다는 인간이 배출한 이산화탄소의 3분의 1을 흡수한다. 모래가 용해되는 속도는 상층해수의 산성도와 밀접한 관계가 있으며, 산호의 성장보다 산성화에 10배나 더 민감하다. 다시 말해서, 해양의 산성화는 산호의 성장보다 산호초 모래의 용해에 더욱 영향을 줄 것이다. 이것은 아마도 자신의 환경을 바꾸고 해양의 산성화에 부분적으로 적응하는 산호초의 능력을 반영하고 있는 반면, 모래의 용해는 적응할 수 없는 지구 화학적 과정이다.

| 해설 | ① 관계대명사 that은 계속적 용법인 콤마(,) 뒤에는 사용될 수 없다. 선행사가 carbonate sands로 사물이고, 뒤에 accumulate라는 동사가 제시되어 있으므로 사물일 때 주격인 which로 고쳐야 한다.

| 오답 분석 |
② 속도를 나타낼 때 전치사 at을 사용하는 것은 올바르다. 그리고 '전치사 + 관계대명사' 뒤에는 완전한 문장이 이어져야 한다. the sands resolve에서 resolve는 '분해하다'라는 의미를 가지는 자동사이다. 따라서 완전한 구조가 맞다.
③ 배수를 나타내는 경우 times를 사용하는 것은 올바른 표현이다.
④ '~반면'이라는 의미의 양보 부사절을 이끄는 접속사로 whereas가 올바르게 사용되었다.

| 어휘 | • carbonate sand 탄산염 모래 • breakdown 분해
• sensitive 민감한 • make-up 구성
• acidify 산성화하다 • overlie ~위에 놓이다
• modify 변경하다 • partially 부분적으로
• adjust 적응하다 • geochemical 지구 화학적
• adapt ~에 적응하다

11 ④ whoever → who

| 해석 | 방치나 학대 같은 유년기의 스트레스로 가득한 사건은 성인기에 심리적 영향을 끼칠 수 있다. 새로운 연구는 이러한 영향들이 그들의 아이들과 심지어 손자들에게까지 지속될 수 있다는 것을 보여 준다. 터프츠 의과대학의 생화학자 래리 제임스와 로레나 슈미트는 청소년기 쥐들을 7주 동안 새로운 우리로 정기적으로 이동시킴으로써 그들에게 만성적인 사회적 스트레스를 주었다. 그런 후 연구자들은 성년기의 스트레스 받은 쥐들을 실험했다. 일련의 표준적 실험실 측정법을 사용하여 설치류 동물의 불안에 대해 연구했는데, 예를 들면 쥐들이 미로의 열린 공간에서 얼마나 많은 시간을 보내는지 그리고 그들이 전에 만난 적 없던 쥐에게 얼마나 자주 접근하는지와 같은 방법이다. 암컷 쥐는 통제 집단에 비해서 불안한 행동을 더 보였지만 수컷 쥐는 그렇지 않았다. 하지만, 이들 두 성별의 새끼들 모두 불안한 행동을 더 보였고, 청소년기에 스트레스를 받은 수컷 쥐들은 이러한 행동 패턴을 그들의 암컷 손주와 증손주에게까지 물려 주었다.

| 해설 | ④ 복합 관계대명사 whoever는 anyone who와 같은 의미로 선행사가 그 자체에 포함되어 있다. 따라서 앞에 선행사가 중복으로 사용될 수 없다. 이 문장의 경우 선행사가 males이고 뒤에 had been stressed라는 동사가 있으므로 주격 관계대명사 who로 고쳐야 한다. 여기서 males은 수컷 생쥐를 나타내는데 의인화해서 who를 사용할 수 있다.

| 오답 분석 |
① over the course of(~동안에)라는 표현이 바르게 사용되었다.
② 의문부사 how는 뒤에 형용사나 부사를 수반해서 정도를 나타낼 수 있다. 이때 형용사를 사용할지 부사를 사용할지는 뒤에 나오는 문장을 보고 결정한다. 뒤에 제시된 동사 approached를 수식하는 부사 frequently가 바르게 쓰였다.
③ whereas는 양보 부사절을 이끌어서 '~반면에'라는 의미를 가지므로 바르게 사용되었다.

| 어휘 | • abuse 학대하다, 남용하다, 폭행 • psychological 심리적인
• persist 지속하다, 지속되다 • biochemist 생화학자
• rodent 설치류의, 설치류 동물 • maze 미로, 미궁, 당혹하게 하다
• chronic 만성의 • compared with ~와 비교해서
• transmit 전송하다

12 ③ which → that

| 해석 | 신화는 많은 기간 이집트 문화의 필수적인 부분이었다. 신화에서 나온 인물들과 사건들은 이집트의 예술, 건축 그리고 문학에 배어 있다. 신화는 왕과 성직자들에 의해서 행해진 많은 의식들을 뒷받침했다. 교육받은 이집트인들은 신화의 지식이 현재 삶과 내세의 삶의 위험에서 살아남기 위해 싸우는 기초적인 무기라고 믿었다. 이집트 학자들 사이에서는 이집트에서 언제 처음 신화적인 묘사가 발달했는지에 대해 의견 차이가 있다. 이 논쟁은 부분적으로는 신화를 무엇으로 규정하는가를 결정하는 것의 어려움 때문이다. 오늘날, 신화의 용어는 종종 무언가 과장되거나 사실이 아닌 것을 나타내는 비판적인 방법으로 사용된다. 고대 문화에서는, 신화는 이러한 부정적인 의미를 함축하지 않았다. 신화는 문자 그대로의 사실보다 시적인 의미를 보유한 이야기로서 간주된다. 몇몇 학자들은 그것을 특색 있는 신의 이야기로 분류함으로써 다른 종류들의 전통적인 이야기로부터 신화를 구분한다. 이러한 간단한 정의는 아마도 이집트에서는 꽤 잘 적용될지도 모르지만, 모든 문화에서 그렇지는 않다.

| 해설 | ③ 선행사가 -one, -body, -thing 등의 명사일 때는 관계대명사로 which가 아닌 that을 사용해야 한다. 따라서 which를 that으로 고쳐야 한다.

| 오답 분석 |
① believed라는 타동사의 목적어 자리에 명사절 접속사가 사용되었고, 이어지는 문장이 완전하므로 that이 바르게 쓰였다.
② 동명사는 동사의 성격을 가진다. decide는 타동사이므로 뒤의 목적어 자리에 명사절 접속사가 사용될 수 있다. 그리고 이어지는 문장은 주어 없이 바로 should be counted라는 동사가 나오므로 불완전한 구조이다. 따라서 what이 바르게 쓰였다.
④ 선행사가 stories라는 사물이고, 뒤에 contained라는 동사가 이어지고 있으므로 사물일 때 주격 관계대명사 that이 바르게 사용되었다.

| 어휘 | • integral 필수적인, 완전한 • permeate 배다, 스며들다
• afterlife 내세, 사후 세계 • narrative 서사
• unfavorable 호의적이 아닌 • ritual 의식절차, 의례
• exaggerate 과장하다 • connotation 함축
• classify 분류하다, 구분하다 • deity 신, 신적 존재

 기출 종합

p322

01 ②

| **해석** | 그녀는 대학 이후로 스페인어를 연습하지 않았기 때문에 지난겨울 그녀가 멕시코로 여행가기 전에 그것을 <u>복습해야 했다</u>.
① ~에게 아첨하다
② ~을 복습하다
③ ~을 피하다
④ (병에) 걸리다

| **해설** | 그녀가 대학 이후로 스페인어를 연습하지 않았다고 했으므로, '멕시코로 여행가기 전에 그것(스페인어)을 _____ 해야 했다'라는 문맥에서 Before she traveled to Mexico~, she needed to _____ her Spanish의 빈칸에는 '~을 복습하다'라는 의미가 들어가는 것이 자연스럽다. 따라서 ② brush up on이 정답이다.

| **어휘** | • make up to ~에게 아첨하다 • brush up on ~을 복습하다
• shun away from ~을 피하다 • come down with (병에) 걸리다

02 ①

| **해석** | 나는 Jim이 컴퓨터 출력물을 <u>자세히 조사하게</u> 하라고 당부받았다.
① 조사하다
② 분배하다
③ 버리다
④ 교정하다

| **해설** | pore over(자세히 조사하다)와 비슷한 의미를 가진 어휘를 묻고 있으므로, '조사하다'라는 의미의 ① examine이 정답이다.

| **어휘** | • pore over 자세히 조사하다 • printout 출력물
• examine 조사하다 • distribute 분배하다
• discard 버리다 • correct 교정하다

03 ③

| **해석** | A : 어떤 사업을 생각하고 있어?
B : 네 생각에는 요즘에 꽃집을 소유하는 게 전망이 좋은 것 같아?
A : 그럴 수 있어. 하지만 네가 정신적으로 그리고 재정적으로 준비가 되었어?
B : <u>나는 내가 가진 것으로 시작해서 해 볼 준비가 되었어.</u>
A : 좋아! 그렇다면 넌 전략적인 장소와 적절한 부문도 선택해야 해. 좋은 결과를 얻으려면 반드시 빈틈없는 조사를 해야 해.
B : 나도 알아. 사업을 시작하는 것이 사업을 잘 운영하는 것보다 훨씬 더 쉽지.
① 나는 내일 병원에 갈 계획이야.
② 내가 그렇게 될 수는 없어! 나는 취업하기 위해 노력해야 해.
③ 나는 내가 가진 것으로 시작해서 해 볼 준비가 되었어.
④ 나는 내 사업을 시작하는 것을 고려하고 싶지 않아.

| **해설** | 사업을 위해 준비가 되었냐는 A의 질문에 대한 B의 대답 후, 빈칸 뒤에서 다시 A가 Good! Then you should choose a strategic place and the right segment too(좋아! 그렇다면 넌 전략적인 장소와 적절한 부문도 선택해야 해)라고 말하고 있으므로, 빈칸에는 '나는 내가 가진 것으로 시작해서 해 볼 준비가 되었어'라는 의미

가 들어가야 자연스럽다. 따라서 ③ I'm ready to start with what I have and take a chance가 정답이다.

| **어휘** | • prospect 전망 • thorough 빈틈없는, 철두철미한
• run 운영하다 • strive 노력하다
• take a chance 해 보다

04 ②

| **해석** | M : 저게 무슨 소리야?
W : 소리? 난 아무것도 안 들리는데.
M : 주의해서 들어 봐. 난 무슨 소리가 들려. <u>어쩌면 타이어에서 공기가 새고 있나 봐.</u>
W : 오, 멈춰서 살펴보자.
M : 봐! 오른쪽 앞바퀴에 유리 조각이 있어.
W : 정말? 음… 네 말이 맞아. 어떻게 해야 하지?
M : 걱정하지 마. 나는 타이어를 교체해 본 경험이 몇 번 있어.
① 나는 내 고객들에게 타당한 조언을 해 주었어.
② 어쩌면 타이어에서 공기가 새고 있나 봐.
③ 내 생각에는 그 정비공이 약속이 있는 것 같아.
④ 오! 네 핸드폰이 진동으로 울리고 있어.

| **해설** | 무슨 소리가 들린다는 M의 말에 대해, 빈칸 뒤에서 W가 멈춰서 살펴보자고 대답한 뒤, 다시 M이 오른쪽 앞바퀴에 유리 조각이 있다고 말하고 있다. 그러므로 빈칸에는 '어쩌면 타이어에서 공기가 새고 있나 봐'라는 의미가 들어가야 자연스럽다. 따라서 ② Maybe air is escaping from the tire가 정답이다.

| **어휘** | • sound 타당한, 믿을 만한 • escape 새다
• mechanic 정비공 • vibration 진동

05 ④

| **해석** | 그녀는 루브르 박물관에 있는 모나리자를 보러 가는 것에 대해 <u>애매한 태도를 취한다</u>.
① 고뇌에 찬
② 열광적인
③ 우려하는
④ 결심이 서지 않은

| **해설** | on the fence(애매한 태도를 취하여)와 비슷한 의미를 가진 어휘를 묻고 있으므로, '결심이 서지 않은'이라는 의미의 ④ undecided가 정답이다.

| **어휘** | • on the fence 애매한 태도를 취하여
• anguished 고뇌에 찬 • enthusiastic 열광적인
• apprehensive 우려하는 • undecided 결심이 서지 않은, 미결정의

06 ①

| **해석** | 우리의 주요리는 많은 풍미를 가지고 있지 않았지만 나는 양념을 추가함으로써 그것을 더 맛있게 만들었다.
① 맛있는
② 분해할 수 있는
③ 마실 수 있는
④ 민감한

| **해설** | 주요리는 많은 풍미를 가지고 있지 않았다고 했다. 그러므로 '하지만 나는 양념을 추가함으로써 그것을 더 _____게 만

들었다'라는 문맥에서 but I made it more _____ by adding condiments의 빈칸에는 '맛있는'이라는 의미가 들어가야 자연스럽다. 따라서 ① palatable이 정답이다.

| 어휘 | • flavor 풍미, 맛 • condiment 양념, 조미료
• palatable 맛있는 • dissolvable 분해할 수 있는
• potable 마실 수 있는 • susceptible 민감한, 영향을 받기 쉬운

07 ③

| 해석 | 첫인상 편향이란 우리의 첫인상이 사랑에 대해 우리가 수집한 후속 정보가 처리되고, 기억되고, 적절하다고 보이는 틀을 만든다는 것을 의미한다. 예를 들어, 수업 중인 Ann-Chinn을 관찰한 것을 기반으로, Loern은 그녀를 전형적인 아시아 여성으로 보고 그녀는 조용하고, 성실하며 내성적이라고 가정했을지도 모른다. 옳건 틀리건, 이러한 결론에 도달한 채, 그는 이제 Ann-Chinn의 행동을 이해하고 해석하는 데 있어 일련의 원형과 생각을 가진다. 시간이 흐르면서, 그는 그의 원형과 생각에 일치하는 행동을 그가 이미 그녀에 대해 만들어 놓은 인상에 맞춘다. 그녀가 그의 범퍼스티커의 선택지에 대해 불신을 표현하는 것을 그가 알게 될 때, 그는 그의 그것이 기존 원형과 맞지 않기 때문에 단순히 그것을 무시하거나 그녀의 실제 본성에 대한 특이한 예외로 볼 것이다.

| 해설 | (A) 관계사 뒤에 완전한 절(later information~relevant)이 왔으므로 관계대명사 which가 아닌 '전치사 + 관계대명사' 구조의 by which를 써야 한다.
(B) 주절의 주어(he)와 분사구문이 '그가 결론에 도달하다'라는 의미의 능동 관계이므로 현재분사를 써야 하는데, '결론에 도달'한 시점이 '그가 원형과 생각을 가진' 시점보다 이전이므로 분사구문의 완료형 Having reached를 써야 한다.
(C) the impression을 수식하기 위해 형용사 역할을 하는 관계사 절이 와야 하고, 선행사 the impression이 사물이고 관계절 내에서 동사 has formed의 목적어 역할을 하므로 명사절 접속사 what이 아닌 목적격 관계대명사 that을 써야 한다. 따라서 ③ (A) by which – (B) having reached – (C) that이 정답이다.

| 어휘 | • impression 인상 • mold 틀
• gather 수집하다 • observe 관찰하다
• stereotypical 전형적인 • assume 가정하다
• unassertive 내성적인 • conclusion 결론
• prototype 원형 • construct 생각
• interpret 해석하다 • disbelief 불신
• bumper sticker 범퍼스티커(자동차 범퍼에 붙인 광고 스티커)
• dismiss 무시하다 • exception 예외
• existing 기존의, 현존하는

08 ①

| 해석 | 나는 부작용의 가능성을 알고 부정적인 반응을 알아볼 수 있는 주기적인 검사를 해야 함에도, 그 약물의 잠재적인 효과에 집중하기로 했다.
① 해로운
② 긍정적인
③ 중독성 있는
④ 가벼운

| 해설 | adverse(부정적인)와 비슷한 의미를 가진 어휘를 묻고 있으므로,

'해로운'이라는 의미의 ① harmful이 정답이다.

| 어휘 | • odds 가능성, 곤란 • side effect 부작용
• periodic 주기적인 • checkup 검사, 검진
• pick up 알아보다, 알아채다 • adverse 부정적인, 불리한
• potential 잠재적인 • favorable 긍정적인, 호의적인
• addictive 중독성이 있는

09 ③

| 해석 | 캐나다 정부는 캘거리에 본사를 둔 Talisman 에너지 회사에 제재를 가하겠다는 위협을 철회했는데, 이는 미국 국무부의 비난을 자아냈다.
① 고안했다
② 밝혔다
③ 철회했다
④ 강화했다

| 해설 | back down on(철회하다)의 과거형인 backed down on과 비슷한 의미를 가진 어휘를 묻고 있으므로, '철회하다'라는 의미의 withdraw의 과거형인 ③ withdrew가 정답이다.

| 어휘 | • back down on 철회하다, 취소하다 • impose 가하다, 부과하다
• sanctions 제재 • elicit 자아내다, 이끌어 내다
• rebuke 비난, 비난하다 • devise 고안하다
• unfold 밝히다, 펼치다 • withdraw 철회하다, 철수시키다
• reinforce 강화하다

10 ④

| 해석 | ① A : 도와드릴까요, 손님?
B : 괜찮아요, 그냥 둘러보는 거예요.
② A : 영화 몇 시에 시작해?
B : 4시에 시작해.
③ A : 푸드 코트에서 내 지갑을 잃어버렸어.
B : 분실물 센터에 가 보자.
④ A : 집을 떠나 산 지 얼마나 됐어요?
B : 한 10마일(약 16km)쯤 돼요.

| 해설 | ④번에서 A는 집을 떠나 산 지 얼마나 되었냐며 기간에 대해 묻고 있으므로, 한 10마일쯤 된다는 B의 대답 It's about ten miles(한 10마일쯤 돼요)는 어울리지 않는다. 따라서 ④번이 정답이다.

11 ④ to yawn → yawn

| 해석 | 하품하는 것은 옮기 쉽다. 한 사람의 하품은 전체 집단의 하품을 유발할 수 있다. 감정 이입을 더 많이 하는 사람들은 다른 사람의 하품에 의해 하품하도록 더 쉽게 영향받는다고 알려져 있다. 뇌 영상법 연구는 사람들은 다른 사람들이 하품하는 것을 볼 때, 사회적 기능에 관여한다고 알려져 있는 뇌의 부분들이 활성화된다는 것을 보여 주었다. 심지어 개들도 그들의 주인 또는 낯선 사람들이 하품하는 것을 보는 것에 대한 반응으로 하품하고, 전염성이 있는 하품은 또한 다른 동물들에게도 나타났다.

| 해설 | ④ 동사 see(seeing)는 동사원형이나 현재분사를 목적격 보어로 취하는 지각 동사이므로 to부정사 to yawn을 동사원형 yawn이나 현재분사 yawning으로 고쳐야 한다.

| 오답 분석 |
① be동사(is)는 주격 보어를 취하는 동사인데, 보어 자리에는 명사

85

또는 형용사 역할을 하는 것이 올 수 있으므로 형용사 catching(옮기 쉬운)이 올바르게 쓰였다.

② 분사를 앞에서 수식하는 것은 부사이므로 과거분사 influenced 앞에 부사 easily가 와서 easily influenced가 올바르게 쓰였다.

③ 문맥상 '사람들은 다른 사람들이 하품하는 것을 볼 때'라는 의미이다. '~할 때'는 부사절 접속사 when으로 나타낼 수 있으므로 when이 올바르게 쓰였다.

| 어휘 | • yawn 하품하다 • catching 옮기 쉬운
• trigger 유발하다, 일으키다 • empathic 감정 이입의
• brain imaging 뇌 영상법 • activate 활성화시키다
• in response to ~에 반응하여 • contagious 전염성이 있는
• note 나타내다

12 ①

| 해설 | 부정을 나타내는 부사(Nowhere)가 강조되어 문장 맨 앞에 나오면 주어와 동사가 도치되어 '부사(Nowhere) + 동사(are) + 주어(fusion dishes)'의 어순으로 나타낼 수 있다. 따라서 Nowhere are fusion dishes로 나타낸 ①, ②번이 정답 후보이다. 선행사 Hawaii가 사물이고 관계절 내에서 동사 is의 주어 역할을 하므로, 사물을 가리키는 주격 관계대명사 which를 사용하여 나타낸 ①번이 정답이다.

| 어휘 | • apparent 눈에 띄는 • crossroad 교차로
• bridge 연결해 주다, 다리를 놓다

13 ① which → where

| 해석 | 마르셀 모스(1872–1950)는 프랑스 사회학자로 그는 로렌 지방의 보주도 에피날에서 태어났고 그는 그곳에서 친족들이 긴밀하게 거주하는 경건하고 신앙심이 독실한 유대인 가정에서 성장했다. 에밀 뒤르켐은 그의 삼촌이다. 18살까지 모스는 유대인의 신념에 어긋나는 행동을 했었다. 그는 결코 종교적인 사람이 아니었다. 그는 보르도에서 뒤르켐의 감독하에 철학을 공부했다. 뒤르켐은 그의 조카의 공부를 지도하는 동안에 끊임없는 노력을 했고, 심지어 모스에게 가장 도움이 될 강의를 그의 강의 과목으로 선택했었다. 이와 같이 모스는 타고난 철학자였고(마치 초기의 뒤르켐주의자들이 그러했듯이) 그리고 그의 철학에 대한 개념은 항상 가장 존경하는 뒤르켐에게 영향을 받았다.

| 해설 | ① 선행사로 장소가 사용되는 경우, 관계대명사 which와 관계부사 where 둘 다 사용이 가능하다. 이 둘의 차이는 관계대명사는 그 자체가 뒤의 문장의 주어와 목적어가 되므로 뒤에는 불완전한 문장이 수반된다. 반면, 관계부사는 부사이므로 뒤에는 완전한 문장이 수반된다. 이 문장의 경우 뒤에 he grew up이라는 완전한 문장이 제시되어 있으므로 which를 where로 고쳐야 한다.

| 오답 분석 |

② 뒤에 supervision이라는 명사가 있으므로 이와 어울리는 전치사는 under이다. under the supervision of는 '~의 감독하에서'라는 뜻이다.

③ above all은 '무엇보다도, 특히'라는 의미를 가지는 부사이다. 동사 뒤에 부사가 올 수 있으므로 바르게 쓰였다.

④ '전치사 + 관계대명사' 뒤에는 완전한 문장이 수반되어야 한다. 이 문장은 주어 + 동사 + 목적어를 갖춘 완전한 문장이다. 또한 전치사 for는 원래 he always retained the utmost admiration for에서

문장 끝에 있던 전치사가 관계대명사 앞으로 이동한 것이므로 바르게 쓰였다.

| 어휘 | • close-knit 집단 구성원들이 긴밀히 맺어진, 단결된
• pious 경건한, 독실한 • orthodox 정통의
• Jewish 유대인(유대교)의, 유대교인인
• faith 믿음, 신뢰 • religious 종교의, 독실한, 신앙심이 깊은
• supervision 감독, 관리 • take trouble in 힘을 들이다, 애쓰다
• initially 처음의, 초기의
• be influenced above 영향을 받다, 좌우되다
• retain 유지(보유)하다 • utmost 최고의, 극도의
• admiration 감탄, 존경 • supervise 감독하다
• doctrinaire 교조적인

기출 연습

p336

01 ④ do not support → did not support

해석 그는 그에게 향한 비난을 피하기 위해 사임하라는 내각에 의한 제안을 거부했지만, 만약 유권자들이 그를 지지하지 않는다면 사임할 것이라고 하면서 그의 통치에 대한 국민투표를 요구했다.

해설 ④ 주절 동사가 would resign으로 조동사 과거형이 사용되고 있으므로 가정법 과거 구문이다. 따라서 if절의 동사 역시 과거시제가 사용되어야 하므로 do not support를 did not support로 고쳐야 한다.

오답 분석
① 내각에 의한 제안이므로 행위의 주체를 나타내는 전치사 by가 바르게 쓰였다.
② 동사 앞에 인칭대명사 주격이 바르게 쓰였다.
③ 부정사의 부사적 용법으로 '~하기 위해서'라는 의미를 표현할 수 있으므로 바르게 쓰였다.

어휘 • reject 거부하다 • deflect 방향을 바꾸다, 피하다
• cabinet (정부의) 내각 • resign 사직하다
• referendum 국민 투표, 총선거

02 ① Had ② been delivered ③ to complete

해석 만약 컴퓨터 부품이 보다 일찍 도착했더라면, 우리는 그 프로젝트를 정각에 끝낼 수 있었을 텐데.

해설 ① earlier가 과거를 나타내는 시간 부사이므로, 이 문장은 과거의 사실을 반대로 가정하는 가정법 과거완료 구문이다. 가정법 과거완료에서 if가 생략되어 주어와 동사가 도치가 이루어진 구문이다. 따라서 Had가 와야 한다.
② 컴퓨터 부품은 배송하는 것이 아니라 배송되는 것이므로 수동형의 동사가 적절하다.
③ '~할 수 있다'라는 표현으로 be able to R이 사용된 것이므로 to complete가 와야 한다.

어휘 • parts 부품 • complete 완료하다
• on time 정각에

03 ①

해석 ① 만일 그 물품이 내일까지 배달되지 않으면, 그들은 그것에 대해 불평할 것이다.
② 그는 그 학급의 다른 어떤 야구 선수보다 더욱 숙련되었다.
③ 바이올리니스트가 공연을 끝내자마자 관객들은 일어나서 갈채를 보냈다.
④ 제과업자들은 밀의 소비 장려를 요구하며 거리로 나오도록 요구되어 왔다.

해설 ① 미래 실현 가능성이 희박한 경우, 가정법 미래를 사용한다. 가정법 미래 구문의 구조는 'if + 주어 + should R, 주어 + would(will) +

R'이고, 해석은 '혹시라도 ~하는 경우, ~하세요'로 하면 된다. if절의 동사가 should not be delivered이고, 주절이 would complain이므로 바르게 쓰였다.

오답 분석
② 비교급으로도 최상급의 의미를 전달할 수 있는데, 문장의 구조는 '비교급 + that + any + other + 단수명사'로 '다른 어떤 ~보다 더 ~하다'이므로 최상급의 의미를 가지게 된다. 따라서 players를 player로 고쳐야 한다.
③ '하자마자 ~했다'라는 의미의 구문은 'Hardly(Scarcely + had + 주어 + p.p. ~, 주어 + 과거동사'를 사용한다. 이때 시제를 주의해야 하는데, '~하자마자 ~했다'에서 '~하자마자'는 '~했다'보다 이전 시점이므로 과거완료시제를 사용한다. 따라서 has를 had로 고쳐야 한다.
④ 사역동사는 목적격 보어로 동사원형을 사용하지만 수동태로 전환되는 경우 'be made to R'과 같이 to부정사가 연결되어야 한다. 따라서 have been made come out을 have been made to come out으로 고쳐야 한다.

04 ③

해설 과거에 대한 아쉬움을 표현해서 '만약 ~했더라면 좋을 텐데(얼마나 좋을까)'는 'I wish + 주어 + had p.p.'로 표현할 수 있으므로 ③번이 정답이다.

05 ④

해석 ① 내가 쓰레기를 내다 버리기로 되어 있었지만, 잊어버렸다.
② Tom은 3년 동안 그의 아파트를 소유해 왔다.
③ 그녀는 지금 먹는 것이 좋을 것이다, 그렇지 않으면 나중에 배고파질 것이다.
④ 나의 사촌이 결혼을 하면 숙모가 좋아하실 텐데.

해설 ④ '나의 사촌이 결혼을 하면 숙모가 좋아하실 텐데'는 현재 상황을 반대로 가정하는 의미가 되어야 자연스러우므로 가정법 과거로 표현할 수 있다. 가정법 과거 구문은 if절은 과거 동사(got married)이고 주절은 조동사 과거형(would be)이 맞으므로 바르게 표현되었다.

오답 분석
① '~하도록 예정되어 있다'는 be supposed to R으로 표현될 수 있으므로 I supposed to take out을 I am supposed to take out으로 고쳐야 한다.
② own(소유하다)은 소유 동사인데, 상태 동사나 소유 동사는 그 자체가 진행의 의미를 포함하고 있으므로 진행시제를 사용할 수 없다. 따라서 has been owning을 has owned로 고쳐야 한다.
③ had better는 구조 동사로 뒤에는 반드시 동사원형이 수반되어야 한다. 따라서 to eat을 동사원형 eat으로 고쳐야 한다.

어휘 • own 소유하다 • cousin 사촌

06 ③

| 해석 | 우리가 미국인들에게 충분한 안전을 제공하지 못한 것이 이 끔찍한 대량 학살로 인해 황폐해진 나라를 흔들어 놓았으며, 전 세계를 깜짝 놀라게 했다. 우리가 중동에서의 대외정책을 재검토했어야 할 때이다.

| 해설 | 'It is high time + (that) + 주어 + 과거동사'로 '~했어야 할 때이다'를 나타낼 수 있다. 따라서 that절 안의 동사로는 과거동사를 사용해야 하므로 ③번이 정답이다.

07 ④

| 해설 | '마치 그녀의 삶의 모든 걱정들이 차츰 사라졌던 것처럼'은 과거 상황의 반대를 가정하는 것이므로 가정법 과거완료시제로 표현할 수 있다. 그리고 '마치 ~처럼'은 as if나 as though 구문으로 표현할 수 있다. as if(though)절의 동사가 had p.p.형이 되어야 하므로 had melted away로 표현한 ④번이 정답이다.

| 어휘 | • serene 고요한, 평온한
• melt away 차츰 사라지다, 녹아 없어지다

08 ③ will bathe → bathe

| 해석 | 강아지를 목욕시키는 것은 지저분해지고, 시간이 걸리며 그 일에 참여하는 사람에게 모두 재미있는 일은 아니기 때문에, "얼마나 자주 강아지를 목욕시켜야 하죠?"라고 궁금해하는 것은 당연한 일이다. 흔히 있는 일이지만, 대답은 "상황에 따라 다르다."이다. "강아지들은 털모낭의 성장을 촉진하는 것을 돕고 피부 건강을 위해 스스로 털을 손질한다"라고 론허스트 동물병원의 에덤 데니쉬 박사가 말했다. "그러나, 목욕을 시키는 일은 그 과정을 보완하기 위해 대부분의 강아지에게 필요한 일이다. 그러나 너무 자주 목욕을 시키면 애완견에게 해로울 수도 있다. 만약 당신이 지나치게 자주 강아지를 목욕시키면, 그것은 피부에 염증을 일으키고, 모낭을 손상시키며, 박테리아나 곰팡이성 감염의 위험성을 높일 수 있다." pet MD의 수의학 자문가 제니퍼 코츠는 "가장 적합한 목욕의 횟수는 목욕을 시키는 이유에 달려 있다. 실내에서 대다수 시간을 보내는 건강한 강아지들은 자연적으로 발생하는 강아지 악취를 조절하기 위해 1년에 몇 번 정도만 목욕시키면 된다. 반면, 자주 목욕을 시켜 주는 것은 알레르기성 피부병과 같은 질병을 관리하는 데 있어서 중요한 부분이다"라고 덧붙여 말한다.

| 해설 | ③ 주절 동사로 can irritate, damage, increase가 병렬이 되어 사용되고 있으므로 이 문장은 가정법이 아닌 직설법의 조건절임을 알 수 있다. 조건 부사절에서는 미래의 의미를 가지는 경우, 미래시제 대신에 현재시제를 사용하므로 if절의 동사인 will bathe를 bathe로 고쳐야 한다.

| 오답 분석 |
① 주어가 dogs이고 목적어와 동일하므로 목적어 자리에는 재귀대명사를 사용해서 themselves가 바르게 표현되었다.
② as well은 부사로 사용되어서 '~역시'라는 의미를 가지고 문미에 위치하므로 바르게 쓰였다.
④ 선행사가 dogs로 복수명사이고, 의인화해서 주격 관계대명사 who로 받고 있다. 그리고 관계절의 동사의 수는 선행사에 따라 결정되므로 동사 역시 복수형인 spend가 바르게 쓰였다.

| 어휘 | • bathe 목욕하다, 감싸다 • groom 손질하다, 깔끔하게 다듬다
• involved 관련 있는 • as is often the case 종종 사실이듯이

• facilitate 쉽게 하다 • hair follicle 모낭
• supplement 보충하다 • detrimental 해로운
• irritate 짜증나게 하다, 자극하다 • fungal 균에 의한, 균성의
• veterinary 수의과의

09 ④ would feel → would have felt

| 해석 | 우리는 흥미 있고 신나는 일을 할 때 거의 피곤하지 않다. 예를 들어, 나는 최근에 루이스 호수 근처의 캐나다 로키 산맥에서 휴가를 보냈다. 나는 내 머리보다 더 높은 나뭇가지들 사이를 헤쳐 나가고, 통나무에 발부리가 걸리고, 쓰러진 나무들을 지나가기 위해 고군분투하고, 코랄 호수를 따라서 송어 낚시를 하며 며칠을 보냈다. 8시간이 지났지만, 나는 지치지 않았다. 왜 그럴까? 왜냐하면 나는 매우 재미있었고 기분이 들떠 있었기 때문이다. 나는 6마리의 송어를 잡았다는 높은 성취감을 느꼈다. 하지만 만약 내가 낚시를 함으로써 지루했다면, 당신은 내가 어떻게 느꼈을 것 같은가? 나는 7,000피트의 고도에서 이러한 몹시 힘든 일을 함으로써 녹초가 되었을 것이다.

| 해설 | ④ 우선 접속사 if를 대신할 수 있는 표현을 알아야 한다. Suppose, supposing, providing, provided는 if와 똑같은 접속사라고 생각해야 한다. 그러면 suppose절의 동사가 had been bored로 'had p.p.'형의 가정법 과거완료 동사가 사용되었으므로, 주절에는 조동사 과거가 아닌 조동사 과거완료형이 사용되어야 한다. 따라서 would feel은 would have felt로 고쳐야 한다. 문맥상으로도 과거 사실을 반대로 가정하고 있으므로 가정법 과거완료가 적절하다.

| 오답 분석 |
① -thing, -one, -body로 끝나는 명사는 형용사가 뒤에서 수식하므로 something interesting(흥미로운 뭔가)가 바르게 쓰였다.
② 'spend + 시간 + Ring(~하면서 시간을 보내다)'이므로 trout fishing(송어낚시)가 제대로 사용되었다.
③ 콤마 앞과 뒤로 병치가 이루어져야 하므로 trout fishing과 연결되는 구조이므로 fighting my way through brush(나뭇 가지 사이를 길을 헤쳐나가다)가 바르게 쓰였다.

| 어휘 | • trout 송어 • stumble 발을 헛디디다, 휘청거리다
• exhausted 기진맥진한 • exhilarated 기분이 들뜬
• achievement 성취, 업적 • worn out 녹초가 되다
• strenuous 몹시 힘든 • altitude 고도
• hearty 푸짐한, 따뜻한

🎓 기출 종합

p340

01 ②

| 해석 | 플라스틱 병의 문제는 그것들이 절연 처리가 되지 않는다는 것이어서 기온이 상승하기 시작하면, 당신의 물도 뜨거워질 것이다.
① 위생적인
② 절연 처리가 된
③ 재활용 가능한
④ 방수의

| 해설 | 기온이 상승하기 시작하면, 당신의 물도 뜨거워질 것이라고 했으므로 '플라스틱병의 문제는 그것들이 _____ 않

는다는 것이다'라는 문맥에서 The issue with plastic bottles is that they're not _____의 빈칸에는 '절연 처리가 된'이라는 의미가 들어가야 자연스럽다. 따라서 ② insulated가 정답이다.

│어휘│ • sanitary 위생적인 • insulated 절연 처리가 된
• waterproof 방수의

02 ④

│해석│ 글을 쓸 때 작가가 채택하는 전략은 주의력 과부하의 어려움을 완화시킬 수도 있다.
① 보완하다　　② 가속화하다
③ 계산하다　　④ 완화시키다

│해설│ alleviate(완화시키다)와 비슷한 의미를 가진 어휘를 묻고 있으므로, '완화시키다'라는 의미의 ④ relieve가 정답이다.

│어휘│ • adopt 채택하다, 입양하다 • alleviate 완화시키다, 경감하다
• overload 과부하 • complement 보완하다
• accelerate 가속화하다 • calculate 계산하다

03 ④

│해석│ ① A : 우리는 몇 시에 점심을 먹을 건가요?
　　B : 12시 전에는 준비될 거에요.
② A : 당신에게 여러 번 전화했어요. 왜 받지 않았나요?
　　B : 오, 제 핸드폰이 꺼졌던 거 같아요.
③ A : 당신은 이번 겨울에 휴가를 가실 건가요?
　　B : 갈지도 몰라요. 아직 결정을 내리지 않았어요.
④ A : 여보세요. 당신의 전화를 못 받아서 죄송해요.
　　B : 메시지를 남기길 원하시나요?

│해설│ ④번에서 A는 전화를 못 받아서 죄송하다고 하고 있으므로 메시지를 남기길 원하는지를 묻는 B의 대답 Would you like to leave a message?(메시지를 남기길 원하시나요?)는 어울리지 않는다. 따라서 ④번이 정답이다.

│어휘│ • turn off 끄다 • decide 결정을 내리다

04 ③

│해석│ A : 안녕하세요. 저는 돈을 좀 환전해야 해요.
B : 알겠습니다. 어떤 화폐가 필요하신가요?
A : 저는 달러를 파운드로 바꿔야 해요. 환율이 어떻게 되나요?
B : 환율은 달러당 0.73파운드입니다.
A : 좋아요, 수수료를 받으시나요?
B : 네, 우리는 4달러의 많지 않은 수수료를 받습니다.
A : 당신의 환매 방침은 무엇인가요?
B : 우리는 당신의 화폐를 무료로 다시 바꿔 드립니다. 그저 영수증만 가져오세요.
① 이것은 얼마인가요?
② 이것을 사려면 얼마를 지불해야 하나요?
③ 당신의 환매 방침은 무엇인가요?
④ 신용카드 받으시나요?

│해설│ 수수료가 있는지 묻는 A의 말에 B가 4달러라고 대답하고, 빈칸 뒤에서 B가 We convert your currency back for free(우리는 당신의 화폐를 무료로 다시 바꿔드립니다)라고 말하고 있으므로, 빈칸에 '당신의 환매 방침은 무엇인가요'라는 의미의 'What's your buy-

back policy'가 들어가야 자연스럽다. 따라서 ③번이 정답이다.

│어휘│ • exchange 환전하다, 교환하다 • currency 화폐
• convert 바꾸다, 전환하다 • commission 수수료
• receipt 영수증

05 ③

│해석│ A : 너희 새 동네는 어때?
B : 대부분은 훌륭해. 나는 깨끗한 공기와 푸른 환경이 좋아.
A : 살기 아주 좋은 곳처럼 들리네.
B : 응. 그렇지만 단점이 없는 것은 아니야.
A : 예를 들면?
B : 첫 번째로, 다양한 상점들이 많지 않아. 예를 들어, 슈퍼마켓이 하나밖에 없어서 음식이 매우 비싸.
A : 문제가 있는 것처럼 보이네.
B : 내 말이 바로 그 말이야. 하지만 다행이지. 시에서 지금 새 쇼핑센터를 짓고 있거든. 내년이면 우리는 더 많은 선택지를 갖게 될 거야.
① 그곳에는 슈퍼마켓이 몇 개나 있니?
② 그곳에는 쇼핑할 장소들이 많니?
③ 문제가 있는 것처럼 보이네.
④ 나는 너희 동네로 이사를 가고 싶어.

│해설│ 새 동네에 어떤 단점이 있느냐는 A의 질문에 대해 B가 상점이 많지 않다고 대답한 후, 빈칸 뒤에서 B가 You're telling me(내 말이 바로 그 말이야)라고 말하고 있으므로, 빈칸에는 B가 말한 단점에 동조하는 '문제가 있는 것처럼 보이네'라는 의미가 들어가야 자연스럽다. 따라서 ③ It looks like you have a problem이 정답이다.

│어휘│ • neighborhood 동네 • for the most part 대부분 • drawback 단점

06 ②

│해석│ A : 자, Mr. Wong, 뉴욕에서 사신 지는 얼마나 되셨나요?
B : 거의 7년째 이곳에 살고 있습니다.
A : 당신의 근무 경력에 대해 말씀해 주시겠어요?
B : 저는 지난 3년 동안 피자 전문점에서 일해 왔습니다.
A : 그곳에서 무슨 일을 하시나요?
B : 저는 손님들을 자리에 안내하고, 그들을 응대합니다.
A : 당신은 당신의 일이 마음에 드시나요?
B : 제 일은 좋습니다. 모든 사람이 정말 친절합니다.
A : 그렇다면, 당신은 왜 이 일에 지원하신 건가요?
B : 그저 제가 더 격식을 차린 환경에서 일하는 것을 원하기 때문입니다.
A : 알겠습니다. 그 밖에 더 하고 싶으신 말씀이 있으신가요?
B : 저는 사람들과 정말 잘 지냅니다. 그리고 저는 또한 이탈리아어와 중국어를 할 수 있습니다.
A : 그렇군요. 정말 감사합니다. 곧 연락드리도록 하겠습니다.
B : 곧 소식이 오기를 바랍니다.
① 그래서, 그곳의 환경은 어떤가요?
② 그렇다면, 당신은 왜 이 일에 지원하신 건가요?
③ 하지만 당신이 잘하는 외국어가 있나요?
④ 그리고 당신은 여기서 일하기 위해 어떤 자질이 필요하다고 생각하시나요?

│해설│ B의 일이 마음에 드는지를 묻는 A의 질문에 B가 일이 좋다고 말하고, 빈칸 뒤에서 다시 B가 It's just that I want to work in a more formal environment(그저 제가 더 격식을 차린 환경에서 일

89

하는 것을 원하기 때문입니다)라고 말하고 있으므로, 빈칸에는 '그렇다면, 당신은 왜 이 일에 지원하신 건가요?'라는 의미가 들어가야 자연스럽다. 따라서 ② Then, why are you applying for this job?이 정답이다.

| 어휘 | • seat 자리에 안내하다 • wait on 응대하다
• formal 격식을 차린 • shortly 곧 • quality 자질, 특성

07 ②

| 해석 | ① A : 지금이 몇 시인 줄 아니?
B : 미안, 나는 요즘 바빠.
② A : 이봐, 어디 가는 길이니?
B : 우리는 식료품점으로 가고 있어.
③ A : 이것 좀 도와줄 수 있어?
B : 그래. 너를 위해서 박수칠게.
④ A : 내 지갑 본 사람 있니?
B : 오랜만이야.

| 해설 | ②에 A는 B에게 어디로 가고 있는지를 묻고 있으므로, 식료품점으로 가고 있다는 B의 대답 We are off to the grocery store(우리는 식료품점으로 가고 있어)가 자연스럽다. 따라서 ②번이 정답이다.

| 어휘 | • clap 박수 치다

08 ③

| 해석 | Jonathan은 재학 중인 모든 사람에게 그 교장이 부분 가발을 썼다고 말함으로써 Mr. Periwinkle을 중상모략했다.
① 명예를 훼손시키다 ② 비방하다
③ 칭찬하다 ④ 경시하다

| 해설 | slander(중상모략하다)의 과거형인 slandered와 의미가 가장 먼 어휘를 묻고 있으므로, '칭찬하다'라는 의미의 ③ commend가 정답이다.

| 어휘 | • slander 중상모략하다, 명예를 훼손하다
• toupee 부분 가발
• libel 명예를 훼손시키다
• calumniate 비방하다, 중상하다
• commend 칭찬하다
• depreciate 경시하다, 비하하다

09 ①

| 해석 | 그것은 잠재적인 구매자들에게 확실한 횡재이다.
① 뜻밖의 횡재 ② 큰 낭패
③ 책략 ④ 독창성

| 해설 | bonanza(횡재)와 비슷한 의미를 가진 어휘를 묻고 있으므로, '뜻밖의 횡재'라는 의미의 ① windfall이 정답이다.

| 어휘 | • absolute 확실한, 절대적인
• bonanza 횡재, 운수 대통
• potential 잠재적인
• windfall 뜻밖의 횡재, 굴러 들어온 복
• stratagem 책략, 술수
• debacle 큰 낭패, 대실패
• ingenuity 독창성, 창의력

10 ③

| 해석 | 그녀는 종종 나의 부모님에게 반항적이며, 인생에 대해 느긋한 태도를 갖고 있다.
① 기운찬 ② 소심한
③ 태평스러운 ④ 투명한

| 해설 | laid-back(느긋한)과 비슷한 의미를 가진 어휘를 묻고 있으므로 '태평스러운'이라는 의미의 ③ blithe가 정답이다.

| 어휘 | • rebellious 반항적인 • laid-back 느긋한
• mettlesome 기운찬 • mousy 소심한
• blithe 태평스러운 • hyaloid 투명한

11 ①

| 해석 | 르네상스의 1가지 특징은 부유함에 대한 새로운 표현, 그리고 관련 사치품들에 대한 소비였다. 경제와 정치 역사학자들은 수요와 소비에서의 변화의 원인들에 대해 14세기부터 계속 치열하게 논쟁해 왔다. 르네상스 정신의 전성기에 대한 의견은 14세기와 15세기에 심각한 경제적 불황기를 겪었다는 일반적인 의견과 상충한다.
① 일치하지 않는 ② 일치하는
③ 상응하는 ④ 서로 바꿀 수 있는

| 해설 | at odds(상충하는)와 비슷한 의미를 가진 어휘를 묻고 있으므로, '일치하지 않는'이라는 의미의 ① discordant가 정답이다.

| 어휘 | • fiercely 치열하게
• onwards 계속
• at odds 상충하는
• profound 심각한, 심오한
• depression 불황
• discordant 일치하지 않는
• consonant 일치하는, 조화하는
• commensurate 상응하는, 어울리는

12 ④

| 해석 | 계몽사상가들에게 개화라는 개념은 사회적 진보, 즉 종교를 넘어선 이성의 승리, 지역적이고 특정한 관습의 쇠퇴, 그리고 자연 과학의 진보와 밀접하게 관련되어 있다.
① 착취적으로 ② 재미없게
③ 드물게 ④ 밀접하게

| 해설 | '개화라는 개념은 사회적 진보, 즉 종교를 넘어선 이성의 승리, 지역적이고 특정한 관습의 쇠퇴, 자연 과학의 진보와 관련되어 있다'라는 문맥에서 the notion of civilization _____ was connected with the idea of social progress에는 '밀접하게'라는 의미가 들어가야 자연스럽다. 따라서 ④ inextricably가 정답이다.

| 어휘 | • civilization 개화, 문명
• connect 관련시키다, 연결하다
• triumph 승리, 이기다
• rationality 이성
• religion 종교
• custom 관습
• exploitatively 착취적으로
• insipidly 재미없게
• inextricably 밀접하게, 불가분하게

13 ④

| 해석 | 일반적으로 대부분의 범죄자들은 어떠한 종류의 시련⊙에서도 해방되지 않는다고 믿어진다. 비록 그 범죄자들이 기소⊙로부터 피하는 데 성공적이고 장시 동안 결백하다고 입증될지라도, 그들은 스스로에게 끊임없는 신체적, 정신적 학대를 가할 수밖에 없는 운명이다.

	⊙	⊙
①	~에 속박된	회피하는 것
②	~에 의해 구속된	수긍하는 것
③	~로부터 면제된	~에 순응하는 것
④	~에서 해방된	~로부터 피하는 것

| 해설 | 그들(범죄자들)은 스스로에게 끊임없는 신체적, 정신적 학대를 가할 수밖에 없는 운명이라고 했으므로, '대부분의 범죄자들은 어떠한 종류의 시련 _____ 하지 않는다고 믿어진다. 비록 그 범죄자들이 기소 _____ 하는 데 성공적이고'라는 문맥에서는 '~에서 해방된'과 '~로부터 피하는 것'이라는 의미가 들어가야 자연스럽다. 따라서 ④ ⊙ emancipated from-⊙ evading from이 정답이다.

| 어휘 |
• criminal 범죄자
• ordeal 시련, 고난
• accusation 기소, 고발
• innocent 결백한
• doomed to ~할 수밖에 없는 운명인
• exact 가하다, 강요하다
• abuse 학대
• weasel 회피하다
• fetter 구속하다
• nod through 수긍하다
• exempt 면제하다
• comply 순응하다, 따르다
• emancipate 해방하다
• evade 피하다

14 ① go the document through
→ go through the document

| 해석 | ① 상사는 이사회가 시작하기 전에 우리 팀이 그 문서들을 검토하길 원한다.
② 야구 선수들의 수가 증가했을 뿐만 아니라 그 선수들의 가치 역시 증가했다.
③ Bob은 그가 갚을 수 있는 것보다 더 많은 돈을 은행에서 빌리는 경향이 있다.
④ 막대한 연구 자금이 교육부에 의해 한 지역의 사립대학에 주어졌다.

| 해설 | ① '동사(go) + 전치사(through)'로 이루어진 동사구의 경우, '동사 + 전치사'(go through) 뒤에 목적어가 와야 하므로 go the documents through를 go through the documents로 고쳐야 한다.

| 오답 분석 |
② 부정을 나타내는 부사구(Not only)가 강조되어 문장의 맨 앞에 나오면 주어와 조동사가 도치되어 '부사구 (Not only) + 조동사(has) + 주어(the number of baseball players) + 동사(increased)'의 어순이 되어야 하고, 앞의 말에 대해 '역시 그렇다'라는 의미를 나타내는 부사 so가 절의 맨 앞에 오면 주어와 조동사가 도치되어 'so + 조

동사(have) + 주어(the values)'의 어순이 되어야 한다. 따라서 Not only has the number of baseball players increased와 so have the values가 올바르게 쓰였다.
③ 문맥상 '그가 갚을 수 있는 것보다 더 많은 돈'이라는 의미가 되어야 자연스럽다. '~보다 더 많은~'은 비교급 표현 'more + 명사(money) + than'을 사용하여 나타낼 수 있으므로 more money~ than he can pay back이 올바르게 쓰였다.
④ 동사 give는 2개의 목적어를 '간접 목적어(a local private university) + 직접 목적어(a huge research fund)'의 순서로 취하는 4형식 동사로, 수동태가 되어 직접 목적어가 주어로 간 경우 수동태 동사(was given) 뒤에 '전치사 + 간접 목적어'(to a local private university)가 와야 한다. 따라서 was given to a local private university가 올바르게 쓰였다.

| 어휘 |
• go through 검토하다, 살펴보다
• pay back 갚다, 돌려주다
• fund 자금

15 ③ but also → but

| 해석 | 사실상 현대 예술은 오늘날 중산층의 필수적인 부분이 되었다. 심지어 화실에서 갓 나온 예술 작품들은 열광적인 환영을 받는다. 그것들은 다소 빠르게 인정받는다. 이것은 쌀쌀맞은 문화 비평가들의 취향에 비해 매우 빠르다. 물론 그들의 모든 작품들이 즉시 구매되는 것은 아니지만, 그러나 의심할 여지없이 새로운 작품을 사는 것을 즐기는 사람의 수가 증가한다. 빠르고 비싼 자동차 대신에 그들은 젊은 작가의 그림, 조각 그리고 사진 작품을 산다. 그들은 동시대의 작품들 또한 그들의 사회적 품격을 더해 줄 것을 알고 있다. 더욱이 작품들은 자동차처럼 마모에 노출되지 않기 때문에 그것은 훨씬 더 투자 가치가 있다.

| 해설 | ③ 상관접속사 but also의 경우 앞에 not only가 제시되어서 'not only A but also B'의 구조로 사용되고, 'A뿐만 아니라 B 역시'라는 의미이다. 이 문장의 경우 앞에 not이 있으므로 'not A but B'의 구조이고 의미 역시 'A가 아니라 B다'가 되어야 자연스러우므로 but also를 but으로 고쳐야 한다.

| 오답 분석 |
① Even은 강조부사로 뒤에 나오는 성분을 수식할 수 있다. 그리고 work은 '일'이라는 의미일 때는 불가산명사이지만, '작품'이라는 의미일 때는 가산명사이므로 복수형인 works가 바르게 사용되었다.
② rather는 정도부사로 뒤에 나오는 형용사나 부사를 수식해서 '다소, 제법, 꽤'라는 의미로 사용된다. rather quickly는 '상당히 빨리'로 의미가 자연스럽다.
④ wear and tear는 동사가 아니라 하나의 명사구이다. '(일상적인 사용에 의한) 마모'를 의미하므로 적절하게 쓰였다.

| 어휘 |
• contemporary 동시대의, 현대의
• integral 필수적인, 필요 불가결한
• enthusiasm 열광, 열정
• recognition 인식, 인정
• surly 무례한, 성질 못된
• critic 비평가
• undoubtedly 의심할 여지 없이
• prestige 위신, 명망
• wear and tear (일상적인 사용에 의한) 마모

기출 연습
p360

01 ④
| 해설 | ④ 앞 문장에 대한 긍정 동의로는 'so + V + S'를 사용하는데, 이때 주의해야 하는 점은 주절 동사에 따라서 동사의 종류를 일치시키는 것이다. 앞에 나온 동사가 일반동사(loved)이므로 대동사 did가 적절하게 쓰였다.

| 오답 분석 |
① look forward to에서 to는 전치사 to이므로 뒤에는 동사가 올 수 없고, 목적어로 사용 가능한 동명사 receiving이 와야 한다.

② rise(오르다)는 자동사이므로 뒤에 목적어가 올 수 없다. 타동사 raise(올리다)로 고쳐야 한다.

③ 'be worth + Ring' 구문이다. considered를 considering으로 고쳐야 한다. 참고로, worth 뒤에 오는 동명사는 수동으로 해석된다.

02 ② were → was
| 해석 | 팜비치 포스트는 우리의 지역 신문이었을 뿐만 아니라, 우리 가계 수입 절반의 원천이기도 했다.
| 해설 | Not only~but also 구문에서 강조를 위해서 Not only가 문두로 가는 경우 주어와 동사의 도치가 이루어진다. 이때 주의해야 할 점은 도치되는 주어와 동사의 수를 일치시켜야 한다는 것이다. 이 문장의 주어는 the Palm Beach Post로 단수명사이므로 동사를 단수형인 was로 고쳐야 한다.
| 어휘 | • local 지역의, 현지의 • source 원천, 출처
• household 가정, 가구 • income 수입, 소득

03 ① Blessed is the man ② who ③ to lie
| 해석 | 낮에는 너무 바빠서 걱정할 틈이 없고, 밤에는 너무 피곤해서 깨어 있지 않은 사람은 축복받았다.
| 해설 | ① 2형식 문장에서 주격 보어가 강조를 위해 문두에 가는 경우, 주어와 동사는 도치된다. 이 문장의 경우 보어인 blessed가 문두에 가면서 주어인 the man과 동사 is가 도치되었다.
② 선행사가 the man이므로 사람일 때 주격 관계대명사 who가 와야 한다.
③ 등위 접속사 and 앞과 뒤는 동일한 구조로 병치되어야 한다. 이 문장의 경우 too~to R(너무 ~해서 ~할 수 없다) 구문이 쓰였다. 따라서 뒷부분도 too tired to lie가 와야 한다.
| 어휘 | • blessed 신성한, 축복받은 • be tired of 싫증이 나다
• awake 깨어나다, 깨어 있는

04 does → was
| 해석 | 1860년대에 맨해튼과 브루클린의 인구는 급속도로 증가했다. 그리고 그들 사이의 통근자들의 수도 그러했다.

| 해설 | '~역시 ~하다'라는 표현으로 'so + 동사 + 주어'를 이용해서 표현할 수 있다. 이때 동사는 앞 문장의 동사에 따라서 그 종류가 결정된다. 앞 문장의 동사가 일반동사이면 대동사 do/dose/did를, be동사이면 be동사를, 조동사이면 조동사를 사용한다. 이 문장의 경우 앞의 동사가 were로 be동사이므로 be동사를 사용하는데, 주어가 the number로 단수명사이므로 was를 사용해야 한다.

05 ② what → that
| 해석 | 기억, 공통의 경험과 역사적 기록을 소중히 간직하는 것은 다름 아닌 언어였다.
| 해설 | 이 문장은 'It is~that' 강조 구문이다. 강조 대상으로 language가 왔고, 시제가 과거이므로 was가 사용되었다. 그리고 that절 이하는 주어에 해당하는 language가 빠졌으므로 주어가 없는 불완전한 문장이 수반되고 있다. 따라서 명사절 접속사 what을 강조 구문에 사용되는 접속사 that으로 고쳐야 한다.
| 어휘 | • enshrine 소중히 간직하다 • common 흔한
• historical 역사상의 • historic 역사적으로

06 ② Little I dreamed → Little did I dream
| 해석 | ① 그는 나를 보자마자 달아났다.
② 나는 그가 나에게 거짓말했을 것이라고는 생각도 못했다.
③ 쉬운 영어로 쓰였기 때문에, 그 책은 많은 사람들에 의해서 읽혔다.
④ 그녀를 처음 만났을 때, 나는 사랑에 빠지지 않을 수 없었다.
| 해설 | ② Little은 '좀처럼 ~하지 않다'라는 의미를 가지는 부정부사이다. Little이 문두로 가는 경우, 주어와 동사가 순서를 바꾸는 도치가 발생한다. 이때 일반동사는 대동사 do/does/did를 이용해서 도치시키면 된다. 따라서 Little I dreamed를 Little did I dream으로 고쳐야 한다.
| 오답 분석 |
① No sooner는 부정부사이므로 문두에 가서 주어와 동사가 바르게 도치되고 있다. 그리고 '나를 보자마자 도망갔다'라는 의미이므로 도망간 것이 과거시제이고, 나를 본 것은 그 전 시제이므로 과거완료시제가 사용되어야 한다.
③ 분사구문의 주어가 the book이므로, 책은 쓰는 것이 아니라 써지는 것이므로 과거분사로 바르게 표현되었다.
④ '~하지 않을 수 없다'는 'cannot help but R'으로 표현할 수 있는데, 이때 cannot help but이 조동사이므로 뒤에는 동사원형이 온다. fall이 바르게 사용되었다.

07 ② improving → improve
| 해석 | ① 성격에 대한 연구가 보여 준 것은 변화에 대한 개방성이 나이가 듦에 따라 감소한다는 것이다.
② 공동 우주 프로그램은 더 큰 이해를 확립하고, 세계 평화를 장려하며, 과학적 지식을 향상시킬 수 있다.
③ 재사용할 수 있는 여성용 손가방이 더 저렴해지면 더 많은 사람들

이 그것을 구입하기 시작할지도 모른다.

④ 오늘날 더 많은 사람들이 업무를 위해 스마트폰과 태블릿 컴퓨터를 사용하고 있다.

| 해설 | ② 여러 개가 나열되는 경우, 콤마(,)로 연결하고 마지막 것 앞에 and를 사용한다. 즉 A, B, and C 식으로 표현한다. 이때 콤마와 등위접속사 and로 연결되는 것들이 문법적으로 동일한 구조를 가지는 병치가 이루어져야 한다. 이 문장에서는 build~, promote~and improve가 모두 앞에 나오는 조동사 could 뒤에 이어지는 동사원형이 되어야한다. 따라서 improving을 improve로 고쳐야 한다.

| 오답 분석 |
① 주어 자리에 절이 사용되고 있으므로 명사절이 와야 한다. 그리고 have shown이라는 타동사의 목적어가 없는 불완전한 문장이므로 what이 바르게 쓰였다. 또한 명사절이 주어 자리에 오는 경우 단수 취급하므로 본동사 역시 is로 바르게 쓰였다.

③ 동사 start는 동명사와 to부정사를 둘 다 목적어로 취할 수 있으므로 동명사 buying이 올바르게 쓰였다.

④ 현재를 나타내는 시간 표현 Today(오늘날)가 쓰였고, '사람들이 사용하고 있다'라는 의미가 되어야 자연스러우므로 현재진행시제 people are using이 올바르게 쓰였다.

| 어휘 | • personality 성격 • openness 개방성
• decline 감소하다 • collaborative 공동의
• promote 장려하다, 촉진하다 • reusable 재사용할 수 있는
• tote bag 여성용 손가방

08 ④ were → was

| 해석 | 랭스턴 휴즈는 미주리 주의 조플린에서 태어나 많은 아프리카계 미국 학생들이 그들의 학문을 추구하는 링컨 대학교를 졸업했다. 18세의 나이에, 휴즈는 그의 가장 널리 알려진 시 중 한 편인 "니그로(흑인), 강에 대해 말하다"를 출판했다. 창의적이고 실험적이기 때문에 휴즈는 그의 작품에 실제 방언을 포함시켰고 블루스와 재즈의 리듬과 분위기를 아우르기 위해 전통적인 시의 형태에 맞추었으며 하층계급의 흑인 문화 요소들을 반영하는 캐릭터와 테마를 만들었다. 심각한 주제와 유머러스한 스타일을 융합시키는 그의 능력으로, 휴즈는 자연스럽고 재치있는 방식으로 인종 편견을 공격했다.

| 해설 | ④ 주격 관계대명사 that 뒤에 나오는 동사의 수는 관계대명사 앞에 제시된 선행사에 따라서 결정된다. way가 단수명사이므로 동사의 수도 역시 단수인 was로 고쳐야 한다.

| 오답 분석 |
① '전치사 + 관계대명사' 뒤에는 완전한 문장이 이어져야 한다. 이 문장의 경우 many African-American students가 주어이고, have pursued가 동사, their academic disciplines이 목적어이므로 완전한 구조가 바르게 쓰였다. 선행사가 장소이므로 관계부사 where를 쓸 수 있는데, where는 in which로 표현될 수 있다.

② poem은 가산명사이므로 복수형이 바르게 쓰였다.

③ '~하는 능력을 가지고'라는 의미이므로 전치사 with이 바르게 사용되었다.

| 어휘 | • pursue 추구하다 • discipline 학문
• well-known 잘 알려진, 유명한 • incorporate 포함하다
• authentic 진짜의 • dialect 방언, 사투리

• cadence 억양 • fuse A with B A와 B를 융합하다
• racial 인종 간의, 인종의 • prejudice 편견

09 ③ and → nor

| 해석 | 15세기 이전의 마녀의 모든 4가지 특성(야간 비행, 비밀 모임, 해로운 마법, 그리고 악마의 계약)은 개별적으로 혹은 제한된 조합으로 교회에 의해 성당 기사단원, 이교도, 훈련받는 마법사, 그리고 다른 반체제 집단을 포함한 교회의 적에 속하는 것으로 생각되었다. 초자연적인 힘에 대한 대중의 믿음은 마녀 재판을 하는 동안 소작농들의 고백으로부터 나왔다. 마녀의 마법에 대한 대중적인 개념과 학문적인 개념 사이의 가장 두드러진 차이는 마녀들은 악마에게서 유래되지 않은 초자연적 타고난 힘을 갖고 있었다는 대중의 믿음에 있었다. 학식이 있는 사람들에게 이러한 힘은 이단에 가까운 것으로 보였다. 초자연적인 힘은 절대로 인간이 기원이 아니었으며, 또한 마녀들은 교육이 필요한 마법의 전통으로부터 그들의 기술이 나온 것도 아니었다. 왜냐하면 그 마법적 기술은 그때 당시의 남자들의 것이라고 여겨졌던 대학에서의 학업적 훈련을 필요로 했기 때문이다. 마녀의 힘은 필연적으로 그녀가 악마와 맺은 맹약에서 나온 것이었다.

| 해설 | and 뒤를 보면 could witches로 주어와 동사가 도치되어 있으므로 틀린 문장이다. 등위접속사 and 뒤에는 '(주어) + 동사'의 구조가 나오든지, 대명사 주어가 생략되고 동사만 나올 수 있다. 따라서 접속사의 기능과 부정부사의 기능을 다 가지는 nor(= and not)로 고쳐야 한다.

| 오답 분석 |
① emerge는 자동사이므로 수동형이 될 수 없다. 그리고 과거의 사실을 묘사하므로 시제도 과거가 적절하다. emerged in(from)은 '~에서 나오다'라는 의미이다.

② the belief 뒤에 나오는 that은 belief를 구체적으로 설명해 주는 동격의 that이다. 동격의 that절 안은 완전한 문장이 이어져야 하는데, the witch가 주어, had가 동사, innate supernatural powers가 목적어로 완전한 구조의 절이 이어지고 있다.

④ 콤마(,) 뒤에는 관계대명사 that을 사용하지 않도록 주의해야 한다. 이 문장의 경우 선행사 their craft(그들의 기술)가 사물이고, 뒤에 required라는 동사가 있으므로 사물일 때 주격 관계대명사 which가 올바르게 사용되었다.

| 어휘 | • pact 약속, 협정 • ascribe ~의 탓으로 돌리다
• adversary 상대방, 적수 • dissident 반체제 인사
• innate 타고난, 선천적인 • heresy (종교상의) 이단

10 ① what → that

| 해석 | 수용이 되고 표현이 되면, 부러움은 도움이 될 수 있고, 심지어 유쾌한 것일 수도 있다. 이것은 명확하게 규정된 목표와 결합되어서 변화를 일으킬 수 있는 힘을 가져다준다. 경쟁력을 야기하고, 안전한 지역에서 벗어나게 만들고, 조금 더 노력하게 하고, 더 위대한 것들을 추구하게 하는 것은 바로 욕구이다. 의식적으로 받아들여지고 다루어지면, 부러움은 또한 감탄으로 바뀔 수 있다. 도전과 목표 달성의 어려움에 대한 이해와 존중을 가지고 우리는 또한 우리의 부러움의 대상이 투자했던 노력의 진정한 가치를 알아볼 수 있도록 배울 수 있다. 그리고 다른 누군가의 업적에 대한 바로

그 정확히 똑같은 욕망이 존경과 감탄의 감정을 불러일으킨다.
| 해설 | ① what은 앞에 명사가 있을 때에는 사용할 수 없고, 타동사의 목적어 자리에 사용될 수 있다. 앞에 emotion이라는 명사가 있으므로 뒤에 나오는 문장은 형용사절이 되어야 한다. 따라서 what을 that으로 고쳐야 한다.

| 오답 분석 |
② 앞의 선행사가 desire로 사물이고, 뒤에 동사가 있으므로 주격 관계대명사 which가 바르게 쓰였다.
③ 접속사 뒤에 주어와 동사가 생략된 분사구문이다. 주절 주어가 envy이므로 '받아들여지는'이라는 의미가 맞기에 과거분사 accepted가 바르게 쓰였다.
④ 선행사가 understanding and appreciation으로 복수이므로 주격 관계대명사 which 뒤에 나오는 동사가 복수형으로 바르게 쓰였다.

| 어휘 | • envy 부러움 • beneficial 유리한
• pleasant 유쾌한 • motivate 동기부여하다
• induce 야기하다 • competitiveness 경쟁력
• comfort zone 안전 지대 • pursue 추구하다
• consciously 의식적으로 • admiration 감탄
• appreciation 존중 • object 대상
• achievement 업적 • joint with ~와 함께
• bring forth 불러 일으키다

 기출 종합

p364

01 ①
| 해석 | 나는 이 문서들을 지금은 완전히 죽은 감성의 유물로 보았는데, 그것은 발굴되어야 한다.
① 발굴된
② 포장된
③ 지워진
④ 유명한
| 해설 | excavate(발굴하다)의 과거분사형인 excavated와 비슷한 의미를 가진 어휘를 묻고 있으므로, '발굴하다'라는 의미인 exhume의 과거분사형인 ① exhumed가 정답이다.
| 어휘 | • relic 유물, 유적 • sensibility 감성, 감정
• dead and buried 완전히 죽은 • excavate 발굴하다, 파다
• exhume 발굴하다, 파내다 • pack 포장하다
• erase 지우다, 없애다 • celebrated 유명한

02 ①
| 해석 | 롤러코스터를 타는 것은 감정의 폭주일 수 있다. 당신이 좌석에 끈으로 묶일 때의 불안한 예상, 위로 올라갈수록 생겨나는 의문과 후회 그리고 그 전차가 처음으로 급하강할 때 순수한 아드레날린이 돌진한다.
① 순전한
② 무서운
③ 가끔의
④ 처리하기 쉬운

| 해설 | sheer(순수한)와 비슷한 의미를 가진 어휘를 묻고 있으므로, '순전한'이라는 의미를 가진 ① utter가 정답이다.
| 어휘 | • joy ride 폭주, 난폭 운전 • anticipation 예상, 기대
• strap 끈으로 묶다 • sheer 순수한, 순전한
• utter 순전한, 완전한, 말하다 • occasional 가끔의

03 ②
| 해석 | 그 잔인한 광경은 그렇지 않으면 그녀의 머리에 떠오르지 않았을 생각을 유발했다.
① 돌보았다
② 초래했다
③ 보상했다
④ 연락을 유지했다
| 해설 | touch off(유발하다)의 과거형인 touched off와 비슷한 의미를 가진 어휘를 묻고 있으므로, '초래하다'라는 의미의 give rise to의 과거형인 ② gave rise to가 정답이다.
| 어휘 | •.cruel 잔인한 • touch off 유발하다, 발사하다
• give rise to 초래하다 • make up for 보상하다, 보충하다
• keep in contact with 연락을 유지하다

04 ①
| 해석 | 학교의 불량배는 교실에서 다른 학생들에 의해 기피되는 것이 어떤 것인지 몰랐다.
① 회피되는   ② 경고된
③ 처벌된   ④ 모방된
| 해설 | shun(기피하다)의 과거분사형인 shunned와 비슷한 의미를 가진 어휘를 묻고 있으므로, '회피하다'라는 의미인 avoid의 과거분사형인 ① avoided가 정답이다.
| 어휘 | • bully 불량배, (약자를) 괴롭히는 사람, 괴롭히다
• shun 기피하다, 멀어지다 • imitate 모방하다

05 ④
| 해석 | 최첨단의 접근법이 위협적이라고 여기는 학생들은 그 또는 그녀가 예전 방법으로 배웠을지 모르는 것보다 덜 배운다.
① 재미있는   ② 친화적인
③ 편리한   ④ 위협적인
| 해설 | intimidating(위협적인)과 비슷한 의미를 가진 어휘를 묻고 있으므로, '위협적인'이라는 의미의 ④ frightening이 정답이다.
| 어휘 | • state-of-the-art 최첨단의 • intimidating 위협적인, 겁을 주는
• humorous 재미있는 • convenient 편리한
• frightening 위협적인

06 ③
| 해석 | 에어컨들이 현재 수리 중이기 때문에, 사무실 직원들은 오늘 선풍기로 임시변통해야 한다.
① ~을 제거하다
② ~에서 손을 놓다
③ ~로 임시변통하다
④ ~와 결별하다

| 해설 | 에어컨들이 현재 수리 중이라고 했으므로, 사무실 직원들은 오늘 선풍기로 _____ 해야 한다'라는 문장에서 the office workers have to _____ electric fans for the day의 빈칸에는 '~로 임시변통하다'라는 의미가 들어가야 자연스럽다. 따라서 ③ make do with이 정답이다.

| 어휘 | • get rid of ~를 제거하다 • let go of ~에서 손을 놓다
• make do with ~로 임시변통하다 • break up with ~와 결별하다

07 ③ read → to read

| 해석 | 우리가 매체를 이용하는 것을 익명의 사회적 관계라는 맥락에서 고려할 때, 우리가 바와 같은 공공 장소에서 텔레비전을 보는 것, 콘서트나 댄스 클럽에 가는 것, 또는 버스나 지하철에서 신문을 읽는 것과 같이 낯선 사람의 존재를 수반하는 그러한 모든 경우를 의미한다. 일반적으로, 우리가 우리 주변의 사람들 그리고 대중매체 상품과 상호작용하는 방법을 좌우하는 사회적 규칙들이 있다. 예를 들어, 우리의 문화에서는 다른 사람의 어깨 너머로 읽거나 공공 장소에서 일어나는 텔레비전 채널을 바꾸는 것은 무례하거나, 최소한 공격적이라고 여겨진다. 음악을 좋아하는 사람은 누구든지 특정한 종류의 콘서트에서 무엇이 적절한 것인지를 안다. 타인의 존재는, 비록 그 관계가 전적으로 개인적인 정을 나누지 않는다는 사실에도 불구하고, 종종 환경을 규정하는 데 결정적이며, 따라서 매체를 이용하는 행위에도 결정적이다.

| 해설 | ③ 접속사(or)로 연결된 병치 구문에서는 같은 구조끼리 연결되어야 하는데, or 뒤에 to부정사구(to get up)가 왔으므로 or 앞에도 to부정사구가 와야 한다. 따라서 동사원형 read를 to부정사 to read로 고쳐야 한다.

| 오답 분석 |
① 접속사(or)로 연결된 병치 구문에서는 같은 구조끼리 연결되어야 하고, 3개의 구가 등위접속사로 연결될 경우 'A, B, + 등위접속사(or) + C'의 형태로 연결되어야 한다. or 앞뒤의 A와 C 자리에 동명사구(viewing – bars, reading – subway)가 왔으므로 B 자리에도 동명사 going이 올바르게 쓰였다.
② 주격 관계절(that~product) 내의 동사는 선행사(rules)에 수 일치시켜야 하는데, 선행사 rules가 복수명사이므로 복수동사 govern이 올바르게 쓰였다.
④ 뒤에 명사(the fact)가 있고, 문맥상 '사실에도 불구하고'라는 의미가 되어야 자연스러우므로 양보를 나타내는 전치사 despite가 올바르게 쓰였다.

| 어휘 | • anonymous 익명의 • occasion 경우, 때
• involve 수반하다, 포함하다 • presence 존재, 있음
• govern 좌우하다, 결정하다 • rude 무례한
• aggressive 공격적인 • particular 특정한
• crucial 결정적인, 중대한 • impersonal 비인격적인

08 ③ lions crossed → did the lions cross

| 해석 | 많은 시행착오 끝에, Richard는 마침내 태양 전지판에 의해 충전된 오래된 자동차 배터리로 작동되는 번쩍이는 LED 조명 장치를 만들어냈다. Richard는 울타리를 따라 조명들을 쭉 세웠다. 밤에 그 조명들은 마구간 바깥에서 보일 수 있었는데, 그것은 마치 사람들이 손전등을 들고 이리저리 움직이고 있는 것처럼 교대로 번쩍거렸다. 사자들은 Richard의 울타리를 두 번 다시 넘어오지 않았다. Richard는 그의

장치를 Lion Lights라고 불렀다. 이 간단하고 실용적인 장치는 사자들에게 아무런 해를 끼치지 않았고, 인간들, 소들, 그리고 사자들은 마침내 서로 평화를 이룰 수 있었다.

| 해설 | ③ 부정을 나타내는 부사구(Never again)가 강조되어 문장 맨 앞에 나오면 주어와 조동사가 도치되어 '부사구(Never again) + 조동사(did) + 주어(lions) + 동사(cross)'의 어순이 되어야 하므로 lions crossed를 did lions cross로 고쳐야 한다.

| 오답 분석 |
① 수식받는 명사(LED lights)와 분사가 'LED 조명이 작동되다'라는 의미의 수동 관계이므로 과거분사 powered가 올바르게 쓰였다.
② 관계절이 콤마 뒤에서 계속적 용법으로 쓰여 앞에 나온 선행사(the lights)에 대한 부가 설명을 하고, 선행사가 관계절 내에서 동사(appeared)의 주어 역할을 하고 있으므로 계속적 용법으로 쓰일 수 있는 주격 관계대명사 which가 올바르게 쓰였다.
④ 문맥상 '인간들, 소들, 그리고 사자들은 마침내 서로 평화를 이룰 수 있었다'라는 의미가 되어야 자연스러운데, '서로'는 부정대명사 'one another'로 나타낼 수 있으므로 one another가 올바르게 쓰였다.

| 어휘 | • trial and error 시행착오 • flash 번쩍이다
• power 작동시키다, 동력을 공급하다 • charge 충전하다
• solar panel 태양 전지판 • set up ~를 세우다
• fence 울타리 • stable 마구간
• take turns 교대하다 • torch 손전등
• cattle (집합적으로) 소 • one another 서로

09 ②

| 해석 | 결과가 정확히 알려지지 않은 어떠한 상황에서든 위험은 항상 (어떤 현상의) 원인이라는 점에서 인간의 삶에 근본적인 요소이다. 더군다나, 우리가 취하는 행동으로 발생하는 어떤 형식의 피해의 가능성에 대해 우리가 하는 필수적인 계산은 보통 우리의 의사 결정 단계에 부여된다. 위험 평가가 회사의 중대한 계획에 대한 결정을 포함하든, 거리를 걷는 것(덜 중요한 결정)에 대한 결정을 내리는 것을 포함하든 간에, 우리는 항상 관련된 잠재적인 위험을 예측하고, 찾아보고, 평가한다. 그러한 점에서, 우리는 우리가 하는 모든 것에서 끊임없이 위험을 관리하고 있다고 할 수 있다.

| 해설 | ② 주어 자리에 복수명사 the necessary calculations가 왔으므로 복수동사 are가 올바르게 쓰였다. 주어와 동사 사이의 수식어 거품(that we~take)은 동사의 수 결정에 영향을 주지 않는다.

| 오답 분석 |
① 문맥상 '위험은 항상 (어떤 현상의) 원인이라는 점에서'가 되어야 자연스럽고, '~라는 점에서'는 숙어 표현 in the sense that을 사용하여 나타낼 수 있으므로 의문사 how를 명사절 접속사 that으로 고쳐야 한다.
③ 명사 decision은 뒤에 to부정사를 취하는 명사이므로 동사원형 walk를 to부정사 to walk로 고쳐야 한다.
④ 명사 everything을 수식하기 위해 형용사 역할을 하는 관계절이 와야 하므로, 명사절 접속사 what이 아닌 관계대명사가 와야 한다. 선행사 everything이 사물이고, 관계절 내에서 동사 do의 목적어 역할을 하므로 명사절 접속사 what을 목적격 관계대명사 that으로 고쳐야 한다.

| 어휘 | • fundamental 근본적인, 필수적인 • outcome 결과

- calculation 계산　• assessment 평가
- corporate 기업의　• initiative 계획, 개시
- anticipate 예측하다　• evaluate 평가하다
- constantly 끊임없이　• manage 관리하다, 간신히 ~하다

10　①

| 해석 | 통화 가치가 거의 매일같이 <u>오르내리는</u> 동안에는, 누구도 큰 투자를 하는 것을 매우 편하게 생각하지 않는다.
　　　① 흔들리다　　　② 남아 있다
　　　③ 복제하다　　　④ 떨어지다

| 해설 | fluctuate(오르내리다)와 비슷한 의미를 가진 어휘를 묻고 있으므로, '흔들리다'라는 의미의 ① sway가 정답이다.

| 어휘 | • currency 통화, 화폐　• fluctuate 오르내리다, 변동하다
　　　• sway 흔들리다, 동요하다　• linger 남아 있다, 지체되다
　　　• duplicate 복제하다　• depreciate (가치가) 떨어지다

11　③

| 해설 | ③ 목적어가 없는 불완전한 절(I ordered)을 이끌면서 주절 동사 (do)의 목적어 자리에 올 수 있는 것은 명사절 접속사 what이므로 관계대명사 which를 명사절 접속사 what으로 고쳐야 한다.

| 오답 분석 |

① 선행사 The woman(여자)이 사람이고 관계절 내에서 동사(lives) 의 주어 역할을 하므로 사람을 가리키는 주격 관계대명사 who가 올바르게 쓰였다.

② 런던에 가 본 경험이 있는지를 물어보고 있으므로, '경험'을 나타내는 현재완료시제(Have~been)가 올바르게 쓰였다.

④ 선행사 The woman 뒤에 목적격 관계대명사 whom이 생략된 관계절(he fell in love with)이 올바르게 쓰였다.